Lothar Fischer

Anita Berber

Ein getanztes Leben

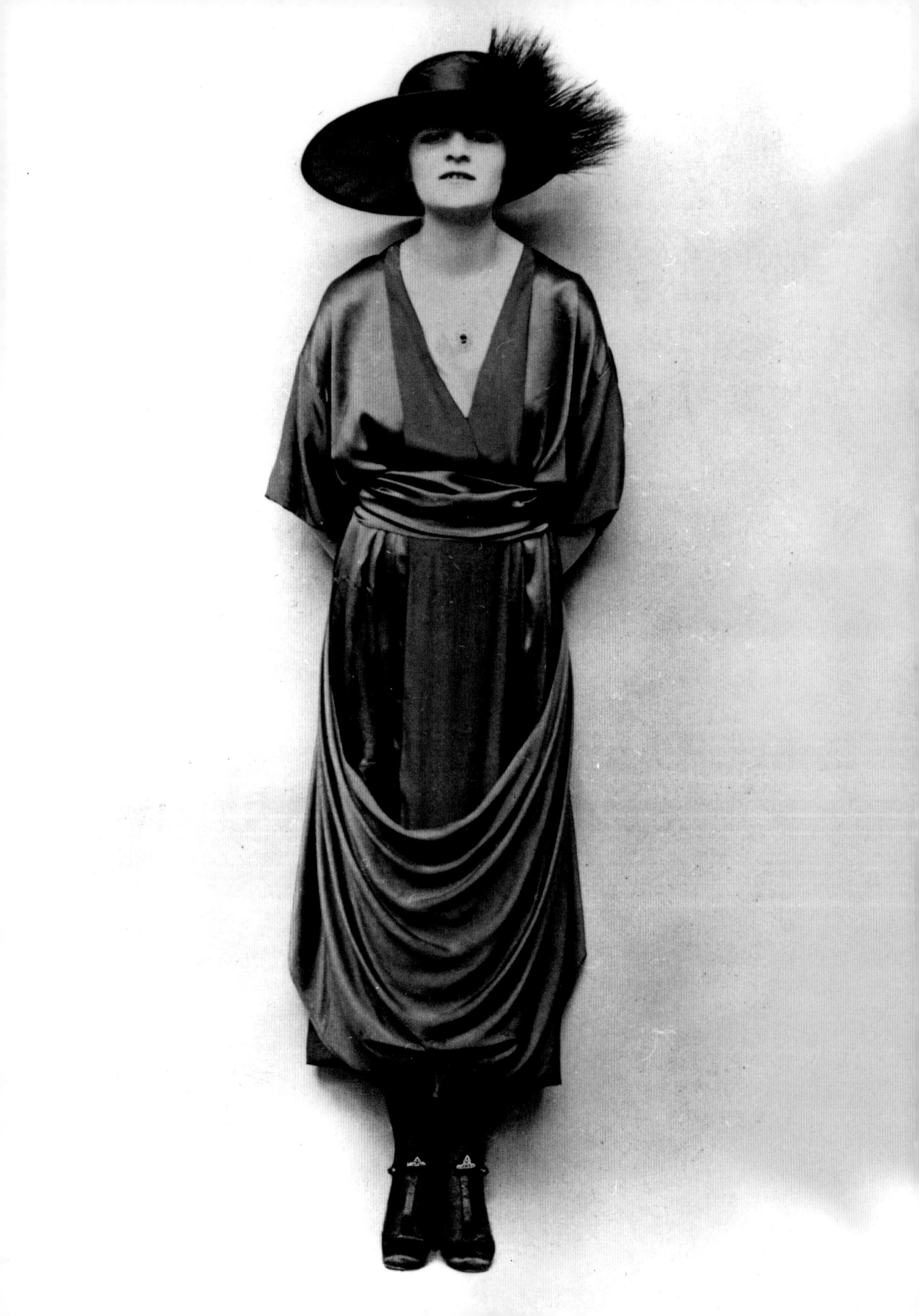

Anita Berber

Ein getanztes Leben

Eine Biographie von
Lothar Fischer

Bäßler

Die Deutsche Nationalbibliothek verzeichnet diese Publikation in der Deutschen Nationalbibliografie; detaillierte bibliografische Daten sind im Internet über http://dnb.d-nb.de abrufbar.

1. Auflage 2014

Fon: +49(0)30.240 858 56 · Fax: +49(0)30.24 926 53
E-Mail: info@baesslerverlag.de · Internet: www.baesslerverlag.de

Satz und Umschlaggestaltung: Hendrik Bäßler · Berlin
Druck und Bindung: UAB Spindulio spaustuve, Kaunas

ISBN 978-3-930388-85-1

Inhalt

Dank

Diese Biographie ist in großen Teilen zustande gekommen durch Gespräche mit Zeitzeugen und durch Fotos und Dokumente, die sie zur Verfügung gestellt haben. Mein Dank gilt in besonderer Weise allen verstorbenen Zeitzeugen, wie Anita Berbers Halbbruder Hans Berber-Credner, dem Cousin Lucie Berbers Arnold Raether, Anita Berbers Cousine Brigitte Schmidt-Schaller und Margarete Reichardt, einer ehemaligen Dresdner Klassenkameradin, sowie Lucie Hausdörfer und Bernhard Zurczak, ihren ehemaligen Nachbarn. Ferner danke ich Martha Dix, Gene van Grona, Liane Haid, Ruth Hellberg, Walter Kaul, Maria Merlott, Dinah Nelken, Gret Palucca, Leni Riefenstahl, Leopold Tamare und Hertha von Walther für die interessanten Gespräche.

Dank gebührt Herrn Prof. Dr. Manuel Peter vom Deutschen Tanzarchiv Köln für sein langjähriges Interesse und dem Fotoarchiv der Deutschen Kinemathek Berlin für die Bereitstellung des Bildmaterials zum Kapitel Film, desgleichen in Wien Ines Rieder und Frau Dr. Andrea Amort, für ihre vielfältigen Hilfen und Ratschläge.

Bei den Recherchen in Zeitungsarchiven und Bibliotheken haben mich Jeanpaul Goergen und Wolfgang Zittel unermüdlich unterstützt. Mein besonderer Dank gilt Julia Katz für ihre Mitarbeit und Hilfe bei der Herstellung des Manuskripts, sowie Piroschka von Zglinicki für die Übersetzung ungarischer und tschechischer Texte. Dem hendrik Bäßler verlag · berlin danke ich für sein Engagement bei der Herstellung dieses Buches.

Ein Wort voraus

Als 1984 mein erstes Buch mit dem Titel *Tanz zwischen Rausch und Tod – Anita Berber 1918–1928 in Berlin* erschien, wurde die Veröffentlichung begleitet mit einer vom Kulturfördererkreis um Jule Hammer veranstalteten Ausstellung im Hause am Lützowplatz. Selbst für viele vermeintliche Kenner der Berliner Zwanziger Jahre war es eine Überraschung. Auslöser für die intensive Beschäftigung mit dem Thema waren 1981 Gespräche mit Martha Dix, in deren Haus in Hemmenhofen, vor dem faszinierenden Bild *Dame in Rot,* das Otto Dix 1925 gemalt hatte. Als Briefmarke ist es millionenfach verbreitet worden. Das Gemälde selbst wurde nach dem Tod von Martha Dix zu einem sensationellen Preis an das Kunstmuseum in Stuttgart verkauft.

Damals in Hemmenhofen wunderten wir uns über die Tatsache, dass ein gefeierter Tanz- und Stummfilmstar der Inflationszeit so gänzlich aus dem Zeitpanorama verschwinden konnte – trotz des wachen allgemeinen Interesses an dieser bewegten Epoche der deutschen Geschichte. Es gibt dafür eine Reihe von Gründen, wie die Verdrängung des Stummfilms durch den Tonfilm, aber auch die politische Entwicklung, die Machtübernahme durch die Nationalsozialisten 1933. Zwar war Anita Berber keine Jüdin, aber dennoch eindeutig eine dekadente Erscheinung: Sie war bisexuell und hatte einen jüdischen Tanzpartner, der schwul war.

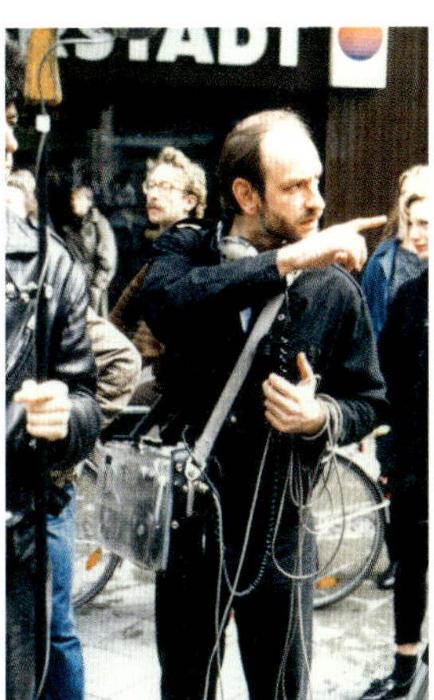

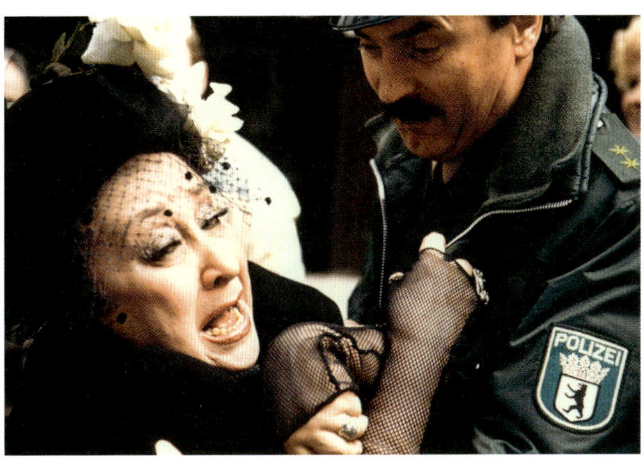

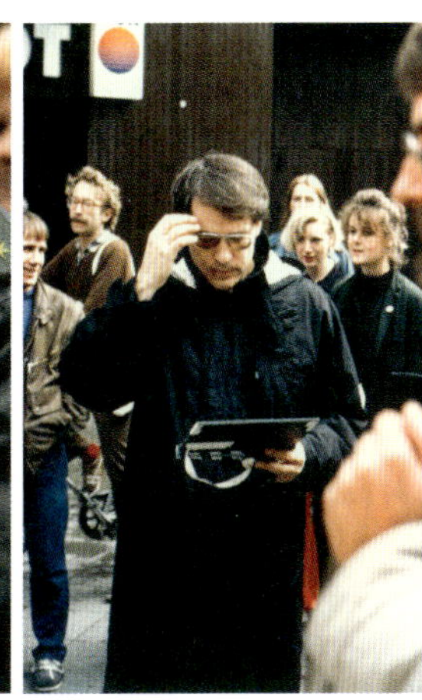

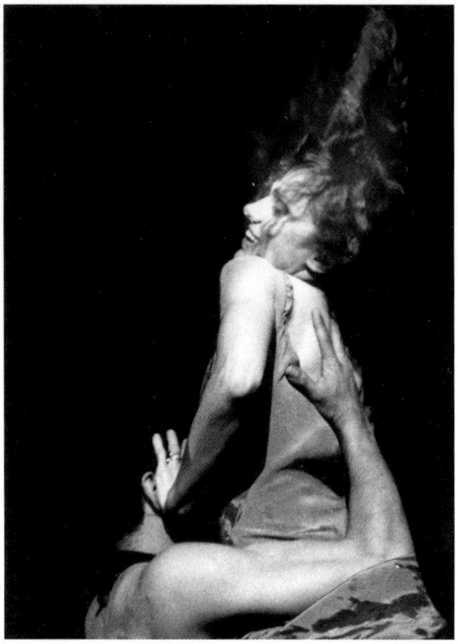

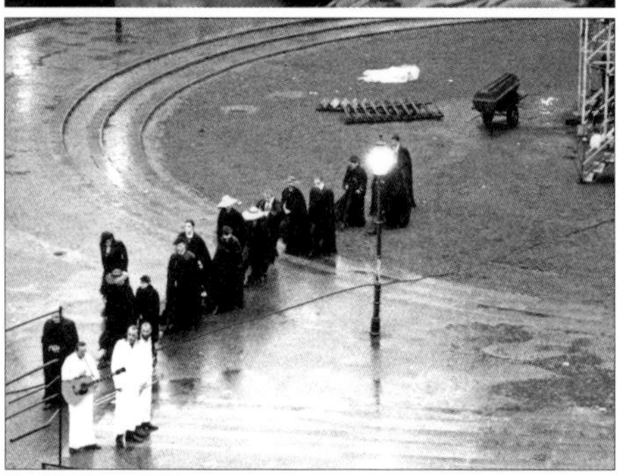

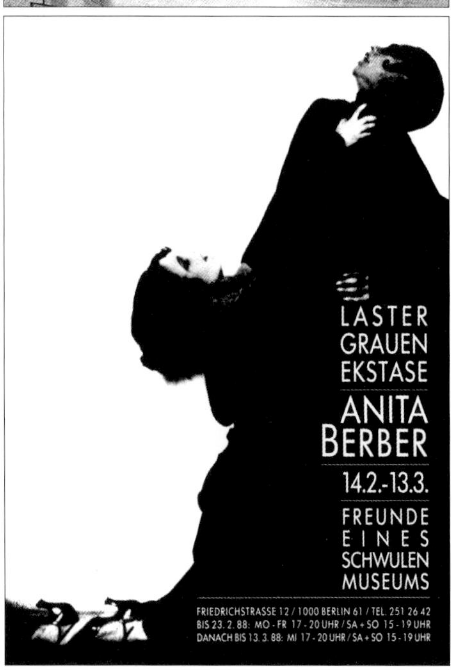

Das Buch erlebte mehrere Auflagen, und Hanna Schygulla, die mich aufsuchte, bedauerte, dass Rainer Werner Fassbinder gestorben war und so das Leben Anita Berbers nicht mehr verfilmen konnte. Dafür nahm Rosa von Praunheim den Stoff als Komödie in Angriff und drehte 1987 *Anita – Tänze des Lasters* mit Lotti Huber, Ina Blum (Regina Rudnick) und Mikael Honesseau. Es entstand eine bizarre, aber liebevoll-ironische Hommage, die selbst in der New Yorker Szene Erfolg hatte. An der Premiere des Films in Bremen nahm auch der Halbbruder Hans Berber-Credner teil, der als junger Mann das ganze „bürgerliche Trauerspiel" im Hause Berber miterlebt hatte, wo Anitas Name in Gegenwart des antisemitischen Vaters nicht mehr genannt werden durfte.

Parallel mit der Entstehung des Anita-Berber-Archivs, in dem Fotos, Postkarten, Zeitungskritiken und Erinnerungen der Zeitzeugen gesammelt wurden, fanden zahlreiche mehr oder weniger gelungene Remakes statt. 1987 gastierte eine jugoslawische Theatergruppe mit einem Choreodrama bei den Ruhrfestspielen, später noch im Berliner Künstlerhaus Bethanien, wobei als Happening ein Anita-Berber-Sarg durch die Straßen Kreuzbergs getragen wurde. 1988 veranstalteten die „Freunde eines Schwulen Museums" eine weitere Ausstellung mit Fotos aus den Beständen der Deutschen Kinemathek und den Originalkostümen des Films. Die Frauengruppe SHEELA-NA-GIG führte dazu die „Neue Berberei" auf.

In dem von Klaus Gendries nach der Novelle von Christoph Hein inszenierten und auf dem Berliner Filmfestival 1991 gezeigten DEFA-Fernsehfilm „Drachenblut" tanzte die Palucca-Schülerin Arila Siegert Anita in einer Bar-Szene.

Auch Roland Petit konnte in seinem Ballett nach Bildern von Otto Dix in der *Staatsoper* Unter den Linden auf Anita Berber nicht verzichten. Nur sind es Banker in maßgeschneiderten schwarzen Anzügen, die nach der roten Berber (Bettina Thiel) grapschen wie in einem Hollywood-Musical.

Im Jahr 2006 erschien *Göttin der Nacht*, eine umfangreiche und inzwischen vergriffene Monographie, unter anderem mit Berichten aus den Akten des Berliner Polizei-Präsidiums, die zeigen, dass die so genannten *Goldenen Zwanziger* keineswegs so frei waren, wie es heute immer wieder kommuniziert wird.

Ebenfalls 2006 erschien *The Seven Addictions and Five Professions of Anita Berber: Weimar Berlin's Priestess of Decadence* von Mel Gordon.

Mehr als 85 Jahre nach ihrem Tod erregt diese Frau, immer noch viele Gemüter. Anita Berber war sicher mehr war als nur eine zeittypische Figur. Sie war eine Rebellin, die den Mut hatte,

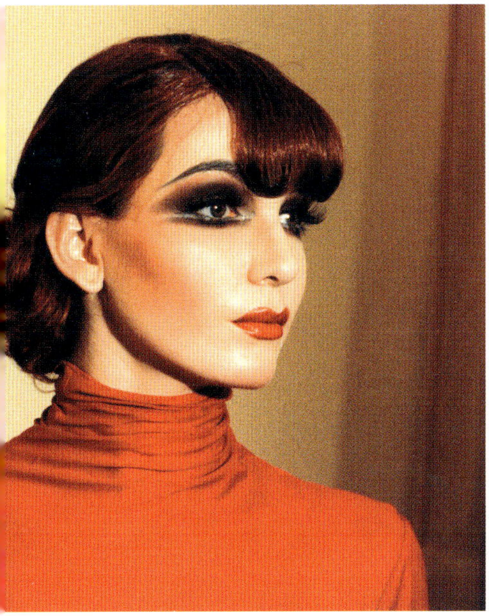

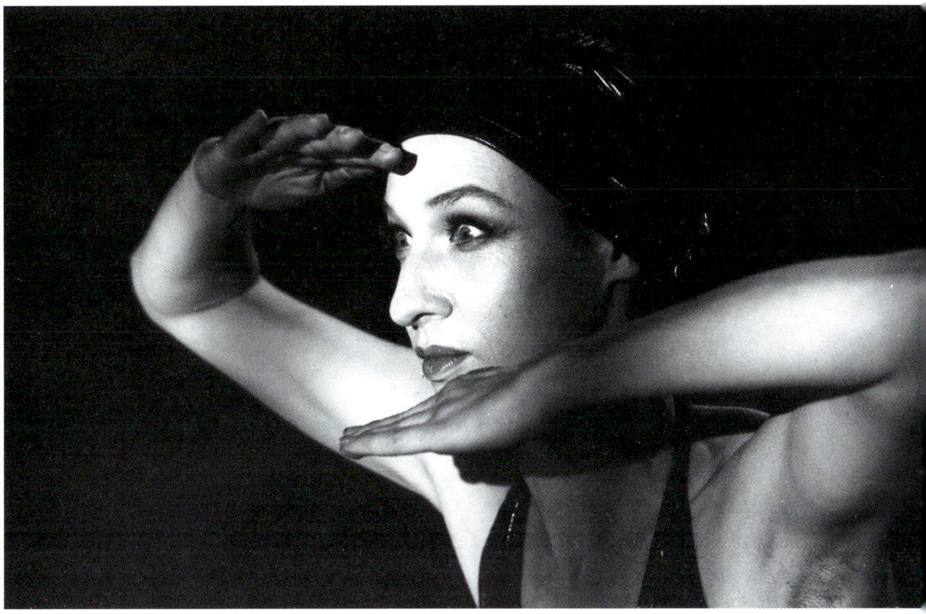

Tänze nach der Musik von Beethoven, Chopin, Liszt und Brahms mit einer seriösen Choreographie in der Unterwelt des Tanzes aufzuführen.

Längst ist sie damit zu einer Ikone geworden, deren kurzes tragisches Leben außerdem dazu beigetragen hat, zu einem Mythos der Unsterblichkeit zu werden.

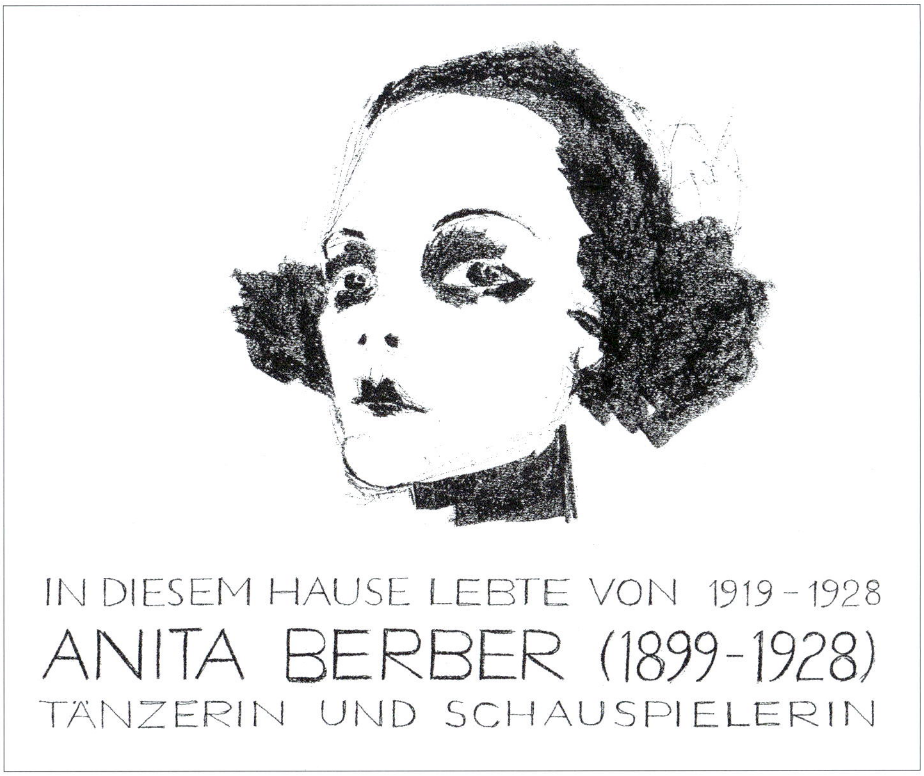

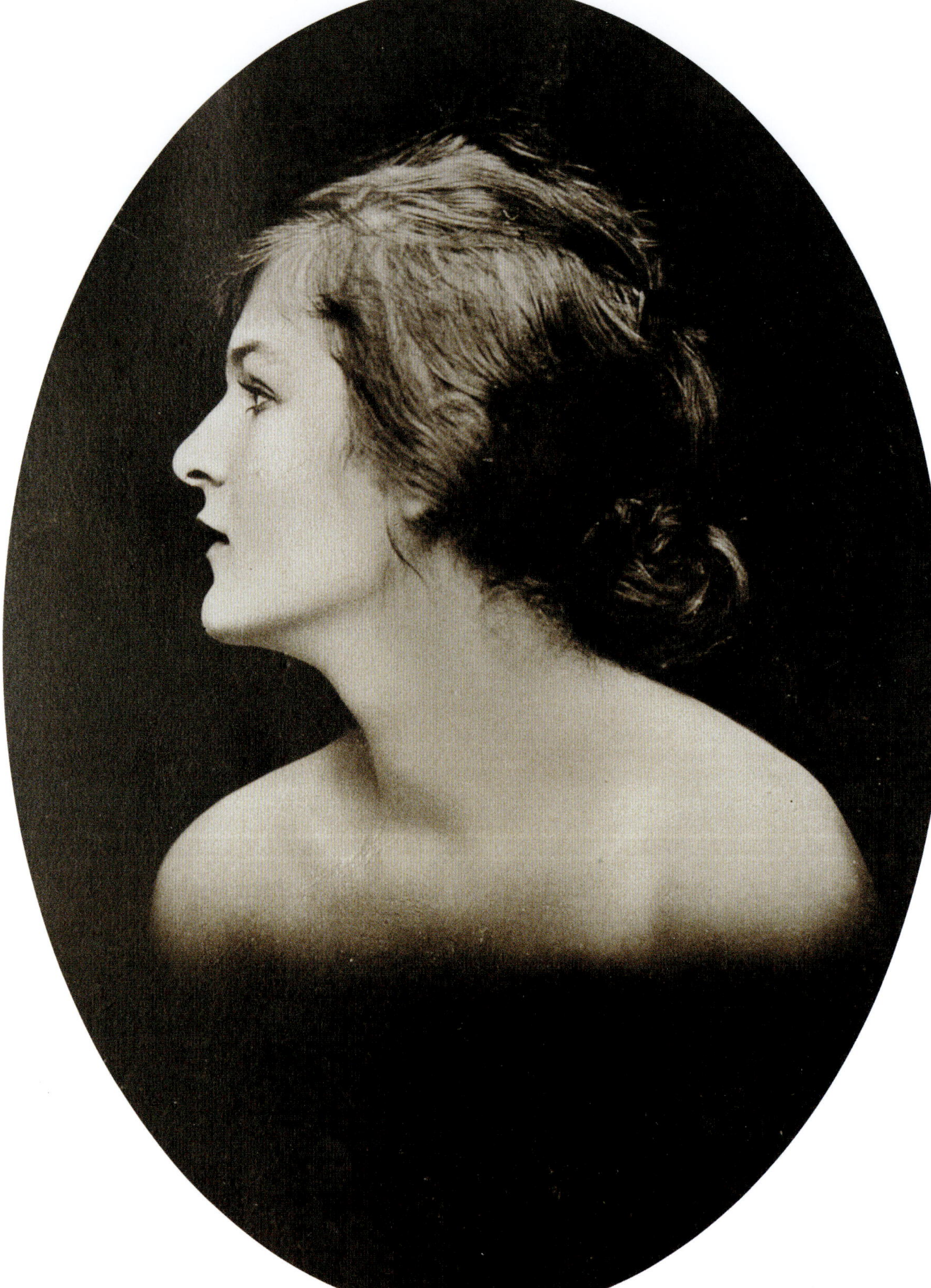

Erstes Kapitel

Wurzeln und Kindheit

Anita Berber wurde am 10. Juni 1899 in Leipzig geboren. Um die ungewöhnliche Persönlichkeit und den letztlich in einer Katastrophe endenden Lebensweg Anita Berbers zu verstehen, ist es notwendig, ihren familiären Hintergrund zu kennen. Sie war das Kind zweier Künstler, die konträrer nicht hätten sein können: die Mutter eine Chansonsängerin und Diseuse, der Vater ein begnadeter Geiger.

Lucie Berber war eine schwierige Person. Felix Berber hatte sie nur geheiratet, weil sie ein Kind von ihm erwartete. Von Anfang an stand die Ehe also unter starken Spannungen. In einer Auseinandersetzung soll Lucie Berber sogar auf ihren Mann geschossen haben. Am 10. Oktober 1902 wird die Scheidung ausgesprochen. Rechtskräftig wird das Urteil am 8. November.

Obwohl Anita behütet von ihrer Großmutter und von ihren Tanten in Leipzig und später in Dresden aufwuchs und ihren Vater kaum kannte, ähnelte sie ihm in vielerlei Hinsicht. Seine Vorfahren stammten aus Ungarn. Der Urgroßvater Anitas soll mit seiner Frau Franziska und einem 7jährigen Sohn, vertrieben durch die Revolution von 1848/49, aus Ungarn geflohen und nach Jena gekommen sein. Dort habe er seinen wirklichen Namen, den des Grafen Tormaczi abgelegt, als er in eine Firma eintrat, deren Teilhaber Berber verstorben war. Er nahm dessen Namen an, ein zu damaliger Zeit, als es noch keine Standesämter gab, durchaus möglicher Vorgang. Sein Sohn trat in die Firma des Vaters ein, die in Weimar ein Kaufhaus besaß, in dem vornehmlich Souvenirs und Geschenke angeboten wurden. Gegen seine musikalischen Neigungen war er von der Familie gedrängt worden, die kaufmännische Richtung einzuschlagen. Seine Frau Constanze, ebenfalls sehr kunst- und musikinteressiert, pflegte Beziehungen zu einem Kreis von Künstlern um Franz Liszt. Sie verließ ihren Mann.

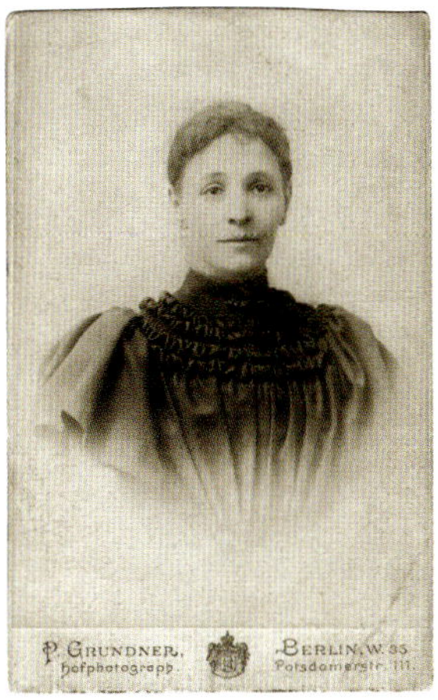

Die Großmutter, Constanze Berber, geb. Schaller

Verzweifelt erschoss er sich mit nur 41 Jahren vor den Augen seines Sohnes. Der 13jährige kam in die Obhut eines Onkels, der sich wenig erfreut über ein solches Erbe zeigte. Er war Kunstmaler und beschäftigte den Jungen als Gehilfen beim Ausmalen einer Kirche in Weimar.

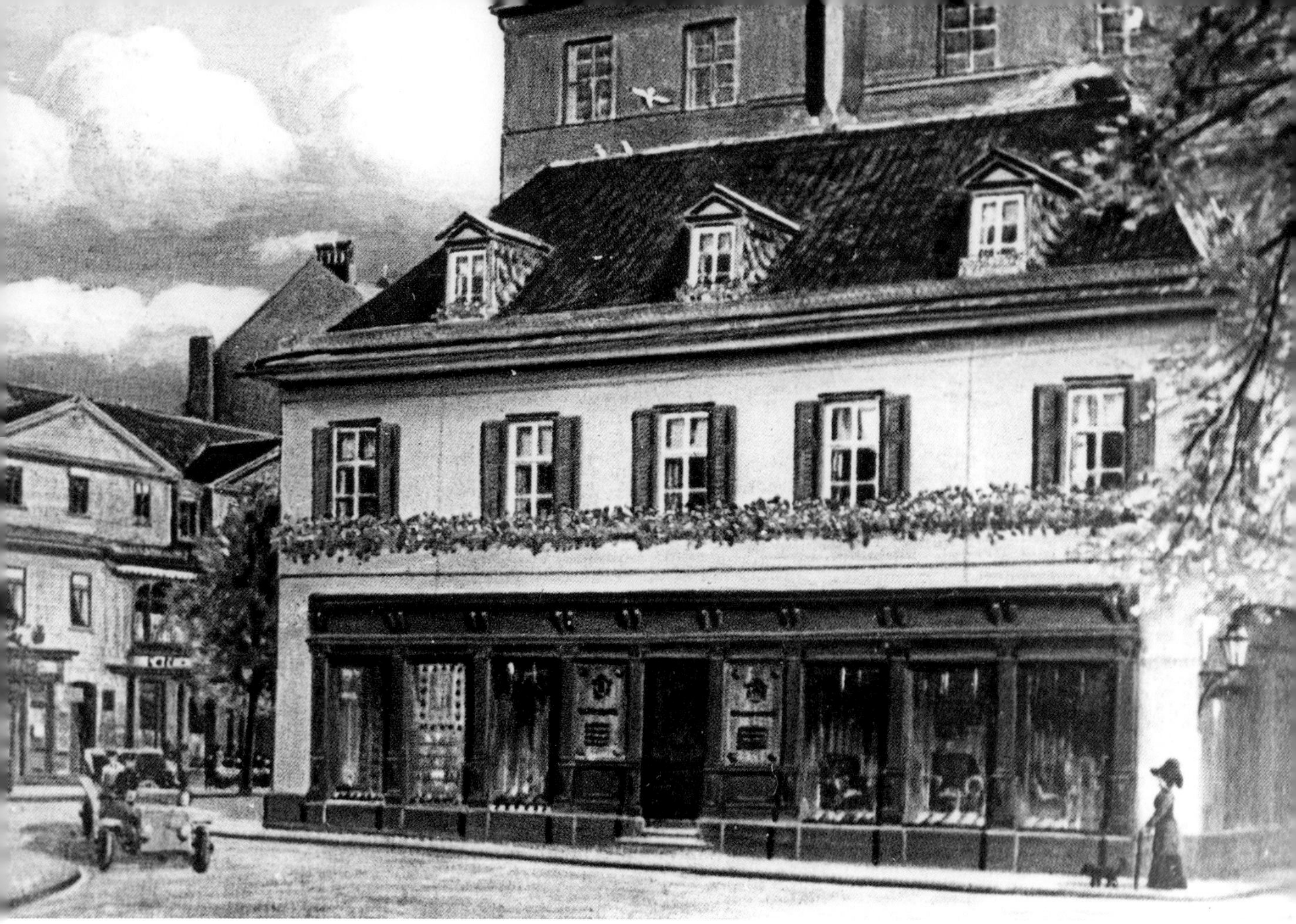

Kaufhaus der Familie Berber in Weimar

Die Mutter heiratete erneut und brachte 1889 einen zweiten Sohn, Otto Erich Schmidt-Schaller, zur Welt. 1911 wurde er Schüler an der Kunstakademie in Weimar, wechselte später zum Bauhaus in die Klasse Lyonel Feiningers. 1929 wanderte er nach Schweden aus und lebte dort als Maler und Grafiker.

Schon Mitte der achtziger Jahre war Mutter Constanze wieder in das Leben ihres Erstgeborenen getreten.

Felix Berber war musikalisch früh entwickelt, ein so genanntes Wunderkind. Bereits mit elf Jahren soll er sein erstes Violinkonzert als Solist gegeben haben. Und in den folgenden Jahren konzertierte er am russischen Zarenhof, in den Niederlanden und in London. Hier lernt der 18jährige in einer kleinen Pension eine aus Britisch-Indien stammende Frau kennen, die acht Jahre älter ist als er. Später erwartet sie ein Kind von ihm und sie heiraten. Das Kind stirbt bald nach der Geburt. Auch der Altersunterschied führt zunehmend zu Schwierigkeiten. Ohne Dramatik wird die Ehe schließlich aufgelöst.

Fast zehn Jahre lebt Felix Berber als erfolgreicher, unabhängiger Künstler. Seine Mutter reagiert entsetzt darauf, dass er 1899 eine zweite Ehe eingeht, noch dazu mit einer Kabarett-Sängerin. Felix Berber fühlt sich zu diesem Schritt verpflichtet, da seine Geliebte schwanger ist. Im Juni desselben Jahres wird die Tochter Anita geboren. Großmutter Constanze stirbt kurz danach im Alter von 48 Jahren.

Hans Berber-Credner, Anitas Halbbruder aus der dritten Ehe des Vaters, beschreibt das Wesen Felix Berbers: „Er war besessen von seiner Kunst, die

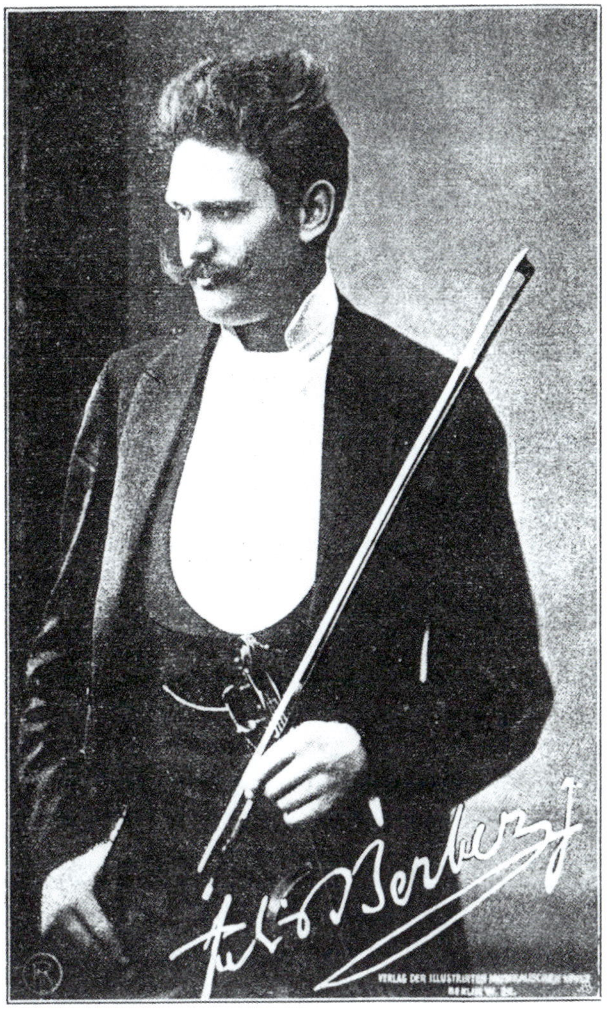

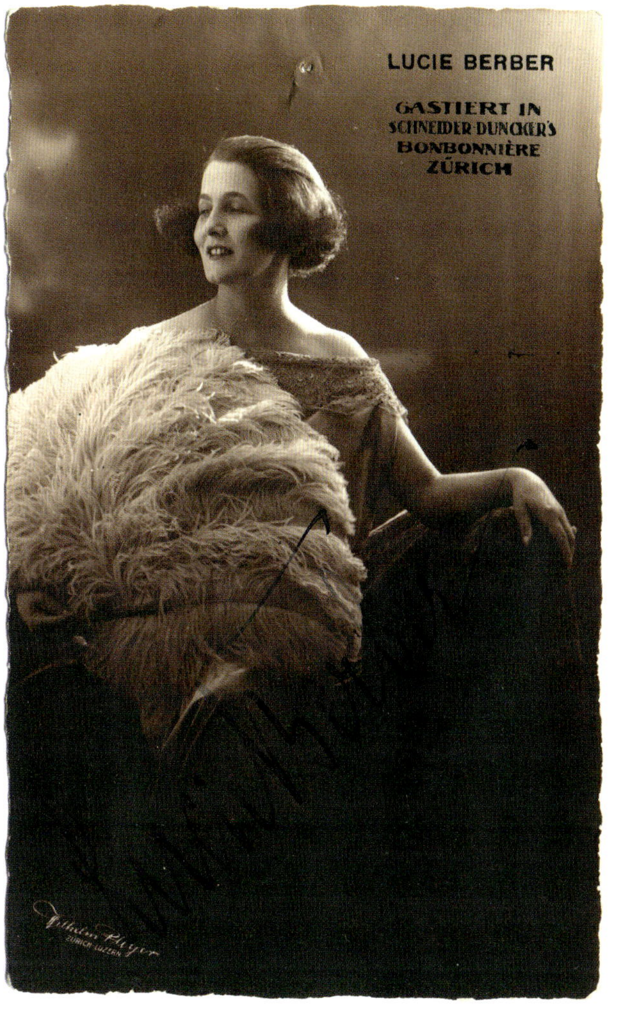

Anita Eltern: Der Vater Felix Berber und die Mutter Lucie Berber

ihm alles bedeutete. Er war ungeheuer fleißig und stellte höchste Ansprüche an sich selbst wie auch an andere. Gegen Menschen, die er nicht mochte, konnte er sarkastisch und in seinem Urteil verletzend sein. Aber er war nicht arrogant und kam mit einfachen Menschen sehr gut und herzlich aus. Er war berühmt wegen seines Witzes, seiner Schlagfertigkeit und seines Humors. Er war Professor der Meisterklasse an der Akademie der Tonkunst in München und sein „Berber-Quartett" war berühmt. Als nach einem Konzert im Brunnenhof der Residenz der bayerische König zu ihm ins Künstlerzimmer kam, um ihm zu gratulieren – so wird erzählt – habe der König gesagt, er wäre kürzlich in Berlin gewesen und dort im Konzert. „Aber so wie in bayerischen Konzertsälen, so klingt es eben in Preußen doch nicht. Wie ist das wohl zu erklären?" Da soll mein Vater geantwortet haben: „Ja, Majestät, das liegt wahrscheinlich am Publikum. Das muss ja klingen, wenn da lauter Bayern sitzen – und jeder hat ein Brett vor dem Kopf." Der König soll indigniert gelacht haben.[1]

Nach seiner Scheidung lernte Felix Berber in Leipzig die Tochter des Geologen Geheimrat Professor Dr. Gerhard Credner kennen. Hede Credner war Malerin, er heiratete sie 1903. Das Paar ging darauf nach München, wo ihr erstes

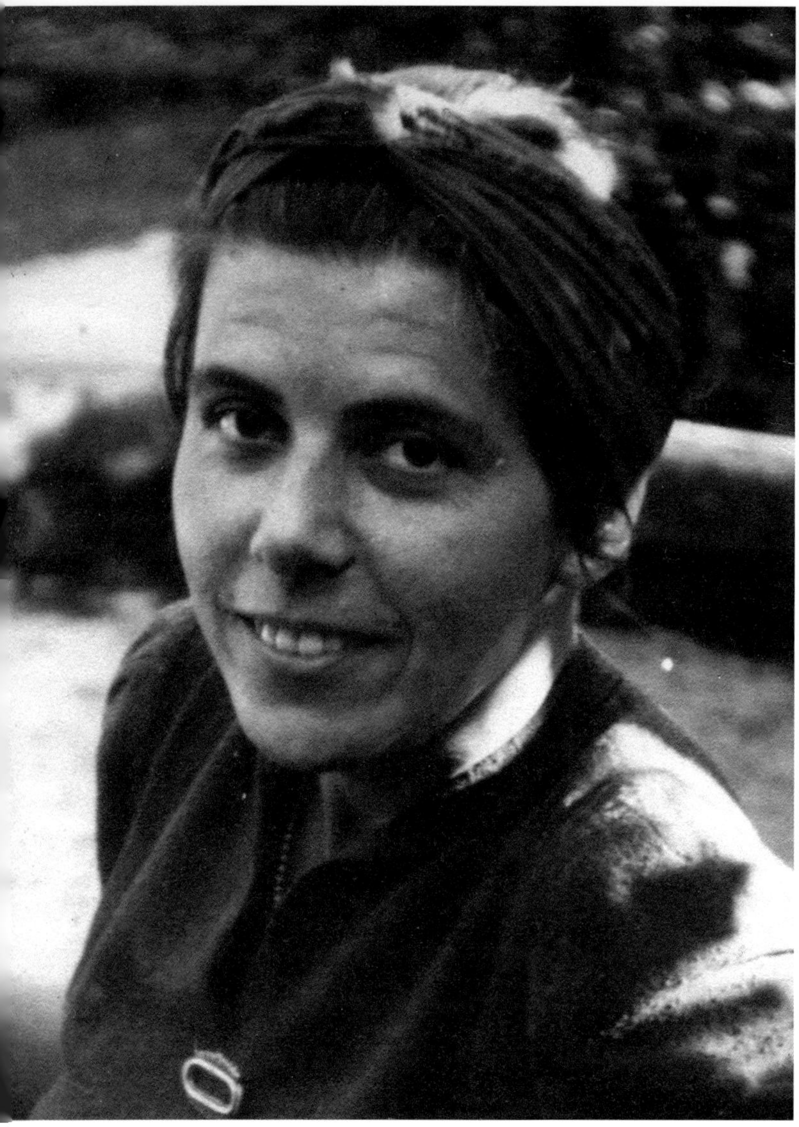 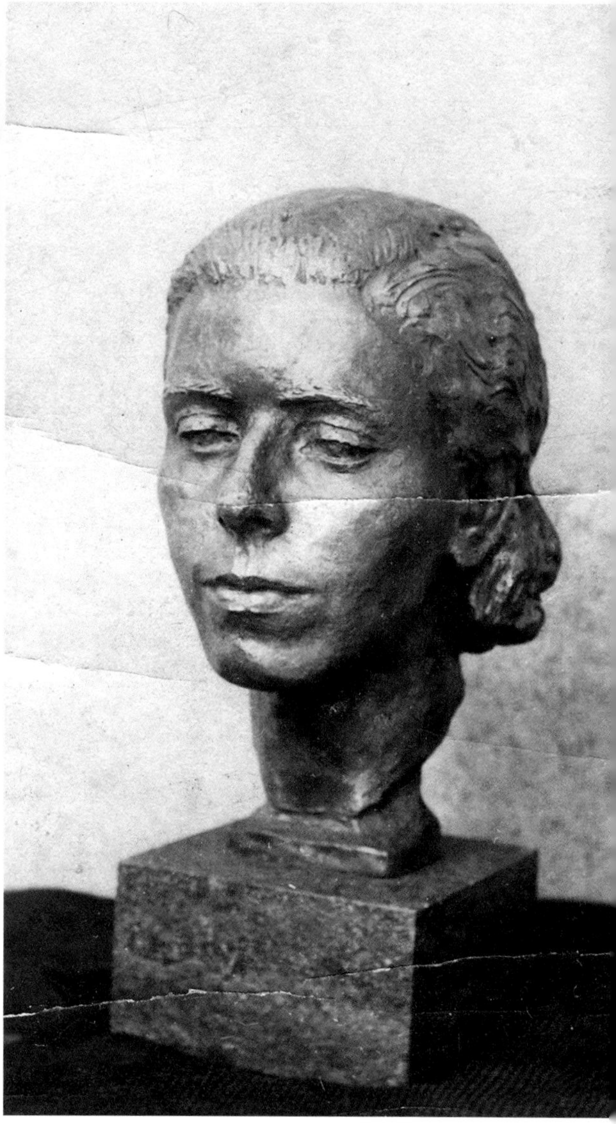

Anitas Schwester, die Bildhauerin Felicitas Berber-Walcha, 1941; ihr Kopf, Bronze, geschaffen von Georg Kolbe, 1938

Kind, ein Sohn, geboren wurde. Er starb nach wenigen Tagen. 1905 kommt die Tochter Felicitas zur Welt. Mitte der 1920er Jahre studierte sie an der Akademie in Leipzig Malerei und Bildhauerei. Dort lernte sie ihren späteren Mann, den blinden Musiker Helmut Walcha kennen. Als Organist, Meisterschüler Ramins, spielte er an sechs aufeinander folgenden Abenden das Orgelwerk Bachs. In seinen Memoiren berichtet Hans Berber-Credner vom Schicksal seiner Schwester: „Beide, ohne Übertreibung gesagt geniale Künstler, hielten gegen alle Widerstände und Schwierigkeiten in einer ganz unirdischen Liebe zusammen. Sie heirateten 1930. In Frankfurt wurde er Kantor, später Professor. Seine Blindheit bekümmerte ihn nicht, er wünschte es sich gar nicht, sehen zu können. Fee, seine Frau, ersetzte ihm die Augen. Sie studierte mit ihm, sie las ihm vor, sie führten ein stilles, zurückgezogenes Leben. Man sah sie nur Hand in Hand – sie wirkten wie Kinder, und sie hielten zusammen wie Wellensittiche. Sie nannten sich auch „Sittiche". Sie hatten wenige, aber schöne und wertvolle Freundschaften.... Nach neun Ehejahren lernte Felicitas den Bildhauer Georg Kolbe kennen. Der war tief beeindruckt von diesem vom Himmel gefallenen Paar und wollte – auch für den Blinden – eine Portraitbüste von meiner Schwester machen. Dazu musste sie nach Berlin in sein Atelier kommen." Helmut Walcha verliebte sich in eine Freundin, die in Felicitas' Abwesenheit den Haushalt führte. Der Zusammenbruch der Ehe war für Felicitas zutiefst schmerzlich, menschlich und existentiell. „Sie gab viel und bekam wenig. Sie säte und durfte nicht ernten. Freundschaften und Bindungen welkten, verehrte Freunde nutzten sie aus und zogen sich nach einiger Zeit zurück. Sie konnte aber auch umklammernd und lastend sein. Ihre Kunst konnte sie nicht unter die Menschen bringen, sie war zu wenig geschäftstüchtig, zu weltfremd, zu ungeschickt. Sie wollte sich auch nicht darum bemühen. Sie verschenkte ihre Arbeiten lieber, als sie unter Preis zu verkaufen. Dann zog sie es lieber vor zu hungern. Unendlich fleißig in ihrem Schaffen, konnte sie nächtelang durcharbeiten. Aber sie war ebenso bequem und träge, wenn es um das tägliche Leben ging. Sie war anspruchslos – liebevoll und liebebedürftig – schwer und traurig. Sich vernünftig zu ernähren war ihr zu umständlich, und sie starb früh."[2]

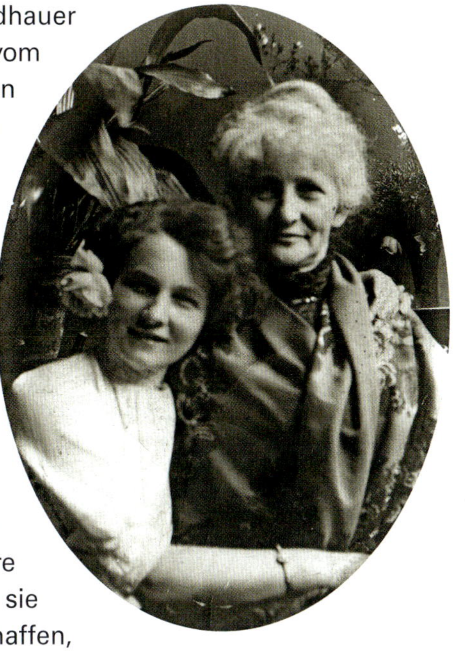

Die 12jährige Anita mit der Großmutter Luise Thiem

1907 zogen die Berbers nach Frankfurt am Main, wo der Sohn Hans geboren wurde. Kurz darauf erhielt Felix Berber einen Ruf ans Konservatorium nach Genf, wo als weiteres Kind die Tochter Elisabeth zur Welt kam. 1912 kehrte die Familie nach München zurück. Vom Erbe des Schwiegervaters wurde eine Villa am Herzog-Albrecht-Anlage 5 gebaut, die heute noch im Volksmund die „Berber-Villa" heißt. Felix Berber richtete sich einen Wintergarten ein, um dem Gesang exotischer Vögel lauschen zu können. Keines seiner Kinder durfte ein Instrument lernen – er wollte nicht gestört werden. Er war mit Max Reger befreundet, der in seiner Anfangszeit hart um Anerkennung kämpfen musste. Berber war ein hervorragender Orchestersolist und schätzte besonders die Werke von Beethoven, Brahms, Reger und Pfitzner. Aus dem Weltkrieg war er tief enttäuscht zurückgekehrt. Er erbat von seiner Frau die Scheidung, weil er meinte, nur ohne bürgerliche Bindung allein seiner Kunst leben zu müssen. Ein Versuch, doch wieder zu Hede Credner zurückzukehren, scheiterte an ihrer Ablehnung. Er heiratete ein viertes Mal, und zwar die Schweizer Geigerin Liesel Hoffmann. Aber bereits nach einem halben Jahr erwies sich auch diese Verbindung als problematisch. So heiratete er ein fünftes Mal, Milly Wildner, die als Geigerin seinem Quartett angehörte. Jedoch schon am

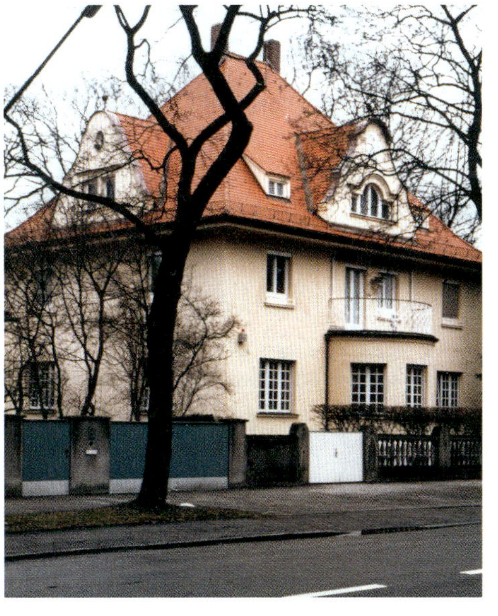

Berber-Credner-Villa in München, Herzog-Albrecht-Anlage 5

Städtische höhere Töchterschule, Dresden-Altstadt, 1906

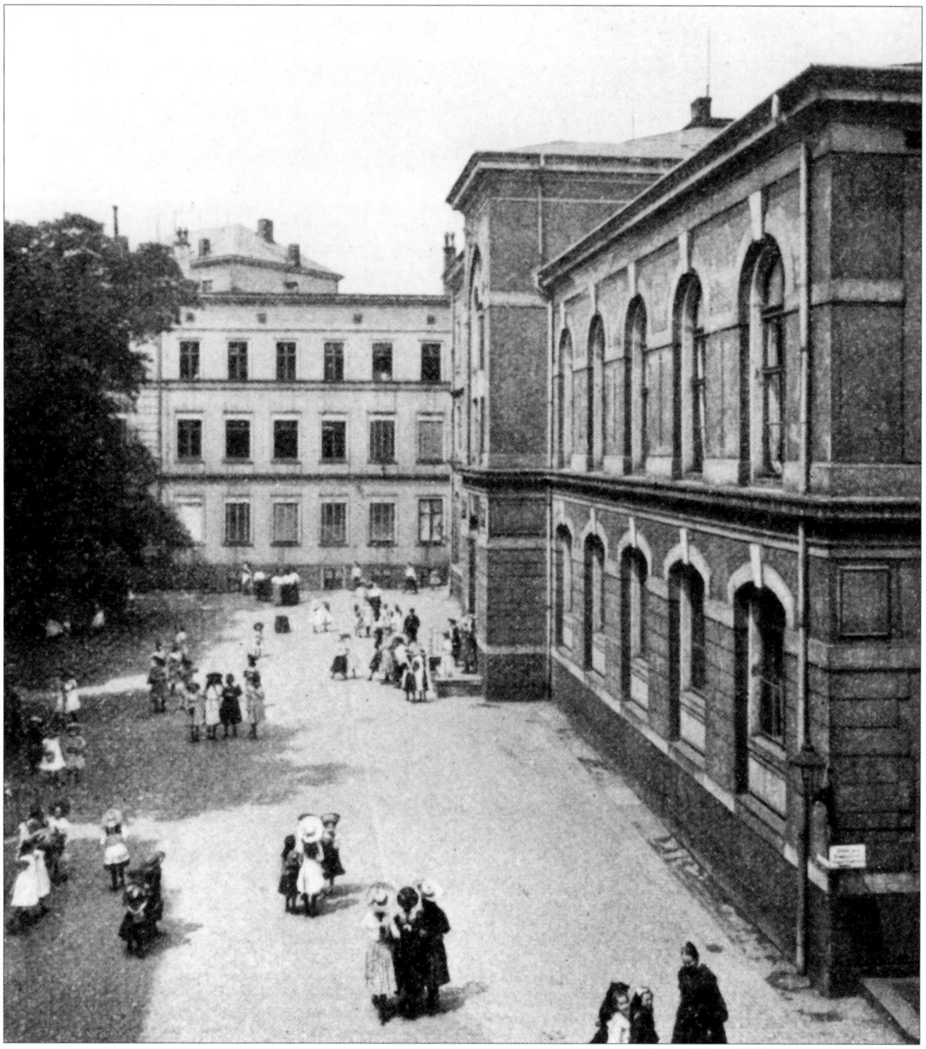

2. November 1930, nicht ganz zwei Jahre nach dem Tod seiner Tochter Anita, starb er an einer Influenza, noch nicht 60 Jahre alt.

Anitas Mutter Lucie Berber, geb. Thiem, war am 24. Februar 1877 auf dem Rittergut „Adelig Daniellen" in Masuren zur Welt gekommen. Als Kabarett-Sängerin war sie in Berlin engagiert, meist bei Rudolf Nelson im *Chat Noir* in der *Passage Unter den Linden.* Das Unternehmen – nach dem berühmten Pariser Vorbild gleichen Namens – war 1907 eröffnet worden. Von Anfang an gehörte Lucie Berber zum festen Ensemble und war mit Unterbrechungen bis 1914 engagiert. In den 1920er Jahren trat sie als Gast im *Linden-Cabaret* in einer Rudolf-Nelson-Revue und in der *Bonbonniere,* Zürich auf. Gegen Ende des Zweiten Weltkriegs, als die Vergnügungsstätten geschlossen wurden, war sie bei der deutschen Buchgemeinschaft in der Alten Jakobstraße beschäftigt. Mehr und mehr verarmte sie und arbeitete in den schweren Berliner Nachkriegsjahren als Trümmerfrau. Sie starb am 18. Februar 1954 und wurde im Grab ihrer früh verstorbenen Tochter beigesetzt. Die Gebühren für ihr Sozialbegräbnis betrugen 18,– DM.

▷ Anita mit der Großmutter Luise Thiem, 1901

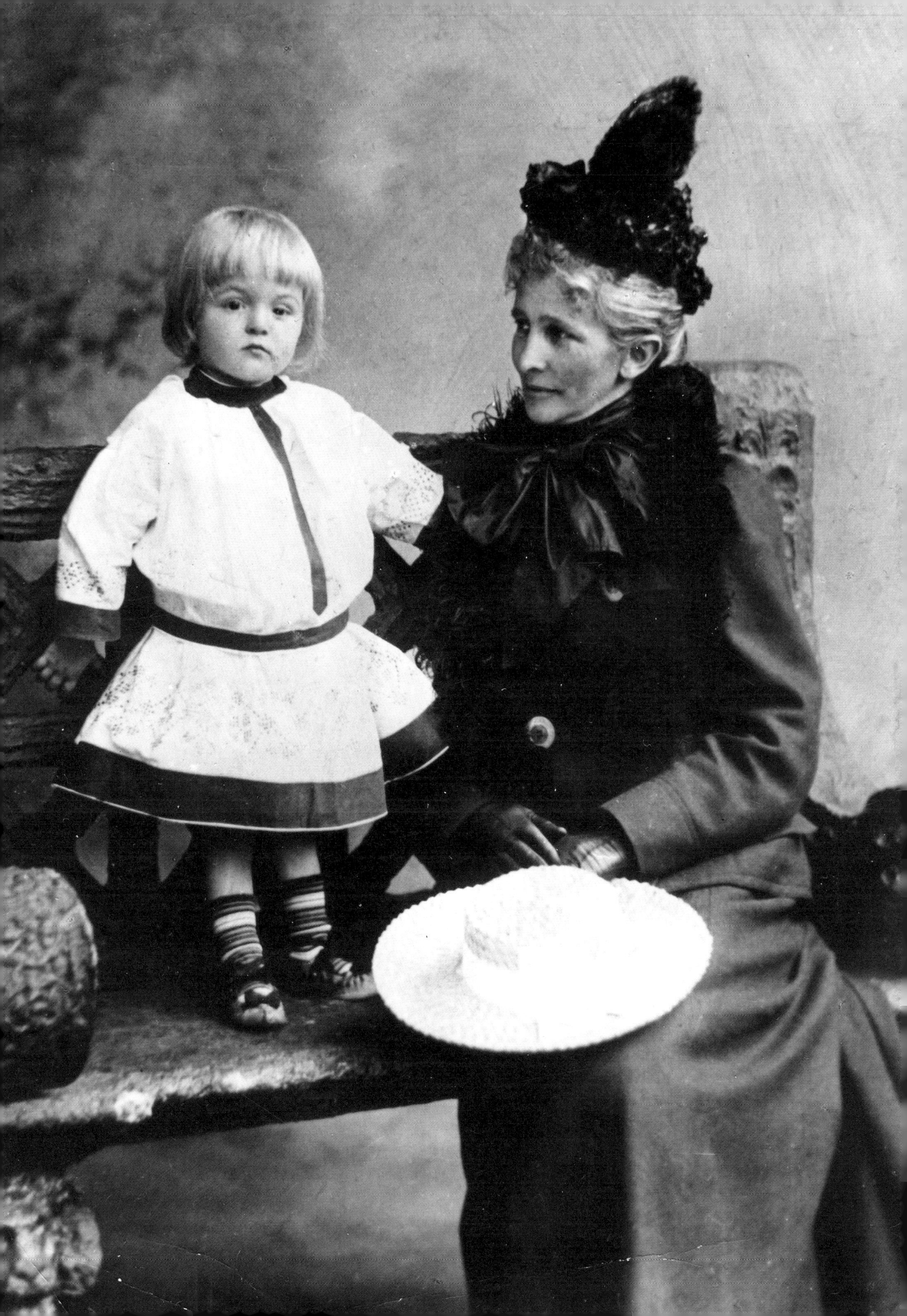

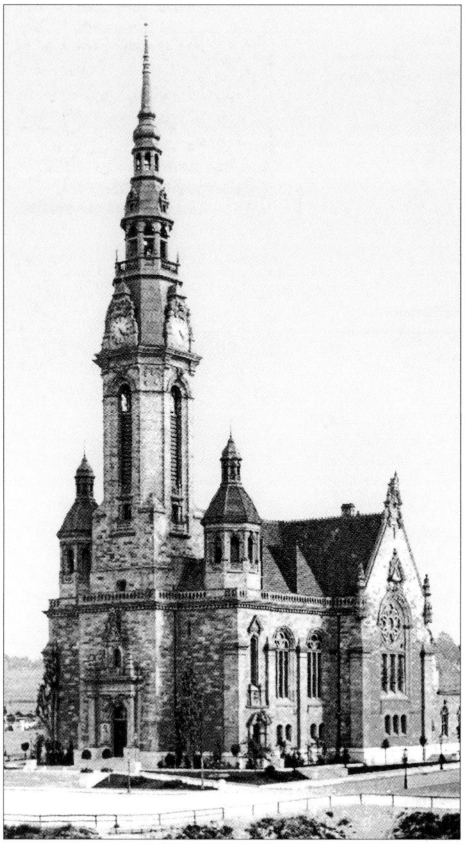

Der Turm der Dresdner Lukaskirche wurde im Februar 1945 zerstört

Da die Mutter vornehmlich in Berlin auftrat, wuchs Anita bei ihrer Großmutter Luise Thiem in Dresden wohl behütet in einem gehobenen bürgerlichen Milieu auf. Ostern 1906 – die Anstalt feierte gerade ihr 100jähriges Bestehen – wurde sie in die Klasse X/1. Schuljahr der Städtischen höheren Töchterschule aufgenommen. Die Schulgebäude befanden sich in der Zinzendorfstraße in der Dresdner Altstadt. Im Zeugnis erscheinen neben Zensuren für Betragen, Fleiß, Aufmerksamkeit und Ordnung die Unterrichtsfächer Religion, Deutsch, Rechnen, Schreiben und Anschauung. Die Mitschülerin Margarete Reichardt beschrieb Anita als ein lebhaftes, freundliches Mädchen, das sehr sprachgewandt war und besonders im Turnen durch große Gelenkigkeit auffiel.

Der Kabarettist Willy Prager erinnerte sich, Anita Berber in Dresden an ihrem 11. Geburtstag kennen gelernt zu haben. „Als ich sie fragte, was sie sich zu ihrem Geburtstag wünsche, verriet sie mir, ihr sehnlichster Wunsch wäre eine Tasse aus echt Meißner Porzellan. Ich habe sie ihr gekauft, und Anita schwamm in Glückseligkeit. Viele Jahre später traf ich sie bei meinem Debut in Stockholm wieder. Als wir uns auf der Probebühne begegneten, flog sie mir um den Hals und küsste mich immer noch aus Dankbarkeit für die schöne Meißner Tasse."

Dresden war eine Stadt der Kunst. Neben dem offiziellen Kunstbetrieb der Akademie hatte die Künstlergruppe „Brücke" eine neue Stilrichtung begründet: den Expressionismus. Verbunden war damit auch ein neues freies Lebensgefühl. Ausgehend von sozialreformatorischen Strömungen, die der Deutsche Werkbund seit der Jahrhundertwende propagierte, entstand in idyllischer Lage im Norden Dresdens, in der Vorstadt Hellerau, eine Wohnsiedlung, die naturverbundenes Leben und Arbeiten zum Ziel hatte. Zu den Initiatoren der neuen Gartenstadt zählte auch Wolf Dohrn, ein vielseitig interessierter, dynamischer Organisator. 1909 lernte er in Dresden den Schweizer Musikpädagogen Émile Jaques-Dalcroze kennen und wohnte einer Vorführung von dessen rhythmischer Gymnastik bei. Er war davon so begeistert, dass er dem nach Genf zurückgekehrten „Maître Jaques" in einem Brief mitteilte, er werde alles versuchen, für ihn in Hellerau ein Lehrinstitut einzurichten. Im Menschen schlummere noch eine Fülle von Kräften, die es zu wecken und zu entwickeln gelte. Das Phänomen des Rhythmus sei „Ausdruck innerster Not, geheimster Sehnsucht. Der Rhythmus allein gibt geformtes Leben".

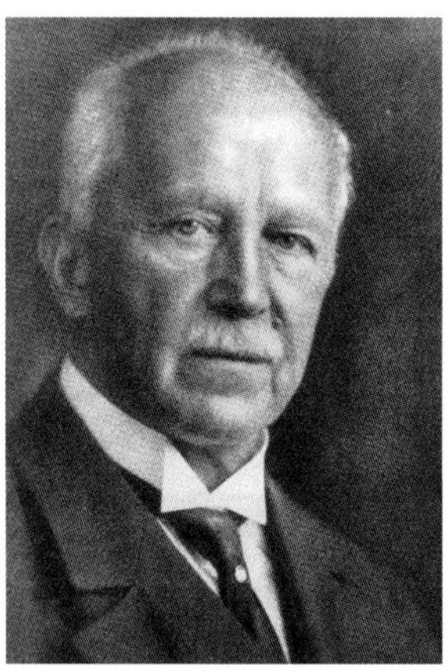

Anitas Pfarrer, der Hofprediger Johannes Keßler

Kinder aller Stände und jeden Alters sollten unterrichtet werden. Noch ehe der großzügig geplante Schulbau beendet worden war, begannen im Herbst 1911 die ersten Kurse. Auf den Schülerlisten finden sich unter anderem die Namen Grethe Wiesenthal und Marie Wiegmann (die spätere Mary Wigman). Anita Berber wird erst später nach 1912 zu den Teilnehmerinnen zählen.

Der Beginn des Ersten Weltkrieges und der Weggang von Jaques-Dalcroze unter Protest – als überzeugter Pazifist kehrte er zurück in die Schweiz – mach-

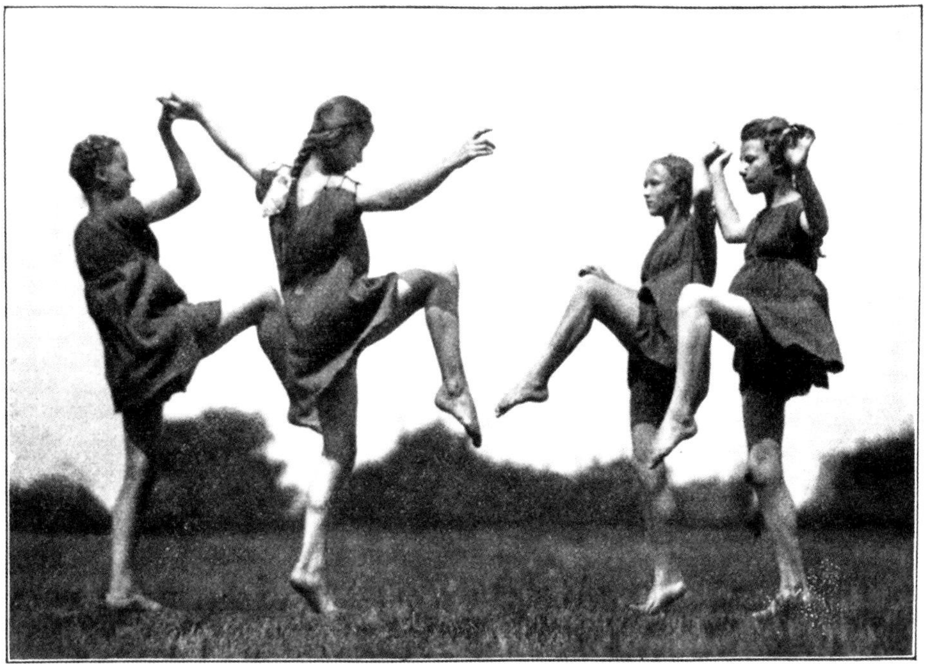

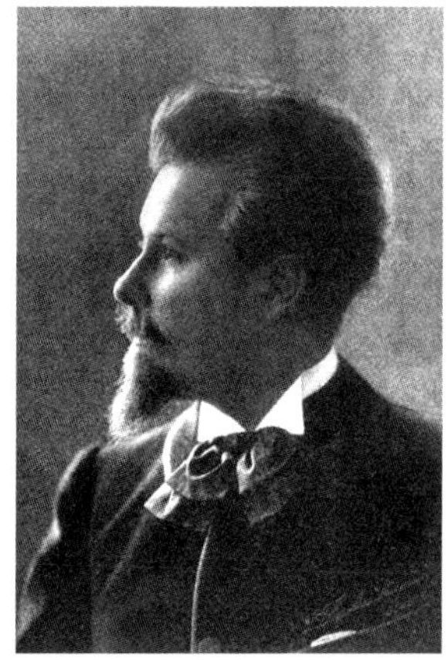

Émile Jaques-Dalcroze, 1905

◁ Rhythmusgruppe, Dalcroze Schule, Hellerau

ten dem verheißungsvollen künstlerischen Anfang ein Ende. Erwähnenswert bleibt, dass Diaghilew und Nijinsky, die Jaques-Dalcrozes Hauptquartier bei einem Dresdner Gastspiel des *Ballet Russe* aufgesucht hatten, ein weiteres Mal nach Hellerau kamen, begierig, neue Hinweise für die tänzerische Interpretation von Musik zu finden. Ob ihnen die 14jährige Anita Berber in einer der Kindergruppen aufgefallen ist, muss wohl eine reizvolle Vermutung bleiben.

Anita Berber besuchte indessen weiter die höhere Töchterschule. Mit dem Vermerk „Privatunterricht" wurde sie dann am Palmsonntag 1914 in der Evangelisch-Lutherischen Lukaskirche konfirmiert, was darauf hindeutet, dass sie zu diesem Zeitpunkt den Schulbesuch bereits beendet hatte.

Der Hofprediger Johannes Kessler schildert in seiner Autobiographie die Erinnerungen an seine Zeit als Pfarrer der Dresdner Lukaskirche: „Anita hatte sich in die erste Reihe meiner Konfirmandinnen gesetzt, sah mich mit ihren schönen, großen, dunklen Augen unverwandt an, wurde verwirrt, wenn sie nicht antworten konnte, strahlte über das ganze Gesicht, wenn sie die richtige Antwort fand, und stellte selbst Fragen, die bei ihrem jugendlichen Alter überraschten. Von ihren Mitschülerinnen wurde sie bewundert, wohl auch beneidet wegen ihres schönen Gesichts, ihrer graziösen Gestalt, ihrer frühen Reife und ihres ganzen freien Benehmens. Gleich, als sie zum ersten Male mit ihren Mitkonfirmandinnen bei uns eingeladen war, schloss sie meiner Frau ihr Herz auf, besuchte sie des Öfteren, las ihr ihre hübschen Gedichtchen vor und vertraute ihr ihre kleinen Geheimnisse an. Meine Frau und ich waren uns darüber einig, dass Anita ein Kind mit genialer Begabung, warm fühlendem Herzen, aber auch mit großen Gefahren war.

Darum gab ich ihr als Mahnwort für den Kampf ihres Lebens den Spruch mit: „Behüte dein Herz mit allem Fleiß, denn daraus gehet das Leben!" Sie hat sich

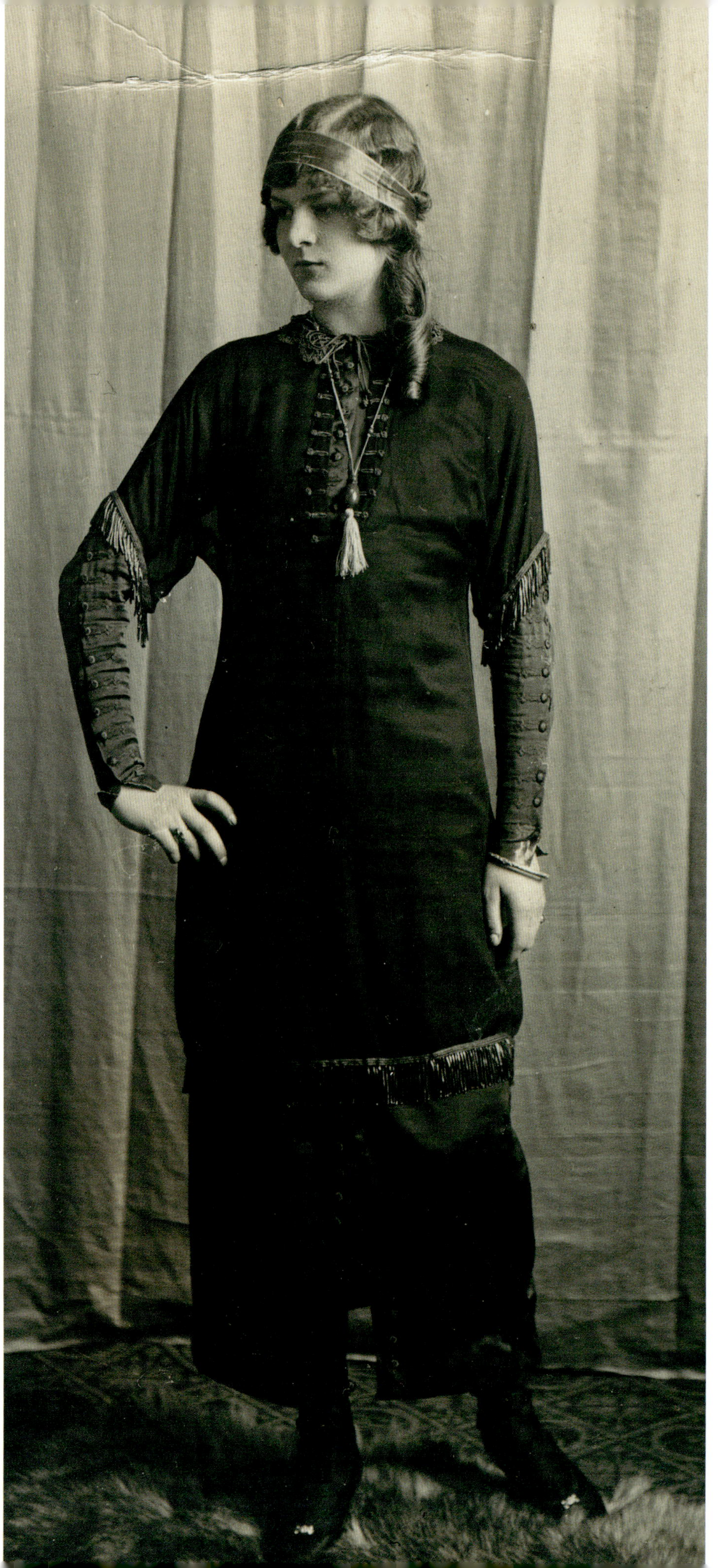

Anita als Konfirmandin, 1914

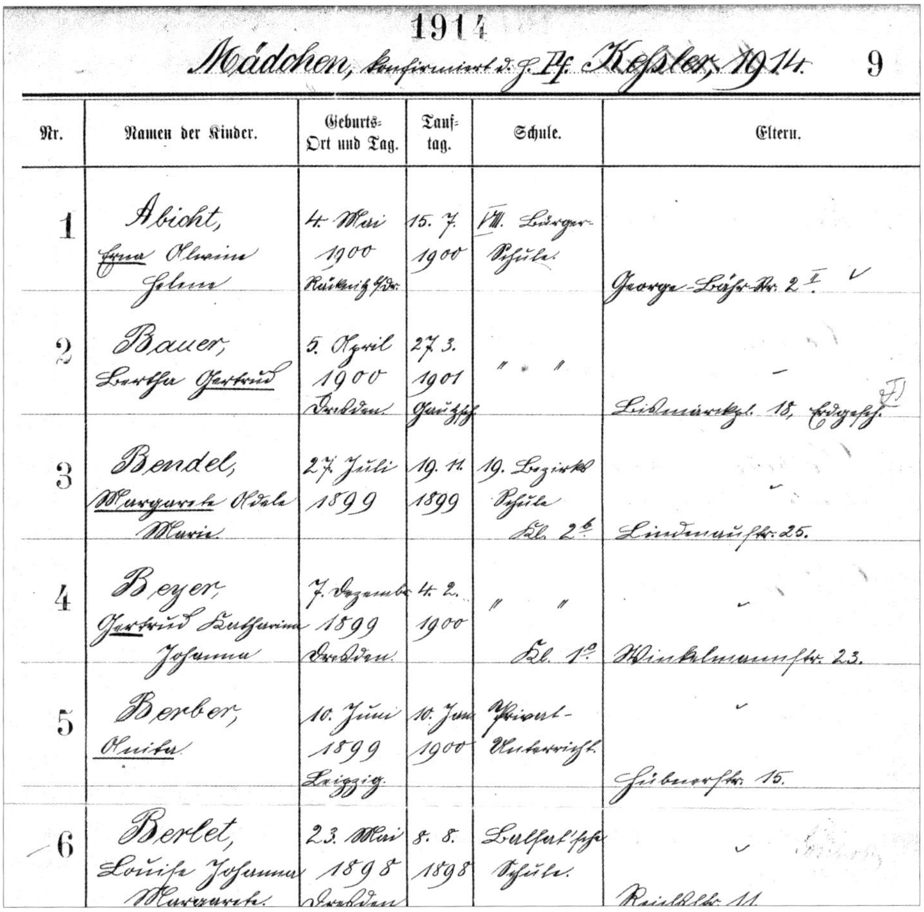

1914

Mädchen, konfirmiert d. J. Pf. Keßler 1914. 9

Nr.	Namen der Kinder.	Geburts-Ort und Tag.	Tauf-tag.	Schule.	Eltern.
1	Abicht, Erna Olwine Helene	4. Mai 1900 [illegible]	15. 7. 1900	VII. Bürger-Schule	George-Straße 2.
2	Bauer, Bertha Gertrud	5. April 1900 Dresden	27. 3. 1901 [illegible]	" " "	[illegible] 18, [illegible]
3	Bendel, Margarete Adele Marie	27. Juli 1899	19. 11. 1899	19. Bezirksschule Kl. 2	Lindenaustr. 25.
4	Beyer, Gertrud Katharina Johanna	7. Dezember 1899 Dresden	4. 2. 1900	" " Kl. 1	Winckelmannstr. 23.
5	Berber, Anita	10. Juni 1899 Leipzig	10. Juni 1900	Privat-Unterricht	Hübnerstr. 15.
6	Berlet, Louise Johanna Margarete	23. Mai 1898 Dresden	8. 8. 1898	[illegible] Schule	[illegible] 11.

Auszug aus dem Kirchenbuch: Namen der Kinder: Berber, Anita Geburtsort und -tag: 10. Juni 1899, Leipzig Tauftag: 10. Januar 1900 Schule: Privatunterricht Eltern: Hübnerstraße 15

den Spruch eingerahmt; er hat sie auf allen ihren weltweiten Tourneen begleitet, hat über ihrem frühen Sterbebett gehangen, und sie hatte gewünscht, dass ich an ihrem Sarge sie mit diesem ihrem Konfirmationsspruche einsegnen möchte.

Nicht lange nach ihrer Konfirmation siedelte sie mit ihrer Mutter nach Berlin über, und ich verlor sie, wie es leider so leicht geschieht, aus den Augen. Da eines Tages bekam ich den ersten ihrer seltsamen, liebesprühenden Briefe. Sie teilte mir mit, dass sie sich der Tanzkunst verschrieben habe; viel Mühe habe es sie gekostet, viel Verdruss und Enttäuschungen ihr gebracht; jetzt aber habe sie einen fabelhaften Erfolg gehabt und ein glänzendes Engagement erhalten. Sie schloss mit dem Versprechen: Mein lieber Pfarrerfreund, ich vergesse meinen Spruch nicht: „Bleibe fromm und halte dich recht!"[5]

Die freundschaftliche Beziehung zwischen beiden blieb bis in die Zwanziger Jahre hinein bestehen.

Zweites Kapitel

Aufstieg in Berlin

Nach ihrer Konfirmation besucht Anita das „Töchterbildungsinstitut" von Dr. Curt Weiß in Weimar, um ihre Französischkenntnisse zu verbessern und um Kochen zu lernen. Der Erste Weltkrieg hat begonnen und sie zieht nach Berlin. In Wilmersdorf hat ihre Großmutter eine Wohnung in der Zähringer Straße 13 gemietet. Hier wohnt sie zusammen mit ihrer Lieblingstochter Lucie, die als Sängerin am *Chat Noir* bei Rudolf Nelson fest engagiert ist. Zum Haushalt der Frauen gehören auch die beiden unverheirateten, kinderlosen Schwestern, Else und Margarete. Da die Großmutter ein Gut in Ostpreußen besitzt, lebt die Familie in materiell gesicherten Verhältnissen.

Lania schreibt: „Berlin im Krieg: Fahnen und Verwundetentransporte, Extraausgaben und Brotkarten, Kohlrüben und Siegesmeldungen – was war das eigentlich: der Krieg? Anita wusste es nicht, sie machte sich darüber ebenso wenig Gedanken wie die Millionen junger Mädchen in allen Städten Europas ... Man schrieb Feldpostbriefe an Freunde und Verwandte und – man wartete: auf Antwort, auf den Urlaub eines Bekannten, auf größere Mehlrationen – auf den Frieden? Nein, auf den wartete man nicht mehr, weil man nicht mehr an ihn glaubte ... Der Krieg war ein normaler Dauerzustand geworden, er verlor seine Besonderheit, man stellte sich auf ihn ein, man nahm ihn als etwas Selbstverständliches, worüber nachzugrübeln Vorrecht der Alten war, die immer nur vom Frieden sprachen, obwohl doch gerade sie den Krieg gemacht hatten.

Zermürbt durch die Sorgen und Nöte des Tages, ihrer Hilflosigkeit ganz klar bewusst und ohne Hoffnung, gegen diese grässliche Zeit zu bestehen, hatte die ältere Generation sich selbst aufgegeben. Und wollte es sich nur nicht eingestehen. Aber die Jungen merkten es allzu genau und waren grausam genug, es sie fühlen zu lassen. Also lebte Anita ihr Leben zwischen Schlangestehen um Margarine oder Fleisch oder Brot, den Kaffeekränzchen bei Notbeleuchtung und ungezuckertem Tee, zwischen der Sehnsucht nach dem großen Erlebnis und der nüchternen Erkenntnis, dass sich diese Sehnsucht nie erfüllen werde."

Als 16jährige wollte sie nicht mehr „zu Hause hocken". Anita war entschlossen, Tanzunterricht zu nehmen. Unter Berufung auf ihre Mutter – die jedoch

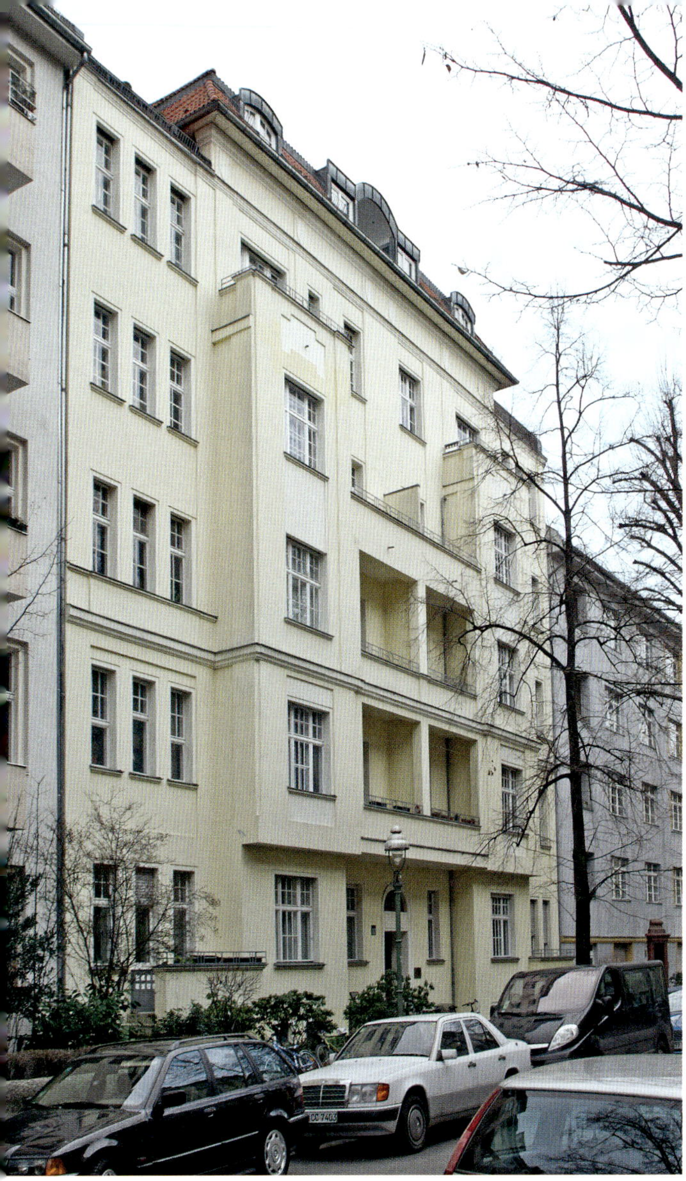

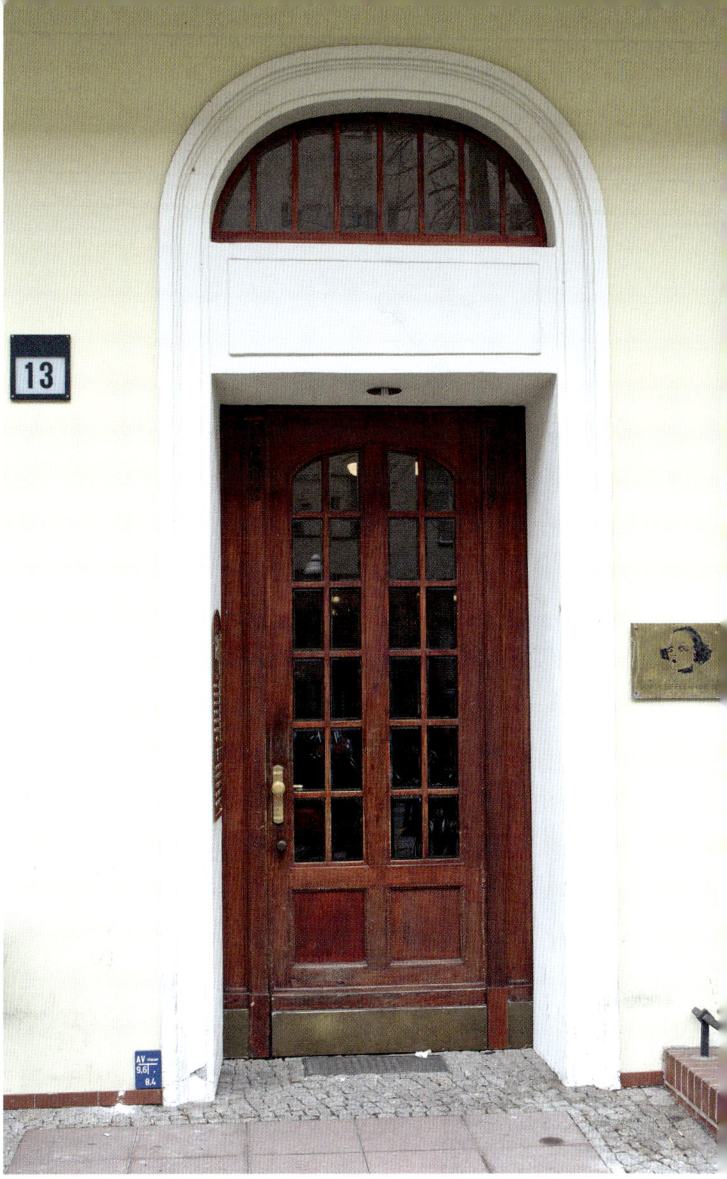

Zähringer Straße 13, Berlin-Wilmersdorf

davon nichts wusste – suchte sie Rita Sacchetto in ihrer bekannten Ballettschule auf und bat, sie als Elevin aufzunehmen. Sie war auch bereit, einige Übungen vorzuführen und berichtete, dass sie bereits als Kind rhythmische Kurse von Émile Jaques-Dalcroze in Dresden-Hellerau besucht habe. Anita durfte bleiben.

Im Februar 1916 trat sie zum ersten Mal mit der Ballettschule Sacchetto im Apollo-Saal auf. Wie hingeweht huschte Anita über die Bühne, und die zarte Rolle des „Zephir" schien ganz für sie geschaffen.

Bei den Nachforschungen nach Zeitzeugen stellte sich heraus, dass die Schriftstellerin Dinah Nelken noch lebte. Fast gleichaltrig, kannte sie Anita Berber bereits seit 1916. In einem ausführlichen Gespräch 1982 erinnerte sie sich an diese Zeit: „Während des Ersten Weltkrieges besuchte ich die Schauspielschule von Maria Moissi. Es war nicht das, was wir uns heute unter einer Schauspielschule vorstellen. Wir waren junge Mädchen, die sich in der Wohnung von Frau Moissi zum Üben trafen. Dafür bekam sie dann etwas Honorar.

Bei einem dieser Treffen erschien nun Rita Sacchetto und schlug vor, dass die angehenden Schauspielerinnen doch auch tanzen lernen sollten.

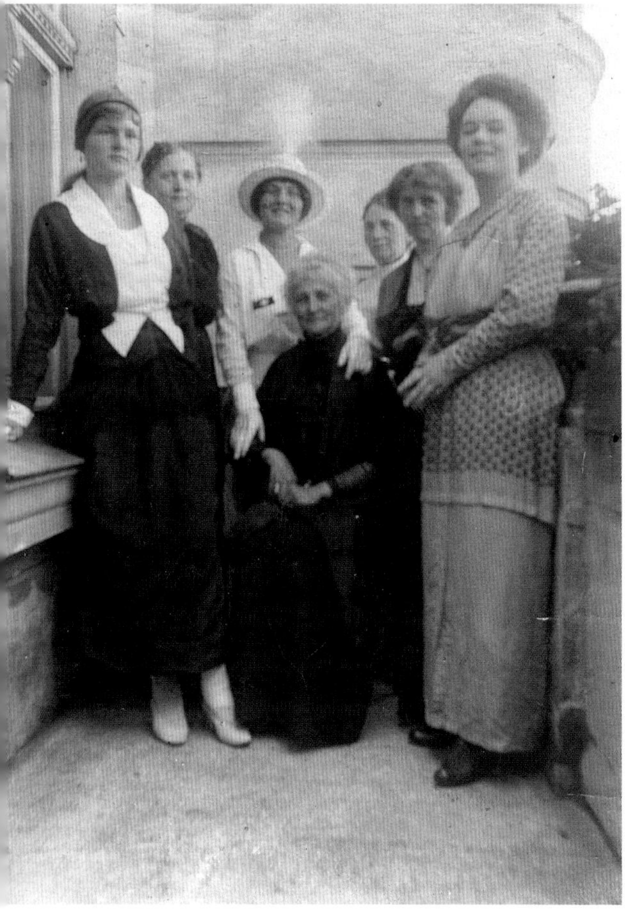

Auf dem Balkon der Wohnung Zähringer Straße 13; sitzend Großmutter Luise Thiem, dahinter Lucie Berber, vorn links Anita, vorn rechts Susi Wanowski; außerdem die Tanten Else und Margarete Thiem und eine Unbekannte, um 1919

Rita Sacchetto wohnte sehr hübsch in der hellen Etage einer Grunewald-Villa. Sie hatte zwei Brüder, die Maler waren, und ihre Idee war es nun, nach Gemälden lebende Bilder zu stellen, eine zur damaligen Zeit sehr beliebte Darbietung.

Die Ausstattung dafür wurde ohne großen Aufwand hergestellt. Da sie eine recht sparsame Frau war, färbte sie die Schleier für die Elevinnen selbst. In das Programm wurden solche Themen wie ‚Dantes Begegnung mit Beatrice' und ‚Frühlingsreigen' nach Botticelli aufgenommen. Ich erinnere mich noch an Hansi Burg, die spätere Frau von Hans Albers, die lange rote Haare hatte, an die weizenblonde Charlotte Schulz, aus der später eine bekannte Schauspielerin wurde. Hinzu kam noch die etwa 17jährige rotblonde Anita Berber. Anita erinnert mich im Nachhinein sehr stark an Marylin Monroe, obwohl sie äußerlich ganz anders aussah.

Wir verbrachten ein Wochenende in einem Haus in Eberswalde, zusammen mit drei jungen Männern. Anita setzte sich bei jedem auf den Schoß, mit naivem Charme. Sie war ganz unschuldig und reizend. Sie war von Natur aus ein heiterer Mensch. Anita war sehr spontan und hemmungslos, daher empfand ich ihr frühes Ende umso tragischer. Bei aller Vorliebe für Flirts hatte sie einen unglaublichen Liebreiz, ohne ordinär zu wirken. Ihr Wesen faszinierte nicht nur die Männer, sondern brachte ihr auch gleichermaßen die Sympathie von Frauen ein.

Bald gesellte sich noch Gertrud Samosch zu uns, die sich später Valeska Gert nannte. Sie war bedeutend älter, bereits eine ausgebildete Schauspielerin und hatte – allerdings ziemlich erfolglos – versucht, in der Provinz aufzutreten. Nun wollte sie Tänzerin werden, wofür sie bei ihrem hässlichen Aussehen, den breiten Hüften und dicken Beinen denkbar schlechte Voraussetzungen mitbrachte. Mit Siddi Heckel, der Frau des expressionistischen ‚Brücke'-Malers, studierte sie ein groteskes Duett ein. Während die eine weiß gekleidet war, wand sich die andere, vollständig schwarz gewandet, schlangengleich um sie herum. Es war toll. Die Sacchetto ließ uns jedenfalls machen, was wir wollten. Als dann die erste Aufführung in den Klindworth-Schwarwenka-Konzertsälen stattfand, konnte keine von uns wirklich tanzen."

In ihrem Roman „Fleur Lafontaine" – verfilmt von der DEFA mit Angelica Domröse in der Hauptrolle, der autobiographisch ihr Leben behandelt und zugleich ein Stück authentisch erlebter Zeitgeschichte ist – beschreibt Dinah Nelken eine Reklameschau der Tanzschule Sacchetto: „Warum wir Mädchen mitmachten, was doch von Anfang an nichts als Betrug und Kundenfang war? Es war die Lust am Spiel, an der rauschvollen Erhöhung des eigenen Selbst, zeigte uns doch der billig erhaschte Beifall, dass man sich nur treiben lassen musste, um leichthin über der leeren Tiefe zu schwimmen. Zu neuen Ufern, wie ich dachte, zu einem größeren Leben im Glanz der Bühnenlichter, wie ich hoffte."[7]

Ähnliche Gedanken müssen Anita Berber durch den Kopf gegangen sein. „Wir waren alle nur ausnehmend hübsche, junge Mädchen," erzählte sie, „und der erste Abend verlief recht erfolgreich.

Am darauf folgenden Morgen rief Rita Sacchetto die Schülerinnen zusammen und sagte uns, dass ihr Herr von Glasenapp – der damalige Chef der Theaterabteilung des Polizeipräsidiums – mitgeteilt habe, dass gegen die Aufführung eine ganze Reihe von Anzeigen wegen Unsittlichkeit eingegangen seien. Eine weitere Aufführung sei daher abhängig von der Beurteilung durch eine Kommission. Es erhob sich Protest, das käme nicht infrage. Anita Berber rief empört: ‚Ich trete vor diesen Idioten nicht auf!' Schließlich einigten wir uns auf einen Spaß. In der ersten Reihe saßen die Männer, die über unser Programm zu befinden hatten. Wir wickelten die Schau aber ganz auf zahm und züchtig ab, wobei wir uns übertrieben geziert und langsam bewegten. Fazit: Wir bekamen die Erlaubnis, auch den zweiten Abend veranstalten zu dürfen. Anita Berber amüsierte sich zusammen mit den anderen köstlich.

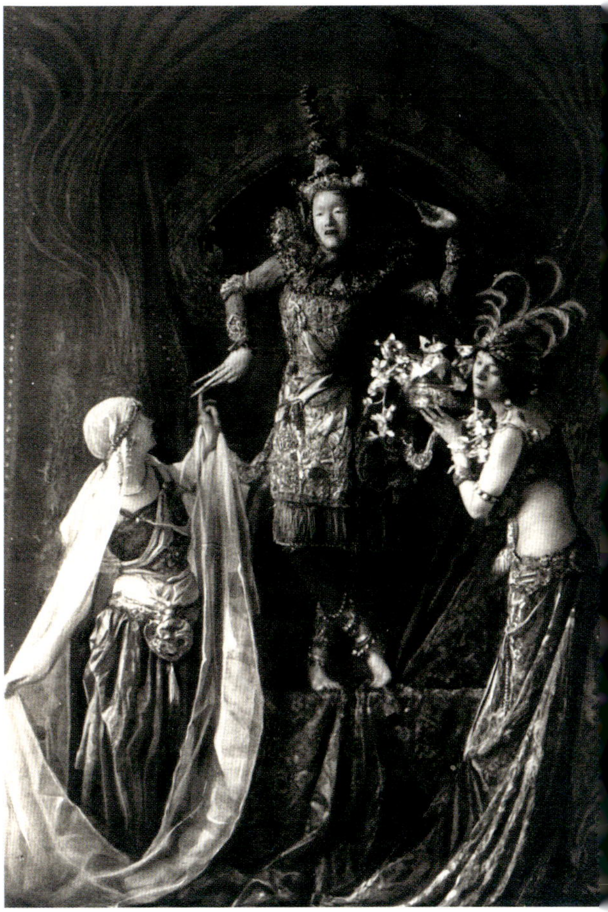

Rita Sacchetto (in der Mitte mit Maske) und Schülerinnen, Pose aus: „Indisches Märchen"

Das Merkwürdige war, dass sie unter so vielen recht hübschen Mädchen noch irgendwie auffiel. Sie hatte eine starke Ausstrahlung, die aber nicht daher rührte, dass sie besonders gut tanzen konnte. Es ging ihr auch gar nicht in erster Linie um das tänzerische Können, sondern vor allem darum, beachtet zu werden und beim Publikum anzukommen. Sie war glücklich, wenn ihre Anhänger nicht nur applaudierten, sondern laut ‚Anita, Anita!' riefen."

Die Auftritte der Sacchetto-Truppe gehen erfolgreich weiter. „Die Gläubigen strömen zuhauf". Es folgen Gastspiele in Hannover, Leipzig, Frankfurt und Hamburg. Gedichte werden tänzerisch dargeboten. Mit Schleiern poetisch schweben, während an den Fronte die Männer im Trommelfeuer sterben. Die Kritik lobt die Eigenart der Kostüme. Zusammen mit ihrer Lehrerin „schreitet… Fräulein Berber eine Gewandstudie „Gotische Frauen" in feierlichem Rhythmus"[8]. Im orientalischen Mimodrama „Verstoßen" wird versucht, die Empfindungen einer Sklavin zu schildern, die die Gunst ihres Herren vergeblich zurück zu gewinnen sucht. Wirkliche Empfindungen fehlten und alles wirke kalt und äußerlich. Nur „Fräulein Berber als Schmetterling bietet künstlerisch Reizvolles", schreibt der Börsen-Courier. Besonderen Beifall erhält sie für einen Chopin-Walzer, der auch später einer ihrer *Favorits* bleibt. Das Publikum verlangt eine Zugabe.

Seite 26: Anita als Harlekin

Seite 27: Rita Sacchetto (links) und Anita Berber in „Der Gott und die Bajadere" (nach Goethe)

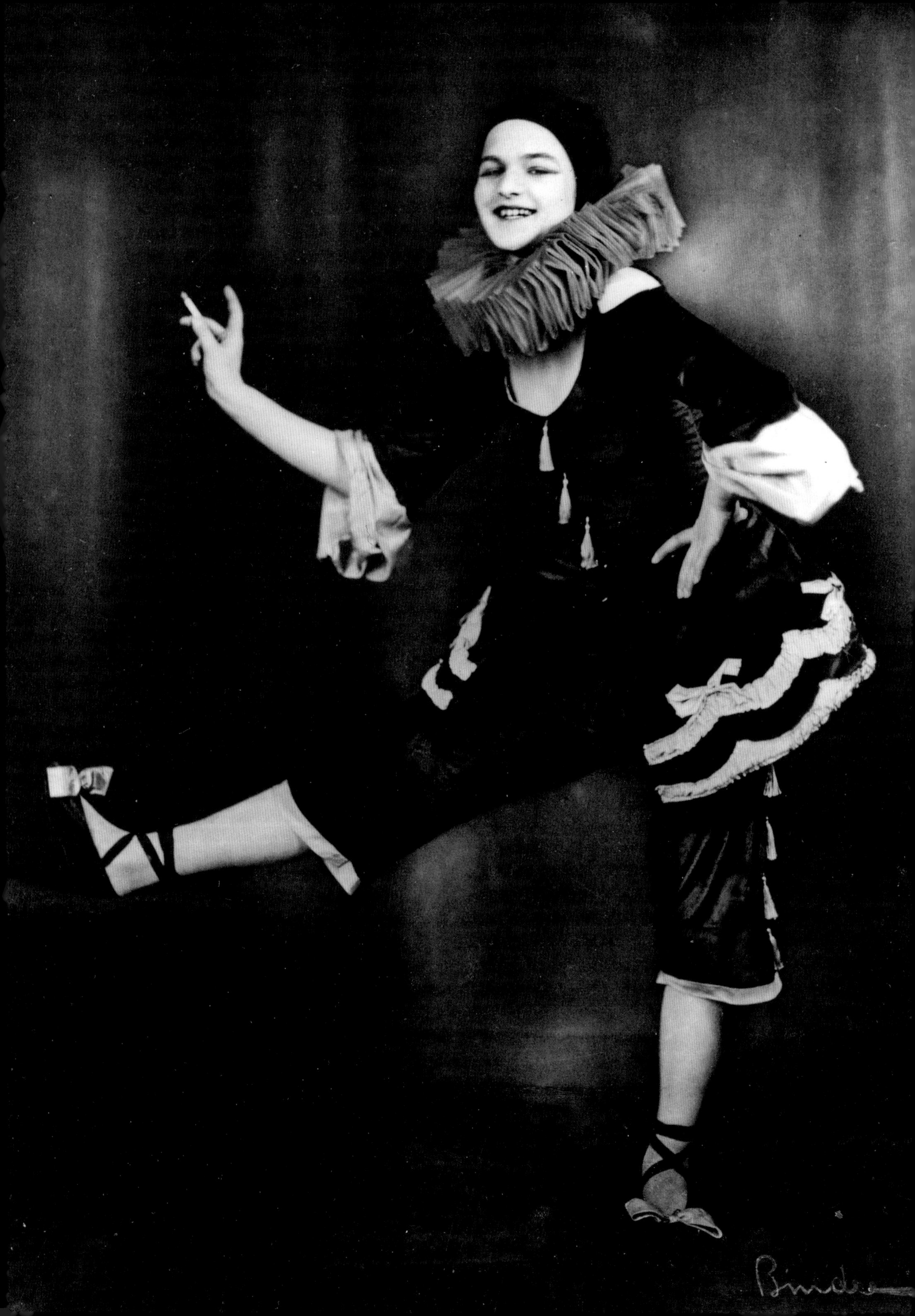
Binder

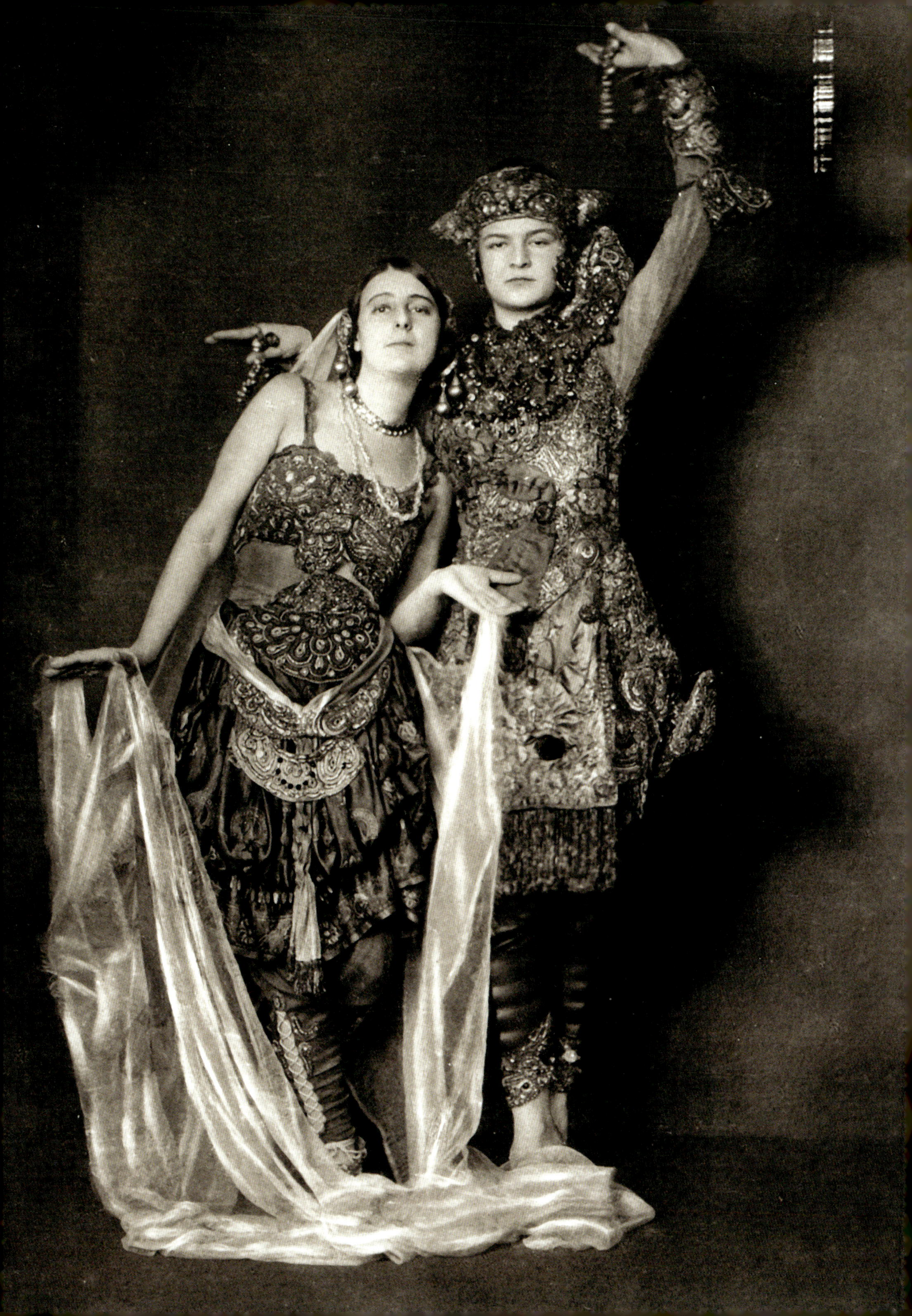

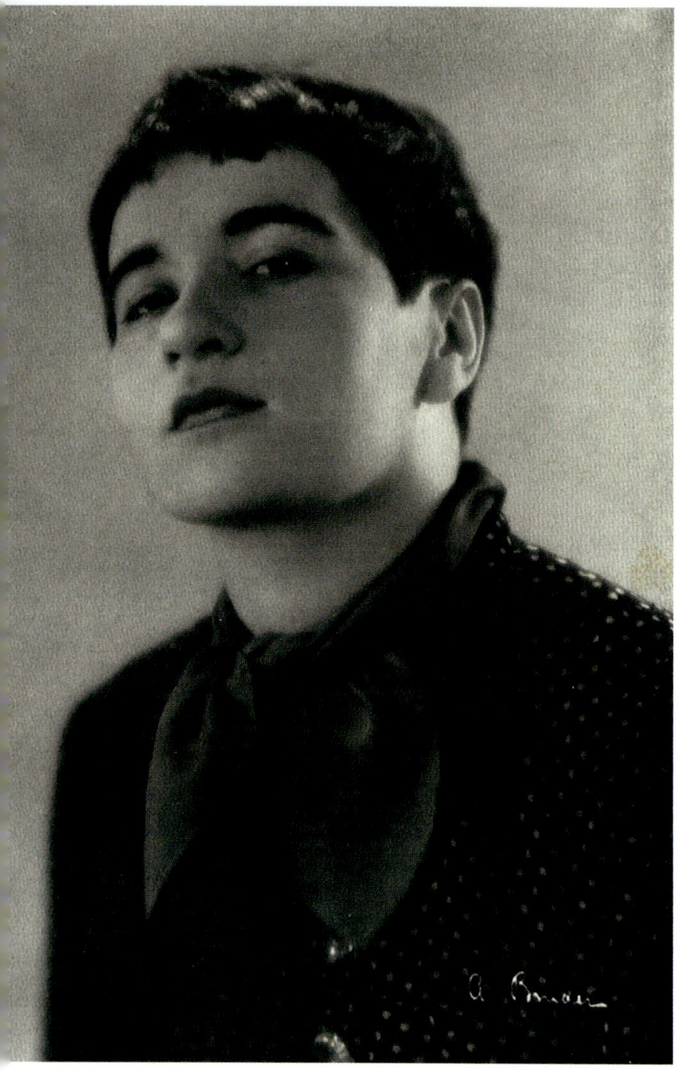

Es bleibt nicht aus, dass sich zwischen der Lehrerin und ihrer Meisterschülerin ein Konflikt anbahnt. Rita Sacchetto ist nicht mehr der Star des Programms. Sie fühlt sich an den Rand gedrängt und wird eifersüchtig. Abfällig soll sie geäußert haben, dass Anita Gummigelenke habe und der geborene Schlangenmensch sei.

Wunderhübsche Kostüme, prachtvolle Aufmachung und Geschmack können nicht darüber hinweg täuschen, dass die Sacchetto selbst nicht gern tanzt. „Es muss immer ein kleiner Roman darum herum sein. Und wenn man die Augen aufmacht, um's recht zu genießen, ist's schon wieder zu Ende"[10].

Als Erste sagt sich Valeska los und wagt mit Grit Hegesa ein eigenes Programm. Im März 1917 wird auch Anita Berber – knapp 18jährig – im Theatersaal der Hochschule für Musik ihren ersten Solo-Tanzabend geben.

Hellm. W. schreibt im *Börsen-Courier*: „Der Anfang ist ereigniswitterndes Getümmel und ‚Köpfe' mischen sich in die Schlacht um die Programme. Der Eifer gilt dem Tanzabend von ANITA BERBER.

Die ist eine Tänzerin voll Frische und voll lebendigen Glücks an ihrem Dasein. Nichts vom viel beliebten Weihe-Ernst der tänzerischen Kulturmission. Sie tanzt für sich selbst, spielt damit, dass sie schlank und graziös und hübsch und elastisch ist, und dass sie die Freude daran in allerlei bunte und sehr reizvoll erdachte Masken verkleiden darf. Einmal ist sie so ‚Diana', zu Chopins Musik, vom kraftstolzen Jägerschritt getragen, sie tummelt sich mit dem Spieß, mit dem Bogen – nein jetzt ist es ein Dolch, gefährlich wird sie und kampftoll – doch plötzlich ist sie durchaus nicht mehr Penthesilea und ist nur noch Übermut, und ein schmeichelnder Finger winkt und lockt. Jetzt scheint sie verlegen und scheu und sehnsüchtig, aber du, der du Mitleid empfindest, nimm dich in acht, denn dieser Walzer heißt ‚Valse coquette' und gleich wird man sich in einem jubelnden Sprung über deine Leichtgläubigkeit lustig machen. Denn man ist sehr beredt, dieser sehr lebendige Arm, dieser viel erfahrene Fuß kann viele Sprachen sprechen.

Valeska Gert

Der aber, der hie und da noch etwas nicht ganz stilistisch Gebundenes gesehen zu haben glaubt, wird gefälligst seine strengen Bemerkungen beiseite legen. Er hat sich bloß zu freuen, dass er dabei ist und noch eine boshafthübsche kleine Geste zum Dank erhält, zu der das Programm gar nicht verpflichtet"[11].

Unbeschwert und durch den Applaus übermütig geworden, geht Anita Berber ihren Weg. In einem Brief an Erich Mühsam entschuldigt sie sich für ihre „Mätzchen", die sie ihrer Nervosität zuschreibt und einer „kindischen Freude am Erfolg". Der einflussreiche Berliner Autor und Kritiker Oscar Bie bescheinigt der jungen Tänzerin eine große Begabung. „Das Stärkste wird in reiner Akrobatik erreicht, in groteskem Zittern, Verschlingen, Schlagen, Werfen, Überschneiden. Aber nicht varietéhaft an sich, sondern als gespielte und bewusste Kunst." Faszinierend findet er den Koreanischen Tanz, den Anita Berber im selbst entworfenen Phantasiekostüm *Binga* vorführt. In einem Tanz nach der Musik von Jan Sibelius sieht Bie „ein Bild von geschüttelter Dämonie". Er erkennt „schlangenhafte, wespenhafte, affenhafte Eigenart", zu der das Gesicht nicht passe. Beunruhigt registriert er „künstlich Erregendes, nur Interessantes".

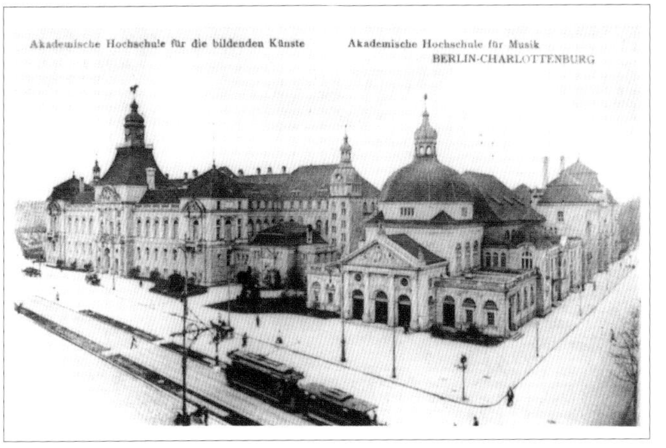

Konzertsaal der Hochschule für Musik, Berlin-Charlottenburg (im Zweiten Weltkrieg z.T. zerstört)

Für die Fotografen wird Anita zum begehrten Modell. Die Postkartenfirma *ross* bringt eine erste Serie heraus. Aufnahmen von Anita Berber mit den neuesten Hut-Kreationen und Kleidern erscheinen in *Die Dame* und in der *Eleganten Welt*.

Aber noch immer ist Krieg. Felix Berber fährt im eigenen Sportwagen – er hatte eine Vorliebe für ungewöhnliche Autos – an die Front und stellt sich patriotisch zur Verfügung. Er darf Konzerte in Lazaretten geben. Indessen tritt Chansonniere Lucie mit ihrer Tochter vor Verwundeten im Ostseebad Zopott und in Polen auf. „Zum ersten Male begegnete ich Anita wieder in Warschau," schreibt Hofprediger Kessler, „wo sie und ihre Mutter bei Theatervorstellungen für unsere Feldgrauen mitwirkten. Als ich sie in ihrem Hotel aufsuchte, fiel sie mir um den Hals und weinte bitterlich. Unter Schluchzen beschwor sie mich: „Glaub es mir, ich bin nicht schlecht, ich bin nicht gemein; ganz gewiss nicht! Aber bisweilen kommt der Teufel über mich, und dann kenne ich mich selbst nicht wieder!" Sie fragte mich, ob ich Geld brauchte für meine Dresdner Armen; ich lehnte ab; aber alles, was sie hatte, stopfte sie mir in meinen Mantel. Beim Abschied flehte sie mich an: „Bete für mich! Ich kann nicht mehr beten!" [14]

Diese Schilderung, die als wahr akzeptiert werden kann, ist recht erstaunlich. Anita duzt ihren Seelsorger, und das im kaiserlichen Deutschland, als Pfarrer, Ärzte und Lehrer noch als hohe Respektspersonen galten. Aus allen überlieferten Äußerungen der Zeitzeugen geht indessen hervor, dass Anita Berber jeden geduzt hat. Sie muss in ihrem Auftreten eine herzliche, spontane Direktheit an den Tag gelegt haben, dass ihre Mitmenschen es auch akzeptierten. Gegenüber Polizisten und anderen Vertretern der Obrigkeit allerdings wurde ihr Umgangston als unangemessene Vertraulichkeit aufgefasst, der später bei Festnahmen und Skandalen zu Eskalationen führte.

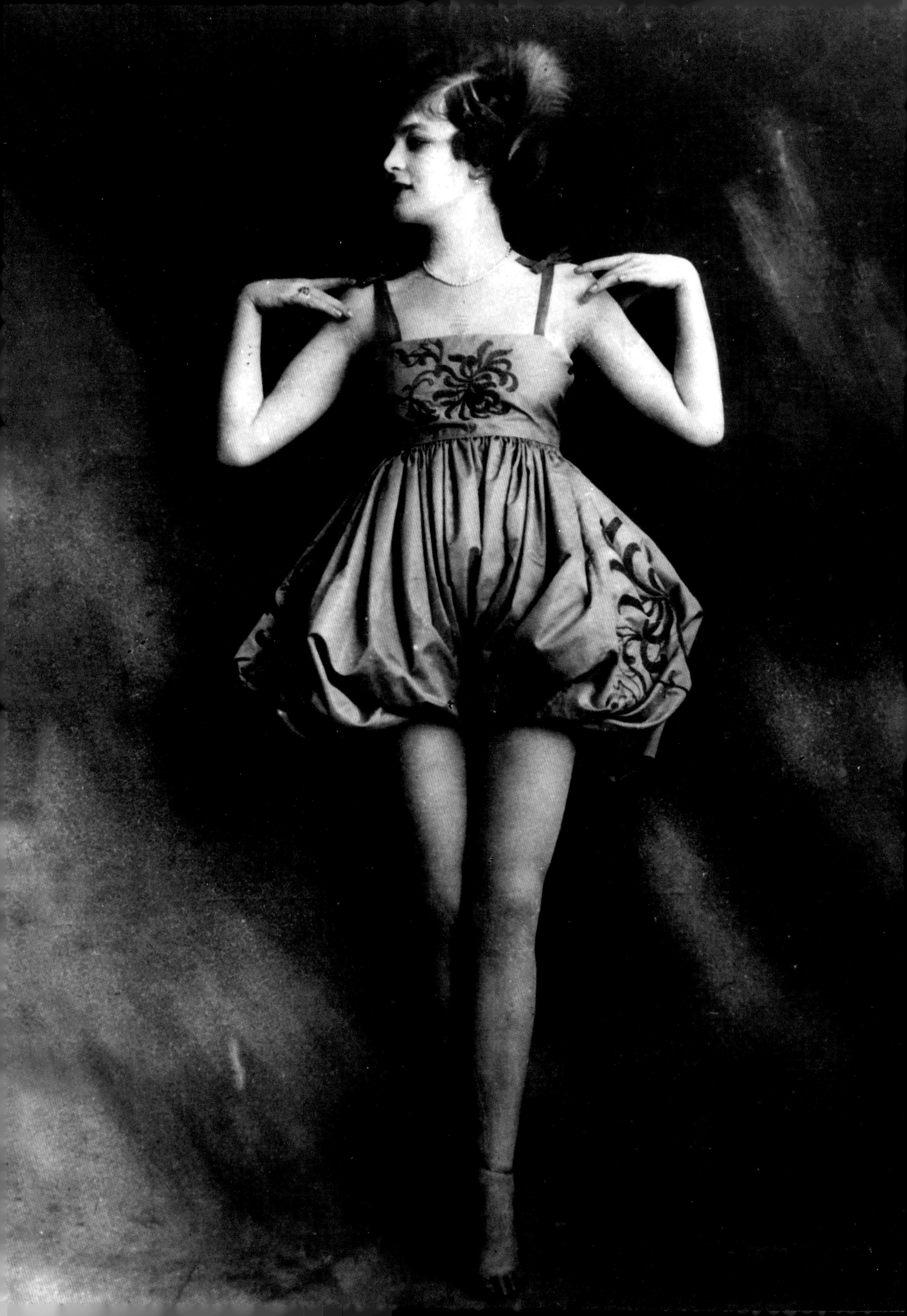

Unabhängig von dem steif-schwülstigen Stil der Sacchetto-Schule geht Anita Berber weiter ihren Weg als Tänzerin. „Das jetzt eben zu neuem Leben erwachte Berliner Apollo-Theater", schreibt die *Elegante Welt*, „verpflichtete die junge Künstlerin, und es hatte mit ihrem Auftreten einen schönen Erfolg. Man sah, dass Anita Berber die Zeit nicht ungenützt hatte verstreichen lassen. Was sie jetzt im Apollo-Theater zeigen konnte, war gleich glänzend in der Auffassung und Ausführung. Von aller Süßlichkeit weit entfernt, wirkt Anita Berber immer ein wenig ‚knabenhaft', und man möchte ihr wünschen, dass es ihr Gelänge, sich diese herbe Schlankheit der Erscheinung und vor allem der Empfindung zu erhalten."

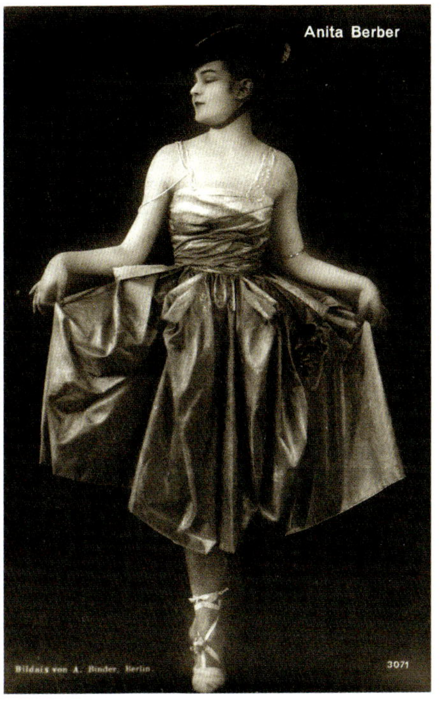

Anita, 1918/19

Ein zweites Engagement folgt bei Rudolf Nelson, und sie tritt erstmals im *Wintergarten* auf. Ein alter Bekannter ihrer Eltern, der Schriftsteller Karl Walter, beinahe 30 Jahre älter als Anita, den sie bereits aus Dresden kennt, wird ihr erster Liebhaber. Er verfasst Mysterien und mittelalterliche Legenden. Der Erfolg seiner heute vergessenen Theaterstücke ist weit kleiner als sein Glück bei den Frauen. Für Anita bleibt diese Beziehung ohne große Bedeutung.

Noch ist kein Frieden. Anita fährt zur Erholung in die Schweiz.

Zurück in Berlin verbringt sie Stunden des Tages mit Kostümproben in den Schneiderateliers. Sie telefoniert mit Agenten, unterschreibt Gastspielverträge und reist nach Wien. Kurz darauf tanzt sie mit großem Erfolg im *Orpheum* in Budapest.

Sie bekommt Einladungen zu Abendgesellschaften, hohe Gagen.

Die junge Künstlerin wohnt im Hotel *Hungaria*. Von ihrem Fenster aus sieht sie einen Menschenauflauf, rote Fahnen, hört Geschrei. Der Krieg ist vorbei. Lania beschreibt, dass sich Anita, angesteckt von der revolutionären Stimmung der Ungarn, in „kostbarem Pelz und Seidenschuhe unter die schlechtgekleideten, schlechtgenährten Menschen" gemischt habe. „Alle haben Hunger und keine Ideale, alle schreien nach Brot und singen die Marseillaise. Anita singt mit. Man winkt ihr zu, man lacht, zwei junge Arbeiter fassen sie unter den Armen, so ziehen sie über die Andrassy-Straße." Als der Zug vor dem Opernhaus von berittener Polizei gestoppt wird, gelingt es ihr, in einen Hausflur zu fliehen. Sie hört die Schreie von Stürzenden und Verwundeten und ist empört über die „Hunde von Polizisten."[16]

Mit dem Nachtschnellzug reist sie ab, nach Wien. Bald ist sie wieder zurück in Berlin.

◁ Anita, 1918

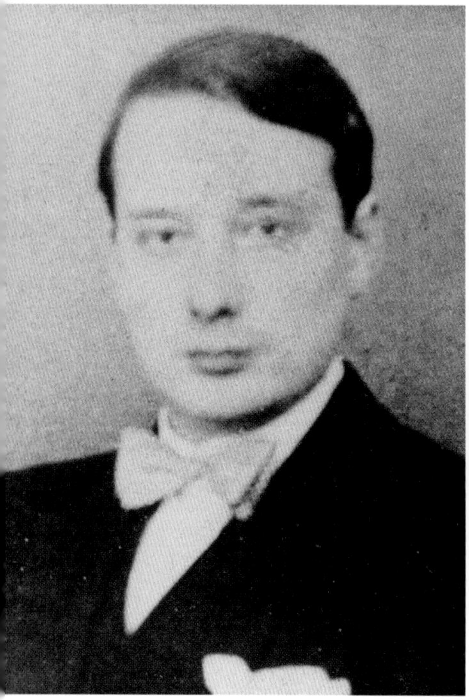

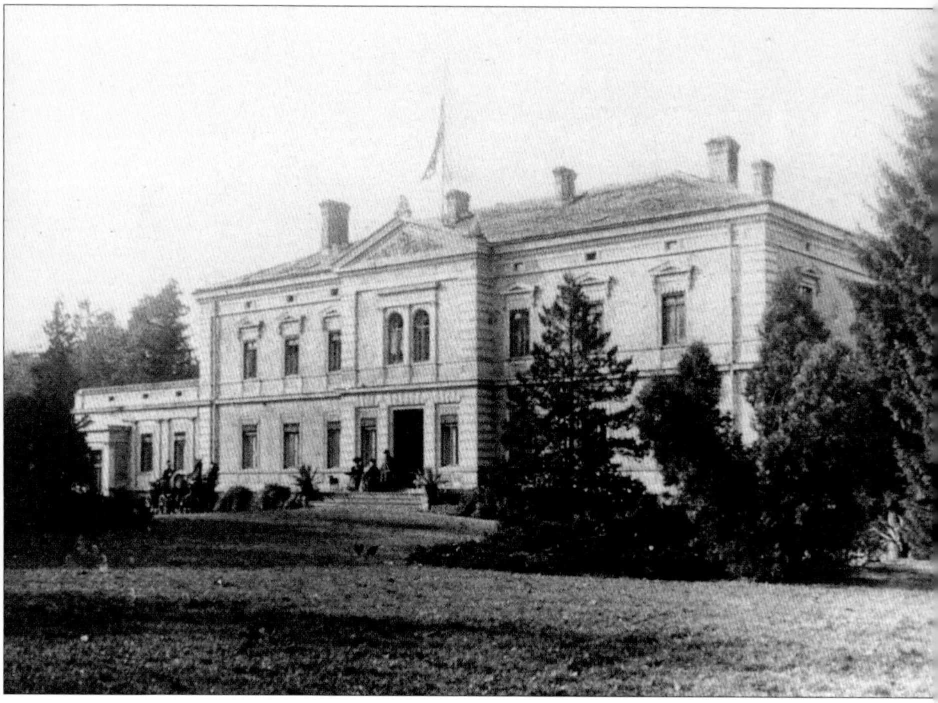

Eberhard von Nathusius; Herrenhaus Gut Ludom, Besitz der Familie von Nathusius

In seinem biographischen Roman „Der Tanz ins Dunkel" hat Leo Lania Anitas Zustand als inneren Monolog zu deuten versucht: „Wenn ich doch einmal sehr, sehr unglücklich wäre!" Anita berauschte sich an der Vorstellung von einem außerordentlichen Erlebnis, einer Liebe, einer Leidenschaft, an der sie lange tragen müsste, ihr ganzes Leben. Sie war unglücklich, dass sie nie so unglücklich sein würde. Oder doch?"[17]

Schon bald sollte sich ihr Leben ändern durch zwei Männer. In der mütterlichen Wohnung in der Zähringer Straße fühlt sie sich nicht mehr wohl. Einerseits verwöhnt zu werden wie ein Kind und andererseits Rücksicht nehmen zu müssen auf die Großmutter, die Mutter, die Tanten, das passte nicht mehr zu ihrem neuen Lebensstil. Sie beschloss daher zu heiraten. Umworben wurde sie von vielen. Ihre Wahl fiel auf Eberhard Engelhard von Nathusius, einen gut aussehenden jungen Mann. Er wurde 1895 in Berlin-Grunewald geboren und auf der Ritterakademie in Brandenburg an der Havel erzogen. Den Ersten Weltkrieg machte er bei einem Jägerregiment zu Pferde mit und wurde fünfmal verwundet. Sein Urgroßvater, Philip Engelhard Nathusius (* 1815), war wegen seiner Verdienste um das Wohl der Armen – er gründete ein Knabenrettungshaus – in den Adelsstand erhoben worden. Nach einem Studium in Berlin unternahm er viele Reisen nach Italien, Frankreich, Griechenland und die Türkei. Er ließ sich später in Nienstedt am Harz nieder, veröffentlichte Gedichtbände und gab ein „Volksblatt für Stadt und Land" heraus. Seine Frau schrieb Erzählungen und Romane. „Elisabeth, eine Geschichte, die nicht mit der Heirat schließt" erlebte acht Auflagen und mehrfache Übersetzungen.

Die Familie erwarb das Rittergut Ludom, das heutige Ludomy, südlich von Posen. Eberhards Vater kam dort zur Welt, ebenso wie seine Schwester Anne-

▷ Anita, 1918

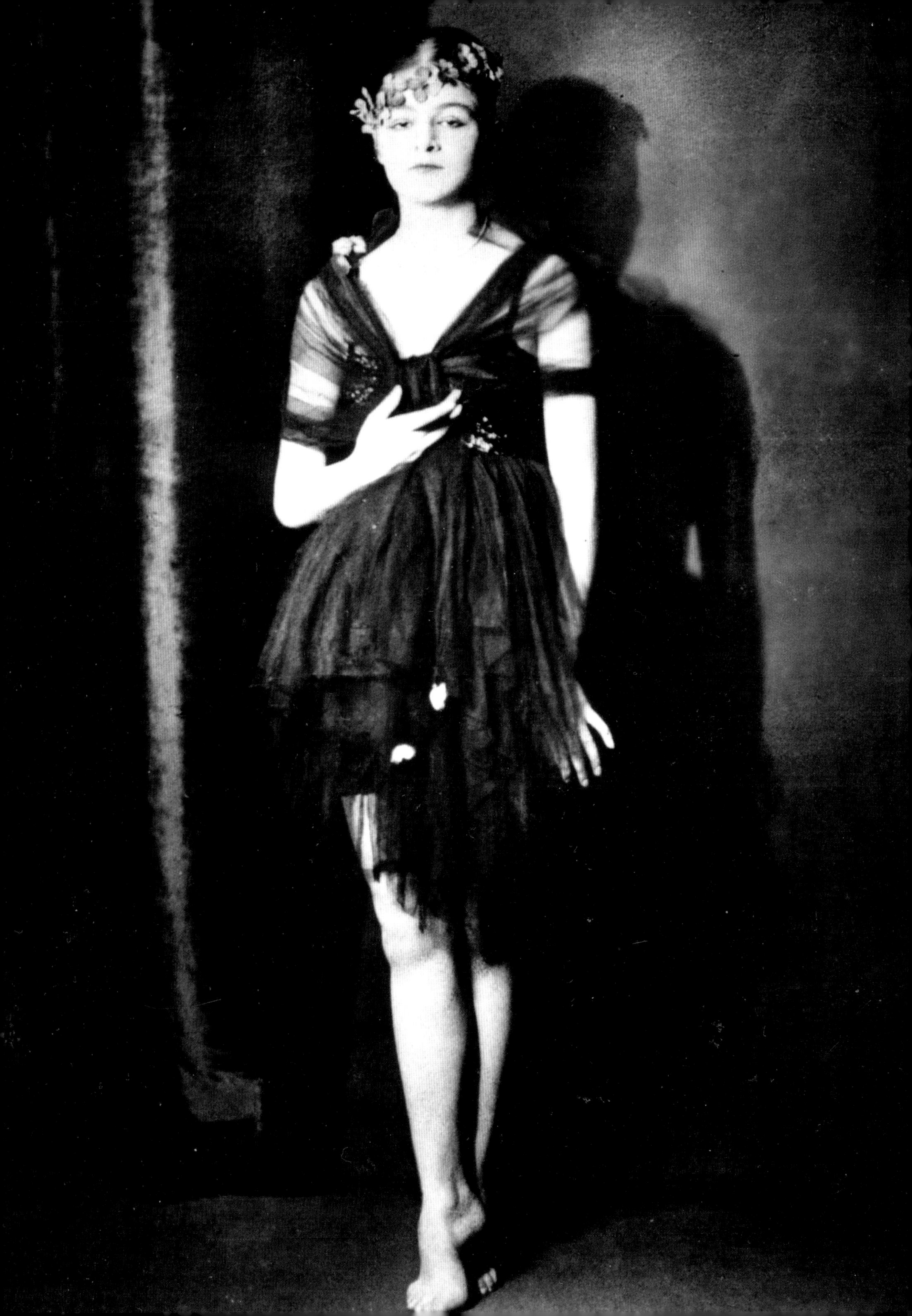

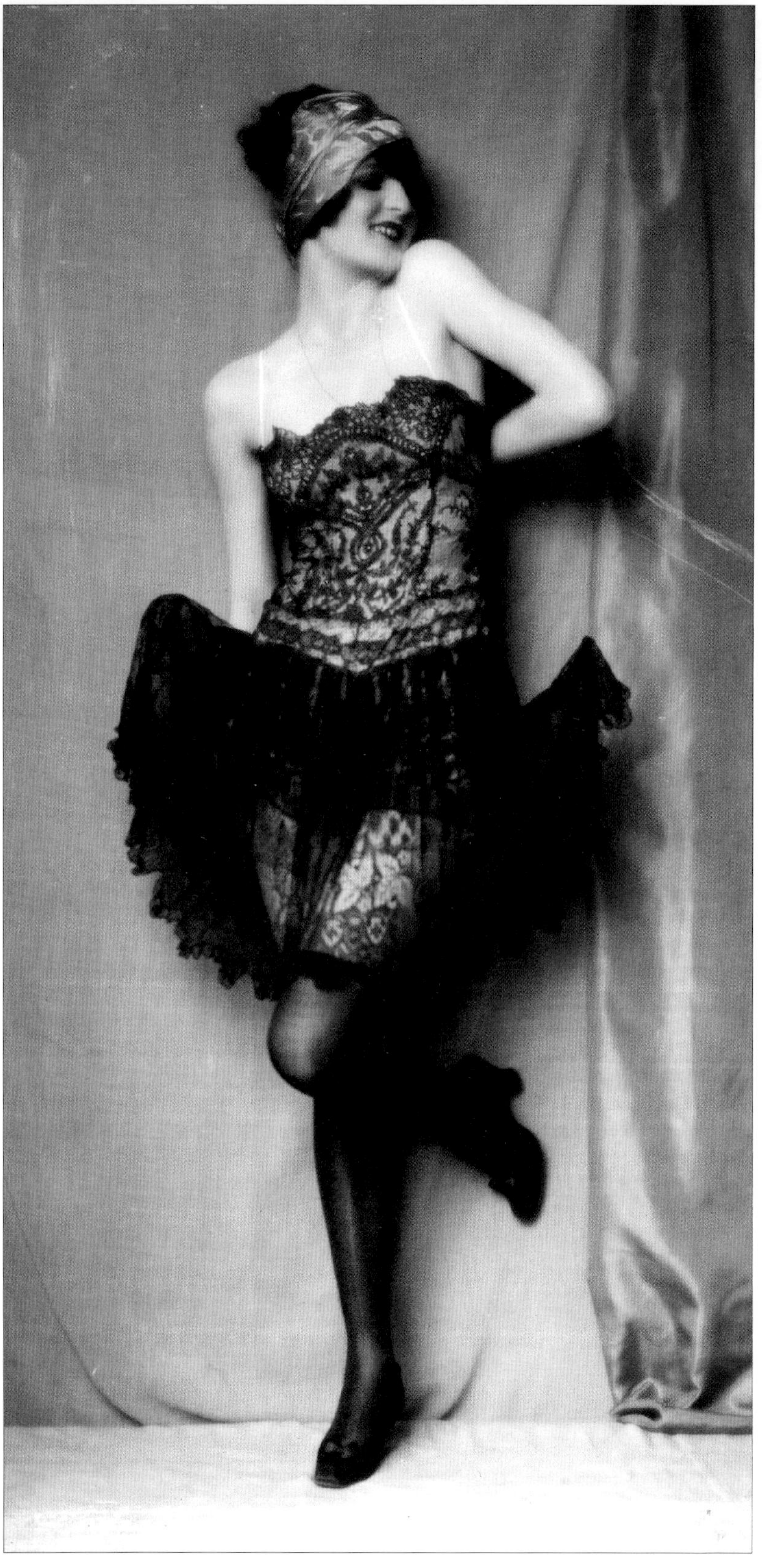

marie, eine Schriftstellerin in den Fußstapfen ihrer Großmutter. Ihre Ehe mit einem Tiermaler blieb kinderlos und wurde 1904 geschieden. Nach dem Verkauf des Gutes Ludom zog sie nach Berlin und wohnte am Kurfürstendamm. 1912 hatte sie „Die Reise nach Baden“ veröffentlicht. Die Handlung des Romans kreiste um eine Dame der Gesellschaft, die zur Hochstaplerin wird und als Dirne endet. „Nathusius verfitzt sich in Toiletten,“ spottete ein Zeitgenosse.[18] Ihr Bruder, Philipp Engelhard, Anitas späterer Schwiegervater, diente nach preußischer Tradition als Offizier beim 2. Kürassier-Regiment „Königin“ in Pasewalk. 1895 hatte er Margarete Loeper geheiratet. Die Ehe wurde 1901 geschieden, als Sohn Eberhard sechs Jahre alt war. 1908 heiratete der Vater erneut. Auch diese Ehe war nach zwei Jahren zu Ende. In dritter Ehe war er mit Irmgard von Asmuth verbunden. Während der Zwanziger Jahre widmete sich Eberhards Vater erfolgreich der Sportreiterei und gewann auf Turnieren mehrere erste Preise und Diplome. Mit Unterstützung anderer Reitsportler gründete er die Tattersall GmbH im Berliner Grunewald. Nach langem Leiden starb er 1940 in einem Potsdamer Krankenhaus.

Sein einziger Sohn, Eberhard von Nathusius, wuchs in Wohlstand auf und besaß ein nobles Auto. Was Anita Berber bewog, ihm 1919 ihr Ja-Wort zu geben, ob es Liebe war oder nur der Reiz einen adeligen Mann zu heiraten, der in der Hoffnung lebte, ein großes Vermögen zu erben, bleibt

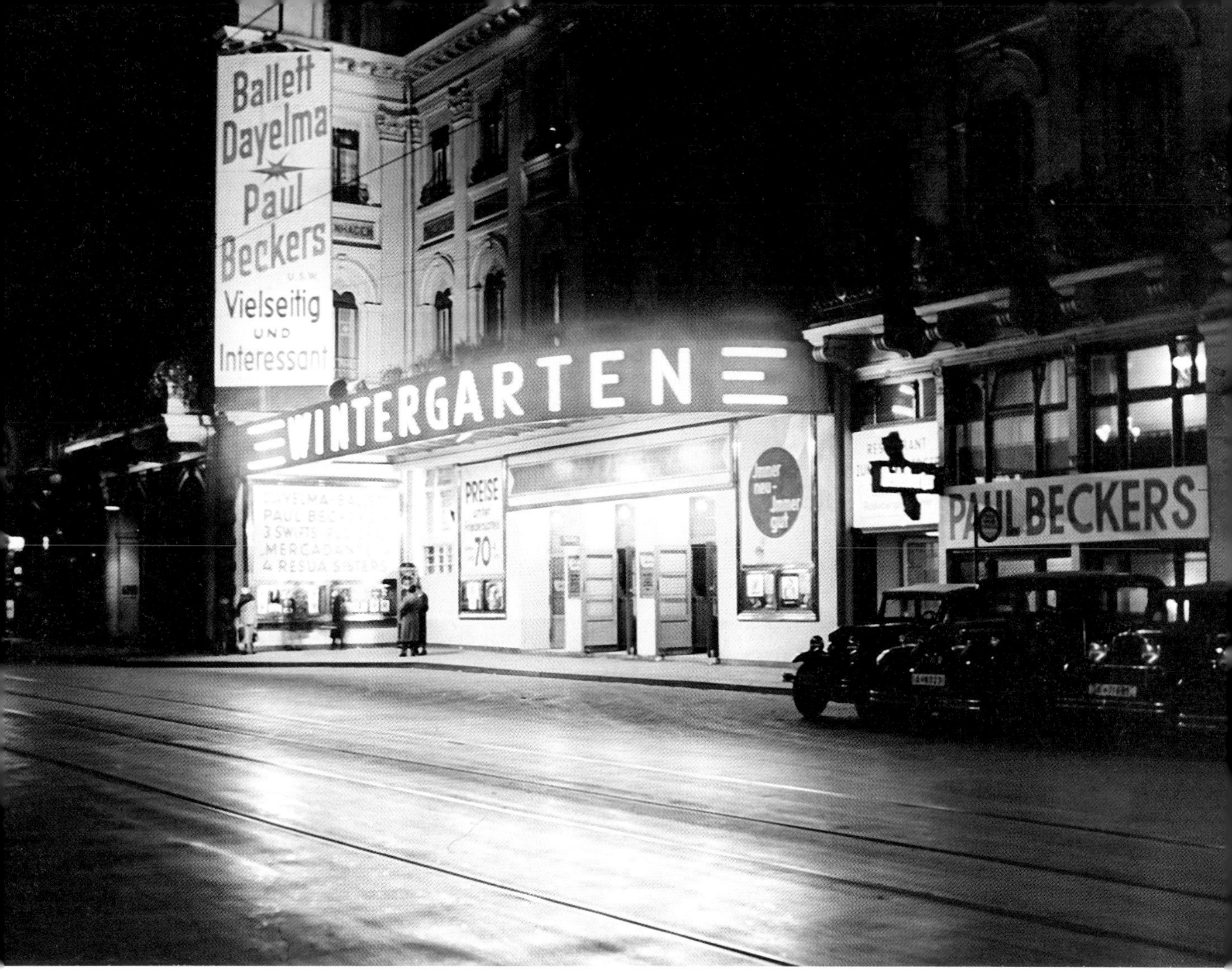

Der Berliner Wintergarten, um 1926

fraglich. Schon 1922 wurde die Ehe wieder geschieden. Man trennte sich in beiderseitigem Einvernehmen und blieb in freundschaftlicher Verbindung.

Eberhard galt in der Familie als „schwarzes Schaf." Er betrieb einen Handel mit Antiquitäten und reiste viel. Sein Pass zeigt Visa für das Ausland noch bis in die Kriegsjahre hinein. Am 24. Juni 1942 starb er. Die Todesursache ist nicht geklärt. Nach der Familienchronik litt er an einer Hirnhautentzündung, aber möglicherweise endete er durch Mord oder Selbstmord. Eine Tante behauptete, ihn in einer Blutlache auf einem kostbaren Teppich gefunden zu haben. Nach der Trennung von Anita Berber hatte er nicht wieder geheiratet. Zur kurzen Dauer seiner Ehe hat mit hoher Wahrscheinlichkeit die Beziehung seiner Frau zu dem homophilen Tänzer und Dichter Sebastian Droste beigetragen. Er hieß mit bürgerlichem Namen Willy Knobloch und wurde, wie sich später zeigen sollte, Anita zum Verhängnis.

Im Dezember-Programm des Berliner *Wintergartens* tritt Anita Berber als Stern des Abends auf. „Mit ihrer wild-leidenschaftlichen Art, ihrer anmutig-wirbelnden Schmiegsamkeit erobert sie sich immer wieder die Herzen aller."[19] Zwei Monate danach beginnt sich der Tenor der Kritik zu ändern.

Hatte sie damals schon Sebastian Droste kennen gelernt, und war es gar die Wirkung des weißen Pulvers, der Modedroge Kokain?

◁ Tanz „Pritzelpuppe"

„Der Tanz entfernt sich von seinen eigenen Bedingungen. Er verlässt sich nicht mehr auf das Spiel des Körpers, er greift zu Requisiten und zum Arrangement", so lauten die aufkommenden Befürchtungen angesichts einer Modeflut von Tanzveranstaltungen und neuen Tänzerinnen nach dem Ende des Weltkrieges. „Auch Anita Berber, die im Blüthner-Saal tanzte, traute nicht ihrer Phantasie, ihrem musikalischen, ihrem rhythmischen Gefühl. Sie trug von außen Mätzchen heran. Schals, Peitsche, Beleuchtungswechsel, erglühender Stein, Pfeife, zwei Neger – damit pulverte sie ihre Nummern kitschig auf. Ihr Temperament braucht Stützen. Was gab sie aus Eigenem?" Der Beobachter rügt eine „falsche, süße Innerlichkeit." Sie sei nicht persönlich genug, um sich ins Lyrische, ins Marionettenhafte (gemeint ist ihr Tanz „Pritzelpuppe") vervielfältigen zu können. „Ihr fehlt der Stil und die Beherrschtheit. Die Abwechslung ihres Programms ermüdete, weil sie nicht in der Mannigfaltigkeit einer Natur begründet war. Man hat es oft Tänzerinnen sagen müssen, aber man muss es bei ANITA BERBER wiederholen: Sie reicht aus für zwei Varieténummern, aber nicht, auf sich gestellt, für einen Abend. Doch mit Cake Walk und Girltänzen im Varieté – das könnte eine Zukunft sein."

Zwischenspiel Leni Riefenstahl

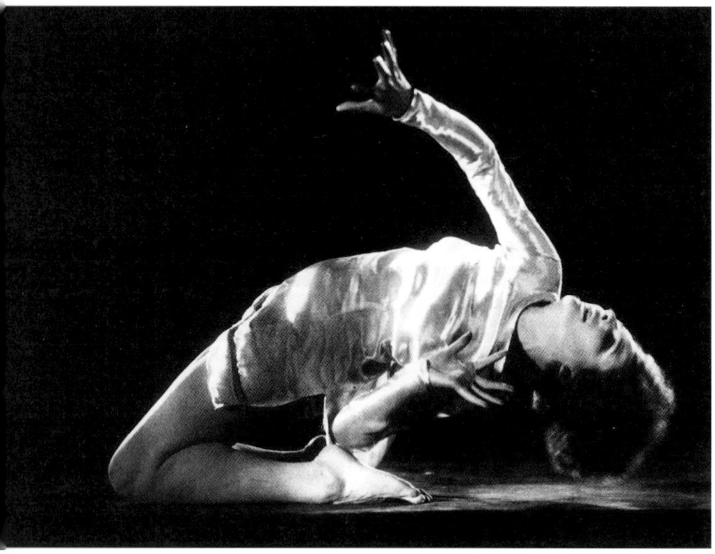

Leni Riefenstahl in einer Tanzpose

Die Zeiten in denen Rita Sacchetto noch Einfluss auf Anitas Tanzstil nehmen konnte, sind vorüber. Sie bereitet in der Schule von Helene Grimm-Reiter ein neues Programm vor. Zusammen mit ihrer Lehrerin entwickelt sie eine Tanzschrift, die analog zu den Noten mit AKB-Linien – das sind die Arm-, Körper- und Bein-Bewegungen – die Choreographie grafisch darstellt. Die nahe der Kaiser-Wilhelm-Gedächtniskirche gelegenen Übungsräume besuchte auch eine andere junge Frau: Leni Riefenstahl. Einmal im Jahr mietete Frau Grimm-Reiter den Blüthner-Saal für einen Schüler-Tanzabend. Diesmal freute sie sich besonders auf das Ereignis, weil sie einen „Star" zur Verfügung hatte – Anita Berber.

Die war eigentlich keine Schülerin mehr, sondern besuchte das Studio zur Vorbereitung ihres eigenen Programms. Leni Riefenstahl bewunderte sie und schwärmt in ihren Memoiren: „Ihr Körper war so vollkommen, dass ihre Nacktheit nie obszön wirkte. Ich hatte sie oft beim Einstudieren beobachtet und kannte jeden Schritt, jede Bewegung. Wenn ich allein war, versuchte ich, ihre Tänze nachzuahmen. Dies erwies sich bald als mein großes Glück. Anita Berber war das Zugpferd des Tanzprogramms der Schule. Drei Tage vor der Veranstaltung erfuhren wir, dass sie an einer schweren Grippe erkrankt sei und dass darum der Tanzabend voraussichtlich nicht stattfinden könne. Wir waren alle sehr niedergeschlagen. Da kam mir der Gedanke, ich könnte vielleicht für Anita Berber einspringen. Ungläubig sah mich Frau Grimm-Reiter an. Nach intensivem Bitten erlaubte sie, dass ich ihr die beiden Tänze vorführte, aber unsicher sagte sie danach: „Du hast gut getanzt – aber auf der Bühne wirst du Lampenfieber bekommen –, und du hast auch keine Kostüme."

„Sie haben doch einen ganzen Raum mit Kostümen," sagte ich, „da finden Sie bestimmt etwas für mich."

Und wirklich fanden wir ein paar hübsche, passende Kostüme. Erst als das alles so überraschend schnell vor sich gegangen war, fiel mir mein Vater ein. Es wäre aussichtslos gewesen, seine Genehmigung zu erhalten. Aber meine Mutter und ich fanden einen Ausweg: Freunde unserer Familie organisierten einen Skatabend. Außer meiner Mutter wurde nur mein kleiner Bruder eingeweiht; als Zuschauer sollte er mein erstes öffentliches Auftreten miterleben. Das Publikum setzte sich zum größten Teil aus Verwandten und Freunden der Tanzschülerinnen zusammen.

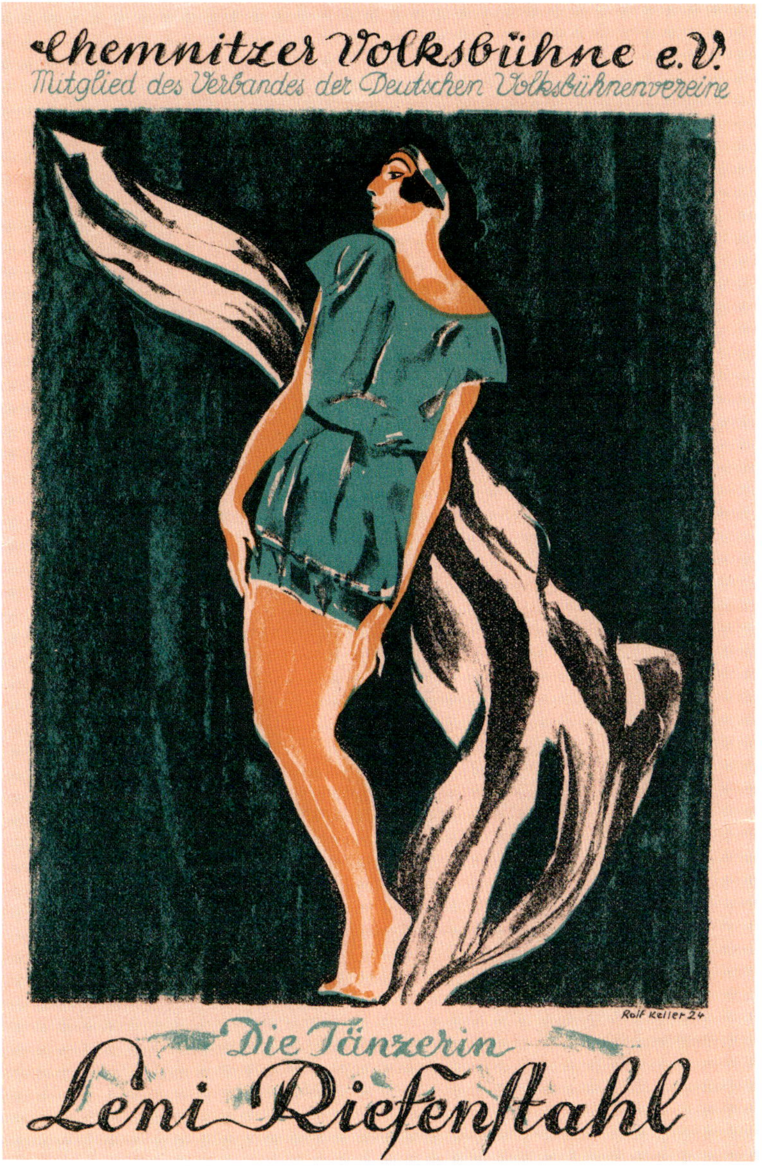

Die Tänzerin Leni Riefenstahl, Plakat von 1921

Ich zitterte vor Ungeduld vor meinem ersten Auftritt. Lampenfieber hatte ich merkwürdigerweise nicht. Im Gegenteil, als endlich das Zeichen für mich kam, schwebte ich beglückt über die Bühne – und es kam mir vor, als hätte ich das schon immer getan. Der Beifall war so stark, dass ich meine Tänze wiederholen musste.

Nach diesem Abend war ich vor Glück wie betäubt, ich fühlte, dass nur dies meine Welt sein würde."* Nach einer heftigen Auseinandersetzung mit dem Vater und einem zwangsweisen Aufenthalt in einem Pensionat in Thale/Harz setzt sie jedoch ihren Willen durch und wird Tänzerin. Es beginnt eine viel versprechende Karriere mit Tanzabenden in Frankfurt, Leipzig, Düsseldorf, Köln und Dresden. Sie bekommt Angebote aus dem Ausland und tanzt mit Erfolg im Züricher Schauspielhaus, in Innsbruck und Prag. Bei einem Auftritt im Konzertsaal CENTRAL zieht sie sich eine langwierige Bänderzerrung zu und muss

* Leni Riefenstahl, Memoiren, München, 1987, S. 33 f

Chopin-Walzer Nr. 1

Getanzt von Anita Berber bei ihrem ersten Auftreten im Blüthner-Saal

Einstudiert und notiert von Helene Grimm-Reiter

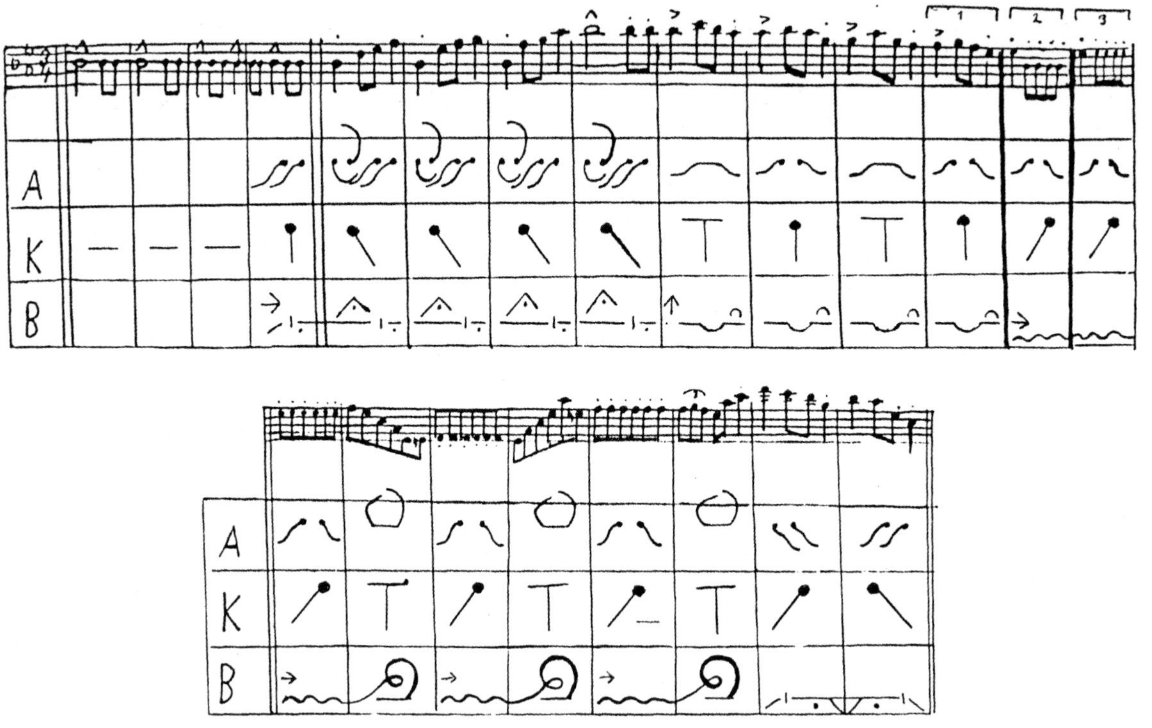

Tanzschrift von Helene Grimm-Reiter für Anita Berber

sich damit abfinden, nicht mehr tanzen zu können. Ihr Idol Anita Berber hatte ihr kein Glück gebracht. Der weitere Lebensweg Leni Riefenstahls ist bekannt. Sie wird eine erfolgreiche Schauspielerin, Fotografin und die wichtigste Dokumentarfilm-Regisseurin in Hitler-Deutschland.

Drittes Kapitel

Sebastian und der nackte Tanz

Im Sommer 1920 tritt in Berlin zum ersten Mal ein junger Tänzer auf, den die Kritik besonders beachtet: Sebastian Droste, mit bürgerlichem Namen Willy Knobloch. Man spricht von einer starken tänzerischen Begabung, die ihren Weg zum Publikum gefunden hat. „Droste bringt günstige Vorbedingungen mit: er ist sehr groß, schlank, hat einen ausgeprägten Sinn für charakteristisches Kostüm und besitzt ein auf Übertragung in körperliche Bewegung eingestelltes musikalisches Einfühlungsvermögen. Er hat Temperament und Mut zu Gewagtheiten, auch wenn sie hart die Grenze der Effekthascherei streifen sollten." Nach den ersten Bewegungen merke man bereits, dass man einen Künstler vor sich habe, für den der Tanz den stärksten Ausdruck seines rhythmischen Empfindens bedeute. Eine Nummer heißt „Opiumrausch", und es ist ungewiss, ob bereits die eigene Sucht oder nur mimische Darstellung geboten wurden. Ihm werden „dämonisch groteske Sinnlichkeit, sowie rauscherfüllte Verzückungs- und Angstzustände, sowie andachtsdurchglühte religiöse Stimmungen" bescheinigt. Sebastian Droste „besitzt jene Fähigkeit, die Valeska Gert beschrieb, die darin besteht, die Linie bis ins Übernatürliche hinaus verlängern zu können."[22]

Droste ist nicht nur Tänzer, sondern auch expressionistischer Lyriker und Maler, und die Kritik beklagt, dass er einem seinem Können nicht ebenbürtigen Ensemble, nämlich dem Ballett Celly de Rheidt, angehöre. Wie mit Sicherheit bekannt ist, gehörte auch Anita Berber zu der Truppe und machte so Drostes Bekanntschaft. 1920 traten sie in einem „Spanischen Tanz" gemeinsam auf. Zunächst wurde ein Ensemble der „Schönheit" angekündigt, aber bald wurde klar, was darunter zu verstehen war.

In Anspielung auf Vorführungen in Celly de Rheidts Wohnung zeichnete George Grosz einen „Schönheitsabend in der Motzstraße". Cäcilie Schmidt – so war ihr bürgerlicher Name – kam aus Rheydt bei Mönchengladbach und stammte aus gutbürgerlichem Hause. Sie hatte das Lyzeum besucht und schwärmte für Kunst. Ihren späteren Mann hatte sie nach dessen Verwundung im Lazarett kennengelernt und war ihm bei Kriegsende in die Reichshauptstadt

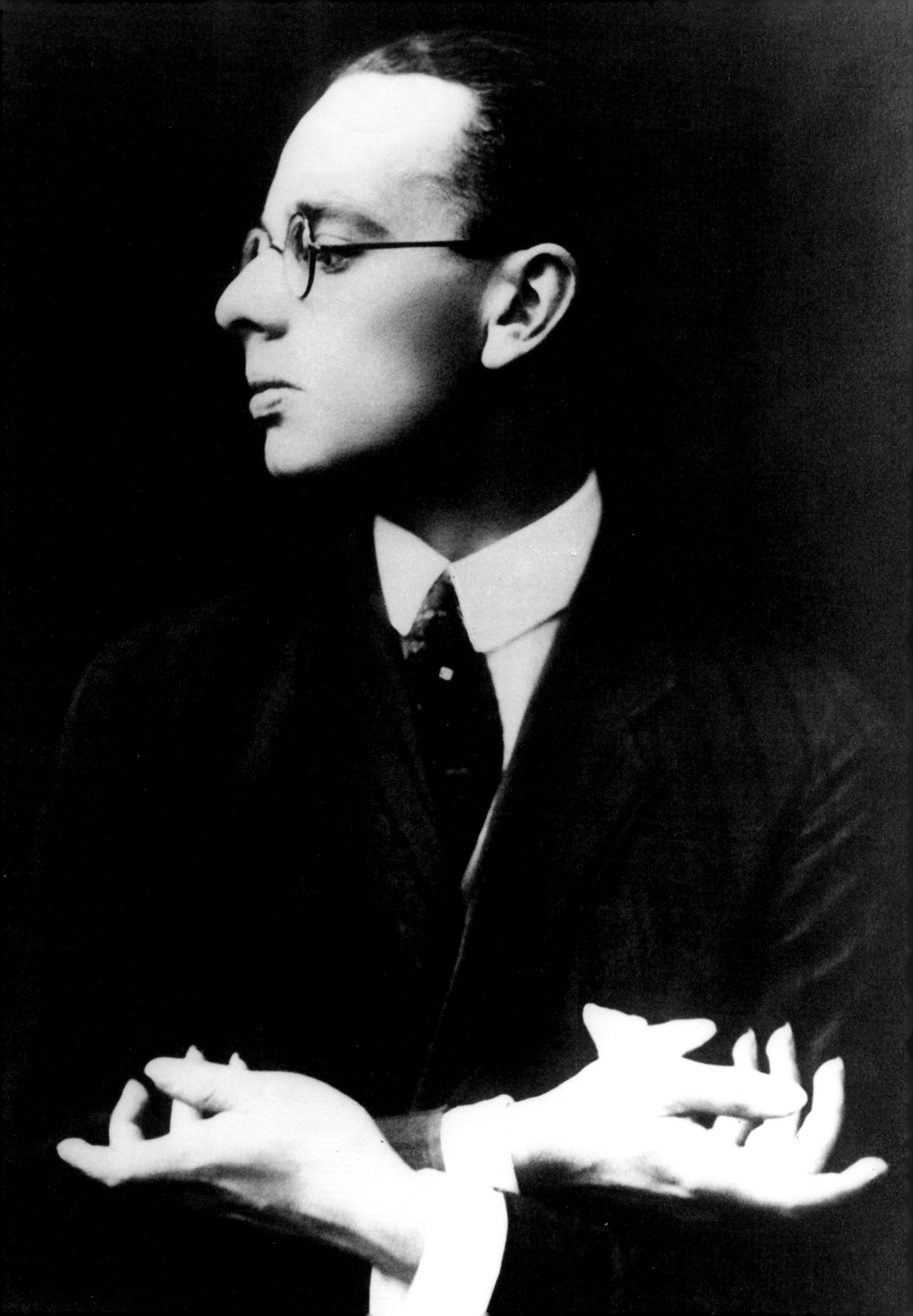

gefolgt. Oberleutnant Seveloh, wie die meisten Offiziere nun ohne Beschäftigung, fand schnell heraus, dass sich in Berlin auch ohne Arbeit Geld verdienen ließ. Ein Zeitgenosse, der Journalist Paul Markus, beschreibt das Erfolgsrezept des Paares: „Es fiel nicht allzu schwer, Cäcilie für die Nacktaufführungen zu gewinnen, zumal er sie damit lockte, dass sie ihren höher strebenden Neigungen Rechnung tragen würden. Das Geschäft schlug ein. Man konnte ein gutes Leben führen. Es langte immer zu schönen Kleidern, zu Pelzen, Sekt und leider auch zu Kokain. Herr Seveloh kalkulierte: Eine nackte Schönheit ist gut. Mehrere nackte Schönheiten sind besser. Er träumte von einem Nacktballett – ungefähr um die Zeit, als er dem Verleger des „Reigen" nähertrat, der auf Glanzpapier mit Druckerschwärze in größerer Auflage in verwandter Masche reiste. Die Revolution hatte auch die Zensur beseitigt. Man konnte jetzt nicht nur eine Lippe gegen die Regierung riskieren, man konnte auch für relativ billiges Geld in Zeitschriften unverhüllt zeigen, was sich Galerien in ihre Säle und Millionäre in ihre Villen als Tizians hängten. Daraus machte der Verleger Wilhelm Borngräber ein Abonnementgeschäft. Er konnte sich bald eine Villa kaufen.

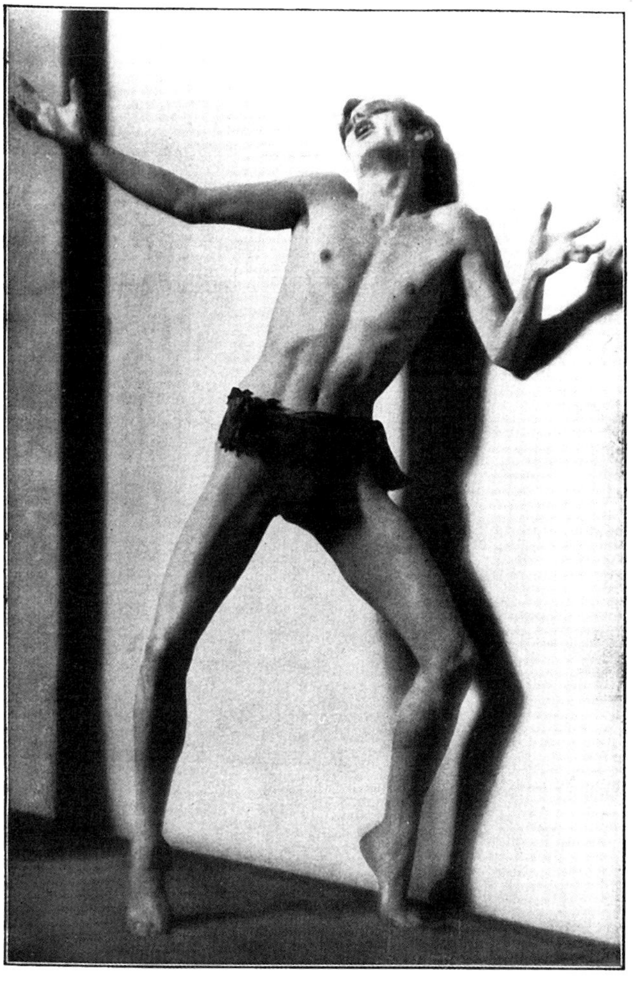

Auf handgeschöpftem Bütten wurden eines späten Abends prominente Liebhaber solcher Dinge in die Villa Borngräber geladen, es gab Champagner. Herr Borngräber präsentierte die Verwandlung: aus Cäcilie Schmidt war das Ballett Celly de Rheidt geworden. Durch die meist ausverkauften Auftritte wurde die Truppe zur Sensation Berlins. Man gastierte bei großem Zulauf in den Sommermonaten im *Nelson-Theater* Ecke Kurfürstendamm und Fasanenstraße. Ein Gastspiel in *Liebans Kleinkunstbühne* endete mit einem Skandal. Celly frönte in einer Friedhofszene dem Vampirismus, während ihr Gatte und Manager mit den Inhabern des Lokals in einen Streit um die Einnahmen geriet. Da sich das Publikum einmischte, wurde Anklage gegen die Aufführung erhoben. Die Argumente während des Prozesses waren geteilt zwischen „unsittlich" und „absolut künstlerisch". Pfarrer, Maler und Ärzte wurden als Sachverständige gehört, nachdem eine Probevorführung für das Gericht im *Neuen Theater am Zoo* stattgefunden hatte. Die 8. Strafkammer des Berliner Landgerichts verurteilte die Hauptbeteiligten zu Geldstrafen, die bedingt durch die ständige Geldentwertung der Inflation relativ mild ausfielen.

Sebastian Droste, Tanzpose „Pein"

Der Revue-Dichter Marcellus Schiffer schrieb eine Celly-de-Rheidt-Parodie, die der Kabarettist Wilhelm Bendow erfolgreich vortrug:

◁ Sebastian Droste, 1920

Ich bin die Pawlovna, die Teutsche,
ich steck die Konkurrenz in den Sack!
Ich bin die Frau mit der Peutsche,
ich bin eine Frau von Geschmack!
Ich tanz – was ich tanz – rein persönlich,
man hat mir schon viel abgekuckt!
Doch tanzt keine Frau so gewöhnlich
und keine so fett gedruckt!
Und wo ich meine Kunst bewundern lasse,
da stehen alle Schwanz an meiner Kasse!

Es möchte mir Anita gern gleichen,
drum macht sie Reklame wie ich!
Doch sie kann mir ihr Wasser nicht reichen,
Ich – bin ein Stück Dreck für mich!
Die meinen Erfolg mir nicht gönnen,
und sagen, das wär' nicht mehr schön!
Das sind die Herrn, die nicht mehr können,
bei mir an der Kasse stehn!
Nur wo ich bin, ist Trubel und Verkea,
denn ich bin orginal und ordinöa!

Dazu sang Bendow den Refrain:

Komm Se rein, komm Se rein, komm Se rein,
komm Se rein in die gute Stube!
Wir wollen alle gerne nackend sein,
ob Mann, ob Weib, ob Mannweib oder Bube!
und schimpft auch die Frau Staatsanwalt,
'ne Ziege mieß und alt,
auf unsre Celly de Rheidt!
Nur Neid! Nur Neid! Nur Neid![24]

Celly de Rheidt verließ ihren Mann, ließ sich scheiden und heiratete Dr. Rosner, den Direktor des Wiener Ronacher-Theaters. Unter dem alten Namen gingen ohne sie die Vorführungen weiter, schließlich als harmlose Unterhaltung zum Fünf-Uhr-Tee, wobei die Tänzerinnen dünne Busenschützer trugen.

Anita Berber und Sebastian Droste hatten nach einer Auseinandersetzung mit Seveloh, der ihnen Kontraktbruch vorwarf, schon vorher ihre Verträge gekündigt.

Einen amüsanten, in naivem Stil geschriebenen Text verdanken wir dem 17jährigen Fotografenlehrling August Dummbier, der vom ersten öffentlichen Auftreten Anita Berbers 1921 im Nachtclub *Alkazar* in Hamburg St. Pauli berichtet:

„Mein Freund Jonny Rittmöller lud mich ein am Sonntagabend mit ihm auf die Reeperbahn zu gehen. Jonny bezahlte für uns beide den Eintritt. Wir bekamen einen kleinen Tisch, ganz dicht an der Bühnenrampe. Jonny bestellte beim Kellner zwei Champagner-Flips."

Der Conferencier Rolf Romany, so hieß er, kündigte die Tänzerin an. ‚Und jetzt, meine sehr verehrten Herren der Schöpfung, sehen und erleben Sie die wunderbare, zauberhafte, atemberaubende Anita Berber! Applaus, meine Herren!' Und wir applaudierten was das Zeug hielt! Das Licht wurde stark gedämpft. Scheinwerfer strahlten auf die Bühne, das Tanz-Orchester setzte sehr schön mit dem langsamen Foxtrott ein: ‚Salome, schönste Blume des Morgenlands.'

Aus dem dunklen Hintergrund kam Anita Berber vollständig mit einem zarten, etwas durchsichtigen blauen Schleier bedeckt, mit schönen rhythmischen Schritten, dicht vor uns an die Rampe. Um die Stirn trug Anita ein goldenes Schlangen-Diadem ... Anita sah uns scheinbar alle gleichzeitig mit ihren dunklen Augen verheißungsvoll lächelnd an, dass es manchen unter die Haut ging, mir aber nicht.

Vor uns stehend nahm Anita mit beiden Händen den Schleier nach oben. Ein gewisser Thomas am Nebentisch sagte ganz dämlich: ‚Die hat ja gar nichts an!' Anita stand vollständig nackt vor uns. Außer dem Gold-Schlangen-Diadem trug sie große goldene Ohrringe, an beiden Armen goldenen Schlangen-Reifen, um die zarten Fußgelenke ebenfalls Goldreifen und an jedem großen Zeh ihrer schönen Füße einen Goldring, Ich wartete bei ihren Tanzschritten immer darauf, dass mal ein Goldring abrutschen würde. Anitas Achselhöhlen waren sorgfältig enthaart, und ihre schönen Titten waren um die Warzen herum fleischfarbig geschminkt. Unten, wo möglicherweise sonst ein dunkler Haarurwald ist, wovon sich viele Männer zum Andenken eine Locke abschneiden und diese in ihrer Brieftasche aufbewahren, befand sich ein fleischfarbenes Dreieck, wel-

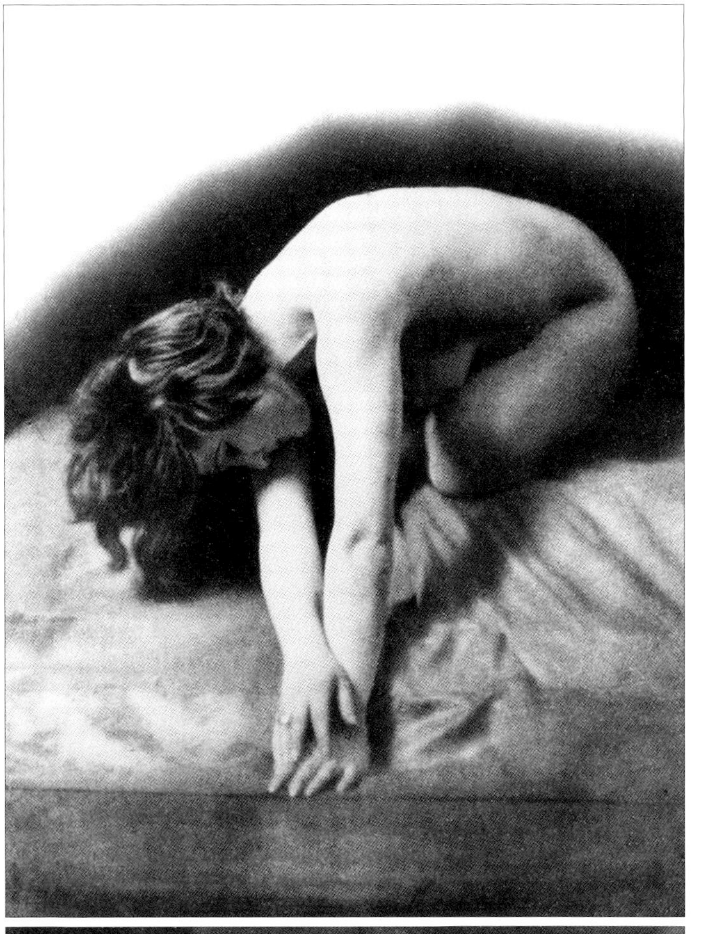

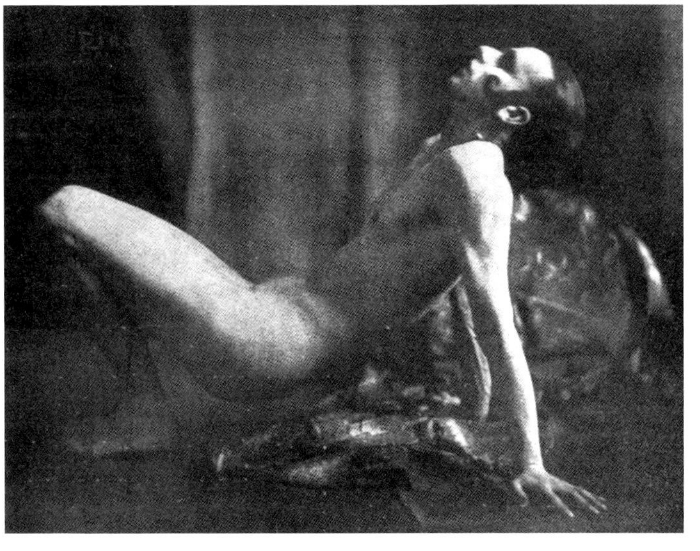

Nacktposen, aufgenommen 1923 in Budapest von József Pécsi

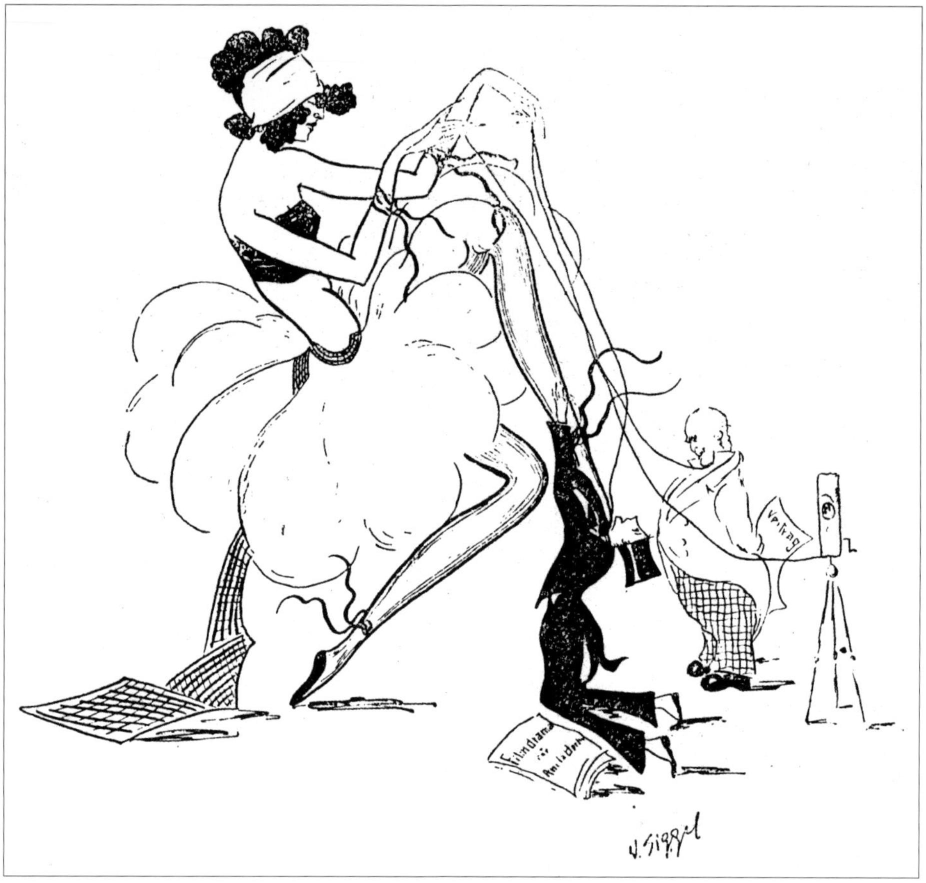

Karikatur auf Anita Berber aus: „Illustrierte Filmwoche"

ches mit ganz flachen Bändern um die Hüften lief, fast nicht zu sehen. Schade, wo ich doch so für die Natur schwärme. Alles was recht ist: Anita Berber – mit erhobenen Armen, den Schleier nach hinten, im weißen Scheinwerferlicht stehend – sah blendend schön aus, und tanzen konnte Anita auch. Wenn Anita ihren schönen Po dicht vor der Rampe rhythmisch zur Schau brachte, hoben sich die Wogen der Begeisterung. (Das habe ich irgendwo mal gelesen.) Vielen der anwesenden Männer wurde es feucht im Munde, so dass sie etwas trinken mussten und beschlossen, morgen wiederzukommen. Wir aber nicht.

Nach Anita Berber wurden alle sexhungrigen, sonst so soliden jungen Mädchen und jungen Ehefrauen, die auf St. Pauli Abenteuer suchten, Berber genannt – im Gegensatz zu den professionellen Liebesdamen, die alle 14 Tage zum Amtsarzt müssen. Aber was wäre St. Pauli ohne die schönen Berberinnen, wovon viele ihre zukünftigen Ehemänner auf St. Pauli gefunden haben."[25]

Anita Berber war mit ihrem Nacktauftritt in der Öffentlichkeit durchaus eine Sensation. Nackte Frauen auf der Bühne gab es in Deutschland ausgehend von Frankreich in den Varietés als „Lebende Bilder", als „Pose plastique" einzeln oder in Gruppen. Die Amerikanerin Isadora Duncan hatte es nach der Jahrhundertwende als erste gewagt, gegen die bisherige Sitte barfuß zu tanzen. „Eine neue Epoche in Kunst und Tanz haben wir ihr zu danken", schwärmte Marie

▷ Nacktfoto

Luise Becker. „Sie hat statt des Trikots die reine Nacktheit, statt des entkleideten ausgezogenen Menschen die Schönheit gesetzt und Harmonie an Stelle der lüsternen Reizmittel."[26] Mit Isadora Duncan war ein neuer Typ von Frau nach Europa gekommen, mit einem revolutionären künstlerischen Elan. Sie benutzte ihre Verweise auf die griechische Antike gewissermaßen als ein künstlerisches und historisches Alibi für ihre wirklichen Absichten. Vorrangig ging es ihr darum, die Tanzbewegungen aus den Bewegungen der Natur zu entwickeln. Hatte doch schon Goethe verkündet: Nur der nackte Mensch ist der wahre Mensch. Nach den Erschütterungen des Weltkrieges war es kaum noch notwendig, mit Bezügen auf die Antike und die klassische Literatur den nackten Tanz zu rechtfertigen. Anita Berber sagte sich von allem los und erklärte: „Wenn ich in einem Park zwischen Bäumen eine Goethe-Büste sehe, muss ich kotzen."

Die demonstrative Nacktheit kann teilweise als eine Reaktion auf die Prüderie der Kaiserzeit und die herrschende Scheinmoral verstanden werden, zugleich aber auch als ein Ventil der psychischen Depression des verlorenen Krieges.

Der Zeitgenosse Felix Salten resümiert: „Eine Gegenwart, die keine Illusionen hat, nimmt auch den Frauenkörper ohne Verschleierung als öffentliches Schaustück an. So ist es immer gewesen in allen Zeiten der Revolution oder der gesellschaftlichen Umwühlung."

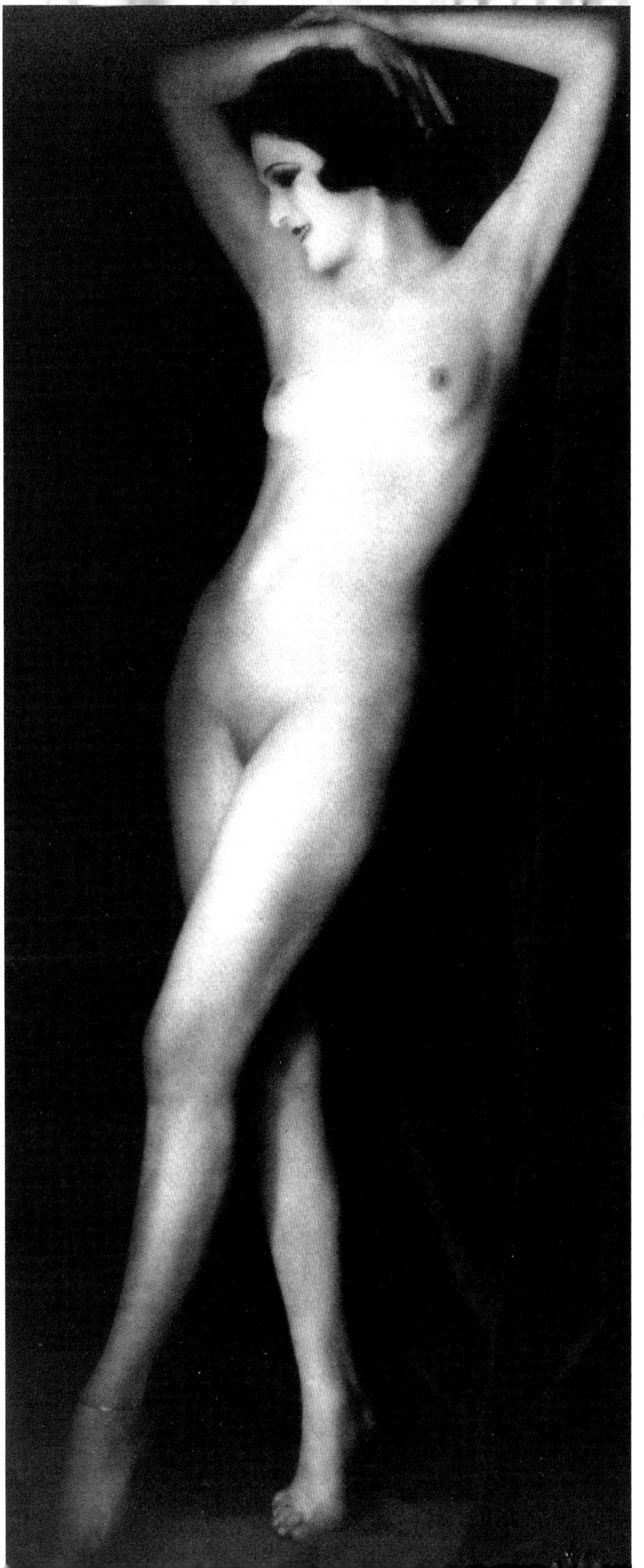

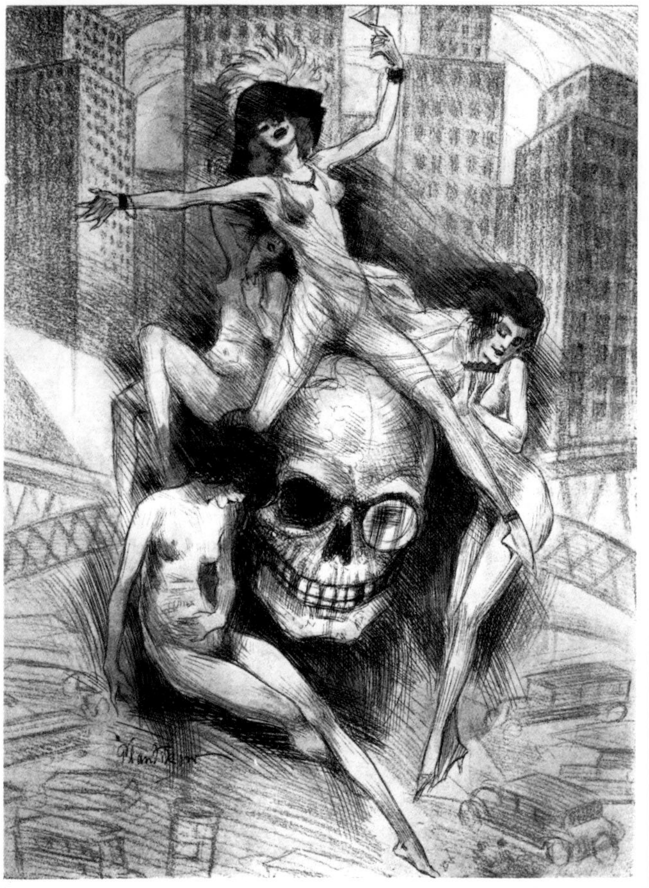

Der Göttinnen Thron. Zeichnung aus der Inflationszeit von Walter Plantikow

Franz-Peter Kothes schätzte den Wandel so ein: „Die Ventilfunktion des Tanzes, der Mode, der Libertinage beeinflusste das von der Zensur befreite Theater und besonders die Ausstattungsrevue. Dies hilft die epidemische Verbreitung zu erklären, die die Nudität zu Anfang der Zwanziger in der Revue fand. Auf der einen Seite glaubte man rationalistisch Tabus beseitigt zu haben, die in Wirklichkeit weiterbestanden, so dass sie zum Objekt einer offenkundigen Spekulation in der Revue werden konnten. Man trat in der Rolle von Apologeten der Körperkultur auf, die die Nacktheit auf der Bühne als progressiven Beitrag zur sich wandelnden Einstellung zum Körper gegenüber interpretiert sehen wollten. Daneben hoffte man latente Voyeurinstinkte anzusprechen, die durch Ersatz- und Augenerotik hervorgerufen werden."

Die hohen Reparationsverpflichtungen aus dem Versailler Vertrag führten zu wachsenden wirtschaftlichen Problemen, und das Leben der Menschen gestaltete sich unsicher und unerfreulich. „So war die Sucht des Bürgers sich auszuleben, besonders groß und allgemein. Und da man nicht mehr die Kraft zur Hemmungslosigkeit hatte, so berauschte man sich an der Hemmungslosigkeit der anderen. Nackttanz wurde die große Mode des Jahres 1922. Hier, in den geheimen Bars und Dielen hatte man teil an dem Laster der Zeit, fand man sich selbst sehr verrucht und behielt doch das tröstliche Bewusstsein seiner bestrenommierten Bürgerlichkeit."

Hatte der Krieg den psychischen und moralischen Verfall noch nicht vollständig herbeigeführt, so geschah das nun durch die katastrophale Entwertung des Geldes in der Inflationszeit. Stefan Zweig beschrieb die Situation in Berlin: „Alle Werte waren verändert und nicht nur im Materiellen; die Verordnungen des Staates wurden verlacht, keine Sitte, keine Moral respektiert. Berlin verwandelte sich in das Babel der Welt. Bars, Rummelplätze und Schnapsbuden schossen auf wie die Pilze. Was wir in Österreich gesehen, erwies sich nur als ein mildes und schüchternes Vorspiel des Hexensabbats, denn die Deutschen brachten ihre ganze Vehemenz und Systematik in die Perversion. Den Kurfürstendamm entlang promenierten geschminkte Jungen mit künstlichen Teilen und nicht nur Professionelle; jeder Gymnasiast wollte sich etwas verdienen,

▷ Anita und Sebastian Droste, Nacktpose aus: „Märtyrer", 1922/23

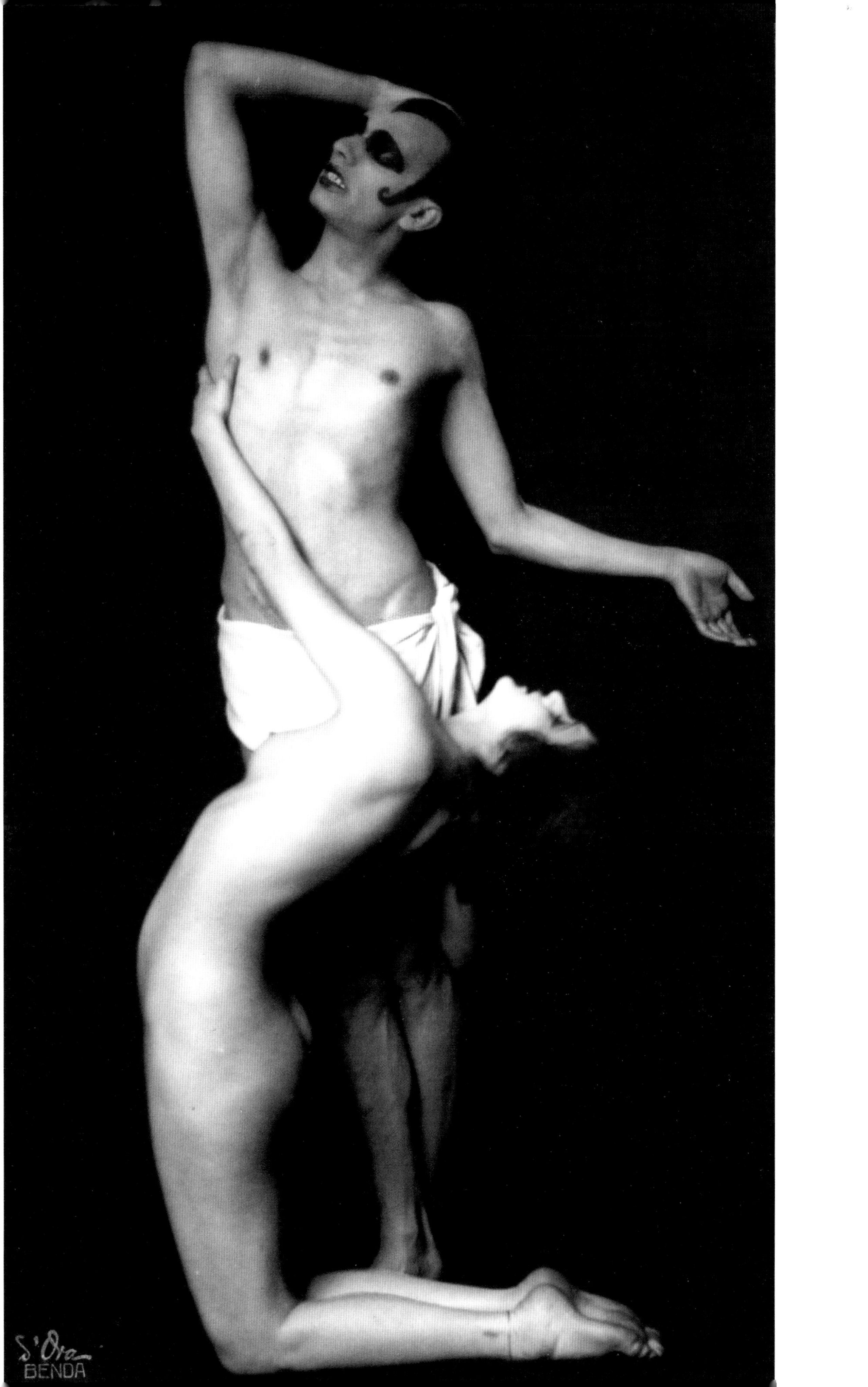
d'Ora
BENDA

und in den verdunkelten Bars sah man Staatssekretäre und hohe Finanzleute betrunkene Matrosen zärtlich hofieren. Selbst das Rom des Sueton hat keine solchen Orgien gekannt wie die Berliner Transvestitenbälle, wo Hunderte von Männern in Frauenkleidern und Frauen in Männerkleidung unter den wohlwollenden Augen der Polizei tanzten. Eine Art von Irrsinn ergriff im Sturz aller Werte gerade die bürgerlichen, in ihrer Ordnung bisher unerschütterlichen Kreise ... Aber das Widerlichste an dieser pathetischen Erotik war ihre grauenhafte Unechtheit. Im Grunde war die deutsche Orgiastik, die mit der Inflation ausbrach, nur fiebriges Nachäffertum ... Die ganze kriegsmüde Nation sehnte sich eigentlich nach Ordnung, Ruhe, nach ein bisschen Sicherheit und Bürgerlichkeit. Und im geheimen hasste sie die Republik, weil sie die Zügel zu locker in Händen hielt."[30]

Zwischenspiel in Wien

Die Journalistin Grete Müller erinnert sich an Anitas Auftritte: „Umbrandet von Begierde, von Klatsch, vom heißen, künstlich hellen Licht der Nachtlokale. Sie war eine der ersten Nackttänzerinnen. Zu einer Zeit, da die Frauen noch dick waren und ihren Überschuss an Fett klug und schämig hinter Kleiderhüllen verbargen, sprang sie mit ihrem gertenschlanken splitternackten Körper ins Rampenlicht. Damals war Nacktheit noch eine Sensation und über ihr Kostüm, das aus einem einzigen Brillanten bestand, sprach die halbe Welt. Nur – dass man auch bei solchen Sensationen keine Reichtümer sammelt. Der Unternehmer meint genug zu tun, wenn er der Artistin ein Tanzparkett als Sprungbrett zu einer erfolgreichen Liebeskarriere bietet. Mögen die Männer zahlen, deren Begierde sich entzündet an der Begehrlichkeit aller, die die Sensation kaufen – die erhoffte und erträumte zumindest."

Anita Berber hatte bereits von ihren früheren Aufenthalten in Wien eine besondere Vorliebe für die Stadt entwickelt. Sie verdankte nicht nur dem Wiener Regisseur Richard Oswald ihre Entdeckung für den Film, sondern war auch mit der Fotografin Dora Kalmus befreundet. Sie stammte aus einer jüdisch-großbürgerlichen Familie und eröffnete bereits 1907 trotz einiger Widerstände in der Öffentlichkeit ihr Wiener Atelier. In frankophiler Abwandlung des Vornamens nannte sie ihre Firma „d' Ora". Sie spezialisierte sich auf Portraits und Mode und avancierte zur gefragten Gesellschaftsfotografin. Schnell gehörten Prominente wie Karl Kraus, Arthur Schnitzler und Gustav Klimt zu ihren Kunden. 1921 – Anita Berber hielt sich seit Januar in der Stadt auf – fotografiert Madame d' Ora eine erste Serie von ihr. Im Wochenprogramm der Wiener Theater-, Konzert- und Kinomesse *Komödie* vom 16. Juli werden Dora Kalmus" Fotos von Anita Berber abgedruckt, und es erscheint die Reportage eines Mitarbeiters über einen Besuch bei der Tänzerin.

„Anita Berber hat eine Kammerzofe und zwei Hunde. Die Kammerzofe ist ältlich und spricht derart berlinerisch, daß man kein Wort versteht. Nichtsdestoweniger ist sie wichtig, weil sie eine Station auf dem Wege zum Allerhei-

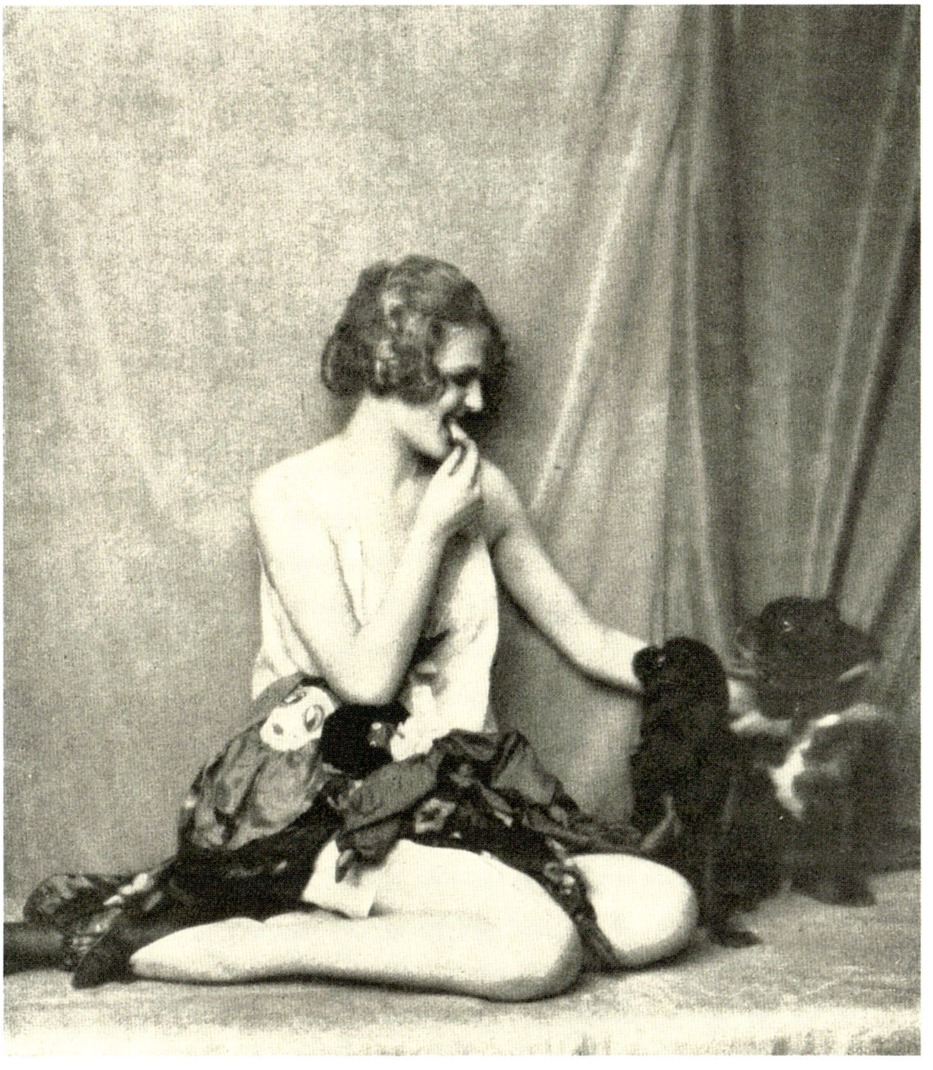

Anita mit ihren Hunden Blecky und Teddy

ligsten darstellt. Endlich verstehe ich: die Gnädige befände sich im ersten Bad, ich möge warten, sie sei soeben aufgestanden... Erschrocken ziehe ich meine Uhr. Es ist tatsächlich sieben Uhr abends. Um mir die Zeit bis – sagen wir – *drei viertel zwanzig* zu vertreiben, befreunde ich mich innigst mit einem zähneflätschenden Schoßhündchen, halb Pinscher, halb Mops, mit kugelrunden Negeraugen und einem altklugen Schwiegermuttergesicht. Ich kratze ihm das Goderl – Teddy schleckt mich, zum Dank dafür, mit einer ebenso erheiternden als unermüdlichen Virtuosität. Wahrscheinlich würde dieses Idyll tatsächlich drei viertel Stunden gedauert haben, wenn nicht die eifrige Kammerzofe den jeweiligen Stand meines Hundeverhältnisses von Zeit zu Zeit der Herrin mitgeteilt hätte, die sich darob scheinbar sehr ergötzte, denn ich hörte oft ihr Lachen durch die dünne Wand der eleganten Pension.

Anita Berber hat ein Faible für mich, gewiss, weil sie mich nur eine Viertelstunde warten lässt. Da kommt sie schon hereingeweht – und lacht über ihr ganzes junges Gesicht.

‚Das haben sie Teddy zu verdanken, mein Herr! Niemandem, geschweige denn einem Manne, hat sich mein süßer Teddy so ohne weiteres befreundet; Sie können sich daher lebhaft vorstellen, daß ich neugierig auf Sie war!' ...

Anita Berber hat aber wie erwähnt, noch einen zweiten Hund. Das ist ein richtiger ausgewachsener Mops, behäbig, würdig, und heißt Blecky. Die beiden folgen uns auf Schritt und Tritt. Wir sitzen am Balkon, in bequemen Fauteuils, die Abendsonne steht gerade über den beiden Museen, wir schauen auf die Ringstraße hinunter...

‚Wenn ein Mädchen der vorigen Generation zweiundzwanzig Jahre alt war, dann war es ein Gänschen. Ein sechzehnjähriges Mädchen von heute aber hat mehr Wissen und Erfahrung als damals ein sechsundzwanzigjähriges. Balzac konnte freilich sagen, die fünfunddreißigjährige Frau sei das Ideal für den Mann. Was würde er heute sage? Ich glaube, er würde es billiger geben. Um zwanzig müßte er heruntergehen. ... Unsere Generation lebt viel schneller hitziger, intensiver. Die Folge davon ist, daß sie wenig oder nichts von Liebe weiß.

Auf ihrem Banner steht: Genuß. Was überhaupt ist Liebe? Wer kennt sie? Wer kann sie beschreiben? ...'

Anita Berber hat einen unsagbar schlanken Körper. Im Film erscheint sie viel stärker, gedrungener, ohne freilich je die Tänzerin, die sie ja in erster Linie ist, auch nur einen Augenblick lang zu verleugnen. Auf ihrer hohen Gestalt ruht ein kleines, fast quadratisches Gesicht; das Haar ist rotblond. Sie ist leicht, duftig und schnell wie der Wind; ihre Bewegungen haben einen zarten und runden Rhythmus, ein schlangenhaftes Schillern und Umschlingen, eine gleißende Harmonie.

Sie wären – meine ich – ein Kabinettstück für einen expressionistischen Maler. Nur er könnte ihrer Seele nahekommen. Aber...

Anita Berber hat einen Horror vor expressionistischen Malern.

‚Mein Gott, nur das nicht', lacht sie. ‚Da würde ich schön hergerichtet! Pechstein wollte mich malen; aber ich ließ mich nicht, und wenn man mich dafür bezahlt hätte. Man und ich selbst kann mich am besten im Kino sehen – das ist mein Element. Hier und im Tanz kann ich mich entfalten...

Gegenwärtig wird – mit Philipp Zeska und mir – ein Mondialfilm gedreht, der teils in Wien, teils in den Nordtiroler Bergen spielt. Wahrscheinlich werden wir hier eine eigene Gesellschaft gründen. Warum gerade hier? Nicht zuletzt, weil es mir in Wien... ganz außergewöhnlich gut gefällt; in Wien sind die entzückendsten Menschen und Umstände, die ich mir nur denken kann. Ich sollte schon längst – über den Sommer – in Karlsbad sein, aber ich bringe es nicht übers Herz, Wien, und sei es auch nur für kurze Zeit, zu verlassen. Nun, ab Herbst bleibe ich dann ständig da, und hoffe auch, bis dorthin eine Wohnung gefunden zu haben.' ..."[32]

Der Wunsch nach einer eigenen Wohnung in Wien erfüllte sich nicht. Viele ihrer Äußerungen blieben kurzfristige Ideen und Wünsche. „Sie lebte wirklich von einem Tag zum anderen oder, noch kürzer, von einer halben Stunde zur anderen. Geld bedeutete für sie nichts, Besitz war ihr egal, etwas wie Bankkonto eine unbekannte Sprache, sie gab im nächsten Moment aus, was sie kaum erst in der Tasche hatte. Ihre Verschwendungssucht war so organisch wie ihr ganzes Exzentrikdasein, ihre Varietélebendigkeit, die Baratmosphäre, die überall sofort da war, Anita Berber brauchte nur ins Zimmer zu treten."[33]

Dennoch ließ Wien sie nicht los, und erst das kommende Jahr sollte den glanzvollen Höhepunkt ihrer Erfolge, aber auch den skandalösen Absturz bringen: ihre Ausweisung aus Österreich.

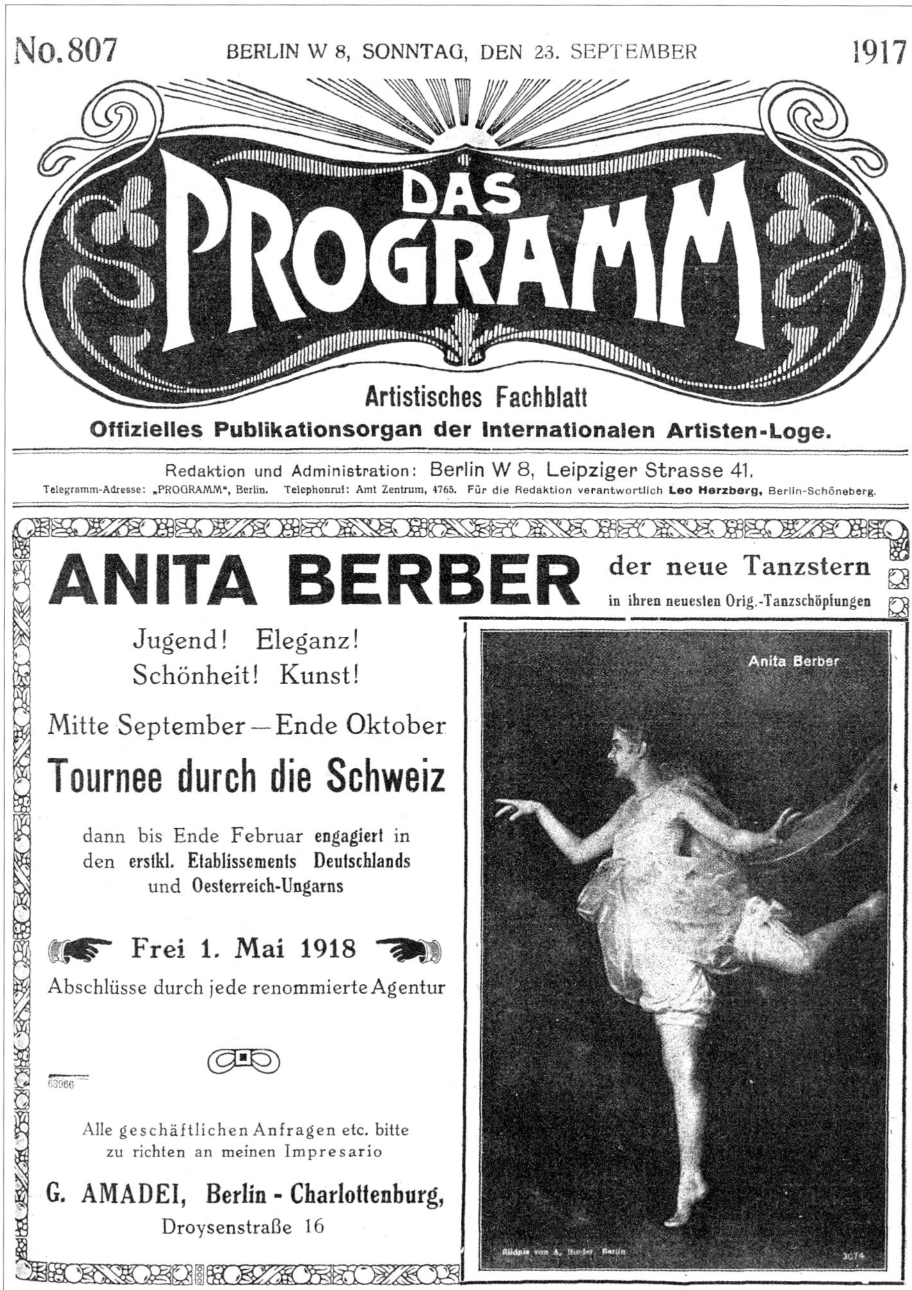

No.807 BERLIN W 8, SONNTAG, DEN 23. SEPTEMBER 1917

DAS PROGRAMM

Artistisches Fachblatt

Offizielles Publikationsorgan der Internationalen Artisten-Loge.

Redaktion und Administration: Berlin W 8, Leipziger Strasse 41.

Telegramm-Adresse: „PROGRAMM", Berlin. Telephonruf: Amt Zentrum, 4765. Für die Redaktion verantwortlich Leo Herzberg, Berlin-Schöneberg.

ANITA BERBER der neue Tanzstern

in ihren neuesten Orig.-Tanzschöpfungen

Jugend! Eleganz!
Schönheit! Kunst!

Mitte September — Ende Oktober

Tournee durch die Schweiz

dann bis Ende Februar engagiert in den erstkl. Etablissements Deutschlands und Oesterreich-Ungarns

Frei 1. Mai 1918

Abschlüsse durch jede renommierte Agentur

Alle geschäftlichen Anfragen etc. bitte zu richten an meinen Impresario

G. AMADEI, Berlin - Charlottenburg,
Droysenstraße 16

Anzeige über eine Tournee Anita Berbers durch die Schweiz, aus: „Das Programm, Artistisches Fachblatt" vom 23. September 1917

Viertes Kapitel

Film und Bühne

Anita Berber hatte 1918 ihr Filmdebüt in Richard Oswalds „Dreimäderlhaus“ gegeben, einem Liebesfilm nach dem gleichnamigen populären Singspiel, der das Leben Franz Schuberts zum Thema hatte.

Baron Schober, einer der Freunde Schuberts, hat Beziehungen zu einer Ballettdame, die er mit seinem Wagen vom Theater abholen lässt. Durch einen Irrtum steigt die berühmte Tänzerin Grisi, gespielt von Anita Berber, in seine Kutsche. Die beiden jungen Leute finden Gefallen aneinander und schlagen dem Liebhaber Grisis, dem betagten Grafen Scharntorff, ein Schnippchen. Wenn er sie aufsuchen will, ist Grisi oft nicht da, und so wird der Graf im Bewusstsein seiner mangelnden Jugend und Schönheit eifersüchtig. Der Spion Nowotny soll den Liebhaber ausfindig machen, der ihm die Quelle seines Glücks trübt. Baron Schober genießt gerade ein Schäferstündchen mit der Tänzerin, als Schubert (Julius Spielmann) ins Zimmer stürzt, die Liebenden vor nahender Gefahr zu warnen. Der Graf erscheint mit Nowotny; aber Schober ist nicht mehr zu sehen, nur der Musiker sitzt am Klavier, da er ja Grisi angeblich Tanzunterricht erteilt, und Grisi freut sich, ihren eifersüchtigen Gockel genasführt zu haben. Aber Baron Schober küsst auch Hannerl, Schuberts große, unglückliche Liebe. Am Ende stirbt er allein und missverstanden als einer, wie es im Programmtext heißt, „der so viel Liebe in seinen Melodien den Frauen gegeben und so wenig bekommen hat.“

Wie Anita Berber war auch Richard Oswald eine zeittypische Persönlichkeit; in Wien 1880 geboren, kam er aus kärglichen Sozialverhältnissen. Als Junge saß er jedoch schon Abend für Abend in irgendeinem Theater, um zuzusehen und zuzuhören. Obwohl er relativ unansehnlich und klein war, mit begrenztem Stimmvolumen, beschloss er, Schauspieler zu werden. Er beginnt seine Theaterarbeit in Wien, geht nach Düsseldorf und wirkt dort bereits 1911 in einem Film mit. 1913 wird er zum Wahlberliner.

Er kannte die Stoffe der Bühne, las viel und besaß eine besondere Fähigkeit, spannende Handlungen in das Medium Film zu übersetzen. „Er war seiner Zeit weit voraus“, schreibt Rudolf Forster in seiner Autobiographie, „bie-

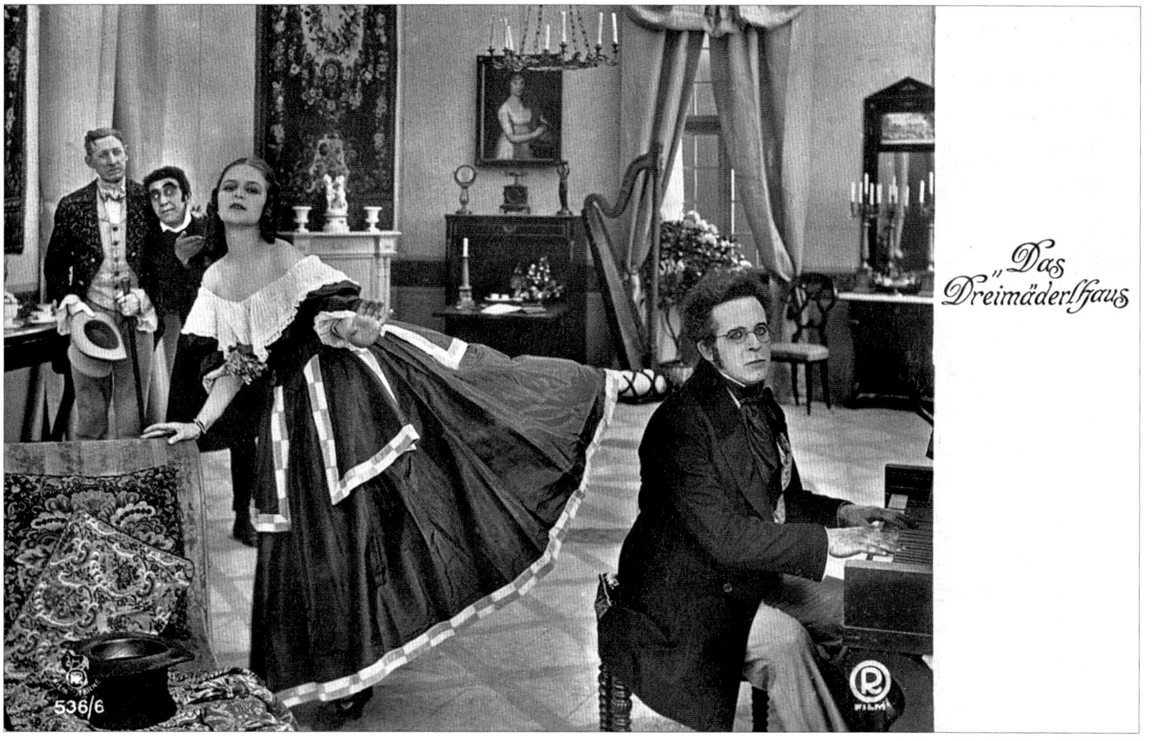

Bildpostkarte zum Film: „Das Dreimäderlhaus"

nenfleißig, stets in Schreibereien und Projekte verwickelt, war er der erste, der einen Sketch schrieb, was für uns damals ein Fremdwort war ... In Berlin horchten wir auf. Er war auch da wieder Pionier, war bei den ersten Stummfilmen dabei. Uns Zugewanderte beschäftigte er ausgiebig, ein rührender Zug von ihm."

Anita Berber wurde von Oswald für den Film entdeckt, ebenso wie Conrad Veidt. Oswald hatte eine unbestreitbare Sensibilität für mimische und komödiantische Leistungen. Er „war gegen alle technischen Mätzchen, wie er auch gegen jede Stilisierung war. Der Stoff, das Thema, das Motiv hatten in seinen Filmen den Vorrang. Kamerakünstler wie Karl Freund und Carl Hoffmann wirkten in seinen Filmen mit, aber jede Kamera-Diktatur blieb ausgeklammert. Und der Typenbesetzung, mit der die Amerikaner und hernach die Sowjetrussen imponierten, setzte Richard Oswald bewusst die Betonung der schauspielerischen Persönlichkeit entgegen." Oswald arbeitete als Dramaturg, als Regisseur, und schließlich wurde er auch Produzent. Zwar hatte er bereits im Ersten Weltkrieg eigene Filme inszeniert – sein Film „Das eiserne Kreuz" (1915) wurde wegen pazifistischer Tendenzen verboten und ist verschollen – aber erst im zensurlosen Jahr 1919 begann er mit der Produktion zahlreicher Sexual- und Aufklärungsfilme.

Diese Streifen erregten sofort den Ärger deutschnationaler Kreise, die sich lautstark für ein Verbot einsetzten. Später – in der Filmgeschichtsschreibung der NS-Zeit – war es selbstverständlich, dass seine Arbeiten (Oswald war Jude) als Gipfel der „Zersetzung" des viel beschworenen „gesunden Volksempfindens" galten:

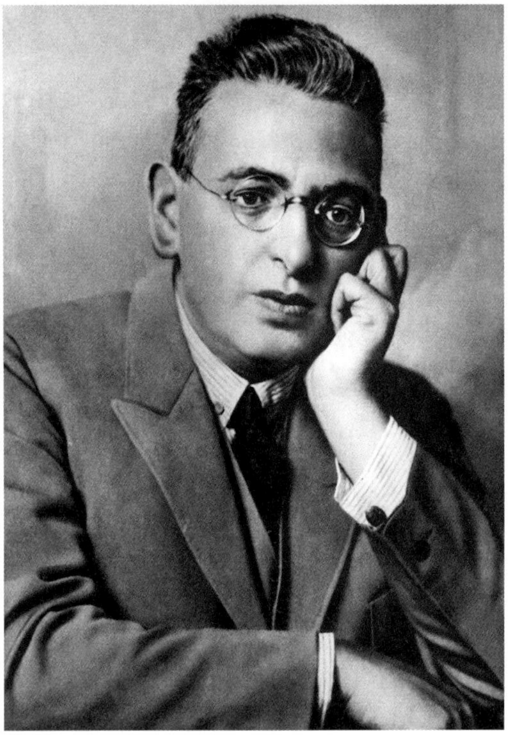
Richard Oswald

„Dem vom überstandenen Weltkrieg her an Leib und Seele erholungsbedürftigen deutschen Menschen wurden hier die Freudenhäuser, Zuhälter, Dirnen, Sadisten, Homosexuellen eindringlich und schaukräftig vor Augen geführt, und Anita Berber stellte das Freudenmädchen dar, wie es natürlicher kaum dargestellt werden konnte. Die Degeneration in Greifbarkeit!"[36] Aus heutiger Sicht ist die Einschätzung anders: „Richard Oswald, der sich in den Aufklärungsfilmen durch realistische Schilderungen beweisen musste, wurde ein Meister des Sittenbildes, (er) schuf den Berliner Milieu- und Unterweltfilm. Bei ihm traten keine internationalen Schablone-Gangster á la Hollywood auf, sondern zünftige, mit Spreewasser getaufte Ganoven, Immertreu-Mitglieder... Fast 100 Filme hat Richard Oswald in seiner genau 20 Jahre währenden Berliner Existenz schaffen können. Filme, die oft dem Unterhaltungsbedürfnis des Publikums sich widmeten – aber diese Schablone wurde immer wieder durchbrochen von originellen, ja bedeutsamen Aussagen und Appellen, von beschwingten, in die Region der Kunst sich erhebenden Filmwerken."

Im zweiten Teil des Films „Das Tagebuch einer Verlorenen", der den Titel „Dida Ibsens Geschichte" trug, spielte Anita Berber die Hauptrolle als Dida. Da der Handlung Motive nach den verbotenen Schriften des Marquis de Sade zugrunde lagen, wurde er als Sexfilm verboten. Glücklicherweise ist in den Beständen der Deutschen Kinemathek eine Kopie davon erhalten geblieben.

In dem Aufklärungsfilm „Die Prostitution" (Zensurtitel, später „Das gelbe Haus") spielte Anita Berber die Lona. Als Rahmenhandlung tagt ein Weltgericht. Der Staatsanwalt klagt „die Prostitution" an, die kokett von einem Richter zum anderen blickt. Da erhebt sich Alfred Werner, der Verteidiger, und erzählt eine Geschichte aus seinem Leben. Die Kamera blendet über auf ein Berliner Mietshaus. Hier wohnt der anrüchige Agent Klassen mit seinen beiden Töchtern. Lonas Freund Karl, ein Nichtstuer, wird vom Vater abgelehnt, weil er aus dem hübschen Gesicht seiner Tochter Kapitel schlagen möchte. Als sie einen vermögenden Freund findet, nimmt sie Karl als „Kammerdiener" zu sich. Sie schwimmt im Geld, bis plötzlich die Polizei eindringt, um Lonas reichen Kavalier als Betrüger zu verhaften. Dieser eilt ins Nebenzimmer und erschießt sich.

Arm wie vorher steht sie auf der Straße. Der Erzähler, Alfred Werner, will sie retten, da er sie noch immer liebt. Ihr Versuch, sich zu bessern, scheitert: Lona hält ein ruhiges Leben nicht aus. Sie geht zurück zu Karl, und dieser, unterstützt von dem Agenten Michalsky, bringt sie in ein Bordell. Lona wird jubelnd empfangen und führt nun ein tolles Leben. Werner heiratet Hedwig, Lonas Schwester.

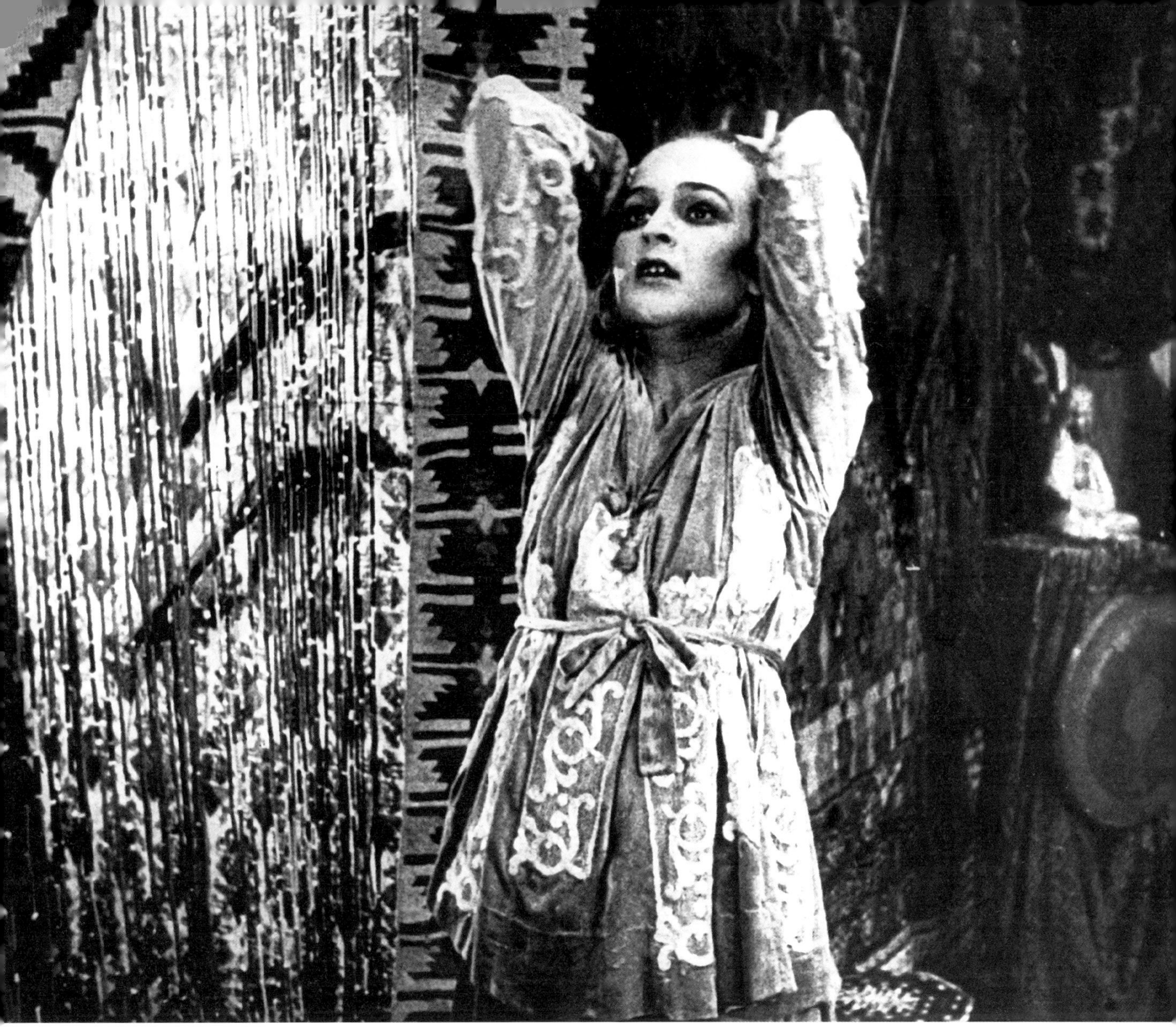

Szenenfoto aus: „Das Tagebuch einer Verlorenen“, 1918

Jahre vergehen. Lona ist frühzeitig alt geworden. Madame Riedel, die Puffmutter, weist sie hinaus. Zwischentitel: „Ich brauche neue Ware! Sie können gehen.“ Sie wendet sich an Karl Döring, der trotz allem noch ihr Freund geblieben ist. Die beiden leben nun jahrelang ein Leben des Verbrechens und des Lasters. Döring, der von der Polizei gejagt wird, fordert von Lona Geld, um ins Ausland fliehen zu können. Sie geht für ihn auf die Straße und wird von einem „Kunden“ umgebracht. Die Polizisten nehmen Karl als vermeintlichen Mörder fest. Zwischentitel: „Ich habe es nicht getan!“

Der Film schließt mit der Rahmenhandlung vor Gericht. Nachdem der Verteidiger gesprochen hat, erhebt sich der Gerichtshof. Zwischentitel: „Die Prostitution wird freigesprochen. Wir wollen helfen, die Not lindern, menschliche Gesetze schaffen, denn wir haben kein Recht zu richten.“ Weinend sinkt Anita Berber in die Knie.

Richard Oswald kommentierte seinen Film über das Berliner Dirnentum: „Ich behaupte, dass gewisse Dinge, die große Kreise in Mitleidenschaft ziehen, die sich vor und in der Öffentlichkeit abspielen, auch vor der breitesten Öffentlich-

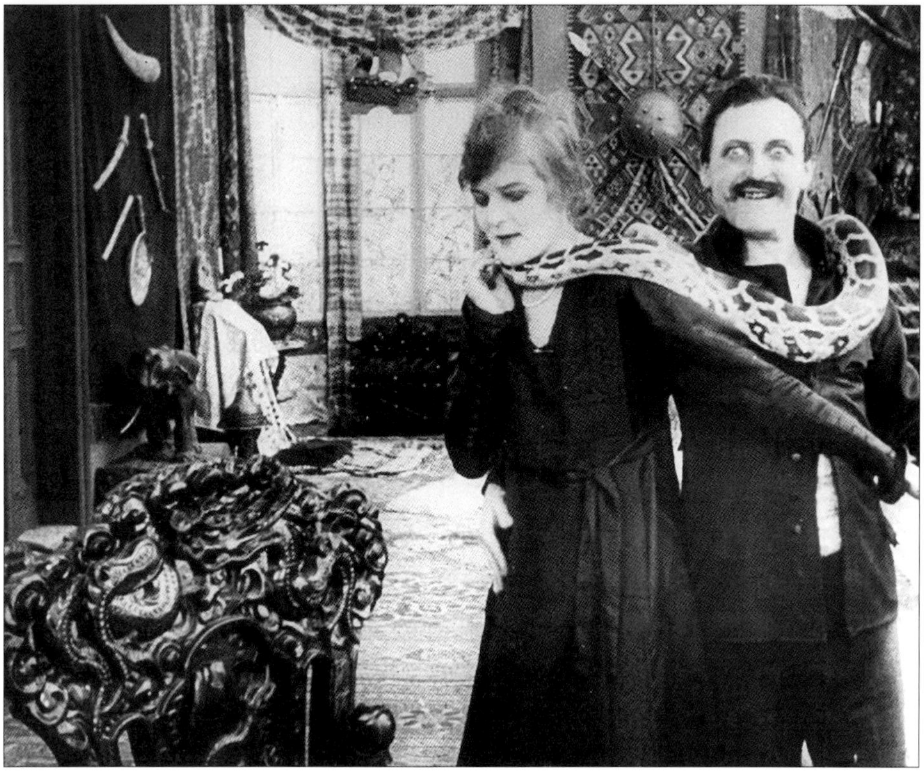

Szenenfoto mit Werner Krauss aus: „Das Tagebuch einer Verlorenen", 1918

keit verhandelt werden müssen. Das Prinzip des Modernen ist ja die Öffentlichkeit. Und wo noch manches hinter verschlossenen Türen verhandelt wird, kommt eine spätere Zeit und schlägt auch diese Bretter vor unseren Köpfen ein."

Wie reißerisch und stereotyp eine solche Handlung uns heute vorkommt, so revolutionär war Oswalds Position doch in seiner Zeit. „Richard Oswald trieb mit seinen Aufklärungsfilmen das Volk nicht nur aus einer unvorstellbaren sexuellen Blindheit, er riss damit zugleich das Kino aus einer schier idyllischen Lethargie. Oswald begriff als einziger in Deutschland, welche Kraft, welche Dynamik in der neuen Zelluloidtechnik steckte, die gerade die Kinderschuhe ausgetreten hatte. Er spürte mit wahrhaft schöpferischer Intuition, wie diese Sprengkraft auszulösen war. Erst mit Richard Oswalds Aufklärungswelle, die zum Orkan anwuchs, hat der Film sich in Deutschland entscheidend durchgesetzt."

In Baden beschlagnahmte die Staatsanwaltschaft die in Umlauf befindlichen Kopien des Films „Prostitution". Gegen den Hersteller wurde wegen „Verbreitung unzüchtiger Schriften" Strafantrag gestellt. Abgeordnete in den süddeutsche Landtagen forderten wiederholt, die Kinos zu kommunalisieren und die Filmindustrie zu verstaatlichen, um in Zukunft Sexualfilme unmöglich zu machen. Oswald ließ sich nicht beirren und drehte eine Fortsetzung: „Die sich verkaufen".

Heikler als das Problem der Prostitution war die Darstellung der gleichgeschlechtlichen Liebe im Film. Oswald begnügte sich nicht mit künstlerischen Andeutungen, sondern wollte eine effektgeladene Handlung. So entstand unter

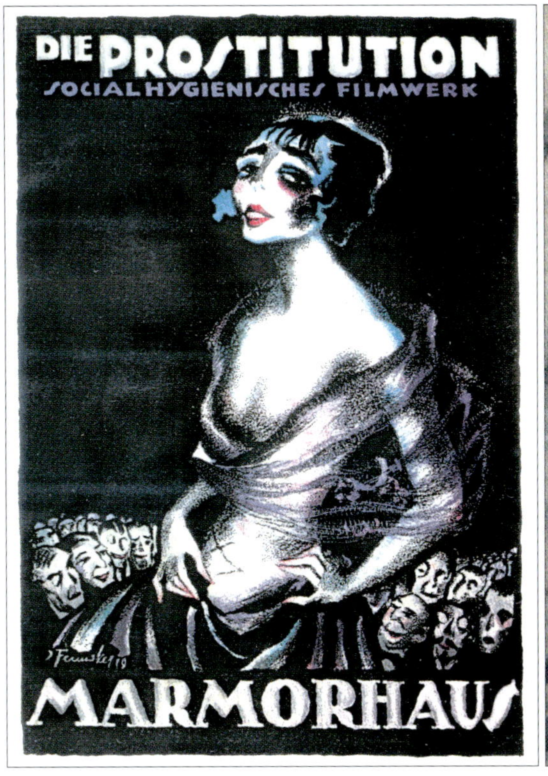

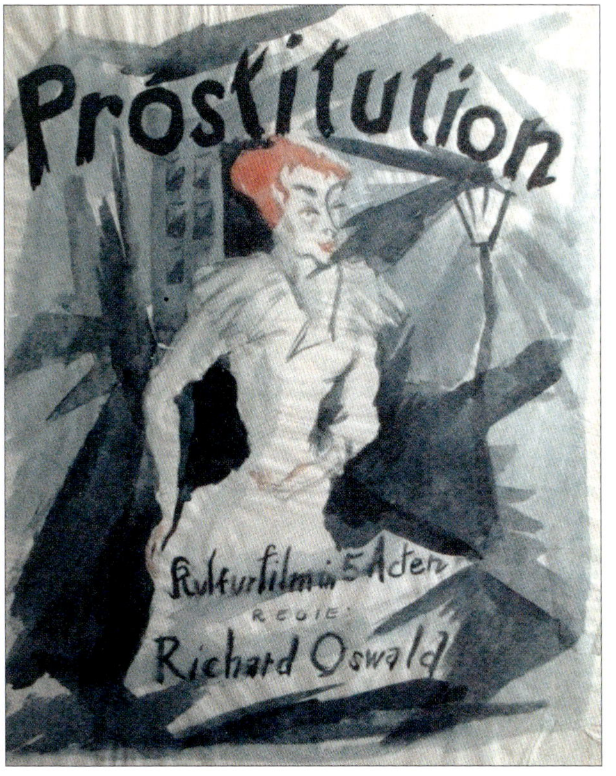

Plakat zu: „Die Prostitution" von Fenneker (links); Plakatentwurf von Rakowetsch

Mitarbeit des Sexualforschers Dr. Magnus Hirschfeld „Anders als die Anderen". Der Film schildert das Schicksal eines Violinenvirtuosen, der durch seine Neigungen in die Hände eines Erpressers fällt. Um sich der Gerichtsstrafe zu entziehen, wählt der Geiger den Tod. Zum Schluss erscheint das Strafgesetzbuch selbst, in dem ein dicker Pinsel den sich gegen die Homosexualität richtenden Paragraphen 175 durchstreicht. Auch dieser Film wurde 16 Monate nach seiner Uraufführung verboten, jedoch mit der Einschränkung, dass er „vor Ärzten und Medizinalbeflissenen, in Lehranstalten und wissenschaftlichen Instituten" gezeigt werden dürfe. Anita Berber spielte darin die Else, die schließlich trauernd an der Leiche des Bruders steht.

Ihre Partner waren Conrad Veidt und Reinhold Schünzel, mit denen sie auch in den meisten anderen Oswald-Filmen zusammenarbeitete. Schünzel war nicht nur ein ausgezeichneter Schauspieler, sondern auch ein hervorragender Regisseur, was er im „Grafen von Cagliostro" unter Beweis stellte. Neben der Regie drehte er diesen Film zum Teil in eigener Produktion. Außerdem spielte Schünzel selbst den Joseph Balsamo, der als „Graf Cagliostro" als Abenteurer großen Stils, als Hypnotiseur, Betrüger und Goldmacher in die Geschichte des 18. Jahrhunderts eingegangen ist. Zu Anita Berber passte gut die Rolle der Lorenza. Sie spielte sein Medium und seine Geliebte, die entführt wird, schließlich aber lieber in den Tod geht als zurück in die despotische Liebesknechtschaft Cagliostros. Wohl der stärkste Film Oswalds war das 1919 gedrehte Werk „Unheimliche Geschichten", das als erster Episodenfilm der Filmgeschichte überhaupt gilt. Schauplatz der Rahmenhandlung ist ein mit-

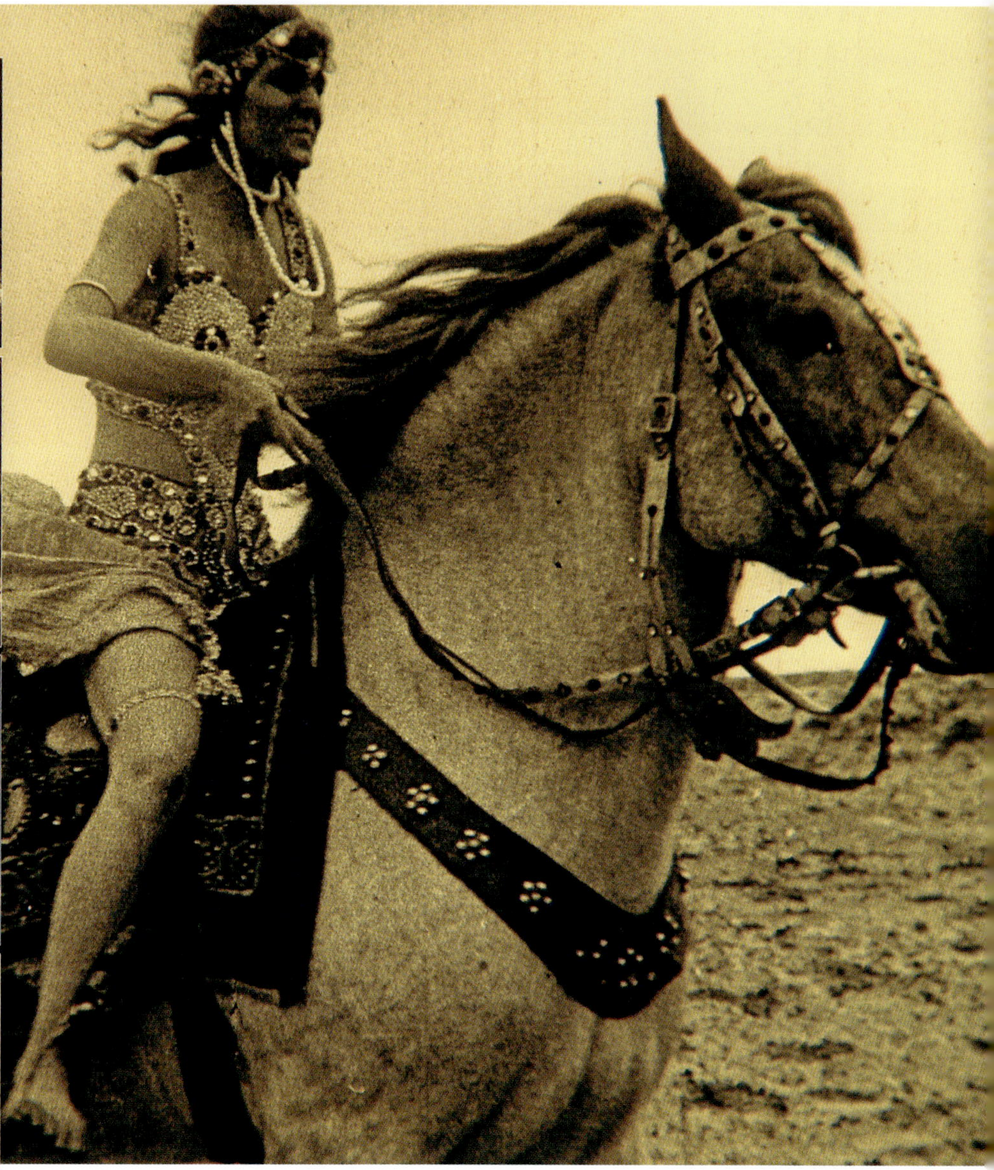

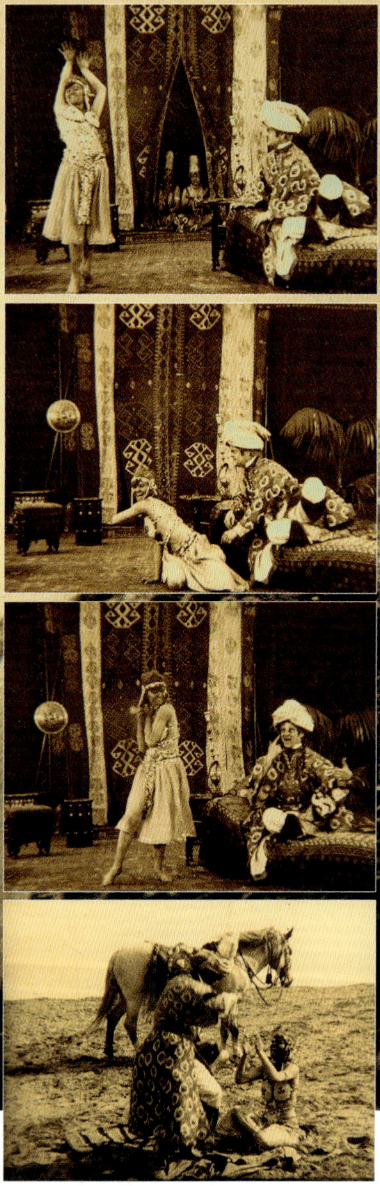

Szenenfolge aus: „Peer Gynt", 1918

ternächtlicher Bücherladen. Die Figuren der Hauptdarsteller erscheinen als lebende Bilder an den Wänden, Schünzel als Teufel, Veidt als der Tod und die Berber als Dirne. Neben einer filmischen Umsetzung von Edgar Allan Poes „Schwarzer Katze", Stevensons „Selbstmörderklub", „Spuk" von Oswald und Robert Liebmanns „Die Hand" war die Episode „Die Erscheinung" zweifellos der Höhepunkt des Ganzen. Nach einer Novelle Anselma Heines, bereits 1912 in Berlin erschienen, spielen Conrad Veidt und Anita Berber ein Liebespaar, das sich in einem Pariser Hotel während der Weltausstellung trifft. Der Geliebte gerät in eine kafkaeske Angstsituation, als er das Verschwinden seiner Freundin bemerkt. Im Hotel erinnert sich angeblich keiner an ihren Namen. Als er das Zimmer betritt, findet er darin nur noch leere, gekalkte Wände.

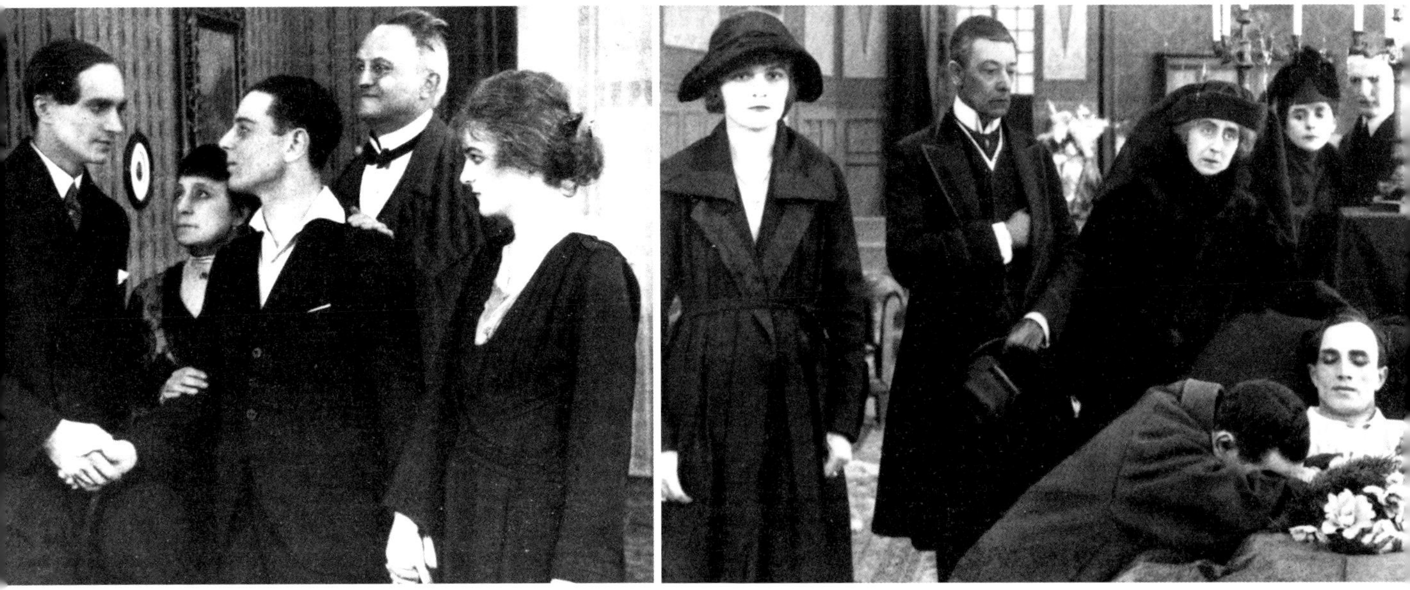

Szenen aus: „Anders als die Anderen", 1919

Ob auf Tatsachen beruhend oder von der Autorin frei erfunden, bleibt offen. Die Novelle schließt: „In den Geheimakten der Pariser Polizei aber wurde eingetragen: Dass eine junge Frau aus Batavia in Paris angekommen, an der Pest erkrankt, wenige Stunden nach ihrer Ankunft gestorben und vom Hotel aus heimlich begraben worden sei. Um jedes Aufsehen zu vermeiden, das der soeben eröffneten internationalen Ausstellung hätte verhängnisvoll werden können, habe man das Zimmer der Toten noch in derselben Nacht eiligst desinfiziert, frisch tapeziert und neu eingerichtet. Den Begleiter der Dame habe man in der Befürchtung, dass auch er angesteckt sei, zwangsmäßig aus der Stadt entfernt."

1913 erschien der Roman der Engländerin Belloc-Lowndes „Das Ende ihrer Flitterwochen", in dem das gleiche Novellenmotiv verarbeitet wurde. Es folgten noch eine Reihe von literarischen und filmischen Neuaufgüssen und Versionen. Fest steht jedoch, dass die literarische Vorlage der Berliner Autorin als Vorbild für Richard Oswalds eindrucksvolle Verfilmung diente.

Im Oktober 1919 wurde der Film erstmals in einer Pressevorstellung in den Richard-Oswald-Lichtspielen gezeigt. Die offizielle Filmpremiere fand dann im Dezember im umgebauten *Bioscop-Filmtheater* statt, das unter dem Namen „Lichtspiel-Palast Unter den Linden" neu eröffnet wurde. Der Filmhistoriker Friedrich von Zglinicki berichtete, Anita Berber habe zur Eröffnung, wie wir heute sagen würden, „live" getanzt.

Für Stummfilm-Freaks kaum vorstellbar bleibt die Tatsache, dass ein künstlerisch wertvoller Erfolgsfilm – wie viele andere auch – später völlig in Vergessenheit geriet. Bruno Dunst, ein alter Charlottenburger Filmsammler, erzählte mir, wie er von der Speditionsfirma Haseloff 1932 einen großen Posten Stummfilmkopien, Plakate und Werbematerial für 35 Mark erworben habe, darunter auch „Unheimliche Geschichten".

In der restaurierten Fassung wurde der Film 2002 von *arte* ausgestrahlt.

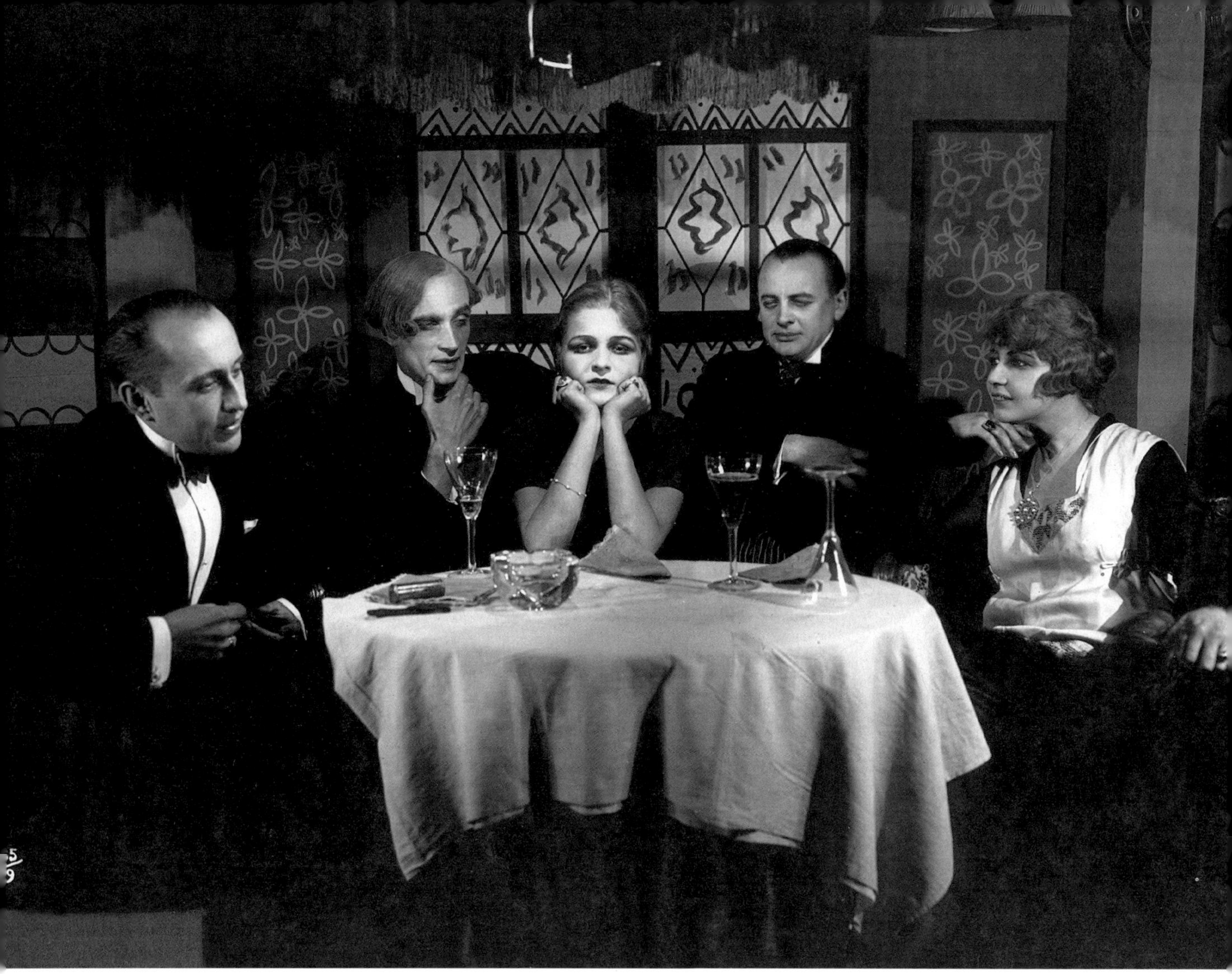

Szenen aus: „Unheimliche Geschichten“/ „Grausige Nächte“, 1919

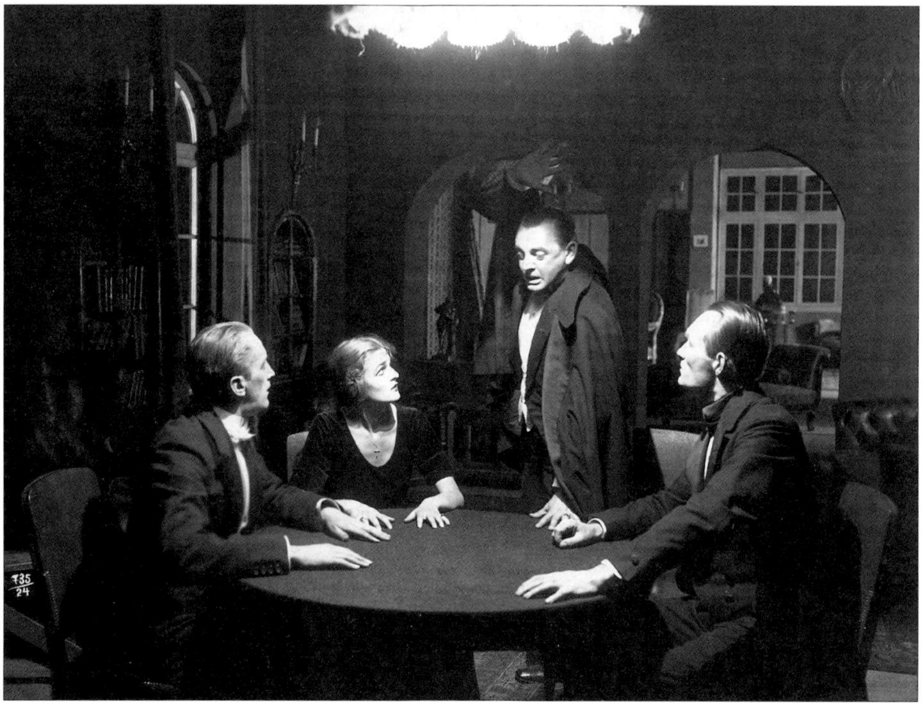

Immer wieder hatten Oswalds Streifen Schwierigkeiten mit der Zensur, die vom totalen Verbot über teilweises Verbot bis hin zum Jugendverbot reichten. Eine Ausnahme bildete die Verfilmung des Jules-Verne-Romans „Die Reise um die Erde in 80 Tagen", die sogar als „jugendfördernd" empfohlen wurde. Allerdings erhoben nun Jules Vernes Erben gegen den Titel Einspruch, so dass eine Umbenennung in „Die Reise um die Welt" erfolgen musste. Anita Berber war wieder häufiger Szenenmittelpunkt als Tänzerin oder Reisebegleiterin, umgeben von künstlich gebräunten Indern oder angemalten Indianern in „lebensgefährlichen" Situationen.

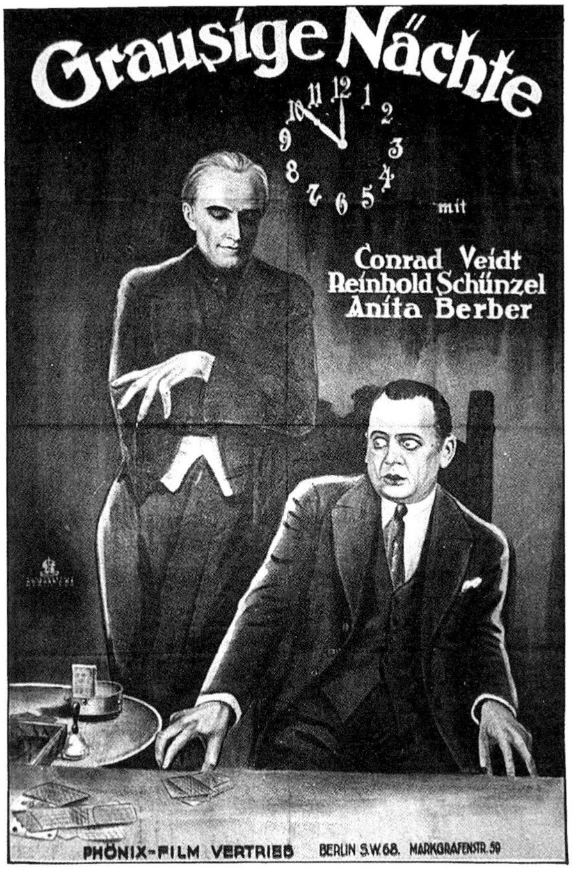

Filmplakat zu: „Unheimliche Geschichten"/ „Grausige Nächte", 1919

Eine Sensation wäre das Auftauchen einer noch erhaltenen Kopie von Oswalds Film „Nachtgestalten". Er wurde 1919/1920 im Bioscop-Atelier in Neubabelsberg gedreht, mit Conrad Veidt, Reinhold Schünzel, Anita Berber, Paul Wegener, Erna Morena, Paul Bildt und anderen. Erik Charell, der sich später als Revue-Regisseur einen Namen machte, begann als Tänzer und spielt hier in seiner einzigen Filmrolle den behinderten Sohn des Multimillionärs Bezug, eines dämonischen Übermenschen, der ähnlich wie Dr. Mabuse die Welt beherrschen will.

Als Vorlage für das Drehbuch diente Karl Hans Strobls 1910 erschienener Roman „Eleagabal Kuperus". Strobl, Doktor jur., der in Brünn lebte, war ein phantastischer Vielschreiber. Einzelne seiner Spukgeschichten erreichen das literarische Niveau von Gustav Meyrinks „Golem" und finden auch heute noch Leser. Ihren Nährboden haben sie, wie die Zeichnungen Alfred Kubins, in den Wäldern Böhmens und in den verwinkelten Straßen des alten Prag. Bereits die Titel lenken die Erwartungen in die entsprechende Richtung: „Aus Gründen und Abgründen", „Die gefährlichen Strahlen", „Gespenster im Sumpf" oder „Goya und das Löwengesicht".

„Eleagabal Kuperus" ist ein unheimlicher, mit Zauberkräften ausgestatteter Greis, der in Glasbehältern menschliche Gliedmaßen aufbewahrt. Verwandte und Freunde geben Teile ihrer Körper in diesem merkwürdigen Museum ab, und noch Jahrzehnte nach ihrem Tode bleiben sie – dank der Forschungen Kuperus – in unveränderter Frische erhalten. Die Architekturschilderungen scheinen einen Rausch zu illustrieren. „Ein langer Gang ließ die Frau in das Innere des Hauses, in dem sie lautlos über weiche Teppiche schritt. Links und rechts gaben leuchtende Buchstaben, die sich zu Worten ohne begreiflichen

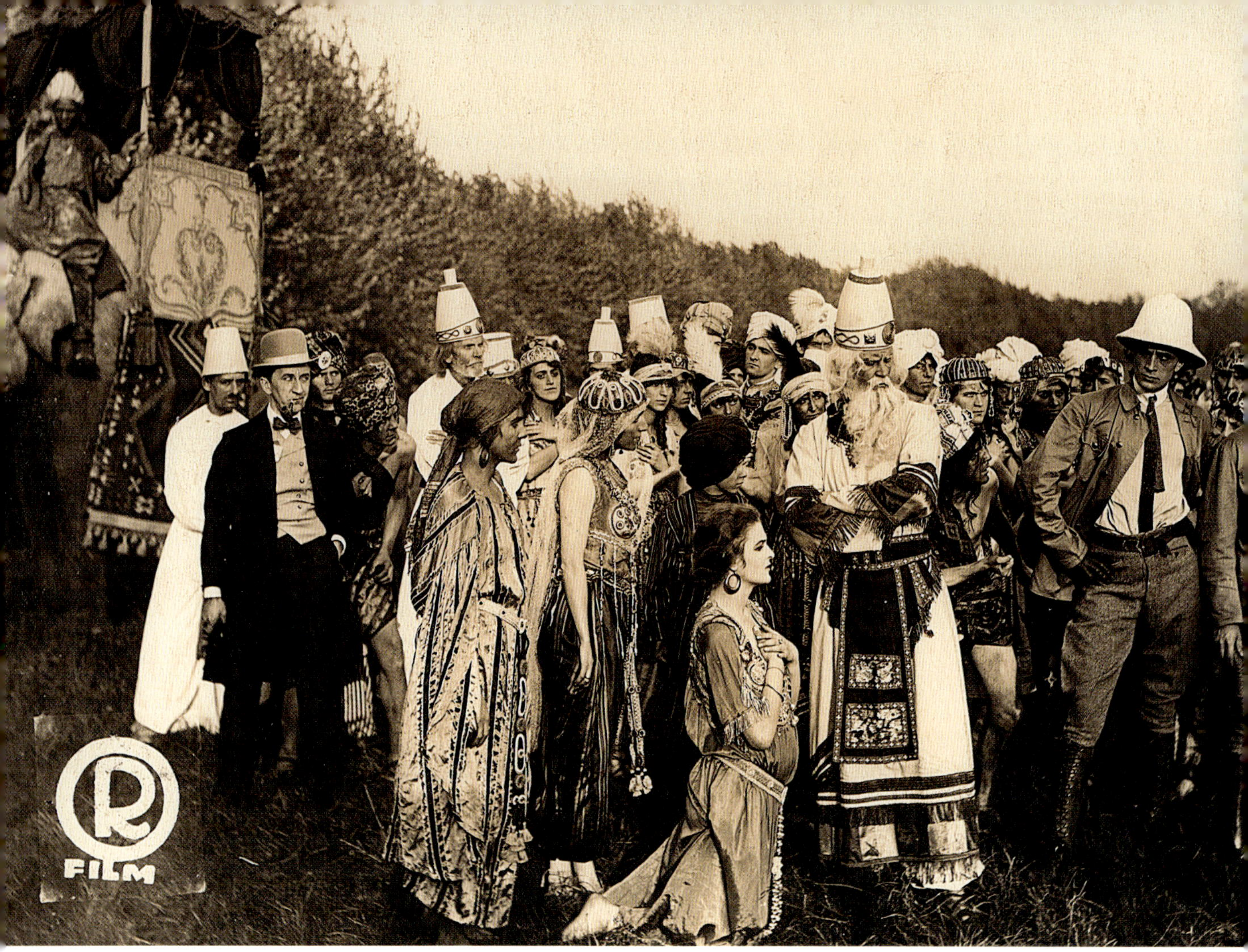

Szene aus: „Die Reise um die Erde in 80 Tagen"/„Die Reise um die Welt", 1918/19

Sinn vereinigten, Hieroglyphen, Keilschriftzeichen und glitzernde Symbole so viel von einer beunruhigenden Dämmerung, das hohe, dunkle Bilder und Statuten zu erkennen waren, die längs des Ganges den Eintretenden begleiteten. Wie eine wehmütige Melodie plätscherte ein Springbrunnen in einem rot beleuchteten Raume, in dem sich die Bilder rings an den Wänden sammelten. Hier wartete ein Diener, dessen behaarter Kopf, dessen kleine spitze Ohren und dessen böse glimmenden Augen ihn einem Wolfe ähnlich machten, und hob die Hand zu einer schweigenden Gebärde."

Anita Berber spielte in „Nachtgestalten" die Nella, Tochter des Waldmenschen Semilasso und einer über Land ziehenden Akrobatin. Nach dem Tode der Mutter gelten die sexuellen Begierden des Vaters unverhohlen der Tochter: „Als Nella endlich die Sprache seiner Augen und seiner glühend zitternden Hände verstanden hatte, wich sie ihm aus, aber seine Angriffe erneuerten sich immer ungestümer und unbedenklicher." Sie beschließt zu fliehen und wird Seiltänzerin bei einem Wanderzirkus. Dort trifft sie Thomas Bezug (Paul Wegener), den allmächtigen Geldmann, der ihr voller Hintergedanken seine Vermittlung für ein neues, besseres Engagement anbietet. Bezug ist Präsident der „Gesellschaft zur Verwertung der Erdoberfläche". Die meisten Aktionäre sind Engländer oder Amerikaner, Zündholz-, Geschütz- und Makkaronifabrikanten, die mit gigantischen Landkäufen die totale Weltherrschaft anstreben. Bereits 1910 werden in diesem phantastischen Roman Pläne zur Zerstörung de Natur, zur Verseuchung der Luft geschildert. „Kein Gesetz verhindert Sie bis jetzt daran, den Sauerstoff der Luft zu Ihrem Monopol zu machen", schlägt der Jurist Dr. Hecht seinem Chef Bezug vor, „denn bis jetzt lag diese Möglichkeit außerhalb des Gedankenkreises der Gesetzgeber. Es wird Ihre Aufgabe sein, sich dieses bisher gemeinsamen Gutes, an dem es kein Eigentum gibt, zu bemächtigen. Wir verändern die atmosphärische Luft, die Witterung, die Wasserverhältnisse auf der ganzen Erde, das Leben selbst. Wir stellen die Atmung der Pflanzen ein, wir trocknen die Flüsse, Seen und Meere aus, reißen durch ungeheuerliche Oxydationsprozesse allen Sauerstoff an uns und vernichten ihn in unermesslich großen Verbrennungsvorgängen so lange, bis die Menschheit, der unser Vorhaben bis jetzt ein Rätsel war, den furchtbaren Sinn erkennt und schwer atmend, keuchend, von unerträglicher Angst gehetzt, um ihr Leben winselt... Wollen Sie sich das Schauspiel einer Hungersnot, eines grauenhaften Hinsterbens von Hunderttausenden verschaffen, wollen Sie alle Pracht und Grausamkeit einer Naturgewalt, eines zerstörenden Elements empfinden, die Menschen werden vor ihnen fallen wie Fliegen. Zwei Staaten hassen sich und greifen zu den Waffen. Armeen erheben die Fahnen und ziehen gegeneinander... Wenn sie schamlos sein wollen, so werden Sie schamlos sein, wenn Sie ein Weib begehren, so ist es, als gehörte sie schon Ihnen, und wenn Sie die Kräfte Ihres Körpers weise verwalten, wird aus den Bänden mit den Namen der besiegten Frauen eine kleine Bibliothek anwachsen. Ich bin am Ende; meine Phantasie reicht nicht aus, um auch nur anzudeuten, was sich Ihnen alles erfüllen wird. Die Wirklichkeit wird reicher und strahlender sein als alle Träume."[39]

Der Gastgeber versammelt die Mitglieder der Gesellschaft in einem unterirdischen Raum seines Palastes, enthüllt unbekannte Meisterwerke der Malerei (Rembrandt, Velázquez) vor ihren erstaunten Augen und fordert sie auf, die Bilder zu zerstören. Zum Zeichen seiner grenzenlosen Macht und Genusssucht lässt er nun Nella (Anita Berber) auftreten. „Die leuchtende Perlenreihe der Glühlichter verlosch und ein dunkles, rubinrotes Licht breitete sich, von schwarzen Schattenstreifen durchzogen, im Raum aus. Hinter den Marmorstatuen glomm es dichter und glühender, dass diese wie vor einem Vorhang von Feuer standen. Plötzlich sanken von der Decke zwei sichelförmige Pendel herab. Es waren schmale, scharfe Pendel, Halbmonde mit dünnen Spitzen, und so still war es, dass man hören konnte, wie sie zischend wie losschnellende Schlangen die Luft durchschnitten. Auf dem blanken Stahl sprangen rote Lichter gleich lebendigen Flammen und zuckten sogleich wieder zurück. Die Pendel schwangen in einem steten Wechsel hin und her, bald dunkel wie wilde Vögel und dann wieder gleich gefährlichen Flammen, ... gleichmäßig unablässig, zunächst mit keinem anderen Sinn als dem einer Drohung. Wer zwischen diese Pendel geriet, der war verloren.

Und plötzlich stand wirklich ein Mensch zwischen den sausenden Pendeln. Eine Frau, im Gewand ähnlich den steinernen Jungfrauen, zwischen denen sie stand. Woher sie gekommen war, wusste niemand. Aber nun war sie da, stand einen Augenblick ruhig und begann sich dann zu bewegen. Man erkannte die

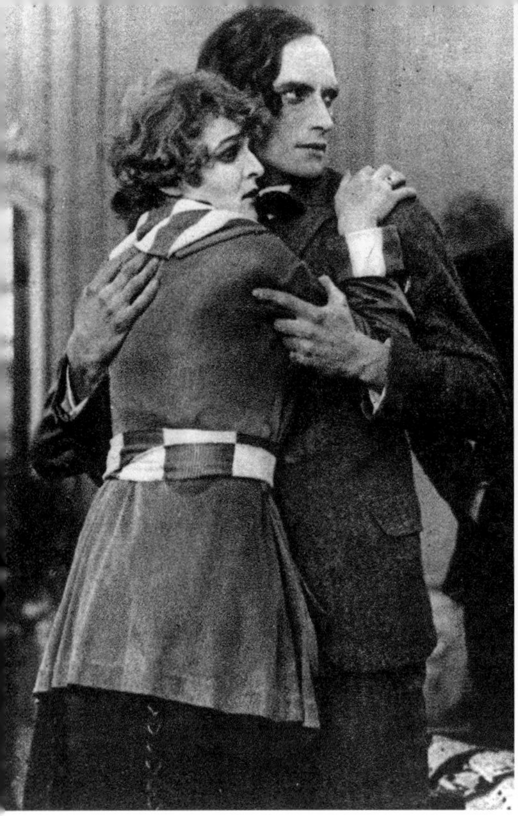 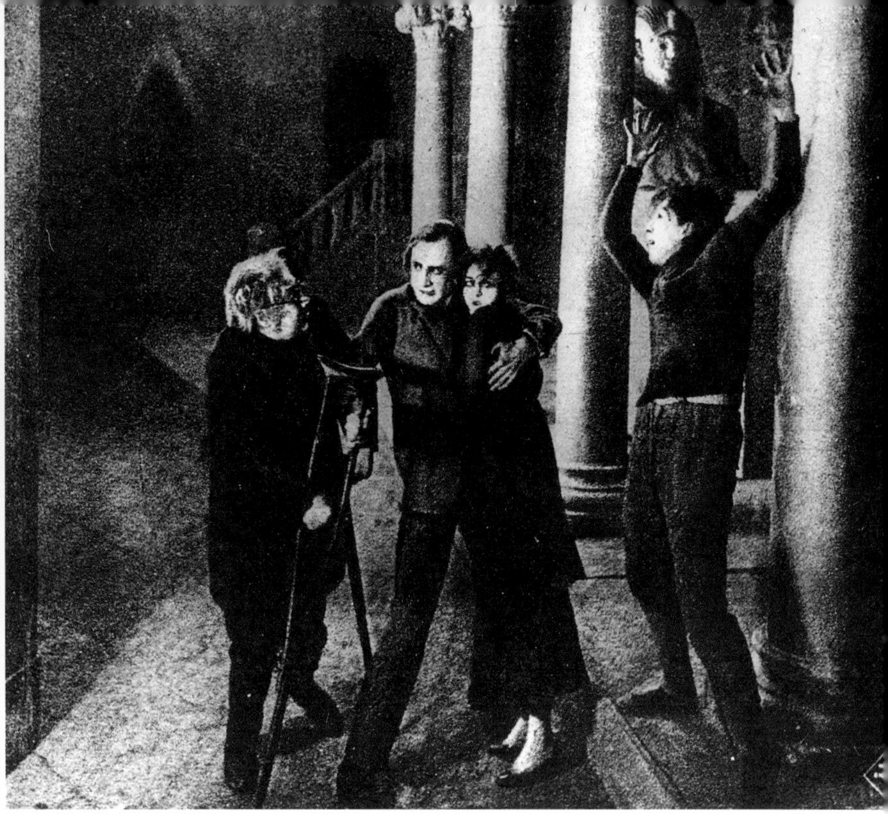

Szenen aus: „Nachtgestalten", 1919/20

Seiltänzerin aus Kutschenreuters Zirkus. Das Mädchen verließ seinen Platz zwischen den Statuen und begann mit einem Vor- und Zurückbeugen des Körpers. Während die Pendel gleichmäßig weitersausten, wagte sie sich in ihre gefährliche Bahn, wich noch im letzten Augenblick aus, wenn es schon aussah, als müsste die rot schimmernde Sichel ihren Körper zerfleischen. Zwischen den ernsten, weißen Gestalten bewegte sie sich sicher in Schlangenlinien, umkreiste die Statuen, sprang vor, um niederzuknien und das Pendel über ihren Kopf hinwegsausen zu lassen, wich zurück und ließ nur den Schleier flattern, den das Pendel sogleich in zwei Teile zerschnitt. Nun bückte sie sich, hob das abgeschnittene Ende auf und tanzte vor dem Pendel in den nächsten Zwischenraum zurück, um sich sogleich wieder in die Bahn der hinter den Marmorgestalten schwingenden Sichel zu wagen. Die Zuschauer standen wie versteinert. Niemand rührte sich, es war, als ob sie fürchteten, durch eine Bewegung, durch ein einziges Wort die Tänzerin in Gefahr zu bringen. „Den Zweifelnden!" sagte da Bezugs Stimme. „Seht hin, um wie viel größer das Leben ist als die Kunst."

Die Tanzende zuckte zusammen und warf sich mitten in ihren wilden Rhythmen zu Boden. Ebenso plötzlich wie sie gekommen war, war sie verschwunden. Und nun brach der Atem der Zuschauer in heißen keuchenden Sätzen los. Die ganze Masse schien aufgewühlt, schäumte und war im Begriff, loszubrechen, um irgendetwas Unsinniges zu tun."[40]

Plötzlich züngeln Flammen auf und schwärzen die Marmorstatuen. In sinnloser Raserei zertrümmern die wütenden Männer mit Beilen und Eisenstangen die Gestalten, „nicht zufrieden damit, dass der Marmor nach wenigen Minuten alle Deutungen menschlicher Körper verlor, hieben sie auch auf die formlosen Blöcke ein, schlugen sie in kleine Stücke und versuchten, einer dem anderen, in der Zerstörungsarbeit zuvorzukommen. Plötzlich war es einigen zugleich eingefallen, dass die Statuen nicht die einzigen Kunstwerke in diesem Raum

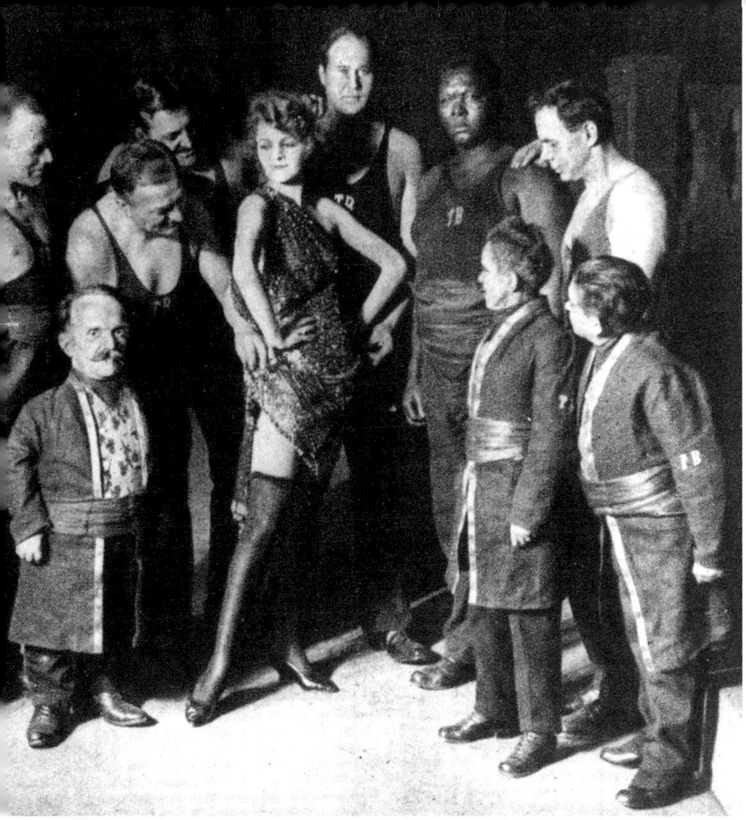 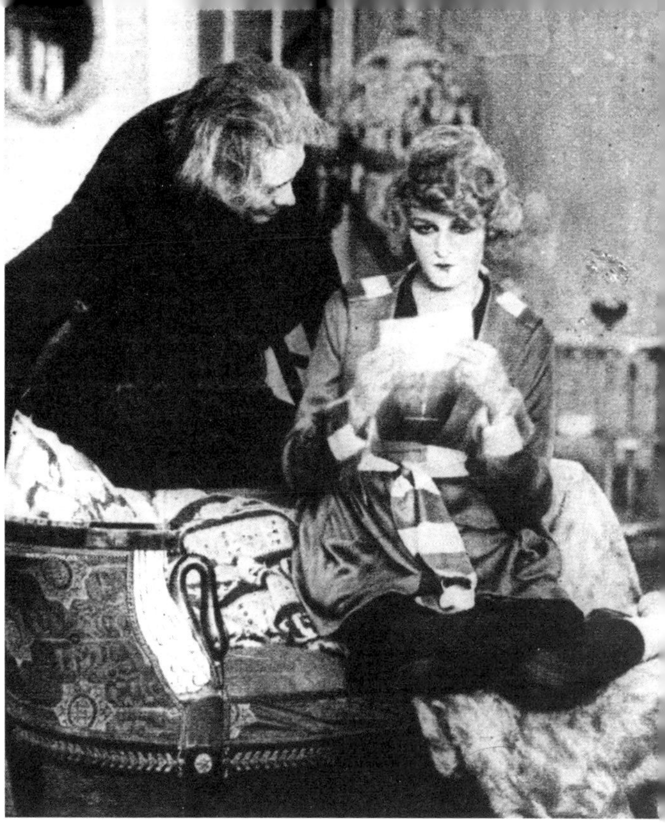

waren. Mit einem Schrei der Wut stürzten sie sich auf die von Meisterhänden gemalten Frauen. Diese Nacktheit stachelte sie an, machte sie noch wütender, schien ihnen entgegen zu schreien und zur mit der Zerstörung verbundenen Wollust aufzufordern."[41]

Die Rolle der Nella war für Anita Berber wie geschaffen, fing doch nun die Kamera die gleichen, allerdings im Atelier gestellten Zerstörungsszenen ein, die sich oft nach ihren das Publikum erregenden Auftritten in den Nachtbars und Kabaretts abspielten. Die Zerstörung der Kunstwerke, von Strobl 1910 beschrieben, war auch eine Vorwegnahme der Anti-Kunst-Aktionen der Dadaisten nach dem Weltkrieg.

Im Film bleibt die Tänzerin dem Machtmenschen Bezug ausgeliefert, der sie schließlich durch eine *Looping-the-Loop*-Nummer mit dem Auto in den Tod treibt. Ihr Bruder findet später das heimliche Tagebuch. Darin beschreibt sie, wie sie sich nach einem missglückten Fluchtversuch ihrem Peiniger erneut gegenübersieht. „Seine Augen brennen auf mir, und ich fühle, wie seine unlauteren Triebe wach werden. „Komm!" sagt er heiser. Ich lehne mich zurück und tue, als ob ich ihn nicht verstünde. „Schau mich nicht so an! Geh voran ins Schlafzimmer." Im Schlafzimmer! Ich fange an zu zittern und kann mich nicht rühren. Da fasst er mich an den Armen und zieht mich empor. Brutal, mit festem Griff, gegen den es kein Wehren gibt. Ich habe noch jetzt Flecken an den Armen. „Geh voran!" Und mit Stößen treibt er mich vor sich her… keuchend wie ein gieriges Tier. Ich bin seine Gefangene."

Filmrolle und Lebensstil Anita Berbers ähneln sich sehr. Wer kann unterscheiden, ob die Rollen, die sie spielte, im Privatleben ihre Fortsetzung fanden oder ob sie bei den Bühnen- und Filmauftritten so überzeugend war, weil das Darzustellende ihrem Wesen entsprach? Sicherlich verlief der Prozess in Wechselwirkung.

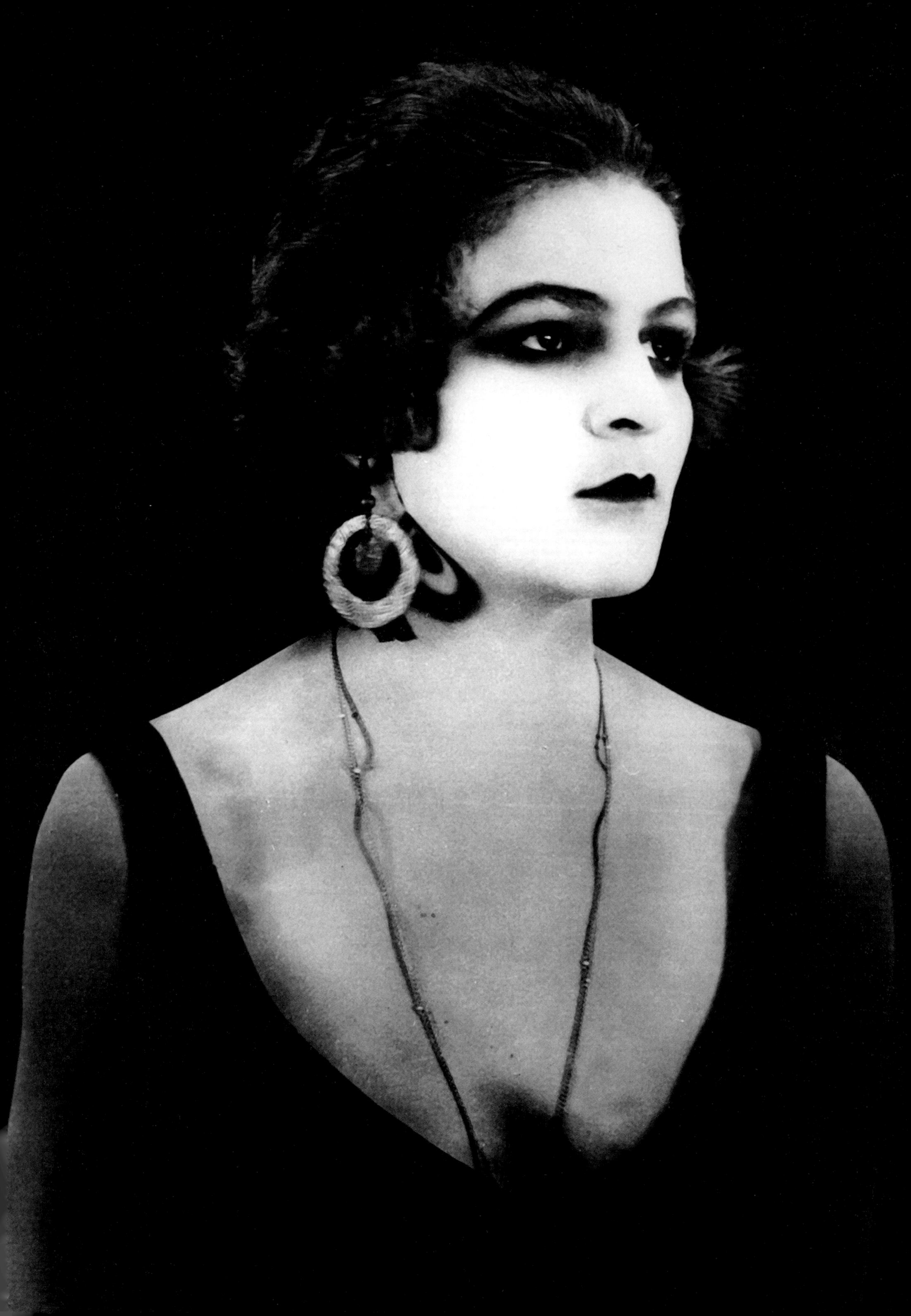

„Der Typus erlaubt vieles, nichts aber, was ihn selbst sprengte", schrieb Roland H. Wiegenstein zur Autorität des Stars. „Wer als *femme fatale* „verkauft" wird, darf sich Aventuren leisten, kaum aber ein Leben ohne Skandale, und schon gar keins, in dem die „Abenteuer" vom Risiko einer zwingenden Entscheidung abgelöst werden. Für den Sex-Star Marylin Monroe war eine andere Existenz nur durch Veronal möglich."

◁ Anita in: „Falschspieler", 1920

Auch Nella gerät durch die Abhängigkeit von Rauschmitteln in einen Teufelskreis: „Wenn nur die furchtbare Angst nicht wäre", schreibt sie in ihrem Tagebuch, „Es kauert etwas hinter mir im Zimmer, eine schattenhafte Hand reckt sich nach der Uhr. Und es ist, als ob die Pulsschläge des Pendels stiller würden wie ein Herz, dessen Arbeit ermattet. Wenn ich nur nicht so allein wäre.

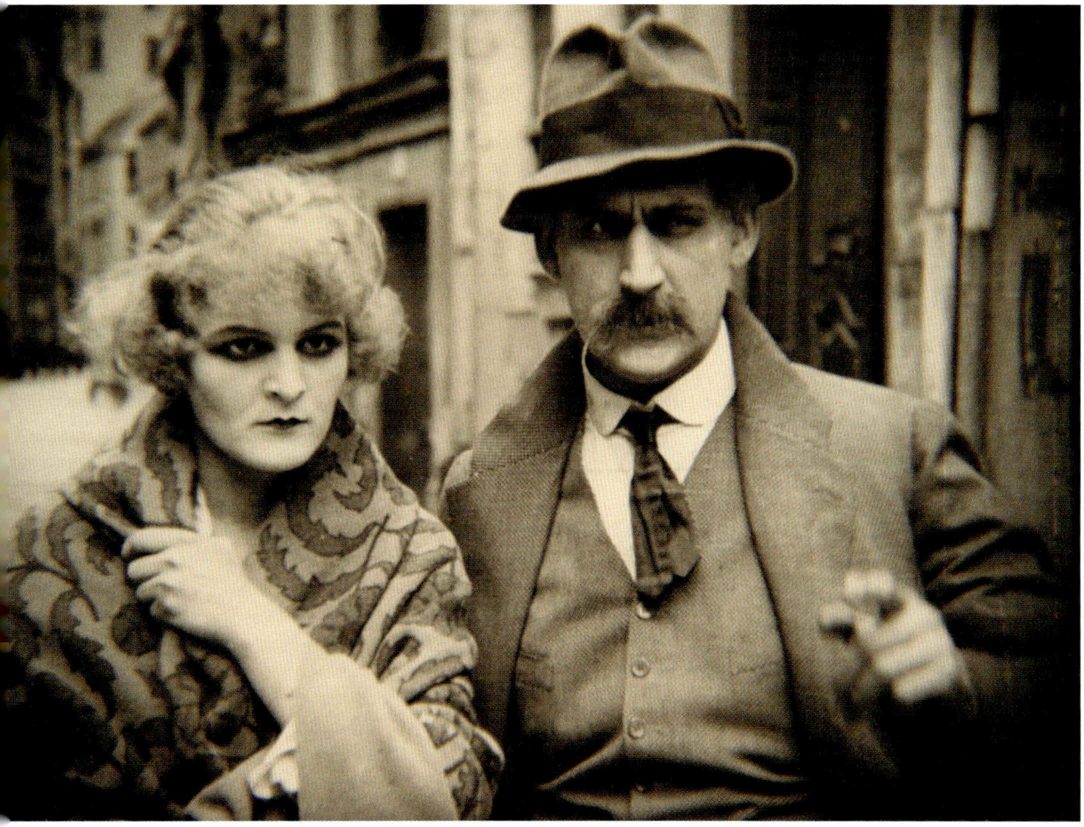

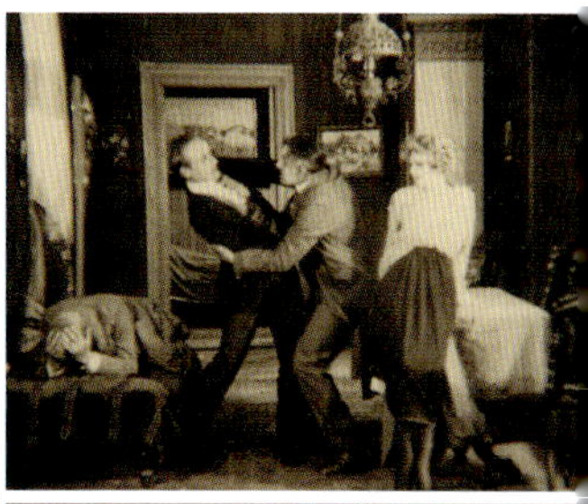

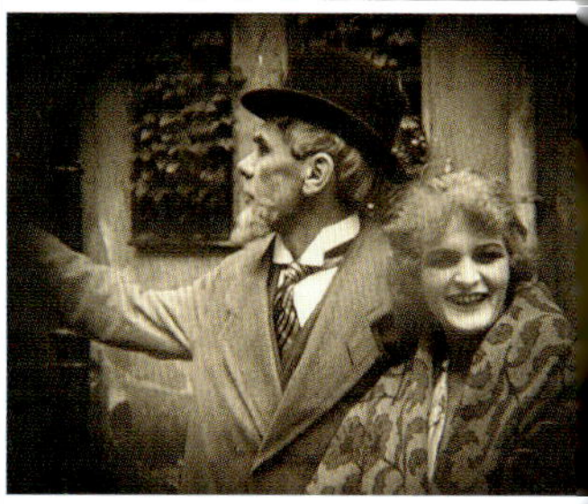

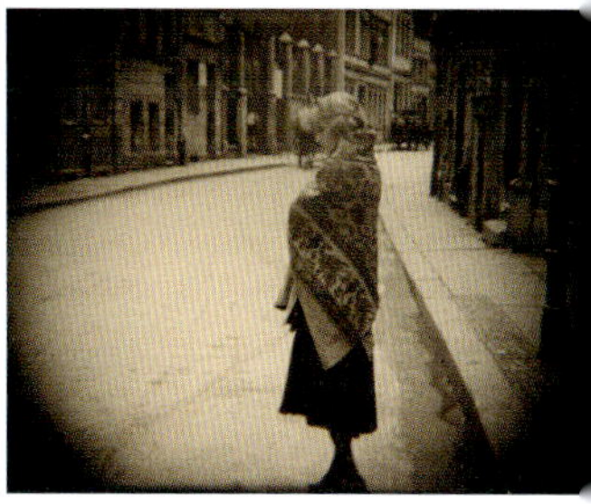

Szenen aus: „Falschspieler", 1920

So ganz allein... Wie gern möchte ich schlafen. Und ich wage es doch nicht. Ich fürchte mich vor dem Nichts, vor der Bewusstlosigkeit des Schlafes. Der Schlaf ist dem Tod zu sehr ähnlich. Und ich will vom Tod nichts wissen.

Ich will nicht schlafen.

Ich will lieber wachend den Tag erwarten. Es ist besser, Angst zu haben, als nichts zu wissen. Wenn ich Angst habe, so fühle ich doch, dass ich lebe."

Offen bleibt, inwieweit die Umsetzung der literarischen Vorlagen mit den kameratechnisch sehr begrenzten Möglichkeiten des Stummfilms gelang. Da die meisten Filme heute verschollen sind, bleibt nur der Verweis auf die Romanvorlagen.

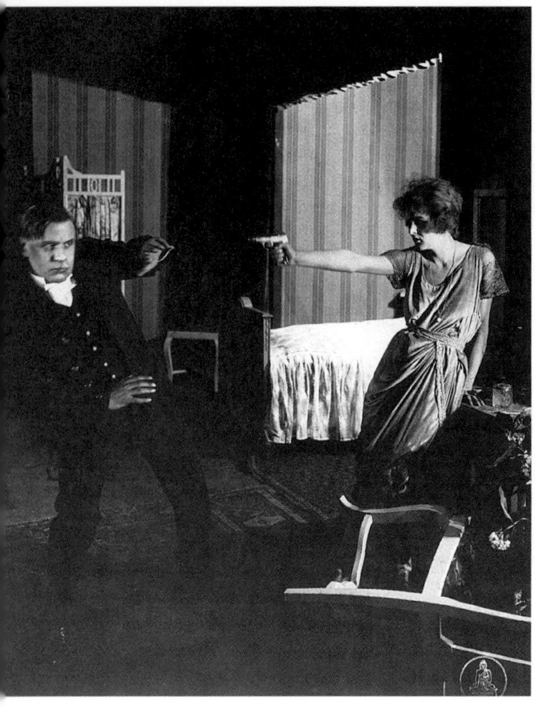

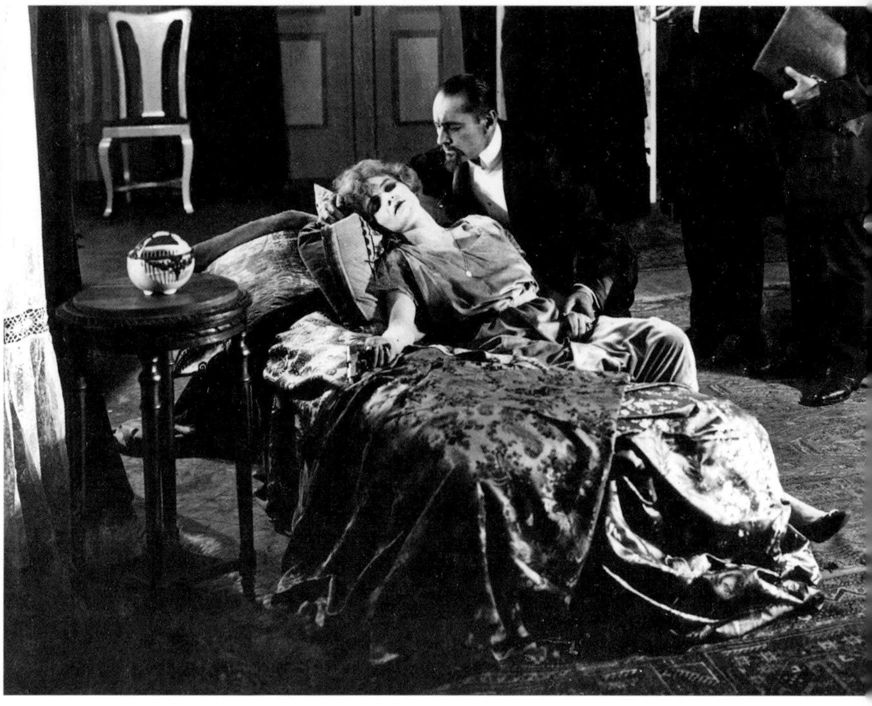

Szenen aus: „Der Schädel der Pharaonentochter", 1920

Als nächster Film folgte „Falschspieler" mit Anita Berber und Hans Albers in den Hauptrollen. Albers spielte einen „Entgleisten", der dem Glücksspiel verfallen ist, Anita Berber eine Dirne. Das belehrende Alibi bezog der Film durch den Vermerk „unter technischer Leitung des Dirigenten der Charlottenburger Kriminalpolizei, Kriminalinspektor von Manteuffel". Natürlich fiel auch dieser Film unter strengstes Jugendverbot.

1920 forderte der Schauspieler und Regisseur Otz Tollen Anita auf, in seinem Film „Der Schädel der Pharaonentochter" mitzuwirken. Maria Merlott, die Frau Otz Tollens, war auch Schauspielerin, und sie erzählte mir während einer Unterhaltung über die frühen Zwanziger Jahre, wie sie „AB" in Erinnerung behalten hat: „Anita Berber hatte ein tolles Temperament, war großartig gewachsen, dabei blitzgescheit und voll ausgefüllt mit ihrem Leben. Sie war immer schneeweiß gepudert, so dass die roten Lippen einen starken Kontrast zum Gesicht bildeten. Ich erinnere mich an einen gemeinsamen Besuch in der *Königin-Bar* am Kurfürstendamm, die dem Schwiegersohn Scheidemanns gehörte. Mehrere junge Offiziere führten am Tresen ein lautes Gespräch, um ihr zu imponieren. Da sagte Anita mit ihrer tiefen und rauen Stimme: ‚Seid ruhig. Ich schlafe ja doch mit jedem von euch!' Otz Tollen war ein bildhübscher, entzückend charmanter Mann, jedoch als Schauspieler und Regisseur nicht gerade hervorragend begabt. Tollen war ein Beau. Mit AB hatte er eine kurze Affäre. Otz war 14 Jahre älter als sie. Erst schwärmte sie ihn an, doch als sie dann zögerte, sagte er zu ihr: ‚Sie wollten doch einen älteren Mann?' Anita antwortete leichthin: ‚Nun ja, mein Gott, aber eine junge Frau wäre mir lieber!' Anita war keine gewöhnliche Hure, sondern eine Künstlerin, die aussprach, was ihr in den Sinn kam."

„Der Schädel der Pharaonentocher", von Tollen nach einer Idee von Curd Scheidig entwickelt, reihte in Zeitbildern, die 730 vor Christus im alten Ägypten beginnen, die Geschichte eines Fluchs aneinander. Als Rache für einen Mord soll die Seele des Mörders in seinem Schädel Jahrtausende überdauern und den Menschen Unheil bringen, bis er in den Wellen des Meeres Ruhe findet.

Die pseudohistorischen Teile des Films waren völliger Quatsch, mit einer vordergründigen Theaterdramatik. Dass so hervorragende Schauspieler wie Emil Jannings, Erna Morena, Agnes Straub, Fritz Kortner und Rudolf Forster mitwirkten, kam nur durch die guten Gagen zustande, die der alte Hagenbeck aus Hamburg zahlte, der sich in den Kopf gesetzt hatte, ins Filmgeschäft einzusteigen. Man filmte an verschiedenen Drehorten. Kameramann war Eugen Hamm, ehemaliger Hoffotograf, ein ausgezeichneter Fachmann. Aber der Film wurde und wurde nicht fertig. Die Dreharbeiten verschlangen enorme Gelder. Schließlich kam der Film in die Kinos wie er war, und natürlich wurde das ganze Unternehmen kein Erfolg, trotz großer Reklame und aufwendig gedruckter Programmhefte.

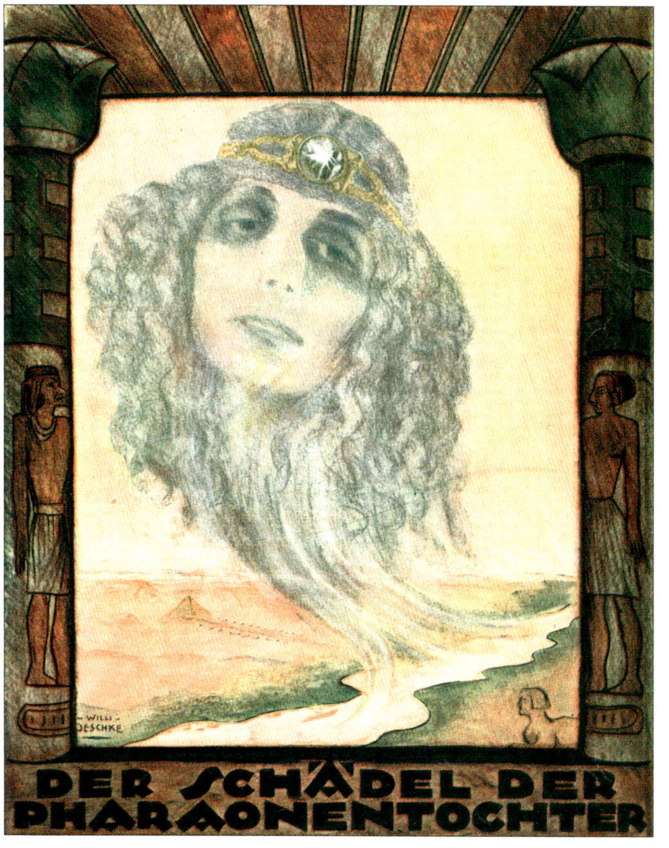

Plakat zu: „Der Schädel der Pharaonentochter"

Filmgeschichtlich interessant bleibt immerhin die Tatsache, dass kein geringerer als Ernst Lubitsch die Anregung für seinen Film „Das Weib des Pharao" (1922) davon ableitete.

Anita Berber trat im 5. und 6. Kapitel des Films auf, der in der Gegenwart spielte. Gerhard von Rottenstein (Heinrich Schroth) verlebt die Flitterwochen mit seiner jung angetrauten Gattin Margit (Anita Berber) auf seiner Burg. Durch Margits Neugierde lässt er sich dazu bewegen, ein vermauertes Turmgemach aufzubrechen, wobei der ägyptische Schädel ans Tageslicht kommt. In dem bisher so fröhlichen, unschuldigen Geschöpf erwachen böse Triebe. Die sündigen Leidenschaften der Männer begehren sie. Auch der Diener Franz verzehrt sich nach Margits Gunst. Eifersüchtig verfolgt er sie auf Schritt und Tritt und versucht sie schließlich zu vergewaltigen. Sie greift zur Pistole, im Ringen um die Waffe bricht sie selbst schwer getroffen zusammen. Aber ihr Gatte erkennt die unheilvolle Bedeutung des Totenkopfes und versenkt ihn ins Meer. „Nun kann auch Margit körperlich und seelisch gesunden. Ein köstlicher Liebesfrühling erblüht dem jungen Paare."[44]

Den Verehrer Olaf Lund spielte Rudolf Forster. In seinen Lebenserinnerungen schreibt er die Regie fälschlicherweise Richard Oswald zu und berichtet von Außenaufnahmen auf Norderney. „Sie und ich schaukelten, nicht allzu weit

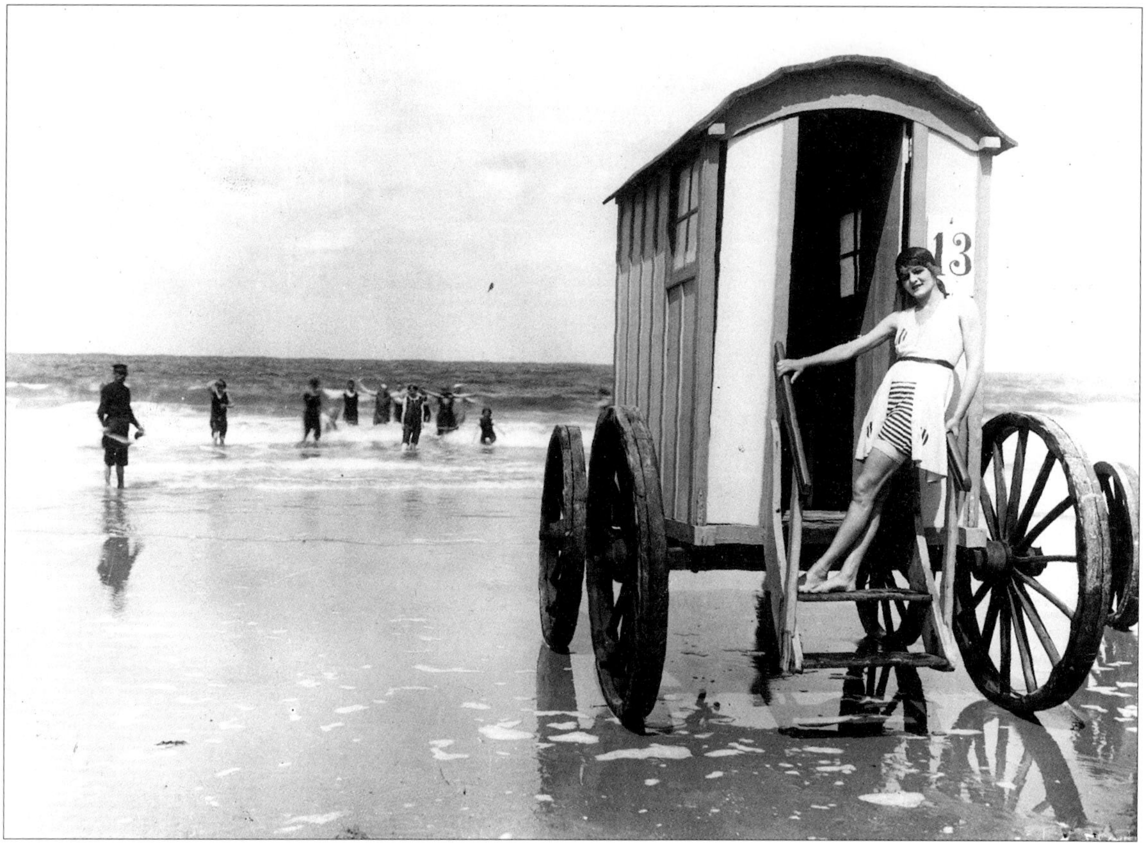

Im Badekostüm an der Ostsee; Anita mit Rudolf Forster. Beide Abbildungen Szenenfotos aus: „Der Schädel der Pharaonentochter", 1920

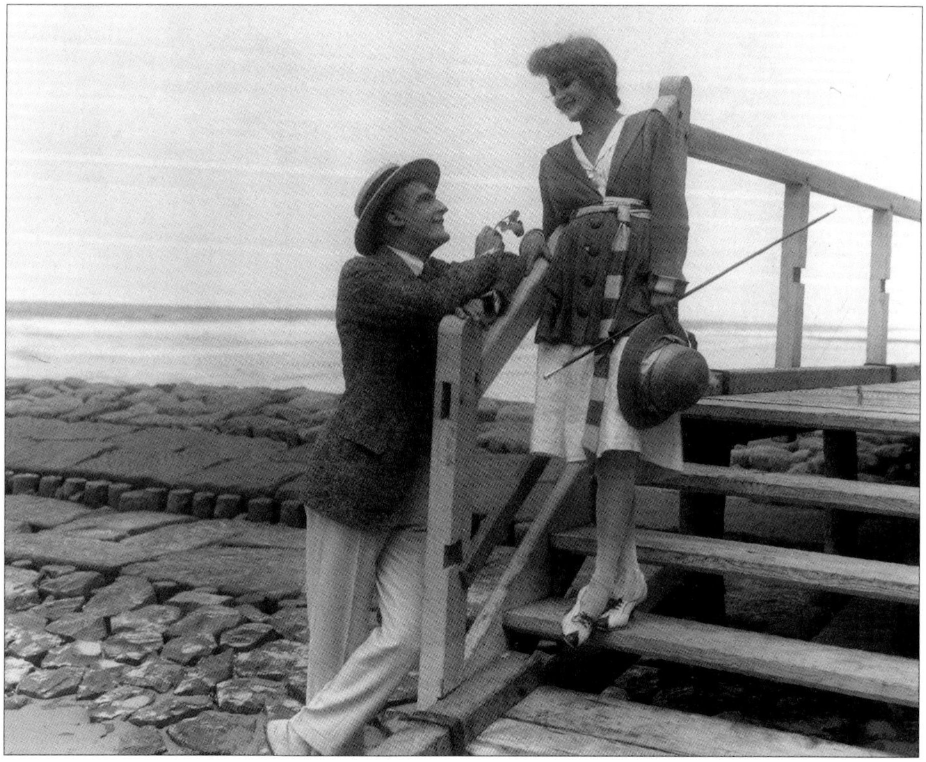

vom Ufer entfernt, in einem Kahn. Wir probierten die Liebesszene, wir probierten sie noch mal. Aufnahme, los! Da kam eine Wolke, wir mussten auf die Sonne warten. Wir schaukelten. Anita wurde es langweilig, sie machte mir vom Blatt weg eine Liebesszene, mit allen Nuancen. Sie schwärmte mich an, nach Strich und Faden, ich kam nicht zu Worte, zehn Minuten vergingen wohl. Die Sonne kam, wir drehten die kurze Szene, verließen das Boot.

Sie würdigte mich keines Blickes mehr, ich war bei der Prüfung durchgefallen, war Luft für sie noch volle zwei Tage, sie sprach nicht ein Wort mit mir."[45]

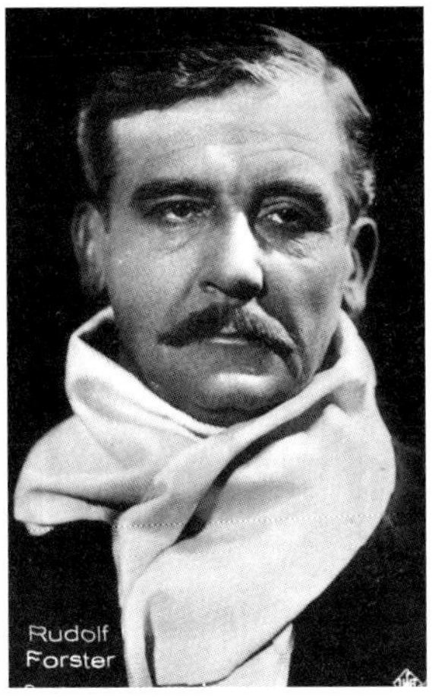

Rudolf Forster

Rudolf Forster war trotz dieser verunglückten Liebesaffäre von Anita Berber fasziniert und beschreibt einen Juni-Abend, als drei bildhübsche junge Frauen nebeneinander in der ersten Reihe des „Kurfürstendamm-Theaters" als Zuschauerinnen sitzen.

„An ihnen war aber auch alles echt, vom Scheitel bis zur Sohle. Zwei große Sünderinnen waren unter ihnen. Blond und hochbeinig war die eine. Eine Zeitlang neigte sie zur Rubensform, die sie aber energisch bekämpfte. Die zweite hatte das blauschwarze Haar der Skipetaren, im Antlitz die Süße und Einfalt der Engelein zu Füßen der Sixtinischen Madonna. Die dritte war so echt und einmalig rothaarig, wie es sich tausend und aber tausend Frauen sehnlichst wünschen, mit der blühweißen Haut, die man auf den Bildern der großen altdeutschen Maler bewundern kann.

Marlene Dietrich, Lya de Putti und Anita Berber.

Wir spielten ihnen ein Stück vor, eine herrliche Komödie, die heutzutage, Gott sei Dank, niemand mehr schreiben kann. Ausgelassenheit, Heiterkeit und Tempo waren unsere Stichworte, es ging toll zu auf der Bühne...

Besagte drei Frauen hatten ihre Staatsroben zu Hause gelassen, sie waren ohne Gefolge, ohne Prunk und Geschmeide erschienen, saßen einfach und bescheiden hinter dem Souffleurkasten, zu unseren Füßen. Wir spielten für die drei Königinnen allein. In den Zwanzigerjahren waren alle drei auf der Höhe ihres Ruhms.

Beginnen wir mit der Roten: Anita Berber. Sie war Nackttänzerin. Männer und Frauen haben sich serienweise für sie ruiniert. Sie war die Göttin der Nachtlokale, das war ihr Fluch. Damals trug man „Koks, Kokain, man fand es chic, aus dem Silberdöschen das weiße Pulver anzubieten."

Bald danach trifft er Anita Berber im Sieveringer Atelier bei Dreharbeiten wieder. Anitas wilder Lebensstil blieb nicht ohne Folgen, und so wurde Forster Zeuge einer Szene, wie sie sich in den nächsten Jahren immer häufiger abspielte:

„Die Schauspieler waren bereits geschminkt und kostümiert, es sollte schon längst losgehen, aber Anita war nicht da. Endlich erschien sie, das heißt, sie wurde getragen. Die Chauffeure beim Film waren Kummer gewohnt, sie hatten Routine, mit Leuten umzugehen, die vollkommen verduselt waren und die Nacht zum Tage machten. Über die hohe Treppe wurde sie ins Atelier hinaufgetragen, wie ein Schwein geschultert, vollkommen bewusstlos, dürftig bekleidet, ihr Kopf baumelte hin und her.

In der Garderobe waren bereits kleine Eisstücke präpariert, der Vorgang wiederholte sich Tag für Tag, auch an anderen Berühmtheiten. Frotteetücher wurden mit den Eisstücken gefüllt, die Behandlung begann, bis sie ein Lebenszeichen von sich gab. Dann wurde ihr starker Mokka eingeflößt, sie konnte an die Arbeit gehen. Nach etlichen Stunden verließen sie die Geister, dann bekam sie eine Spritze."

Die Mondial-Film-Gesellschaft dreht 1921 in Wien „Verfehltes Leben". Regie führt Armand Mondet. Anita Berber spielt in diesem Groschenroman die weibliche Hauptrolle. Ihre Partner sind die Brüder Philipp und Carl Zeska, die auch im Film ein Bruderpaar darstellen. Die Handlung, nach einem erhaltenen Programmheft rekonstruiert, zeigt Anita Berber in einer grandiosen Hosenrolle. Nach einer Flucht über die Dächer vor der Polizei sammelt sich eine Verbrecherbande in ihrem Schlupfwinkel. Der Chef tritt ein, es ist ein Weib in Männerkleidung. „Ein brauner Lockenkopf, bisher von einem breitrandigen Hut verdeckt, wird sichtbar, der ein schönes Mädchenantlitz umrahmt, deren bitterernste Mienen versteinert erscheinen." Nun folgt als Rückblende eine rührende Heidi-Geschichte: Noch vor einigen Monaten lebte Jeanne (Anita Berber) weit weg vom Getriebe der Großstadt, hoch oben im Gebirges als Sennerin fröhlich und sorglos in den Tag hinein. Da erschien eines Tages eine Gruppe Touristen in der einsam gelegenen Berghütte und bat um ein Nachtlager. Am nächsten Morgen brachen die Wanderer wieder auf, nur einer, der Maler Benouard, bleibt, einen kleinen Unfall vortäuschend, zurück. Der eigentliche Grund aber ist die schmucke Sennerin, die ihm in naiver Weise ihre Zuneigung zu erkennen gibt. In sorgloser Weltvergessenheit, naturverbunden, leben sie ganz ihrer Liebe. Doch die Ferien gehen zu Ende, und Benouard muss Abschied nehmen. Zwischentitel: „Vergiss mich nicht, kehr wieder!"

Die Zeit vergeht. Schon bedeckt tiefer Schnee die Berge, doch der sehnsüchtig Erwartete kommt nicht. Von zehrender Sehnsucht erfüllt, beschließt Jeanne, in die Stadt zu reisen. Aber alles ist vergeblich. Sie findet den Geliebten nicht wieder. Verzweiflung und Unerfahrenheit treiben sie in die Gewalt eines Lebemannes, der ihr Champagner einflößt.

Aus dem Landkind ist eine Stadtdame geworden, die Gefallen am Luxus gefunden hat, bis der Verführer, ihrer überdrüssig geworden, Jeanne auf die Straße setzt. Sie sinnt auf Rache. Da ihr Kavalier auch ein übler Hehler ist, verbündet sie sich mit dem Anführer einer Gangsterbande, der auch oft von ihm betrogen wurde. Sie bietet sich als Komplizin an, und am nächsten Morgen findet der Diener seinen Herrn: Anita Berber hat ihn umgebracht. Sie streift ziellos durch die Straßen, bis sie zufällig ihren alten Geliebten aus glücklicher Zeit wiedersieht. Und nun folgt die Pointe, die den Klischeefilm zum totalen Kitsch macht. Auf dem Schreibtisch im Zimmer des Geliebten, der sie in die Arme nimmt, sieht sie das Bild ihres Verführers, der ihr Opfer wurde. Auf ihre Frage, wer das sei, kommt die Antwort: „Das war mein Bruder." Mit einem – natürlich stummen – Schrei auf den Lippen fällt sie tot zu Boden. Der Titel des Films ist gerechtfertigt: ein verfehltes Leben, 2000 Meter lang, ist zu Ende. Der Stoff entsprach dem Geschmack der Zeit.

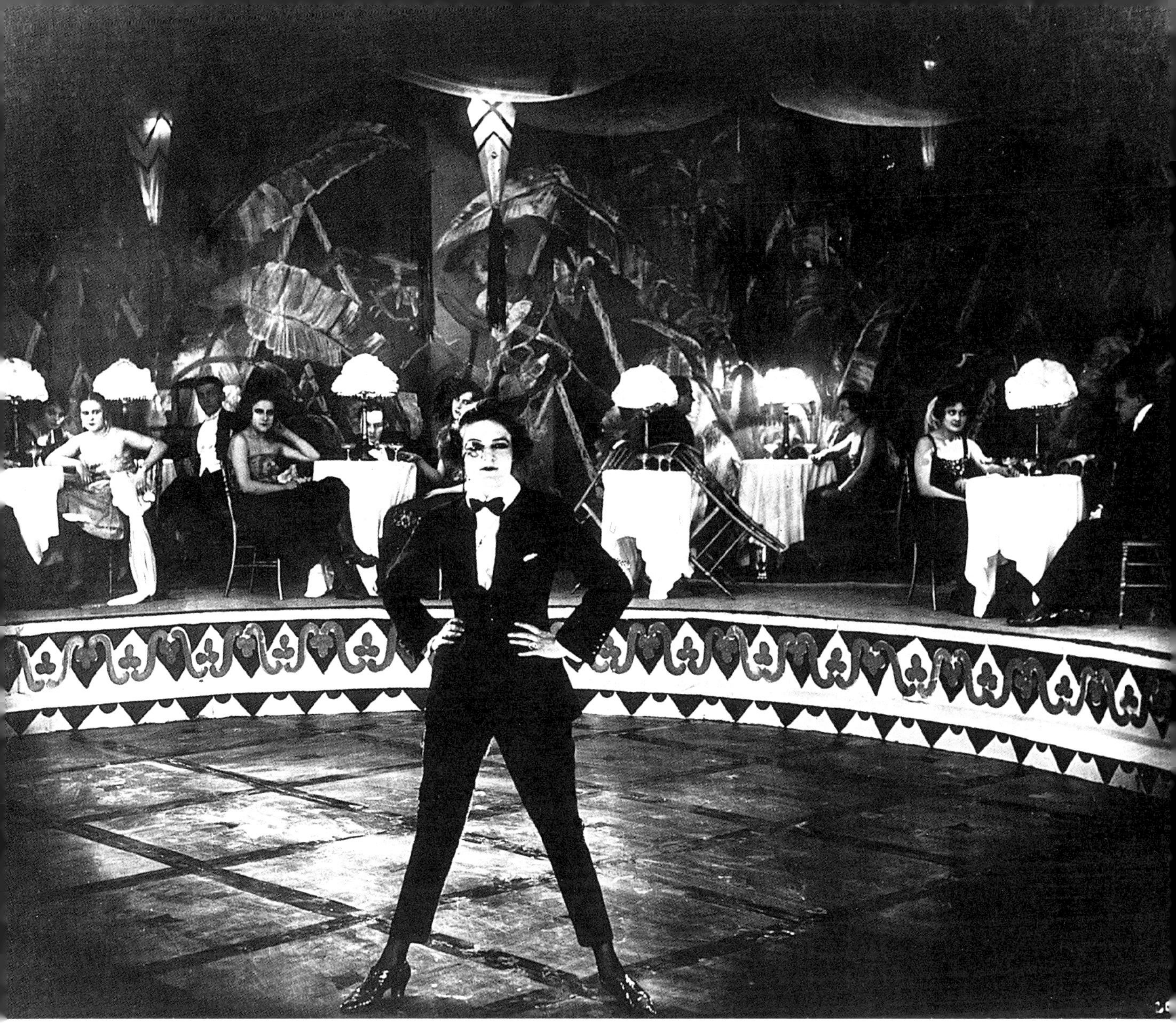

Anitas Tanzszene aus: „Dr. Mabuse, der Spieler", 1921/22

Im gleichen Jahr spielte Anita Berber in zwei weiteren in Wien gedrehten Filmen: „Lucifer (Rekonstruktion eines ungewöhnlichen Lebens)" und „Die Nacht der Mary Murton".

Am 18. November 1921 wurde in den Berliner *Richard Oswald Lichtspielen* der nach dem Roman „Guldpesten" von Oevre Richter-Frich entstandene Film „Die goldene Pest" uraufgeführt. Produzent war wieder Oswald, Regie führte Louis Ralph. Anita Berber spielte die Hauptrolle, die russische Anarchistin Natascha. Mittels Radium wird Gold gemacht und überschwemmt die Welt, bis der wahnsinnige Erfinder die Fabrik mit der ganzen Insel, auf der sie steht, in die Luft sprengt.

Gut erhalten geblieben sind die Kopien von Fritz Langs „Dr. Mabuse, der Spieler" und damit auch die darin vorkommenden phantastischen Tanzszenen mit Anita Berber im ersten Teil. Aus einem Roman von Norbert Jacques bezogen Fritz Lang und seine Frau Thea von Harbou die Idee für die Schilderung einer von Krisen geschüttelten Zeit. Im Mittelpunkt steht Dr. Mabuse (Rudolf Klein-Rogge) als Abbild eines genialen Verbrechers, der vor nichts zurück-

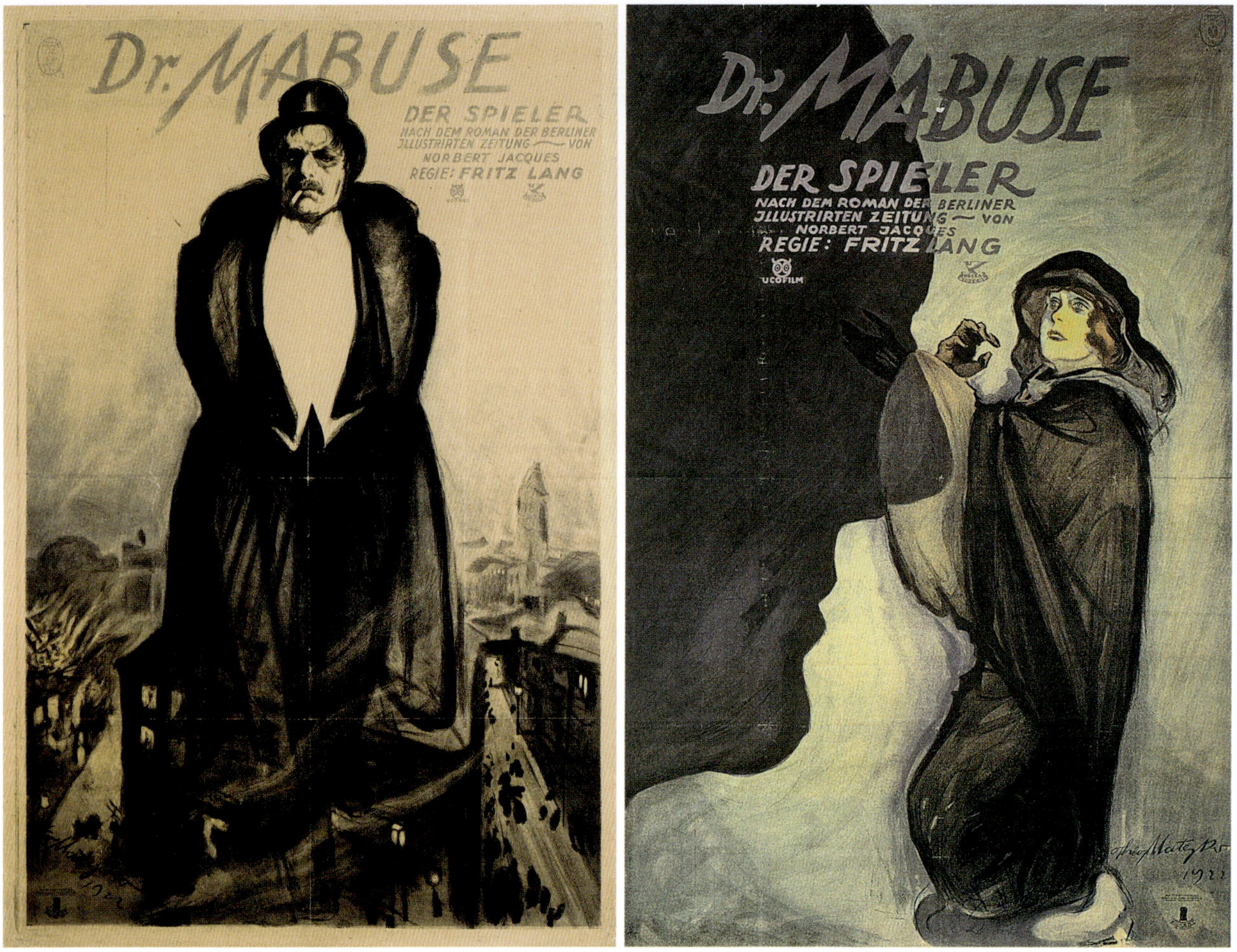

Plakate zu: „Dr. Mabuse, der Spieler", 1921/22

schreckt, um ein unermessliches Vermögen zusammenzuraffen und Herr zu werden über alle Menschen.

Lang scheint keine zu großen Erwartungen in Anitas schauspielerisches Können gesetzt zu haben, denn er besetzte die Hauptrolle der Tänzerin Cara Carozza – Werkzeug und Lockvogel Mabuses – mit Aud Egede Nissen. Anita durfte sie lediglich als Tänzerin doubeln. Maßgebend für Langs Entscheidung war sicherlich auch Anita Berbers inzwischen bekannt gewordene Unzuverlässigkeit. Immer wieder wird berichtet, dass sie unpünktlich war, Verabredungen nicht einhielt, ja meist auch gar nicht mehr einhalten konnte durch ihren von Zufällen und wechselnden Rauschzuständen bestimmten Lebenswandel; denn sie lebte, was andere als „Verworfenheit" nur spielten.

Blenden wir uns ein in die erste Stummfilmfassung: Cara Carozza, die als Sensation der Folies Bergère mit Riesenlettern auf den Plakaten angekündigt ist, erscheint im Scheinwerferlicht einer Varieté-Bühne. Zwei Monster drehen ihre Köpfe im Profil aufeinander zu, und auf ihren dicken, großen Nasen – wie Penis-Symbole – tanzt Anita. Ein unsichtbarer Ventilator erzeugt Wind und reißt ihr das schwarze Kleid weg. Einen kurzen Moment – so lange wie es die Zensur erlaubt – steht sie da, dann bedeckt sie die Brüste mit den Händen.

Der zweite Auftritt findet in „Schramms Cercle privat“ statt, einem geheimen Spielcasino, wie es sie in Berlin damals viele gab. In der Mitte des runden Raumes tanzt Cara in einem dekolletierten, eleganten Abendkleid. Da wird plötzlich die Bühne weggeklappt. Die Tänzerin entschwebt, verschwindet und Spieltische erscheinen.

Titel 202 Graf Told: „Wie stellen Sie sich zum Expressionismus, Herr Doktor?“

Titel 203 Mabuse: „Expressionismus ist Spielerei... Aber warum auch nicht? – Alles ist heute Spielerei! –“

Titel 207 Gräfin Told: „Liebe...“

Titel 208 Mabuse: „Es gibt keine Liebe – es gibt nur Begehren!“ Es gibt kein Glück, – es gibt nur Willen zur Macht!“

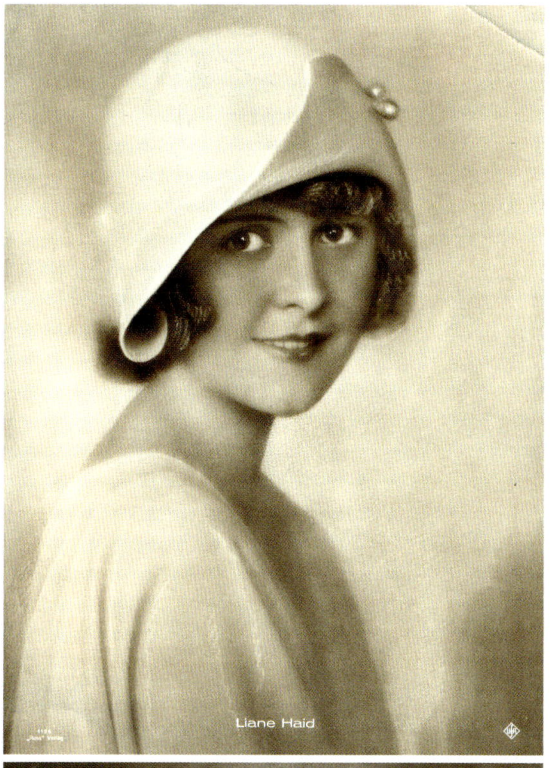

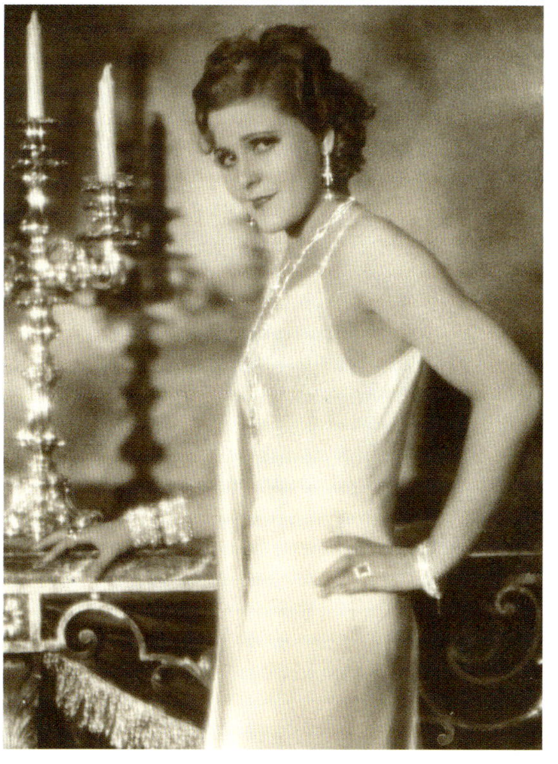

Liane Haid

Lang gelingt es, mit seinen Mabuse-Filmen, die er 1931 als Tonfilm fortsetzt, die Angst der Inflationszeit – die in den Jahren der Weltwirtschaftskrise wieder neu anschwillt, begleitet vom drohenden Schatten des „starken Mannes“, dem die Masse der Menschen ausgeliefert und blind ergeben ist –, in eindringliche Bilderfolgen zu bannen. Anita Berber passte gut in die Gesellschaft der befrackten, mondänen Figuren in ihren Luxusappartements, ebenso wie zu den mit „phallischen Symbolen dekorierten und von monokelbewehrten Lesbierinnen besuchten Lasterhöhlen“.

Noch ein letztes Mal beschäftigt Richard Oswald 1922 seine Filmentdeckung. Anita erhält eine kleine Rolle als Gräfin Julia Orsini in „Lucrezia Borgia“. Hauptdarstellerin ist Liane Haid.

Mit der damals über 90jährigen Schauspielerin hatte ich am 12. Dezember 1987 ein Gespräch in Wien. Einst eine zauberhafte Ufa-Blondine, war Liane Haid in der Rolle der „Lady Hamilton“ zum Star geworden. An die Dreharbeiten zu „Lucrezia Borgia“ im Jahr 1922 erinnerte sie sich noch. „Mein Gott, war filmen damals eine aufregende und gefährliche Sache. Als Oswald „Lucrezia Borgia“ drehte, krachte es plötzlich. Glassplitter flogen durch das Studio. Ich konnte Anita gerade noch zu Boden reißen, ehe uns klar wurde, was passiert war. Ein Scheinwerfer war explodiert. Es gab ja noch kein splitterfreies Glas, und die Dinger wurden sehr schnell zu heiß.“ Liana Haid lebte völlig verarmt in zwei Zimmern in Wien. Da sie die Rechnungen nicht bezahlten konnte, hatte man ihr den Strom abgeschaltet. Sie erkundigte sich

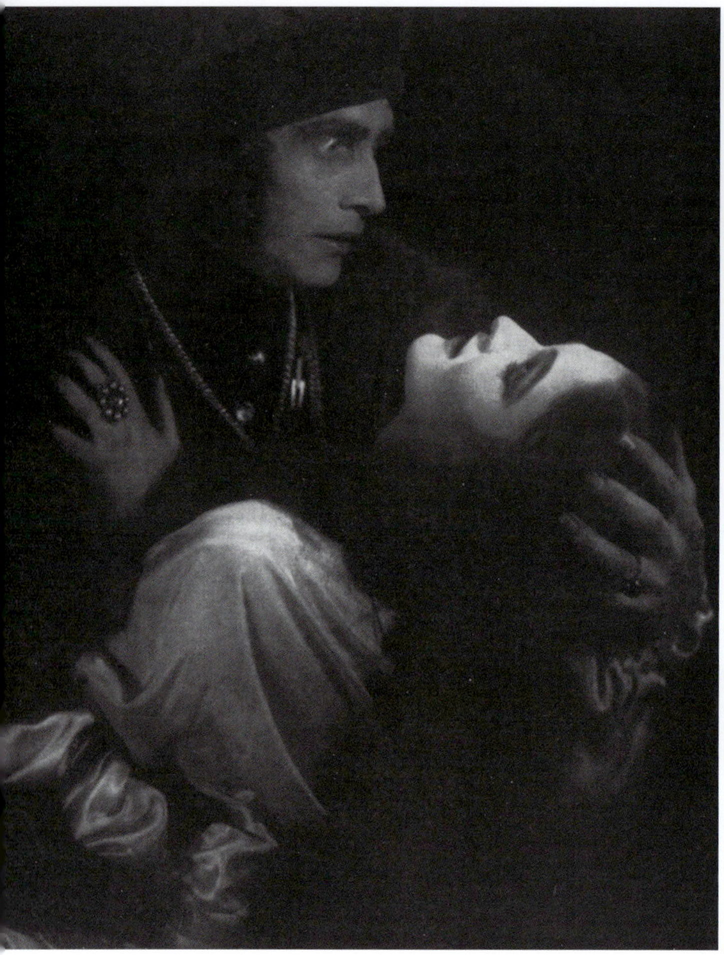

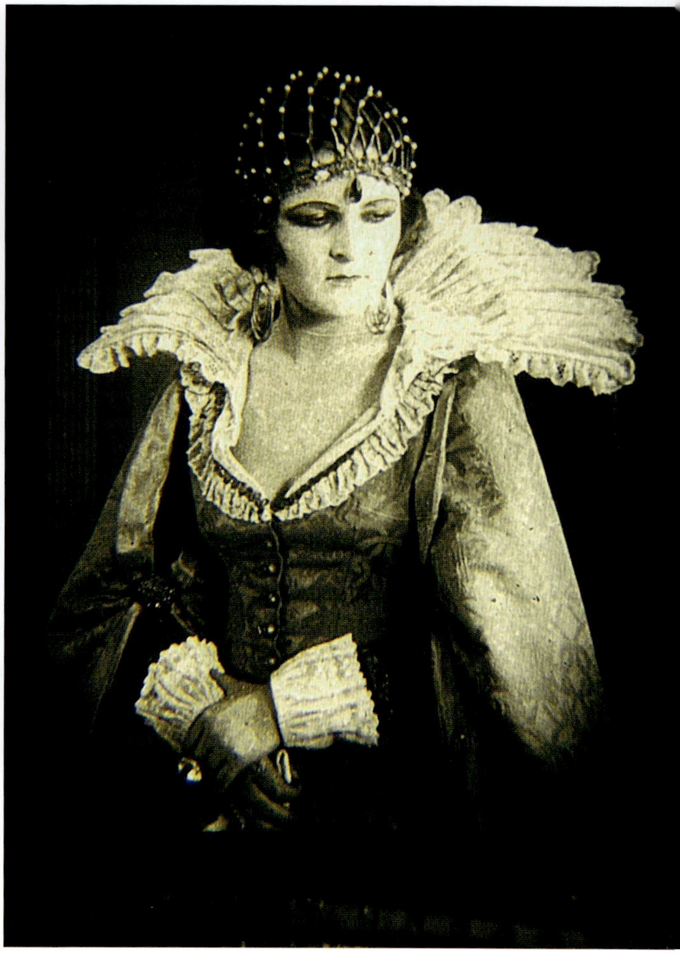

Anita als Gräfin Julia Orsini mit Conrad Veidt in: „Lucrezia Borgia", 1922 (links); Anita in: „Die drei Marien und der Herr von Marana"

am Ende nach Anita Berber. Als ich ihr sagte, Anita sei 1928 schon gestorben, dachte sie nach und sagte schließlich: „Ach so. Ich habe mich schon gewundert, so lange nichts mehr von ihr gehört zu haben." Liane Haid starb am 28. November 2000 im Alter von 105 Jahren in der Schweiz.

„Lucrezia Borgia" war das erste Werk der neuen Oswald-Filme der Ufa, ein „historischer Millionenfilm". Conrad Veidt spielte den Cesare Borgia. Das Publikum sah in Veidt den Inbegriff des Lasters und den Prototyp des Bösen und Unheimlichen. Trotzdem – oder vielleicht gerade deshalb – war er ein Liebling der Zuschauer.

Im gleichen Jahr tritt Anita Berber in drei weiteren Filmrollen auf: „Die drei Marien und der Herr von Marana", Regie Reinhold Schünzel, der außerdem die Hauptrolle spielte; „Schminke" unter der Regie von Fritz Kaufmann, der auch das Drehbuch schrieb, und „Die vom Zirkus", Produktion, Buch und Regie William Kahn, mit Anita Berber in der Hauptrolle. Sie spielt eine Seiltänzerin wie schon in „Nachtgestalten". Nach Aussagen der Zeitzeugin Lucie Hausdörfer soll sie nicht nur im Film, sondern auch in einer großen Abendveranstaltung als Akrobatin auf dem Seil aufgetreten sein, begleitet von den Anteil nehmenden Rufen der Berliner: „Anita, fall ja nich runta!"

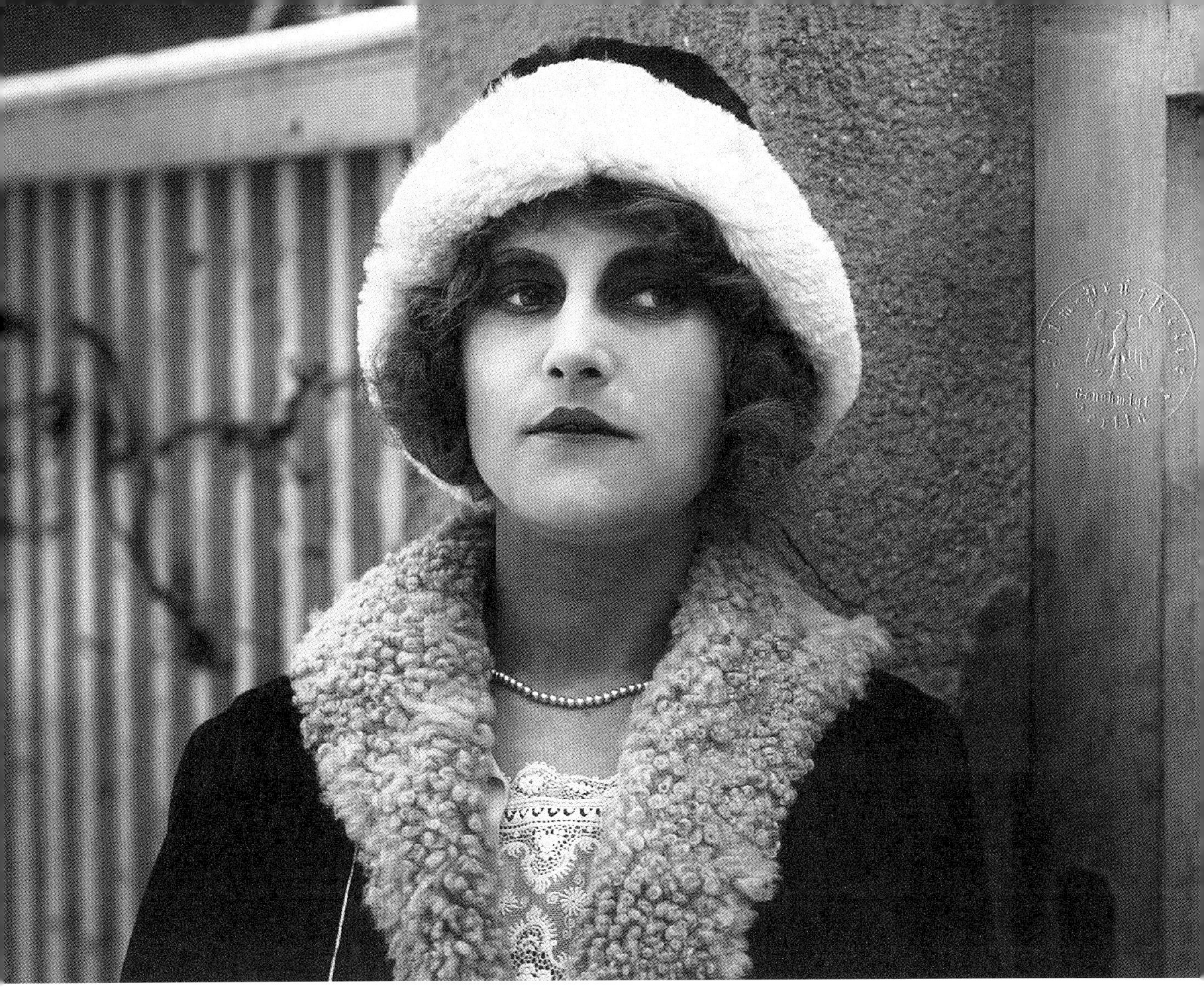

Etwa 1922 ist ihre Filmkarriere so gut wie beendet. Der im Januar 1925 aufgeführte Film „Die Zirkusdiva" der Berliner William-Kahn-Produktion ist mit aller Wahrscheinlichkeit nur eine neu bearbeitete Kurzfassung des Streifens „Die vom Zirkus".

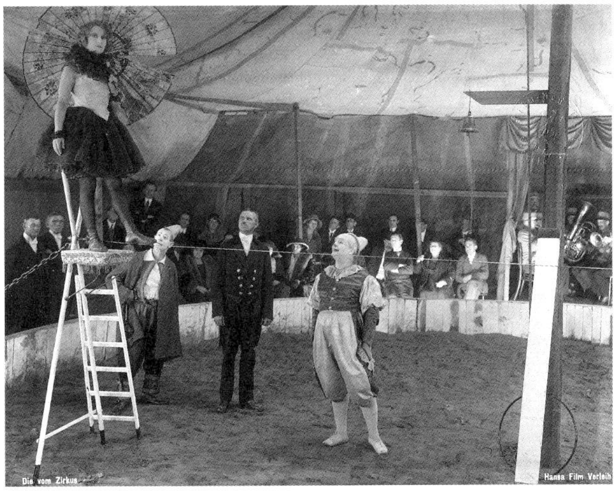

Szenen aus: „Die vom Zirkus", 1922

Auch der verschollene Wiener Dokumentarfilm „Moderne Tänze – Tänze des Grauens, des Lasters und der Ekstase" wurde 1922 gedreht, ebenso „Irrlichter der Tiefe", der von einer Katastrophe in einem Bergwerk handelt. Irreführend ist eine Ankündigung ihrer Mitwirkung im 1925 aufgeführten Johann-Strauß-Film „Der Walzer von Strauß". Aus purem Geschäftsinteresse wurde dieser Film als biographischer Beitrag zum hundertsten Geburtstag des Walzerkönigs angekündigt, um das Publikum ins Kino zu locken. Er handelt vielmehr von der Castiglioni-Affäre, einem Wiener Finanzkrach. In der „Arbeiterzeitung" kritisiert Fritz Rosenfeld den Film heftig und prangert „stil- und sinnlos aneinander gereihte Szenen" an. „Eine einfallslose Regie geht nur auf die simpelsten Rührwirkungen aus", heißt es weiter.[49] Ohne jede Beziehung zu Johann Strauß ist Anita Berber nur kurz mit dem Tanz „Astarte" zu sehen aus dem Film „Irrlichter der Tiefe".

Bemerkenswert bleibt die generelle Einschätzung durch den Filmkritiker Walter Kaul, der in seinem Nachruf auf Anita Berber schrieb: „Eine Zeitlang schien es, als ob erst der Film ihre eigentliche künstlerische Begabung offenbarte... Hier im Film" – Kaul bezieht sich auf ihre Rolle als Film-Lulu in „Prostitution" – war Anita Berber „erschütternd einfach und klar."

Kurz nach Ende des Weltkrieges mieteten drei Freunde, die aktiv in der neuen Filmszene waren, ein Haus am Lietzensee, nahe der Neuen Kantstraße.

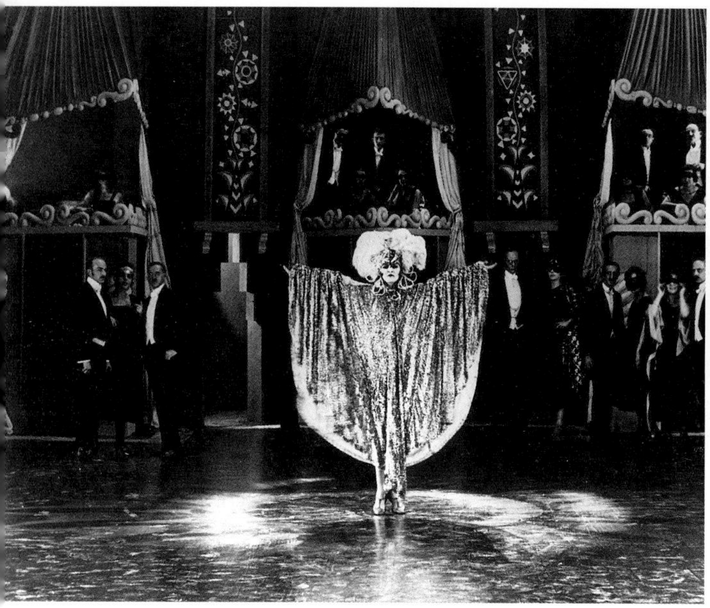

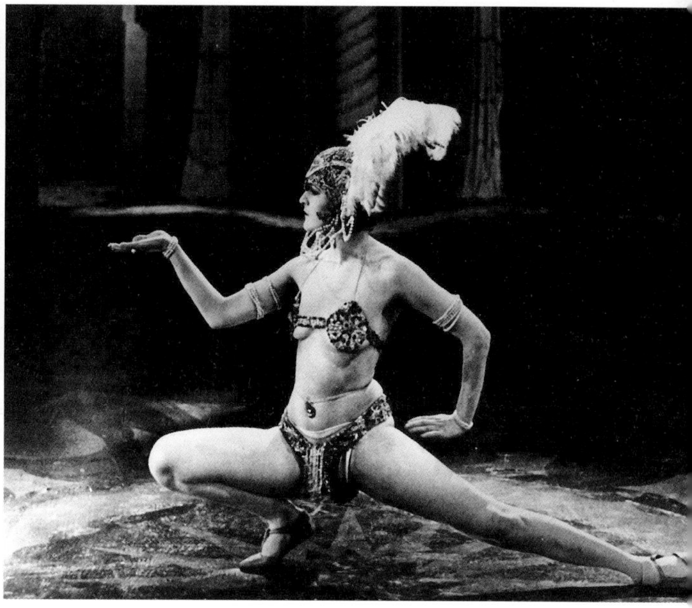

Tanz „Astarte" aus: „Irrlichter der Tiefe", 1923

B. E. Lüthge, ein ehemaliger Artillerie-Leutnant, später erfolgreicher Drehbuchautor, der Journalist F. W. Koebner und Dr. Borchard feierten lebhafte Parties mit schönen Frauen. Zu den Stammgästen des „Dreimännerhauses" zählte neben Grit Hegesa, Maria Orska, den Damen des Celly-de-Rheidt-Balletts auch Anita Berber. In einem großen Kellerraum, der mit Ochsenblut ausgemalt war, das schwarz wirkte, eröffnete Dr. Wilhelm Borchard sein „Phantastisches Theater". Die Versuchsbühne hatte das Ziel „Stücke eigenwilliger, moderner Prägnanz durch junge Kräfte zur Darstellung" zu bringen. „Die Wände schwarz, der freie Raum mit allerlei Altladenschätzen ausgefüllt, an 100 Stühle, gedrängt vor der winzigen Bühne. Verspäteter Anfang durch geheimnisvoller Töne javanischer Musik."[52]

Anita Berber spielte und tanzte im August 1919 in Hermann Wagners „Liebesreigen". Der Wiener Schauspieler spielte selbst alle acht Männerrollen. Diese als „heiteres Spiel in drei Akten" angekündigte Inszenierung ging vor einem geschlossenen Zuschauerkreis im Kellertheater am Lietzensee ohne Beanstandungen erfolgreich über die Bretter, während die spätere Bühnenfassung des Romans von Arthur Schnitzler den bekannten „Reigenprozess" wegen „Unsitt-

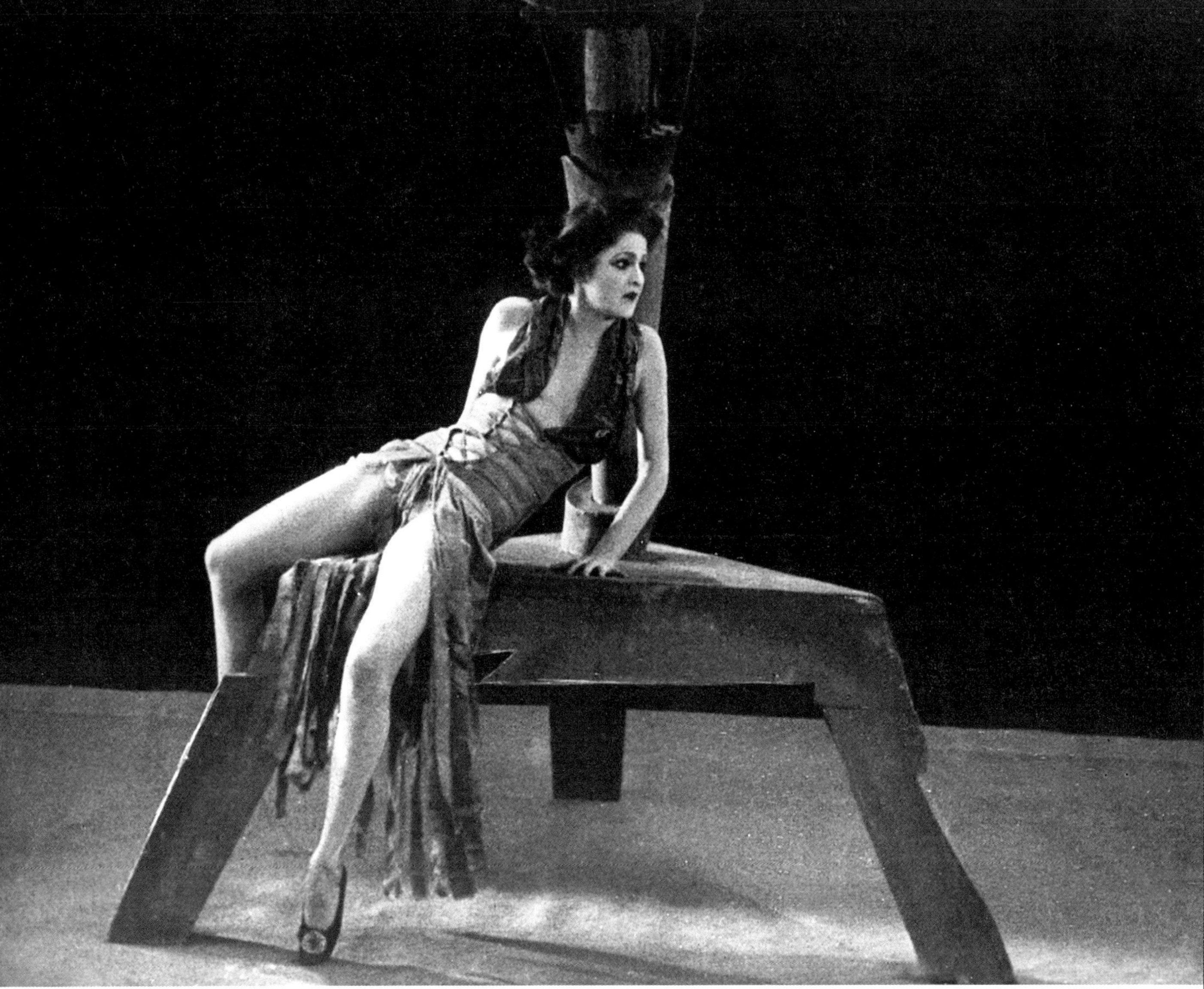

„Kokain" aus: „Moderne Tänze", 1923

lichkeit" auslöste. Gret Palucca – neben Mary Wigman die große Meisterin des modernen Tanzes – sah Anitas Auftritt damals und beurteilte Anitas Tanzen als „in hohem Maße künstlerisch". Sporadisch fanden weitere Veranstaltungen statt, bis sich das Mietertrio auflöste.

Im Oktober 1920 übergab Max Reinhardt die künstlerische Leitung seiner Theater in der Schumannstraße an Felix Hollaender und war wieder in seiner Vaterstadt Wien tätig. „Doch Hollaender war mehr als nur ein Stellvertreter. Er gab dem Deutschen Theater ein neues Gesicht. Zwar führte er die von Reinhardt übernommenen Aufführungen fort; aber er, entdeckungsfreudiger Dramaturg, öffnete einer Reihe von jungen Autoren mit Gegenwartsstücken die Bühnentür."[53]

Zusammen mit Paul Graetz, mit dem Anita Berber befreundet war, spielte sie 1920 eine Rolle in der Komödie „Potasch und Perlmutter" von Montaque M. Glass und Charles Klein. Die Bühnenjahrbücher von 1926 bis 1928 verzeichnen Anita Berber dann als Schauspielerin. Sie gehörte zum Ensemble des „Intimen Theaters" in der Bülowstraße 6 mit Gustav Heppner als Direktor. Die Mitglieder des „Intimen" gastierten 1926 mit Stücken wie „Nachtvogel", „Katzi von

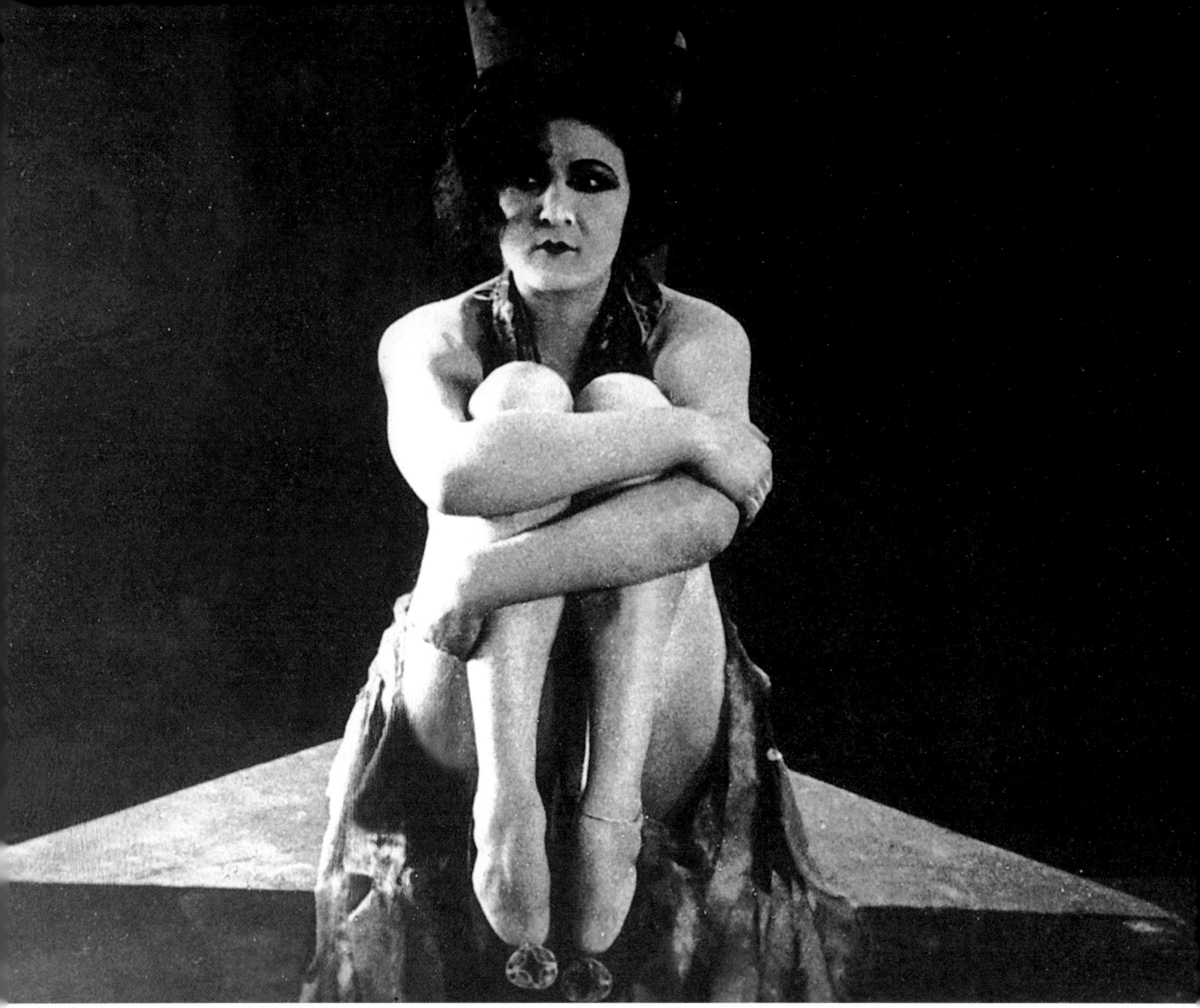

„Kokain“ aus: „Moderne Tänze“, 1923

Fodor“, „Verlassene“, „Mann im Regen“ und „Traumspiel“ unter anderem im Berliner Café „Größenwahn“, in Karlsbad, Marienbad und Zürich. Inwieweit Anita Berber an den Tourneen teilgenommen hat und mit welchen Rollen ist nicht überliefert. Max Herrmann-Neiße erwähnt im April und Mai 1925, dass das Café „Größenwahn“ unter der künstlerischen Leitung Gustav Heppners zu einer Art Filiale des „Intimen Theaters“ geworden sei, als „Einakterbühne, garniert mit tänzerischen Vorführungen.“ Aus dem Programm des Intimen Theaters wurde „Die Spelunke“ übernommen. „Der Lucienne gibt Anita Berber die tierhaft sicheren, geschmeidigen Bewegungen ihres schönen, wohl trainierten Körpers und den Bann einer hilflosen, maskenhaft erstarrenden Lebensverängstigung. Den Schluss des Programms macht Anita Berbers Tanzpantomime „Absinth“, die einen interessanten Versuch für kabarettistische Möglichkeiten bedeutet, eindrucksvoll Bildhaftes gibt, wenn Anita Berber absinthbenommen, der Wirklichkeit entrückt, dahockt oder katzenhaft schreitend sich ihr Opfer holt, und Henri vor dem Blick der Versunkenen hindurchgleitet und als unnahbar verschwebendes ach so heiß begehrtes Idol oder als Rachevision die Todeskraft zusammenfaßt in ein paar sieghafte Tanzschritte zu ihr hin. Das

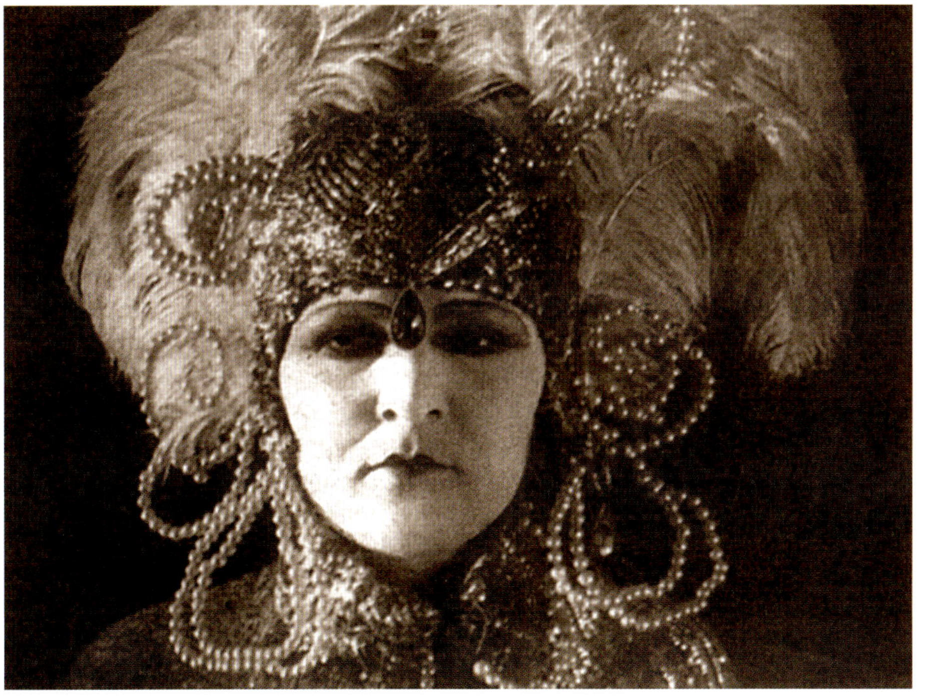

„Tänze des Lasters"

Ganze ist mit dem gleichbleibenden Refrain der Anfangs- und Endsituation, eine kunstvoll abgetönte mimische Ballade." In dem Einakter „Die Peitsche" von Rudolph Lothar spielte Anita Berber die Gräfin. Max Herrmann-Neiße bescheinigt ihr in dieser Rolle „wirkliche erotische Überlegenheit und selbstherrliche Unbefangenheit".[54]

Thomas Corinth, der Sohn des berühmten Malers, erinnerte sich an seine Berliner Studentenzeit, als er sie 1924 im Café „Größenwahn" tanzen sah: „Die Berber war für damalige Begriffe sehr gewagt bekleidet, aber heute würde man sagen: „She is dressed for skiing in Sun Valley." Ihre Tänze waren durchaus künstlerisch, und da war kein „grinding or bumping". Wenn die Berber sich manchmal horrende aufführte, war es wohl um Sensation und um sich einen Namen zu machen. Sie hatte vielleicht das Gefühl, daß ihr nicht viel Zeit dazu übrig blieb. Anders war das Schicksal des begabten Klaus Mann, der so frühreif über Anita Berber schrieb. Ich schließe mit der Melodie oder den Worten „long long ago", was ich mit meiner Großmutter vierhändig auf dem Klavier als Junge spielte."[55]

Fünftes Kapitel

Eine Affäre mit Folgen

Nach zwei Jahren Ehe mit Herrn von Nathusius hat sie genug. Lesbische Neigungen waren bei Anita Berber schon früh vorhanden gewesen. Diesem Gefühl gibt sie nun stärker nach und zieht zu ihrer Freundin Susi Wanowski. Bei Anitas sprunghaften Launen, bei einem Leben voller unvorhersehbarer Höhen und Tiefen ist die willensstarke Freundin rettender Halt. Susanne Wanowski war die geschiedene Frau eines höheren Berliner Polizeibeamten und die einzige Person, die Einfluss auf Anita hatte, ihre „Vorzimmerdame" und gleichzeitig ihre Geliebte. Anita Berbers Hang zu Exzessen, zu Alkohol und Drogen wurde von ihr gebremst. Bisweilen sollen sie sich sogar geprügelt haben. Die Wanowski blieb trotzdem eine treue lebenslange Freundin und besuchte auch nach Anitas Tod noch regelmäßig deren Mutter. Frau Wanowski betrieb in der Schöneberger Kalckreuthstraße 11 ein Frauenlokal, dessen Name *La Garçonne* einem französischen Sittenroman entlehnt war. Victor Marguerittes Bestseller, von dem in Frankreich kurz nach dem Erscheinen 800 000, in Deutschland 150 000 Exemplare verkauft waren, schildert freizügig die Liebesverhältnisse der Heldin Monique im Paris der Nachkriegszeit.

„Da sie ihre Blicke auf Moniques Büste heftete, dachte sie an den gewitterschwülen Abend, an dem sie ihre nackten Brüste miteinander verglichen, rundgeformten Äpfeln und Birnen gleich. Wie von selbst streckte die Engländerin ihre Hand aus, streichelte die in Spitzen gebetteten prachtvollen Früchte, und sie fühlte, wie sie vor Lust zitterten. Im Augenblick sah Monique unter der Taille Zabeths Knospen sich erheben, die leichte durchsichtige Seide sprengend. An ihr war es jetzt zu erröten, und ihre Wangen glühten wie die einer Freundin."

Das Buch wurde in Deutschland verboten. Mit Erfolg durfte eine Parodie von Hans Reimann indessen weiter verkauft werden.

Während in Berlin die Liebe zwischen Frauen geduldet war, ja gewissermaßen sogar zur Mode wurde, standen lesbische Beziehungen in Österreich weiterhin unter Strafe.

In Wien hatte Albert Gessmann, der Präsident der Österreichischen Landwirtschafts AG, am 4. Februar 1922 die deutsche Baronin Leonie von Puttkamer geheiratet. Es war eine kurze und problematische Verbindung zweier im höch-

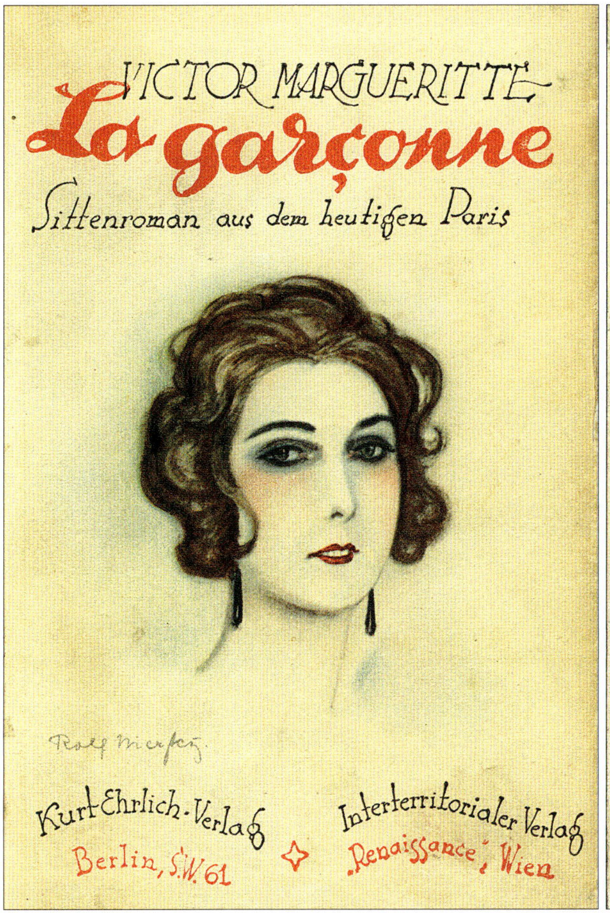

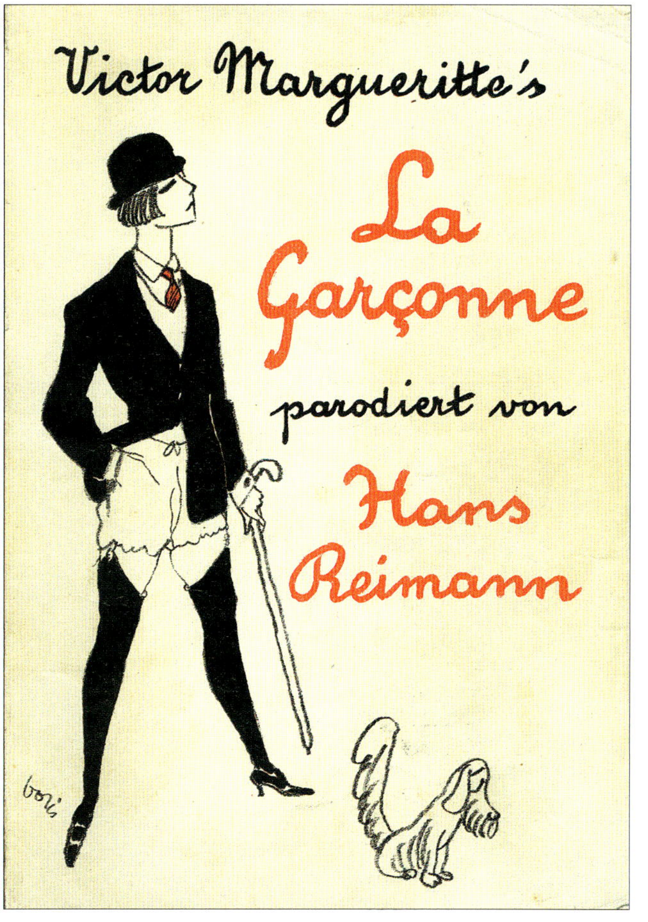

Zwei Buchtitel „La Garçonne" Original (links) und Parodie

sten Maße sexualneurotisch veranlagter Menschen. Die beiden hatten sich über seine erste Frau kennen gelernt, wobei Albert Gessmann sehr bald der Baronin den Vorschlag machte, mit ihm ein Verhältnis einzugehen. Gessmann zielte darauf ab, durch die Verbindung mit einer Dame des Uradels in der Gesellschaft zu glänzen. Gessmann ließ sich scheiden, und die Baronin ging auf sein Werben ein. Dabei mag auch der Gedanke an eine materielle Absicherung eine Rolle gespielt haben, schließlich war sie nach einem Konflikt mit dem Vater auf ihr Pflichtteil gesetzt worden. Julius von Puttkamer, nach dem Kaiser mit 5 889 Hektar der größte Landbesitzer in Pommern, verkaufte nach der Scheidung von seiner Frau 1903 sämtliche Güter und zog sich ins Privatleben zurück. Leonies Mutter, Anna Luise von Alvensleben, die ebenfalls aus dem Uradel stammte, war eine auffallend schöne Frau. Ihr Gatte, ein Herrenreiter, vernachlässigte sie. Sie verliebte sich deshalb in einen italienischen Diplomaten, mit dem sie eine Zeit lang in Rom und Palermo lebte. Wegen ihrer Affäre war sie nicht mehr hoffähig, und Leonie sah die Mutter acht Jahre lang nicht mehr. „Sie war eine leidenschaftliche Frau, erotisch, inklinierte nach beiden sexuellen Richtungen, verkehrte viel mit Frauen dabei ... geistig hoch stehend, energisch, imponierend, auch eitel", gibt die Tochter später im Verfahren gegen ihren Mann zu Protokoll.

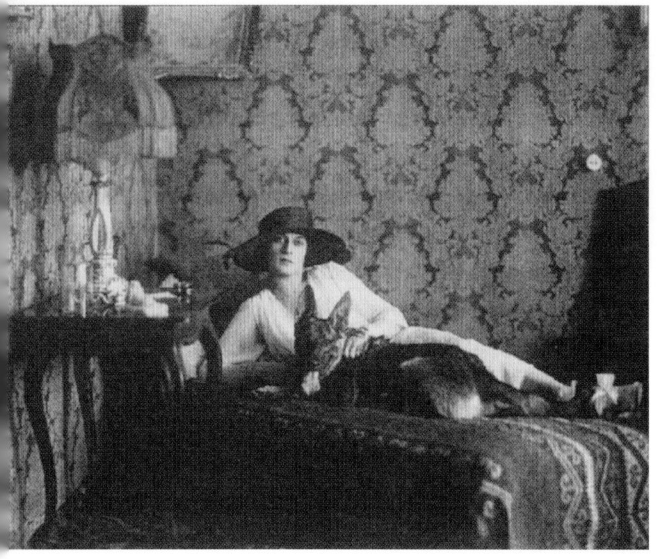

Baronin Leonie von Puttkamer, 1919

Wegen eines Konflikts mit ihrer Stiefmutter – der Vater hatte wieder geheiratet – kehrte sie zu ihrer inzwischen in London lebenden Mutter zurück und hielt sich dort bis zu Beginn des Krieges auf. Ihre deutlichen lesbischen Neigungen waren lange Zeit platonisch. Während ihrer Ehe jedoch lebte sie sie auf Wunsch ihres Mannes offen aus.

In Illustrierten, Zeitschriften und Magazinen hatte sie Berichte über die Auftritte der Tänzerin Anita Berbers gelesen und Fotos gesehen, die sie sehr beeindruckten. Immer wieder schickte sie Briefe, Telegramme und Gedichte an die Unbekannte nach Berlin, aber sie erhielt keine Antwort. „Im Herbst 1922", berichtete Gessmann, „wünschte meine Frau mit mir nach Berlin zu fahren. Ich unterließ diese Reise deshalb, weil ich bei der wahnsinnigen Schwärmerei meiner Frau ... mir sagen musste, dass ein Berliner Aufenthalt für Leonie eine große Gefahr bedeuten würde." Seine Aussagen über Anita Berber vor der Wiener Polizei sind eine Mischung aus Bewunderung und Angst: „Wenn diese Frau die von ihr kreierten Tänze des Lasters, des Grauens und des Wahnsinns tanzt, so tanzt sie sich selbst. Es ist nicht ihre Phantasie, sondern es ist ihre eigene innerste Wesensart, die sie da in blendender Nacktheit vor die Zuschauer hinstellt. Sie fasziniert durch den Rhythmus ihrer Bewegungen, durch die panterähnliche Schmiegsamkeit ihres klassisch schönen Körpers, und sie ruft Bewundern und oder Entsetzen, je nach der seelischen Verfassung des Zuschauers, hervor durch den Ausdruck ihres Gesichtes und die Eigenart ihrer Augen. Ihr wilder, gesundheitszerstörender Lebenswandel hat ihre Züge bis zur Fratzenhaftigkeit eines Totenkopfs entstellt. Die marmorweiße Schminke, durch die sie ihrem Gesicht auf der Bühne und auch bei Tag noch den Ausdruck des Blutlosen verleiht, erhöht diese Wirkung. Aus ihren Augen aber leuchten Wahnsinn und Verbrechen. ... Das ist Anita Berber. Sie war die letzte schwere geistige Infektion für meine schon von jeher pathologische Frau, der Anlass für die Trennung unserer Ehe, unbewusste seelische Wegmacherin zum Verbrechen. Man wird es jetzt begreiflich finden, dass ich von Anita Berber für meine Frau das Entsetzlichste befürchtete."

Um zu verhindern, dass Leonie ohne ihren Mann nach Berlin fahren würde, verhandelte er mit dem Direktor des Nachtklubs *TABARIN* und bot ihm an, die Hälfte der Gage zu übernehmen, wenn er die Tänzerin zu einem Gastspiel nach Wien einladen würde. Ein Termin kam nicht zustande, weil Anita bereits andere Verträge für Auslandsauftritte abgeschlossen hatte.

▷ Anita mit unbekannter Partnerin. Modefoto frühe Zwanziger Jahre

Im Sommer 1922 ergab sich schließlich die Gelegenheit für beide Frauen, sich kennen zu lernen. Anita Berber war zu Dreharbeiten für den Film „Die drei Marien und der Herr von Marana" nach Wien gekommen. Zusammen mit ihrer Freundin Susi Wanowski hatte sie Quartier im Parkhotel in Hietzing genommen. Aber jeder Versuch der Baronin, mit ihr wenigstens telefonisch in Kontakt

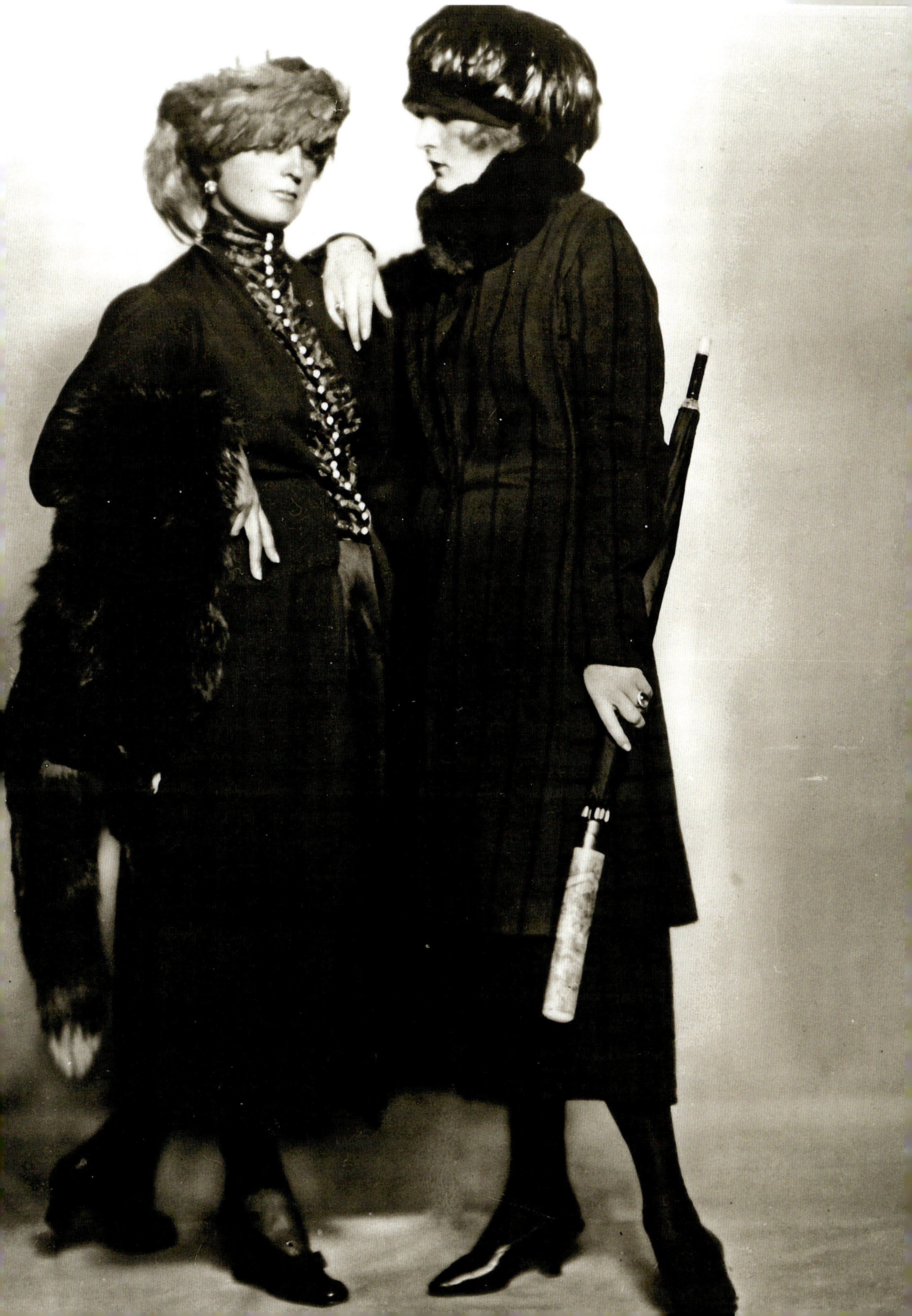

zu kommen, misslang, weil die eifersüchtige Freundin es zu vereiteln wusste. Eines Tages kam es zu einer zufälligen Begegnung in der Bar des Schlosscafés. Albert Gessmann sagte aus: „Als Anita Berber aufstand, um zu dem in einem anderen Raum untergebrachten Buffet zu gehen, folgte ihr meine Frau sofort nach und begann mit ihr im Vorraum der Bar ein Gespräch."

Um Szenen mit der argwöhnischen Freundin zu vermeiden, treffen sich die beiden Frauen zu heimlichen Rendezvous. Eines Abends bringt die Baronin die Berber mit in die Wohnung. Nach dem gemeinsamen Essen, so die Beschreibung Gessmanns, habe Anita unmäßig viel getrunken, ihn mit „Du" angesprochen und Dinge aus ihrer Vergangenheit erzählt, „die ein Mensch, der seiner Sinne mächtig ist, so nicht zum Besten gibt." Mit der Begründung, dass es sehr spät geworden sei, lädt die Baronin Anita ein zu bleiben und erst am Morgen, wenn wieder ein Auto zur Verfügung stünde, ins Hotel zurückzukehren. In der Nacht betritt Anita Berber Gessmanns Schlafzimmer und soll, wie er in seiner Vernehmung behauptete, ihn aufgefordert haben, ins Damenschlafzimmer zu kommen." Sie liebe zwar meine Frau sehr, doch erschiene ihr ein Verhältnis zu Dritt erst als das ganz Richtige." Als sie sich an ihn schmiegen will und ihn auffordert, ihre Brüste zu liebkosen, weist er sie ab, worauf Anita wütend wird und mit den Worten: „Das ist eine Frechheit! Warte nur!" das Zimmer türenschlagend verlässt. Aus gekränkter Eitelkeit sei sie zu seiner unversöhnlichen Feindin geworden. Sie will Leonie ganz besitzen und erklärt, sie werde von ihrer Freundin Susi Wanowski wegziehen. Sie macht der Baronin heftige Vorhaltungen, dass sie zögere, sich scheiden zu lassen. Eine Dienstbotin sagt aus, dass Anita Berber damit gedroht habe, sich „aus dem offenen Fenster zu stürzen". Leonie beruhigt sie und verspricht, sich von ihrem Mann zu trennen.

Die Liebesbeziehung beider Frauen wird immer enger. Die Baronin besucht nun die Künstlerin täglich im Filmatelier und im Hotel. Nach wiederholt heftigen Szenen zieht Susi Wanowski schließlich aus.

Mit ihrem inzwischen in Wien eingetroffenen Partner Sebastian Droste beginnen die Proben für einen Auftritt im Großen Konzerthaus-Saal. Dieser von der Konzertdirektion Hugo Heller angekündigte „Einzige Tanz-Abend" wird zur Sensation der Wintersaison und ist einer ausführlichen Beschreibung wert im folgenden Kapitel.

Die Baronin reist mit ihrer Freundin Gisela Spira nach Berlin. Die Frauen tragen sich im Hotel Eden am Kurfürstendamm ein und leben eine Weile aus dem Verkaufserlös von Möbeln und Silbersachen. Auch mit Susi Wanowski versöhnt sich Leonie wieder und schenkt ihr einen Biberpelz, zwei Perlenringe und anderes. Mit der Arzttochter Karola Horn beginnt sie ein intimes Verhältnis.

Nach der Scheidung und den folgenden finanziellen Streitigkeiten geht die Affäre um das Ehepaar Gessmann in eine neue Runde. Der Präsident veranlasst Untersuchungen der Baronin, einerseits auf ihren Geisteszustand, andererseits will er eine syphillitische Infektion nachweisen lassen – sie habe sich bei der Berber angesteckt. In beiderlei Hinsicht erlebt er eine Enttäuschung. So kann der Privatdozent Dr. Sänger von der Universitätsklinik für Frauenkrankheiten in München „keinerlei krankhafte Zustände an ihrem Körper feststellen. Irgend-

▷ Anita als Eton-Boy, 1921

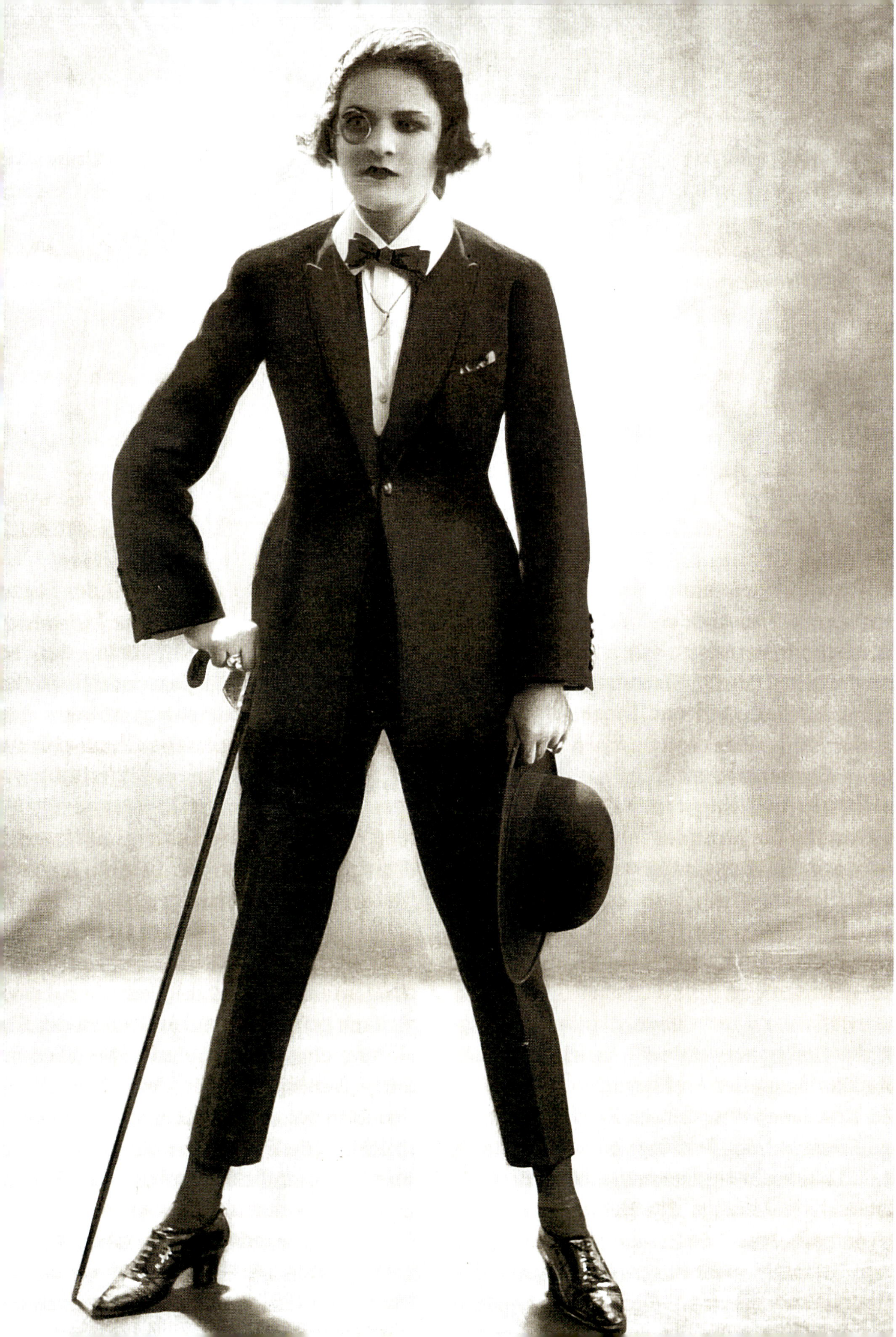

Pastellentwurf Exlibris für Anita Berber von Michel Fingesten

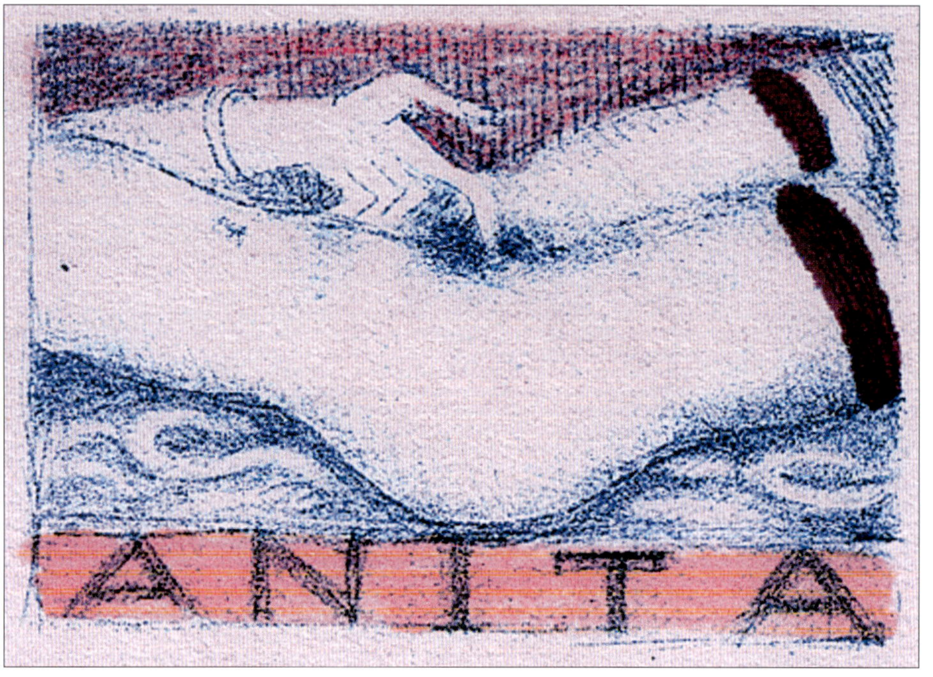

welche Zeichen von Tuberkulose waren nicht vorhanden. Körpertemperatur und Puls normal." Auch die Blutuntersuchung ergibt keinerlei Anzeichen für eine Geschlechtskrankheit.

Nach einer Zusammenkunft in Salzburg holt ihr Mann sie scheinbar versöhnt ab. Die Bombe platzt, als Gessmann seine Frau im März 1924 anzeigt und sie des versuchten Mordes durch Gift beschuldigt. Ihre Wohnung wird von der Polizei durchsucht. Sie steht in Verdacht, ihren Mann durch Arsen im Kaffee nach dem Leben getrachtet zu haben. Alle lesbischen Beziehungen der Baronin werden untersucht, auch Susi Wanowski und Anita Berber sollen gehört werden, weil ihnen eine mögliche Anstiftung zum Mord aus Männerhass zugetraut wird. Leonie gibt zu, neben anderen Frauen auch mit Anita Berber geschlechtlich verkehrt zu haben.

Von der Boulevard-Presse in Wien und Berlin wird die Affäre aufgebauscht. Lesbische Liebe in Verbindung mit versuchtem Gattenmord – das lässt sich gut verkaufen. Anita Berber bringt es willkommene Publicity.

Ein gerichtsärztliches Gutachten vom 5. April 1924 bezweifelt eine Arsenvergiftung. Es wurde nur eine so geringe Menge Arsen in der Kaffeeschale festgestellt, dass sie ein Unwohlsein nicht habe hervorrufen können. An der Grenze der eigenen Zurechnungsfähigkeit angekommen, gibt Albert Gessmann schließlich zu, alles nur erfunden zu haben, um seine Frau dem Einfluss der lesbischen Freundinnen zu entziehen und sie für sich zurückzugewinnen. Sein riskantes Spiel bleibt ohne Erfolg trotz glühender Liebesbriefe, die er Leonie ins Gefängnis geschrieben hat. Gegen Kaution kommt sie frei. Als Baronin Puttkamer verlässt sie Österreich – sie hatte ihren deutschen Pass behalten – und siedelt endgültig nach Berlin über, wo die lesbische Liebe nicht unter Strafe stand und in verschiedenen Lokalitäten offensiv gelebt wurde.

Zwischenspiel Poldi Tamare

Auf der Suche nach Zeitzeugen besuchte ich 1987 den schwulen Tänzer Leopold Tamare. Er hatte als junger Mann den Beginn der bewegten Zwanziger Jahre in Wien miterlebt und arbeitete danach von 1925 bis 1929 für das Moskauer Künstlertheater in New York.

„Es ist schwer," sagte er, „sich heute vorzustellen, wie tiefgreifend die Erschütterungen waren, die das Ende des Ersten Weltkrieges und der Zusammenbruch der Habsburger Monarchie mit sich gebracht haben. Wir trafen Anita und Sebastian vor einem ihrer skandalösen Auftritte in einem Café in Wien. Ich erinnere mich, dass Anita Berber eine riesengroße aus Teppichstoff genähte Handtasche dabei hatte, aus der sie ein Spritzenbesteck hervorholte und ohne vor anderen Caféhausgästen Scheu zu zeigen, jagte sie sich eine Kokainspritze in den Oberschenkel. Niemand nahm Anstoß daran. Wir Freunde fanden es fabelhaft! Sie war eine eindrucksvolle Frau mit einer großen Ausstrahlungskraft. Die Tanzabende waren stets ausverkauft und mussten wiederholt werden, denn das Auftreten der Beiden war kühn und neu in jeder Beziehung. Heute würde man sagen: Sie tanzten den Zeitgeist.

Einer meiner besten Freunde war Harry Täuber, mit dem zusammen ich eine Firma für Bühnenausstattung und Theaterkostüme gegründet hatte. Täuber entwarf die Dekorationen und Kostüme von Anita Berber und Droste für deren erste Auftritte im Großen Konzerthaus-Saal. Sie sind in dem Buch *Tänze des Lasters, des Grauens und der Ekstase* farbig wiedergeben. Harry Täuber hatte eine völlig schwarz gestrichene Wohnung, nur die Ecken der Zimmer waren mit gelben Säulen gestaltet. An den Wänden entlang standen offene Särge. Darin verwahrte er seine Bibliothek.

Er ist später mit seiner Frau nach Südamerika ausgewandert und krank und verarmt zugrunde gegangen."

Sechstes Kapitel

Laster! Oh, Sehnsucht des Bürgers

Anita fühlte sich wohl in Wien. Es gab einen ähnlichen Sumpf von Neureichen, von Spielern, Schiebern und Spekulanten wie in Berlin, die ihr leicht verdientes Geld in Nachtklubs und Bars mit lockerer Hand ausgaben. Nach Lania war „ganz Wien ein Nachtlokal. Und jedes Nachtlokal eine Börse. Rings um dieses strahlende Wien des I. Bezirks, des *Tabarins*, der Kärtnerstraße und des Animierbetriebes lagen zwanzig Bezirke des Hungers, der Arbeitslosigkeit und des Todes."[58]

Anita war dieses Elend gleichgültig. Es gehörte nicht zu ihrer Welt. In den Briefen an Sebastian Droste schilderte sie ihre Abenteuer, ihre Erfolge und machte ihm Appetit, in der Donaumetropole ebenfalls sein Glück zu versuchen. Leo Lania charakterisierte ihn treffend als einen „Romantiker ohne starkes Gefühl", „Egoist ohne starken Willen, Bohemien aus Schwäche, lasterhaft aus Berechnung ... begabt mit einem schönen und gut durchgebildeten Körper, mit Geschmack und musikalischem Empfinden".[59]

Er hatte einen gewissen Sinn für das Praktische und fand, dass Sinnlichkeit, entsprechend pervers drapiert, zu Geschäftserfolg beim reichen Bürgertum führen könne.

„Auf dem Boden der allgemeinen Unsicherheit konnte man nur festen Fuß fassen, indem man durch seine Sicherheit imponierte. Da das Leben nicht erfreulich war, so war die Sucht des Bürgers sich auszuleben, besonders groß und allgemein. Und da man nicht mehr die Kraft zur Hemmungslosigkeit hatte, so berauschte man sich an der Hemmungslosigkeit der anderen."[60]

Droste erkannte seine Chance, zusammen mit Anita in Wien ein abendfüllendes Programm vorzustellen, das genau diesen Publikumsbedürfnissen entsprach.

Die Berber, die seine Verlogenheit, sein Kokettieren mit dem Laster und Morbiden als bloße Mache durchschaute, fühlte sich trotzdem oder gerade dadurch von ihm angezogen. „Er hatte Einfälle, und er hatte Ideen. Er riss sie mit, gerade weil er selbst im Grunde unbeteiligt blieb. Er war ein großartiger Regisseur: alles, was in Anita lag, wirkliches Gefühl, echte Leidenschaft, er machte daraus eine Sensation, einen Bürgerschreck. Anita war so müde, dass sie es

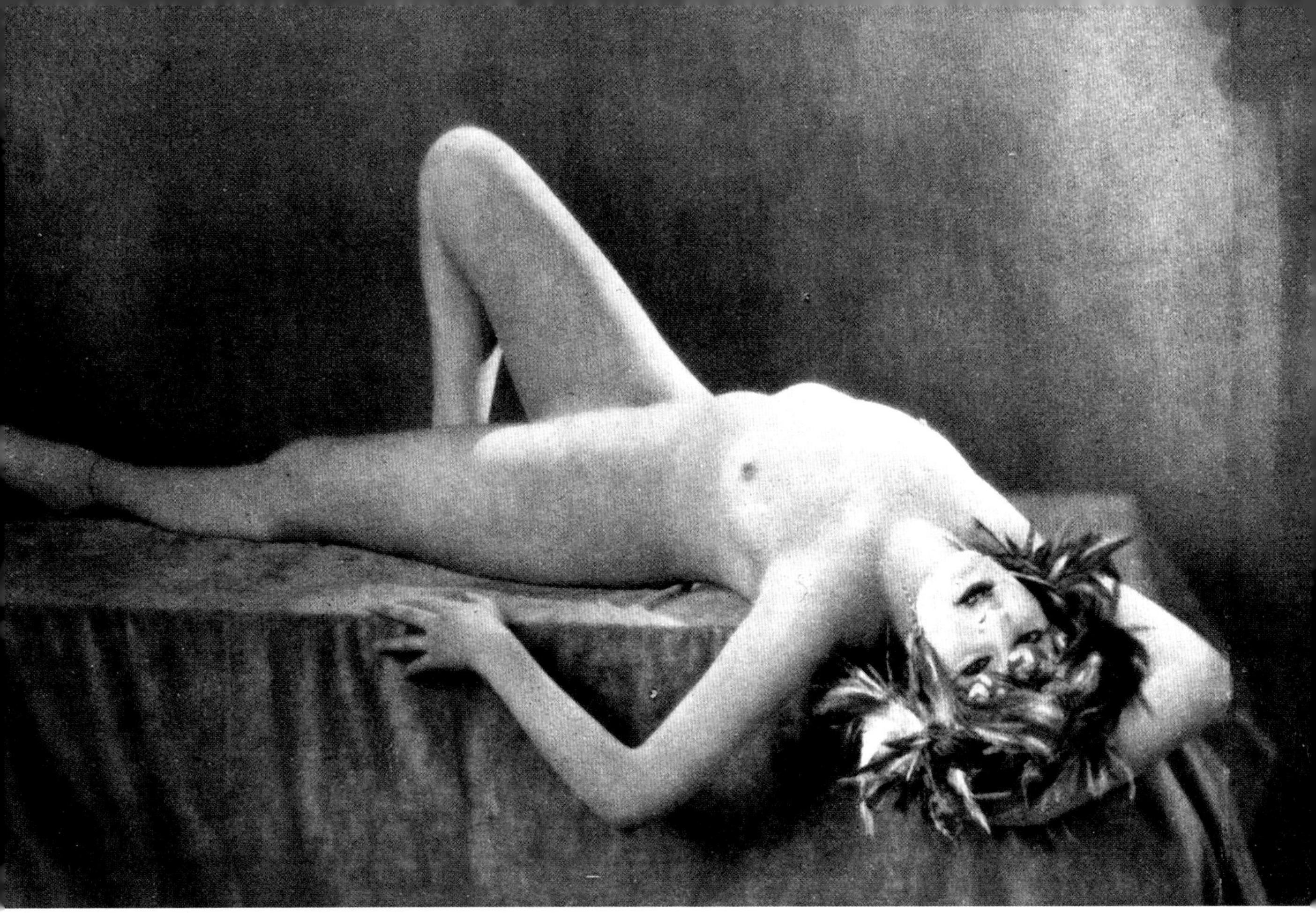

Tanz „Salome“

herrlich fand, sich von Droste vorwärts jagen zu lassen. Ihr ekelte so vor sich selbst, dass sie eine wahre Wollust empfand, wie Droste ihr innerstes Wesen prostituierte.“[61]

Ein wesentliches Bindeglied zwischen beiden: ihre Abhängigkeit von Kokain und Morphium. „Schnee“ war auch schon die Champagner-Droge der Zwanziger Jahre. Sebastian war als Hamburger Jung über Seeleute an den Stoff gekommen. Anitas Sucht begann mit der Leidenschaft für ihren Partner. Da er ihr imponierte, ließ sie sich von ihm beeinflussen und führen. „Droste inszenierte ihre Tänze, und er inszenierte ihr Leben. Er hatte gleich begriffen, dass diese zwei Sphären für Anita nicht zu trennen waren.“[62]

Ihr erstes Auftreten, angekündigt als „Einziger Tanz-Abend“ am 14. November, hatte noch nicht den späteren Titel „Tänze des Lasters, des Grauens und der Ekstase“. Ob sie selbst auf die Idee kamen, ihr Programm später so zu nennen oder ob die Namensgebung von einer der Zeitungskritiken herrührt, ist ungeklärt. „Die Leiche am Seziertisch“ oder „Mord, Weib und Gehenkter“ kommen noch nicht vor. Ob sie je als Tänze so aufgeführt wurden, wie sie im erst 1923 erschienenen gleichnamigen Buch als Texte oder in Gedichtform enthalten sind, ist ebenfalls nicht belegt. Eine große Hilfe wäre das Wiederauffinden der Kopie eines Dokumentar-Kurzfilms, den Wolf Zuber, Produktion Freisler-Film Wien, gedreht hat. Die Filmlisten führen sogar zwei Streifen auf: „Moderne Tänze“ und „Tänze des Grauens, des Lasters und der Extase“, wobei zu vermuten ist, dass es sich um den gleichen Film mit verschiedenen Titeln handelt. Auch von Sebastian Droste allein existieren wahrscheinlich keine bewegten

Joe Jenčík, Tänzer, Choreograph, Kritiker (oben); Titelbild der Originalausgabe von Anita Berberová studie

Bilder mehr. Einen gewissen Eindruck von Anitas lasziver Tanzkunst geben uns heute die Szenen aus „Unheimliche Geschichten“ und „Dr. Mabuse, der Spieler“ in restaurierten Fassungen.

Der tschechische Tänzer und Schriftsteller Josef Jenčík hat in seiner Monographie „Anita Berberová“ mehrere Tänze, die auch Nummern des ersten Wiener Programms waren, beschrieben. Ein Höhepunkt des Abends bildete „Kokain“, getanzt von Anita Berber nach der Musik von Camille Saint-Saëns „La dance macabre“, opus 40. Dem Jenčík-Text vorausgeschickt werden muss die Tanzkonzeption Drostes in Gedichtform.[63]

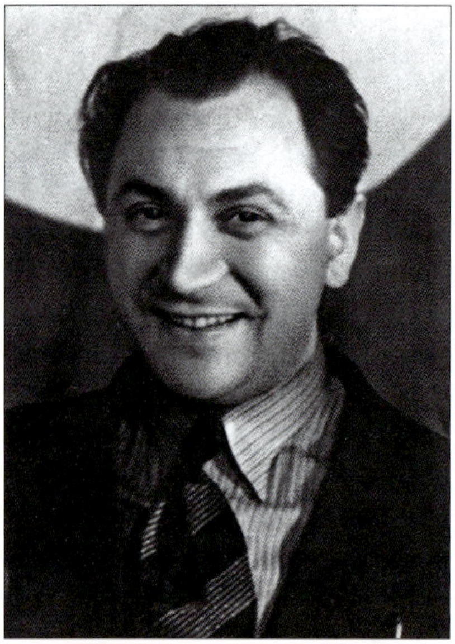

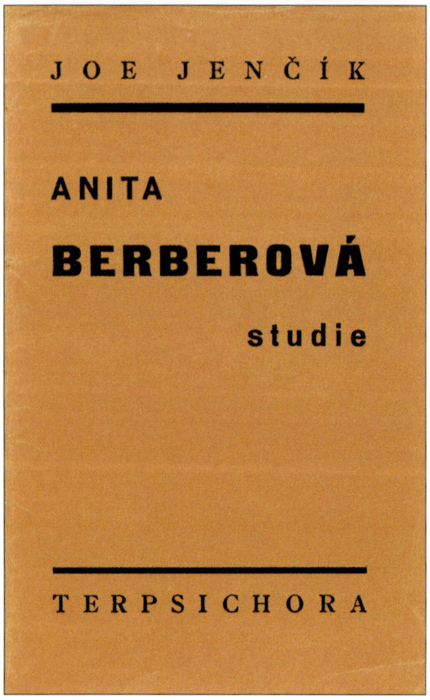

Kokain

Wände
Tisch
Schatten und Katzen
Grüne Augen
Viele Augen
Millionenfache Augen
Das Weib
Nervöses zerflatterndes Begehren
Aufflackerndes Leben
Schwälende Lampe
Tanzender Schatten
Kleiner Schatten
Großer Schatten
Der Schatten
Oh – der Sprung über den Schatten
Er quält dieser Schatten
Er martert dieser Schatten
Er frisst mich dieser Schatten
Was will dieser Schatten
Kokain
Aufschrei
Tiere
Blut
Alkohol
Schmerzen
Viele Schmerzen
Und die Augen
Die Tiere
Die Mäuse
Das Licht
Dieser Schatten
Dieser schreckliche große schwarze Schatten

Joe Jenčík, Choreograph am National-Theater in Prag, hat den Tanz „Kokain" ausführlich und sehr plastisch dargestellt:

„Der Vorhang. Auf dem Boden ein entblößter Körper, in einem leeren Raum, erfüllt von morgendlicher, graublauer Dämmerung. Überall eine Totenstille. Oben, unten, vorn sowie hinten, vielleicht in der reglosen Gestalt selbst. Bis ins Detail so wie damals, als sie Hand in Hand mit einer zufällig wiedergefundenen alten Freundin in das Zimmer eindrang, wo sie über den in Agonie liegenden Körper des Droste schreiten mussten, der nach eingenommenem Kokain im Delirium war. – Mit dieser Reminiszenz auf eine obszöne Szene, in der ihr zweiter Gemahl der traurige Held war, beginnt Anita Berber eine ihrer besten Schöpfungen – Kokain.

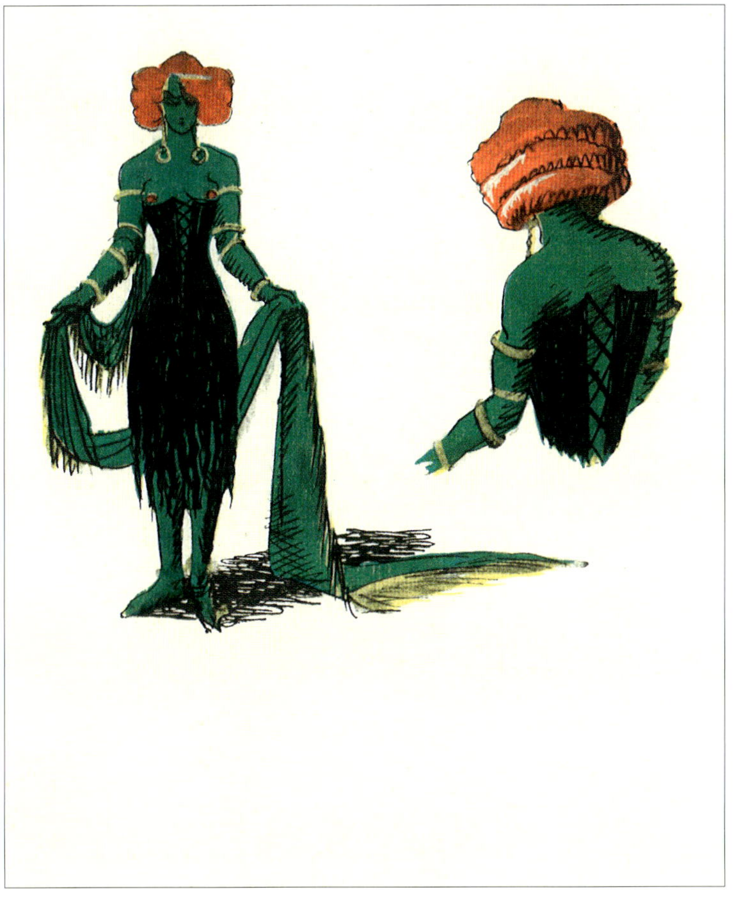

Figurine zu „Kokain", Kostümentwurf von Harry Täuber

Also Totenstille und schwere Regungslosigkeit: Offenbar der erste schwere Anprall des furchtbaren Giftes, der den Körper gelähmt hat. Die Seele ringt sich irgendwo mühsam zur früheren Herrschaft über den Körper durch. Kaum sichtbare Zuckungen der einzelnen Körperpartien deuten es an. Eine Konvulsion ergreift die porzellanfarbenen Glieder und die berauschte, unglückliche Tänzerin kehrt unbewusst, aus Erstarrung der Liebe zum Leben langsam zu sich. Wenigstens soweit, dass die Muskeln gehorchen müssen. Mit einigen Schwüngen, die den langsamen Schwingungen des Pendels aus der Erzählung von Edgar Allan Poe ähneln, richtet sich der Körper auf. Besser gesagt: er bildet einen merkwürdigen Knäuel Fleisch mit zwei unbeschreiblichen Schlitzen anstatt Augen und einer blutigen Wunde als Mund. Der Knäuel entwirrt sich unsagbar träge, auf Anordnung von etwas, was gerade jetzt zwischen dem Verstand und der aufgequollenen Hirnrinde herrscht. Die Tänzerin stellt sich unpersönlich auf die Beine. Anscheinend ist sie eine Marionette im grausamen Abkommen zwischen dem Gift und der Herzpumpe. Das vom Willen der Natur durch die Adern getriebene Blut pulsiert im Körper von Ort zu Ort. Das durch des Menschen Lenkung gejagte Gift hindert und hemmt hoffnungslos: mit roher Kraft mischt es sich in eine, dem großen Geheimnis des Lebens vorbehaltene Angelegenheit ein. Der Körper wirkt furchtbar lächerlich und auf peinliche Weise großtuerisch. In ihm brodelt es, obwohl er mit Raureif bedeckt

Tanzpose
„Kokain“

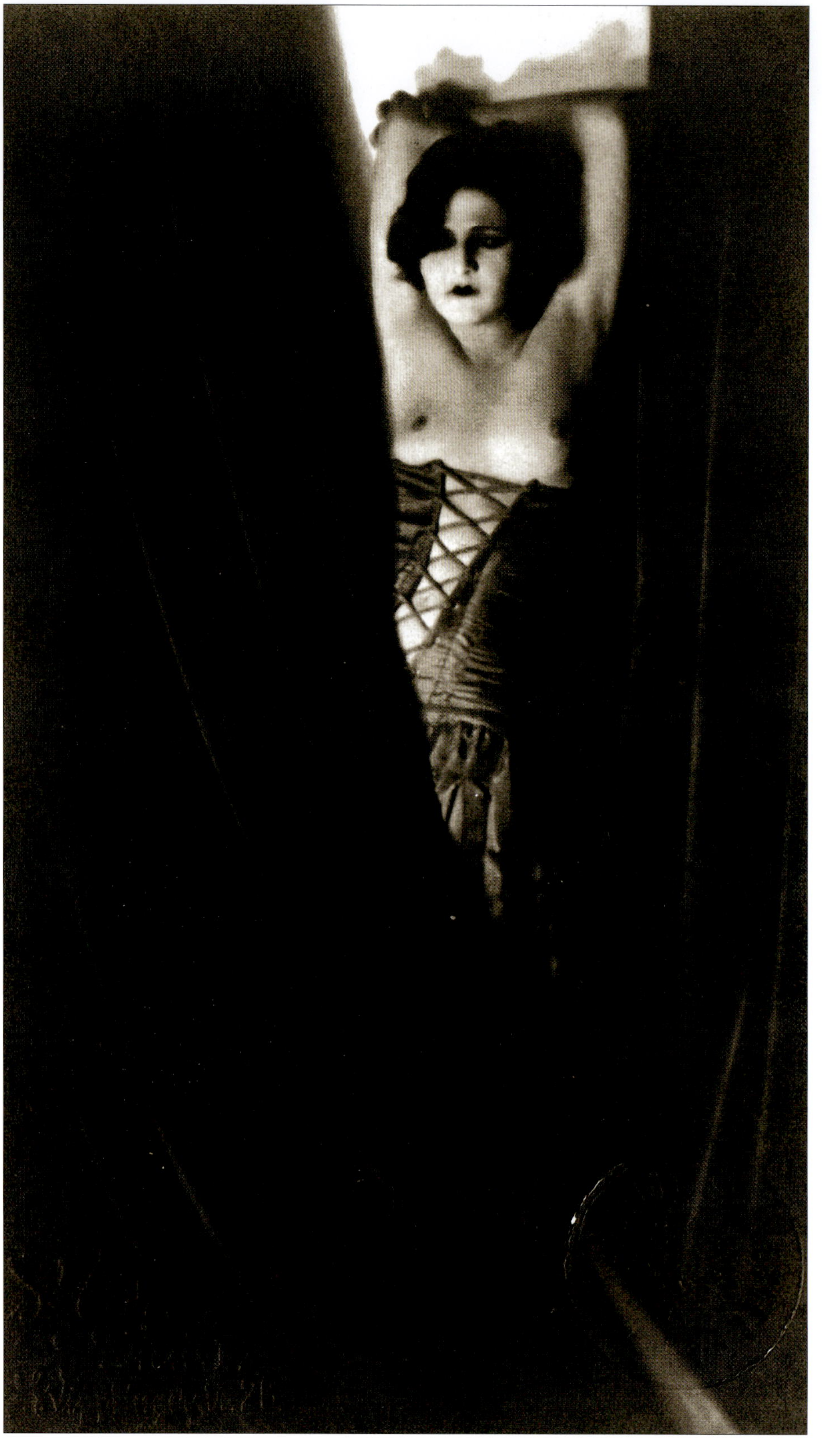

ist. Die imaginären Klumpen eines Aufschreis um den Mund lösen sich im Erstaunen über plötzliche Visionen auf, die vage sind: Diese zerfallen wieder vor einem Aufschrei, und so verfolgt die Tänzerin sich selbst sowie die Gebilde ihrer krankhaften Vorstellungskraft. Der gesunde Körper kämpft mit dem vergifteten und dieser wütet wiederum im gesunden. Die Herzpumpe muss doch endlich erlahmen, und das ungestüm der Kokainpest erdrückt sein freiwilliges Opfer. Der Körper der Tänzerin s t ü r z t in einer ungeheueren Kaskade zu Boden. Eine weitere Agonie – diesmal an süßen Schlaf einer aus der Hölle der Spukbilder Erlösten erinnernd ...

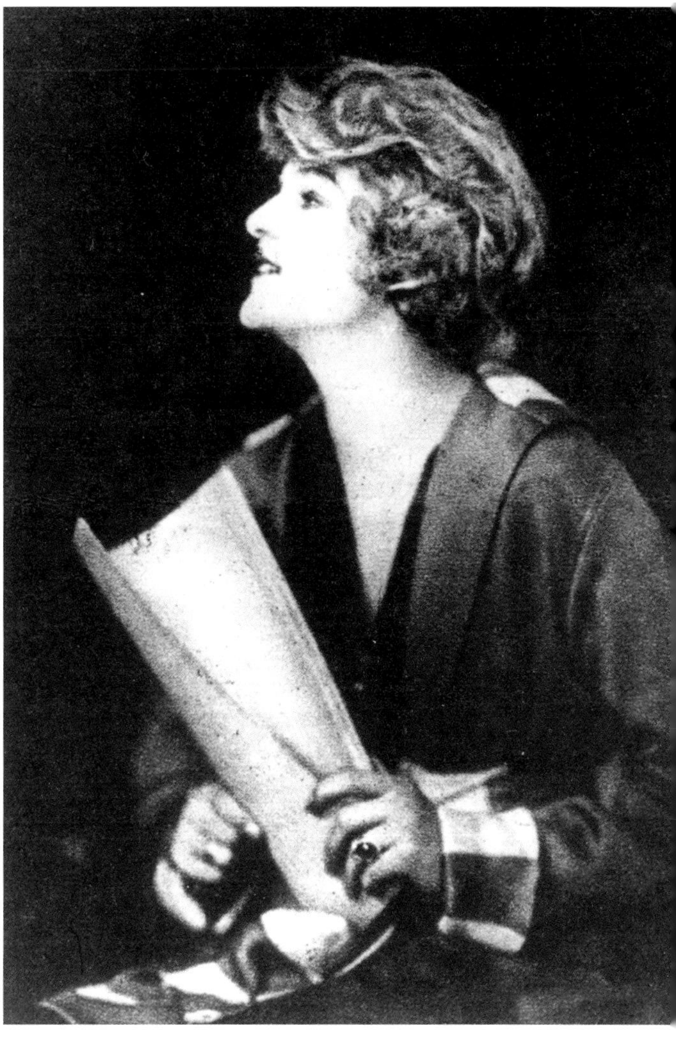

Anita Berber als Lyrikerin

Dies alles wird in einer einfachen Technik natürlicher Schritte und ungesuchter Posen durchgeführt. Die *Attitüden* in diesem Tanz sind tragisch angebrochen und die *Arabesken* dämonisch verlängert. Die Drehungen des Körpers um seine Achse sind unerhört langsam, ähnlich einer Zeitlupenaufnahme. Die Aufsprünge sind stoßartig – wie Peitschenhiebe – stets mit einem plastischen, von Bildhauern erträumten *Port de bras* endend. Die Gegenbewegungen des Kopfes sind unerwartet, sozusagen der Balance widersprechend. Die Beinpositionen: vor allem die große Vierte, bei der die Einzigartigkeit dieser originellen Tänzerin zur Geltung kam. Die gesamte Technik richtete sich nach der Dynamik des Traumes, die von der irdischen Sphäre abgehoben, das gesamte Kraftvermögen der Künstlerin zu den feinsten Leichtigkeitsnuancen zwang. „Kokain" zusammen mit „Morphium" bilden bei Anita Berber die wesentlichsten und persönlichsten künstlerischen Schöpfungen, die stellenweise bis an die pathologische Studie eines brillanten Pantomimen grenzen. Eines Pantomimen, der es allerdings fertig brachte, im rechten Augenblick sich der Form des Tanzes unterzuordnen, ohne sie zu verleugnen."[64]

Auch der Tanz „Morphium" ging von einem Gedicht Drostes aus, der darin die Atmosphäre von Venedig beschwört, die Blumen und bemalten Menschen der Insel Java, um schließlich mit dem rätselhaften Lächeln der Mona Lisa Leonardo da Vincis zu enden: „Und über alles wuchert das tötliche gelbgrüne geifernde Gift."[65] In Anita Berbers Gedichten wird ein unstillbares Verlangen spürbar nach der Verschmelzung mit Dingen und Körpern, aber sie kann sich Vereinigung nur im Sterben und im Tode vorstellen. So schreibt sie in „Die Sehnsucht" : „Ich will zu dir zu dir ich könnte sterben für einen Blick aus deiner Augen Tiefen ..." oder im Gedicht „Orchideen"[67]:

Ich kam in einen Garten
Der Garten war voll von Orchideen
So voll so voll und schwer
Es blühte und lebte und bebte
Ich kam nicht durch die süßen Verschlingungen
Ich liebe sie so wahnsinnig
Für mich sind sie wie Frauen und Knaben –
Ich küsste und koste jede bis zum Schluss
Alle alle starben an meinen roten Lippen
An meinen Händen
An meiner Geschlechtslosigkeit
Die doch alle Geschlechter in sich hat
Ich bin blass wie Mondsilber

Ihre Geschlechtslosigkeit – vielleicht war sie das stärkste Band, das Anita Berber an Droste band. Ein Gedicht nennt sie „Ich"[68] und widmet es Sebastian:

Wachs schimmerndes Wachs
Ein Kopf – ein Brokatmantel
Wachs –
Rot – wie Kupfer so rot und lebende Haare
Funkelnde Haare wie heilige Schlangen und Flammen
Tot
Millionenmal tot
Verwest
Und schön – so schön
Blut wie fließendes Blut
Ein Mund stumm
Nacht ohne Sterne und Mond
Die Lider – so schwer
Schnee wie kalter wärmender Schnee
Ein Hals – und fünf Finger wie Blut
Wachs wie Kerzen
Ein Opfer von ihm

Droste antwortet mit dem Gedicht
„Tanz – Anita zu eigen"[69]

Aufwirbelndes jauchzendes Begehren
Sprung --
Webende Wellen
Weichwelle Wogen
Kreist kreist unendliche Kreise ---
Verlangendes Weben schwebt wellwoges Wogen
Auf einsamen Thronen thront der Gott --

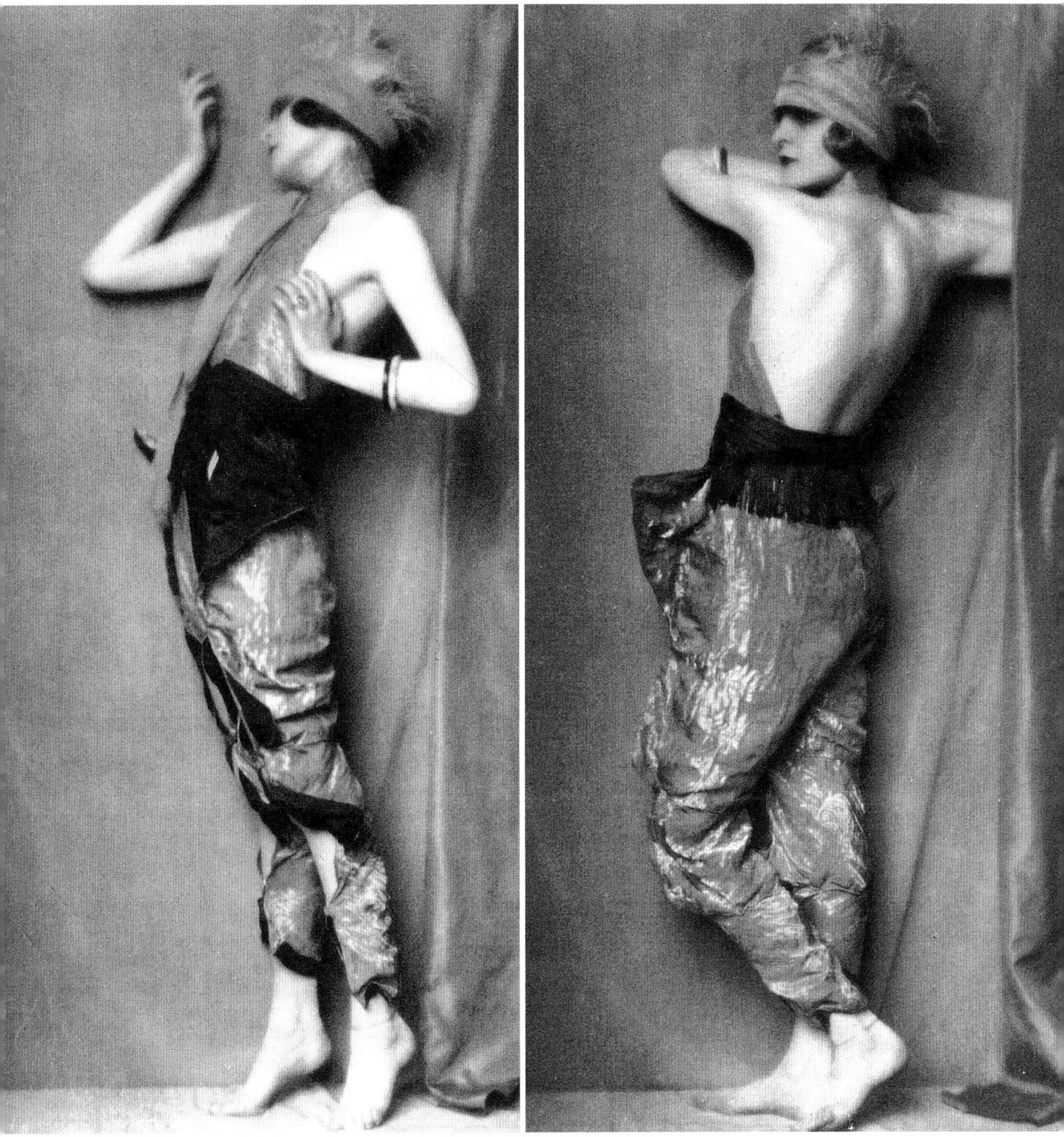

Tanzposen,
Wien, 1922

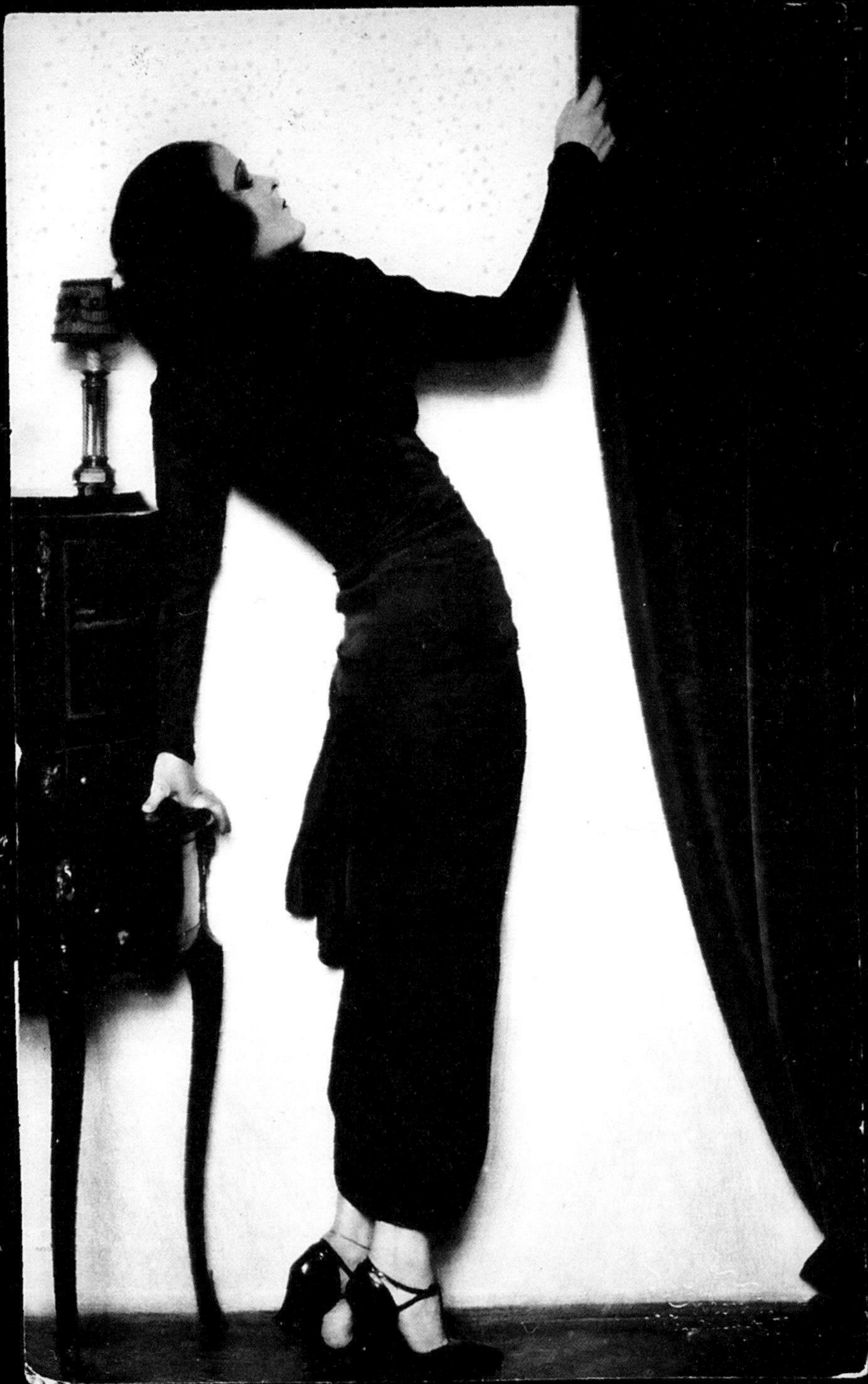

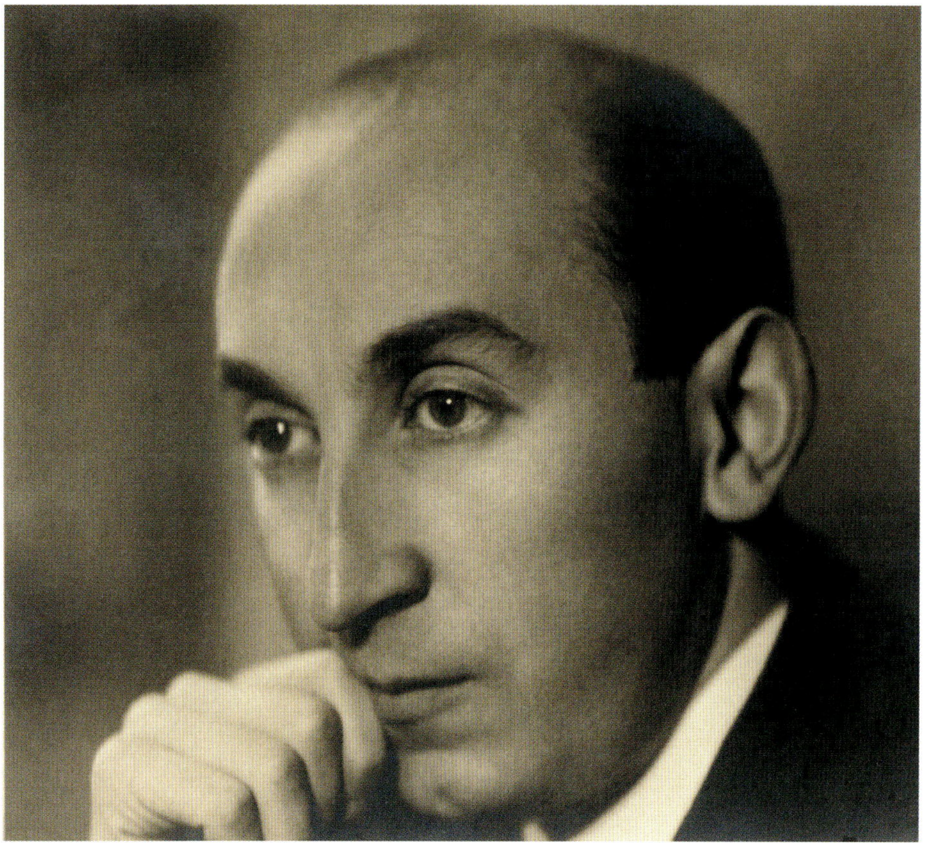

Mischa Spoliansky, der die Musik für den Tanz „Morphium" komponierte

Sturzwelles spitzes grelles Begehren
Kreisgelles gelbgrünes Belachen
Zerkreisen zerwellen zerwogen zerhauchen
Schlingpflanzartiges Zerblättern
Beschwingen
Besingen
Klang -
Aufjubelndes Zerfließen
Zergreifen
Zerweben -
Tanz ---

Beleuchtung und Bühnendekoration spielten eine eben so große Rolle wie glitzernde Kostüme. In ihrem Tanz „Astarte" stieg Anita „mit zögerndem Schritt die aus einer imaginären Höhe herabfallenden Stufen hinab. Sie ist in einen prachtvollen Mantel gehüllt und ihr Kopf wird vom stolzen Büschel kostbarer Federn umweht. Sei hält mit einem betonten *pas chassé* an und schaut sich gebieterisch die Umgebung an. Mit einer fürstlichen Geste streift sie ihren Mantel ab und offenbart ihre Halbnacktheit von mondhellem Weiß. Dann bringt sie sich langsam in Drehbewegungen in einer Art Polonaise, die für die Sterne bestimmt ist.... Der Kopf ist beim Tanzen unbeweglich, nur bei der Introduk-

◁ Anita im Kostüm des Tanzes „Morphium"

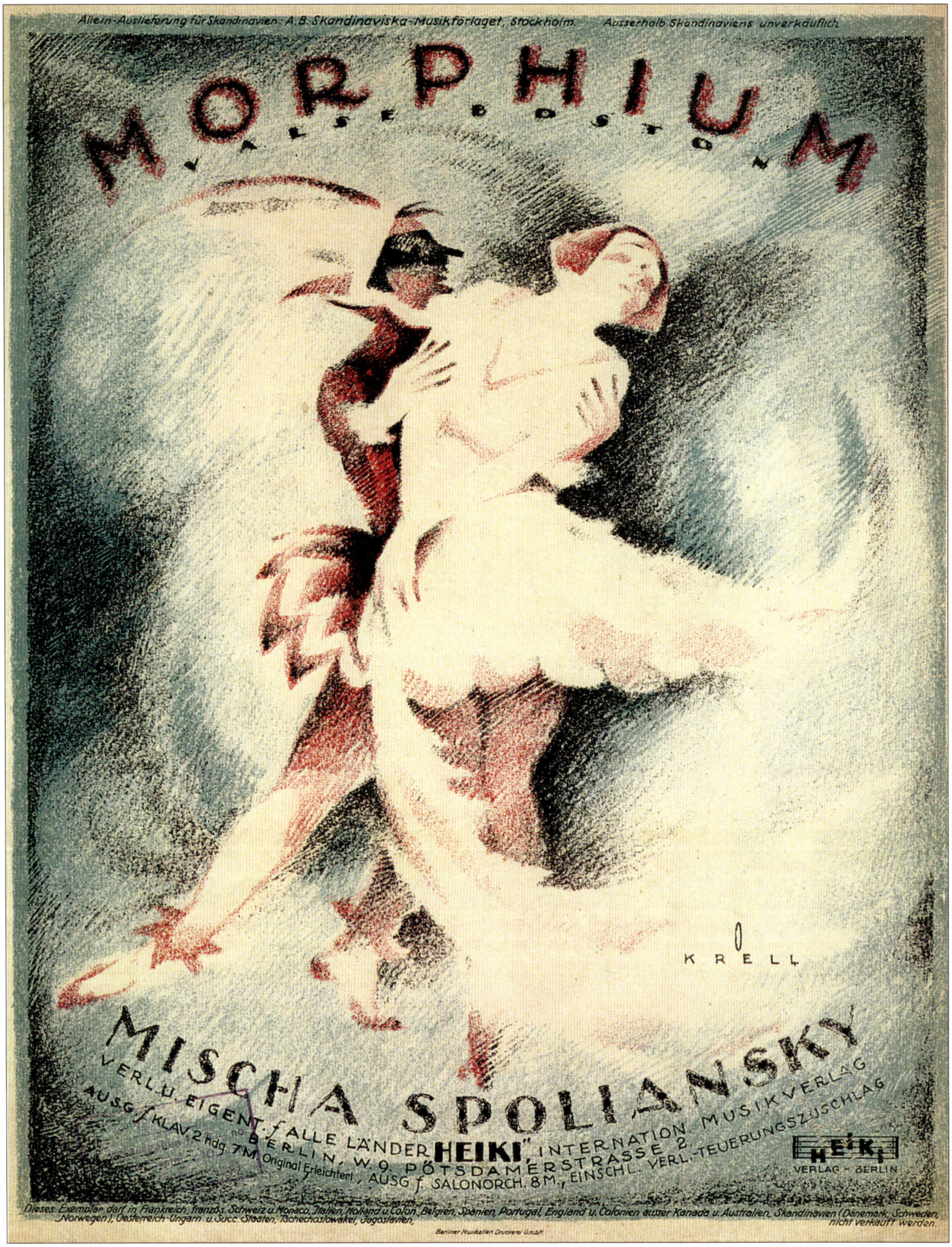

Titelseite der Noten zum Tanz „Morphium" von Krell

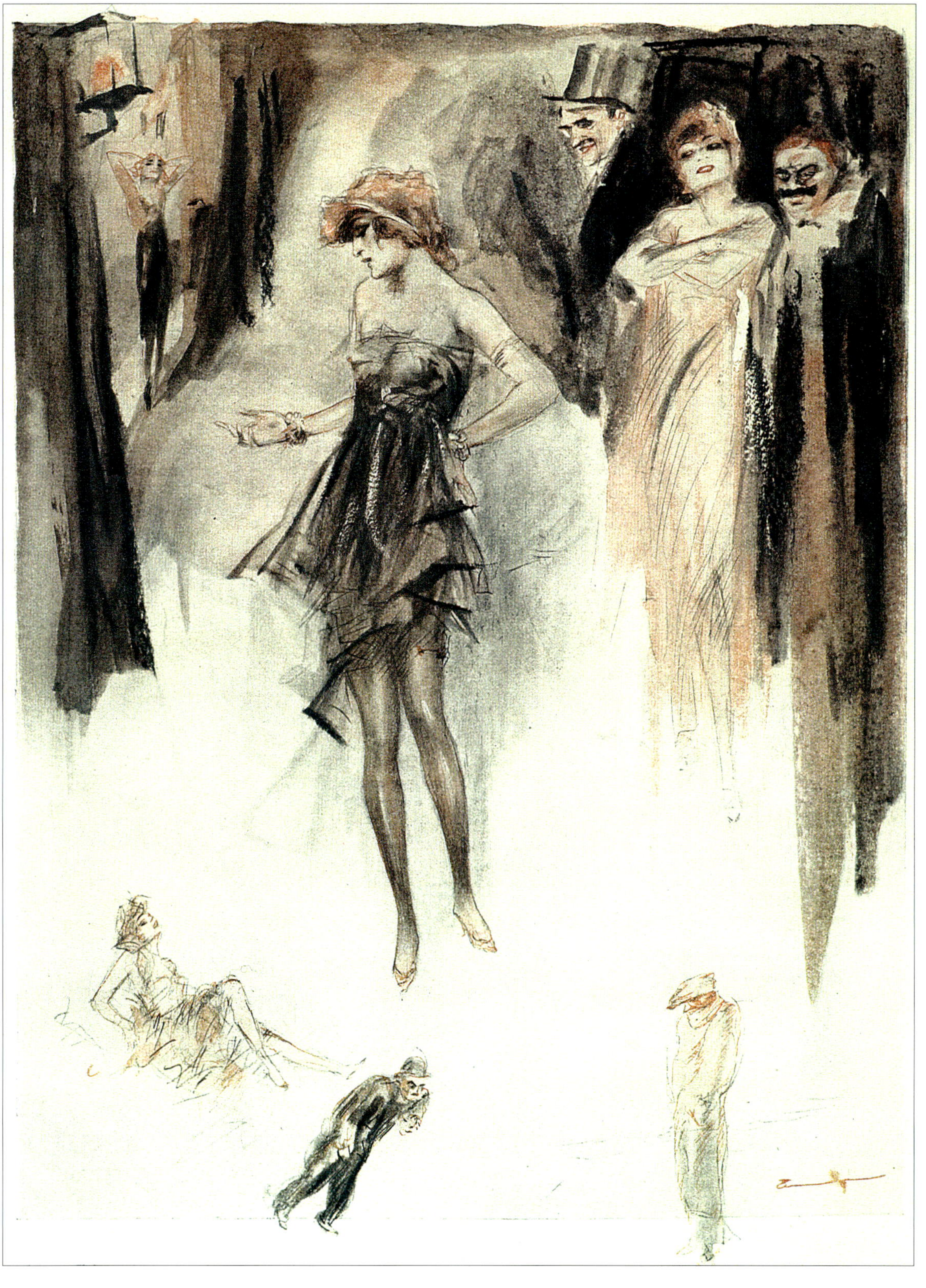

Zeichnung von Lutz Ehrenberger aus der Zeitschrift „Der Reigen“

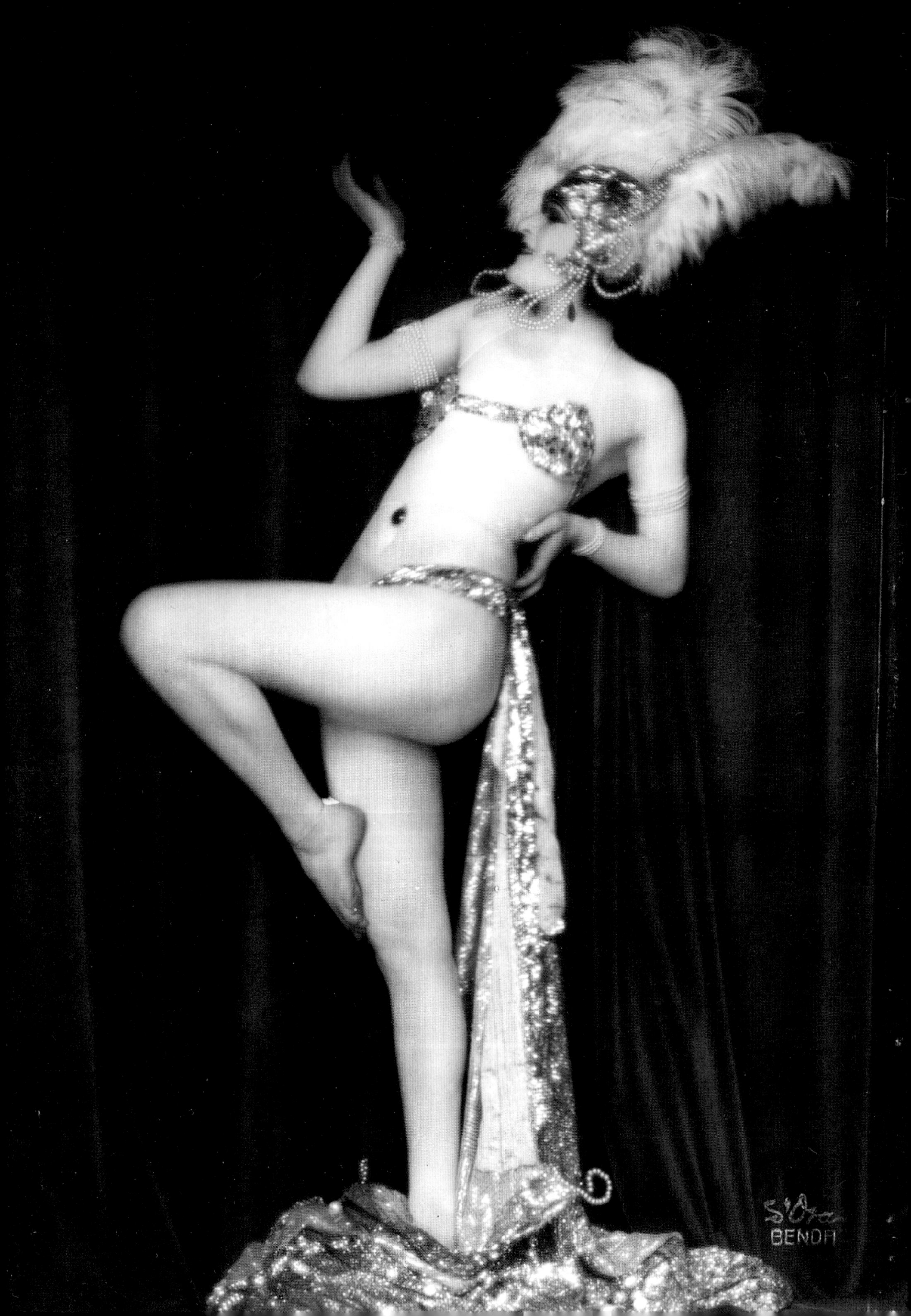
d'Ora
BENDA

tion und *coda* aktiv. Die Hüften fast stöhnend, den Bauch nach vorn gestreckt wie ein sinnlicher Scheinwerfer. Getanzt wird barfuß in einem ständigen *élevé*. Ideologisch hat Anita Berber mit diesem Tanz gedroht. Der Tanz selbst wirkte asexuell, höchst unberührbar und die Frau lachte damit alle Männer aus. ... Sie verhöhnte auch die Frauen, die annahmen, dass Anita eine begeisterte Anhängerin des Kultes von Lesbos sei. Sie verhöhnte alle, die an ihre Androgynie oder ihre Bisexualität glaubten. In der Astarte bewies sie in einer vollkommenen Form ihre Anhängerschaft auf dem Gebiet der Erotik und der Sexualität: Sie war nichts und sie gehörte niemandem. Niemand konnte sich daher ihrer bemächtigen, geschweige denn vergewaltigen. Sie gehörte sich selbst und verlieh sich selbst die Funktion der Herrscherin sowie der Unterworfenen. Das Gebiet der Erotik und des Sexus war vollkommen in ihr verschlossen und in ihr selbst entluden sich die Kräfte der mächtigen Ströme des Geschlechtstriebes. Das, was sie losließ und jemandem preisgab, war ein Bruchteil, ein Splitter, der sich zufällig verirrte und nicht vermisst wurde. Ansonsten wirbelten in ihr weiterhin riesige Schwärme mit unverminderter Kraft."

Gestik und Bewegungen übernahmen die expressive Körpersprache des modernen Tanzes, steigerten das Vokabular bis zum Grotesken hin, um Spannung aufzubauen und Schocks beim Publikum auszulösen. Im Schlussteil der „Tänze des Lasters, des Grauens und der Ekstase" beschreibt Leopold Wolfgang Rochowanski die Zuschauer: „Spannung. Gestörte Atmung. Bewaffnete Augen. Erwartung. Prüfung der eigenen nackten Arme. Gongschlag. Musik. Erregung. Glitzern und Leuchten. Erwartung. Pause der Wünsche. Lösen der Knoten. Keine Atmung. Erhöhte Atmung. Kniefall der Gewänder. Erlösung. Erfüllung. Raffinement der Entfaltung. Crescendo des Körpers. Fortissimo der Linien. Furioso der Gefühle. Parfüms verströmen. Ein Bein spricht zur Nachbarin. Ein Knopf stürzt zu Boden. Phallusglanz der Augen wetteifert mit den Strahlen der Scheinwerfer. Laster! Oh Sehnsucht des Bürgers!"[71]

Zwischenspiel: Dementi eines Nervenzusammenbruchs

Lustvoll-ironisch bezieht sich auch Karl Kraus in seiner Zeitschrift „Die Fackel" auf die Tumulte um Anita Berber. Eine Freude war es ihm offenbar zu schildern, wie die wohl erzogenen Wiener Bürger Kopf stehen, wenn es um die provokante Nackttänzerin geht. Auch die Gerüchte um ihre Einlieferung in die nahe gelegene Nervenklinik Steinhof greift er auf die ihm eigene spielerische Art auf: Im November 1922 veröffentlichte er einen Brief, den Anita Berber der Redaktion des Neuen Wiener Journals geschrieben hatte, um die Nachricht zu dementieren, sie sei schwer nervenkrank.

„L i e b e r Herr Redakteur!

Wenn ich nur wüsste, wie ich das anfangen soll? Schon seit einer halben Stunde halte ich die grässliche Kratzfeder in der Hand und habe mir schon das ganze Bett voller Tintenflecke gemacht – aber schließlich und endlich --- na, also --- Glauben Sie, dass ich verrückt bin? Sagen Sie es mir offen und ehrlich!

◁ Tanzpose aus: „Astarte"

Selbstbildnis, Buchtitel: „Tänze des Lasters, des Grauens und der Extase"

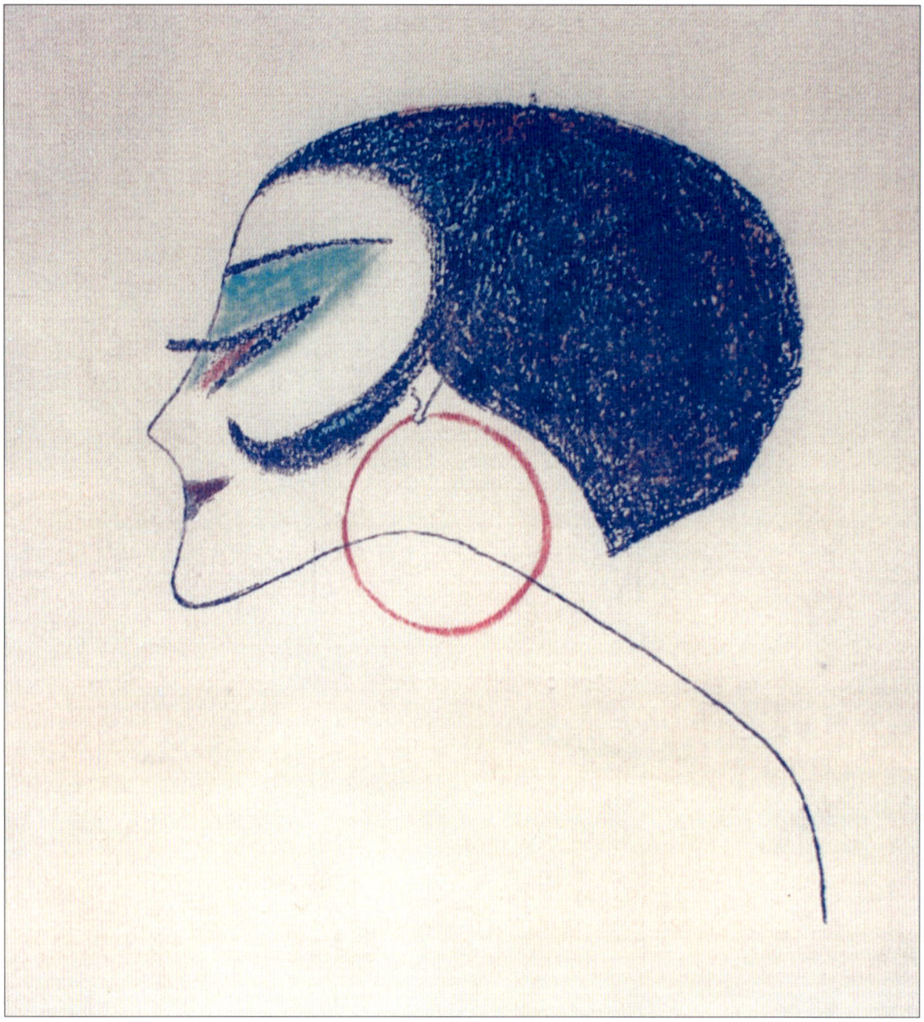

Sie müssen es doch wissen – denn Ihr „Journal" weiß doch alles. – Da – nun hören Sie zu, verehrter Herr Redakteur: Alle Leute sagen, ich wäre verrückt geworden und säße tobend, eingesperrt in Steinhof! Ist das nicht schrecklich? – Und dabei liege ich ganz vergnügt im Sanatorium Dr. Loew, sogar in der Frauenabteilung (aber natürlich nicht das, was Sie nun wieder denken werden) und erhole mich nur von einer kleinen Bauchfellentzündung! Und die habe ich mir beim Filmen geholt, draußen im Schönbrunner Park! Und nun behaupten alle Leute, ich wäre verrückt geworden!!! – Darum, lieber Herr Redakteur, berichten Sie den vorlauten Leuten, dass alles gar nicht wahr ist, sondern das ich quitschvergnügt und puppenlustig bin, in acht Tagen aufstehen darf und in vierzehn Tagen mit meinem Partner Sebastian Droste nach Italien, Spanien und Paris auf eine Tanztournee fahren werde! Wenn Sie aber selber glauben, dass ich übergeschnappt bin, kommen Sie mal raus und überzeugen sich selber' was los ist.

Herzlichst Ihre Anita Berber."[72]

Die angekündigte Tournee fand nicht statt.

Siebentes Kapitel:

Randale und das Aus in Wien

Kaum in Wien angekommen, begann Sebastian Droste nicht nur mit den Vorbereitungen für das gemeinsame Tanzprogramm, sondern er verstrickte sich auch schnell in verschiedene Betrügereien, die über eine bloße Beschaffungskriminalität für Drogen hinausgingen. Unter Berufung auf seinen Freund, den Prinzen Taxis, versuchte er von einem Juwelier ein Darlehen von 50 Millionen Kronen zu erlangen. Das war trotz der galoppierenden Inflation eine beträchtliche Summe. Die Unterschriften erwiesen sich als gefälscht. Am 8. Oktober verfügt das Gericht die Ausweisung aus Österreich wegen Betrugs und Urkundenfälschung für 5 Jahre. Über seinen Rechtsanwalt erreicht er eine befristete Aufenthaltsduldung und probt mit Anita eifrig für die Aufführung.

Am 14. November findet die Premiere im ausverkauften Saal des Großen Konzerthauses statt. Am Morgen darauf erfolgt Drostes Verhaftung. Er soll zwei deutschen Gräfinnen kostbaren Schmuck, 70 000 Lire und 200 Millionen Kronen entwendet haben. Die Affäre kann nicht aufgeklärt werden. Anita bürgt für ihn, und er kommt vorläufig wieder frei.

Der Monat November geht zu Ende, aber Sebastian und Anita denken nicht daran abzureisen. Die Konzertdirektion Heller veranstaltet weitere Tanzabende, und in den Wiener Zeitungen beginnt ein Rätselraten darüber, wann das Skandalpaar über die Grenze gebracht werden wird. In der Spalte „Tagesneuigkeiten" berichtet die *Volks-Zeitung* am 6. Dezember: „Das Auftreten der Tänzerin Anita Berber mit ihrem Partner Sebastian Droste wurde in der letzten Zeit in den Kreisen, die sich für derlei Sensationen interessieren, viel erörtert. Die einen rühmten

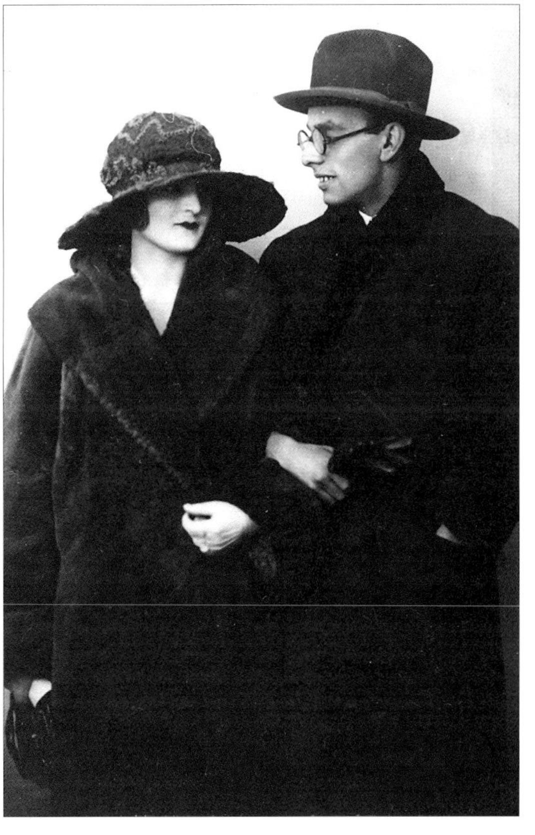

Ankunft in Wien: Anita Berber und Sebastian Droste, 1922

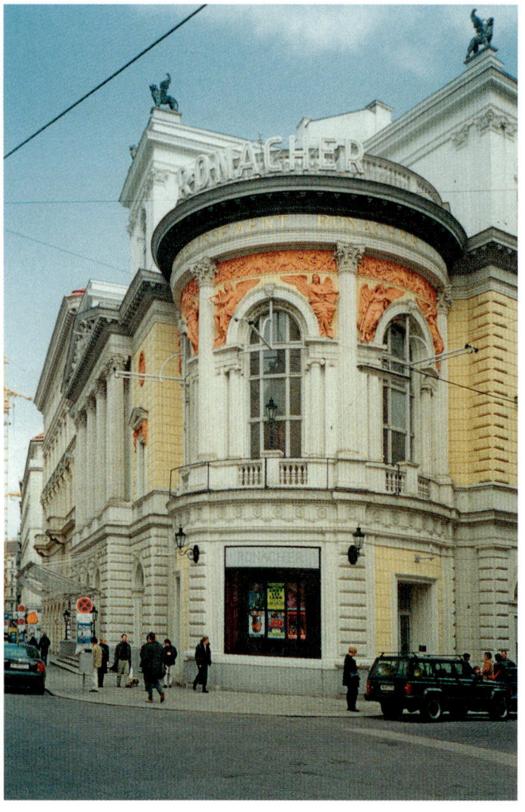

Etablissement Ronacher, Wien

die künstlerische Eigenart der Tänze, die anderen entsetzen sich darüber, dass eine Frau es wage und wagen könne, sich vollkommen hüllenlos zur Schau zu stellen. Und die Zahl jener, die in diesem Umstande die Hauptsensation des Tanzes erblickten, war nicht gering. Nun hat das Etablissement *Ronacher* wegen Kontraktbruches ein Auftrittsverbot für die Tänzerin und ihren Partner erwirkt und dieses Verbot wird sich für das Paar sicherlich – wenn auch vorläufig störend – schließlich als neue Reklame bezahlt machen. Anita Berber und Sebastian Droste wandten sich kurz nach ihrem ersten Auftreten in Wien an den Direktor des Etablissements *Ronacher* Dr. Rosner mit dem Ersuchen, sie für den Monat Dezember zu engagieren ... Ein diesbezüglicher Vertrag kam zustande, und Direktor Rosner richtete ein Gesuch an die Polizei, in welchem er um die Aufenthaltsbewilligung für das Tänzerpaar bis Ende Dezember ersuchte und dies damit begründete, dass durch das Engagement die Wiener Gläubiger der beiden wenigstens zum Teil befriedigt werden könnten. Umso erstaunter war aber Dr. Rosner, als er am nächsten Tag erfuhr, dass Anita Berber und Sebastian Droste nachträglich auch einen Vertrag mit dem *Apollotheater* und dem Etablissement *Tabarin* für den Monat Dezember abgeschlossen hatten.

Wegen dieses Vertragsbruchs wurde eine Schiedsgerichtsverhandlung vor der Internationalen Artistenorganisation anberaumt. Nach mehrstündiger Verhandlung fällte das Schiedsgericht das Urteil, in welchem das weitere Auftreten im *Apollotheater* und im *Tabarin* untersagt wurde."[73]

Das Tanzpaar tritt trotz des Verbots weiter sowohl im *Apollo* wie im *Tabarin* auf. Die Internationale Artistenorganisation verschärft ihre Maßnahmen und droht bei weiteren Auftritten mit dem Ausschluss aus der Weltliga. Das bedeutet, dass sie an keiner Varietébühne der Welt – mit Ausnahme von England – mehr engagiert werden können.

Am 10. Dezember klagt die *Volks-Zeitung*: „Der Fall Berber-Droste fängt an, sich zu einer Streitsache ohne Ende zu entwickeln und die Behörden in einem Ausmaß zu beschäftigen, das zu der Bedeutung der ganzen „aufregenden" Tanzgeschichte in einem etwas grotesken Widerspruch steht. Das Bestreben nach wirksamer Reklame in allen Ehren – aber schließlich hat auch die öffentliche Aufnahmefähigkeit ihre Grenzen." Die Direktoren des *Apollotheaters* und des *Tabarin* teilen mit, dass von sämtlichen Angestellten beider Bühnen eine Versammlung abgehalten wurde, die sich mit dem Fall Berber-Droste beschäftigte. Es wurde gefordert, die Entscheidung zurückzunehmen und den beiden Gelegenheit zu geben, ihre Sache selbst zu vertreten. Das Bezirksgericht Innere

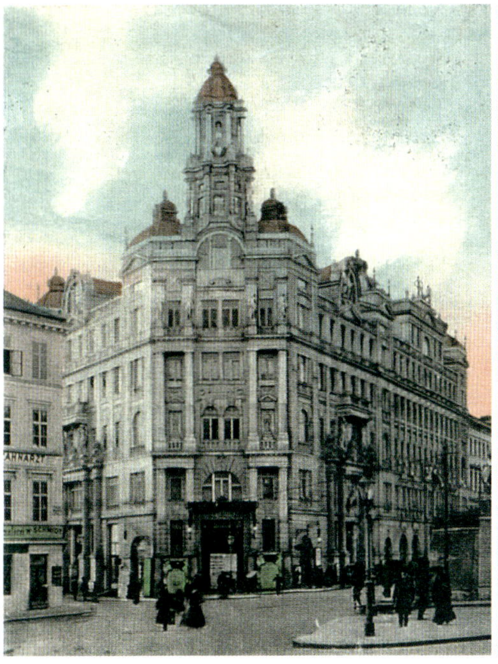

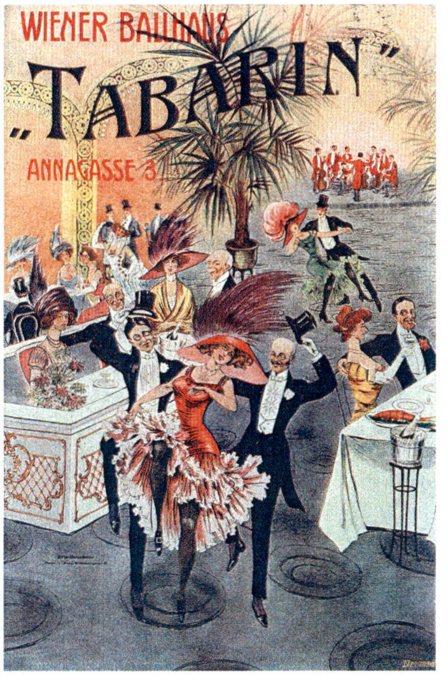

Apollotheater (links); Ballhaus Tabarin, Wien

Stadt verurteilt die Tänzer wegen Vertragsbruchs zu einer zehntägigen Arreststrafe. Im Hotel *Erzherzog Karl*, wo die Künstler wohnen, erscheinen Vollzugsbeamte, um die beiden abzuführen. Schließlich kommt es in dem Streitfall noch zu einem Ausgleich. Anita und Sebastian versprechen, ihre Verpflichtungen aus dem Vertrag mit dem *Ronacher* zu erfüllen und in keinem weiteren Etablissement aufzutreten. Trotzdem tanzen sie in den *Kammerspielen*. Daher erneuter Haftantrag und Landesverweisung. Während der Abendvorstellung sollen beide festgenommen werden. Nach ihrer Auffassung erstrecke sich das Verbot nur auf die Varietés und nicht auf ein Auftreten in den *Kammerspielen,* einem Theater. Wieder kommt es nach dem Versprechen, überhaupt in Wien nicht mehr zu tanzen, zu einer erneuten Einigung. Anita hält sich abermals nicht an die Abmachungen. Wieder tanzt sie in den *Kammerspielen* und wird daher am folgenden Abend unmittelbar vor Beginn der Vorstellung im Theater festgenommen. Das neue Urteil: drei Tage Arrest wegen Kontraktbruchs. Siegfried Geyer von den *Wiener Kammerspielen* berichtet über die Schwierigkeiten: „Eine Zeitlang wurde sie täglich in den Nachtstunden verhaftet. In der Früh musste ich dann immer für sie intervenieren. Die Polizei ist stets bös auf sie gewesen. Sie hat in ihr ein Geschöpf gesehen, das gegen jede Ordnung ist. Sie nahm sich nämlich auch bei der Polizei oder bei der Behörde überhaupt nie ein Blatt vor den Mund. Sie randalierte dort genauso wie in der Garderobe oder im Nachtlokal. Sie machte Lärm, weil sie sich nur im Skandal wohl fühlte."[75]

Durch die ständigen Pressemeldungen nimmt die Wiener Öffentlichkeit regen Anteil an den Berliner Gästen, und entsprechend stark ist der Zulauf zu den Auftritten. Abermals kommt es zu einer Einigung, und die Berber und Droste dürfen nach der Zahlung eines Bußgeldes weiterhin in den Kammerspielen gastieren.

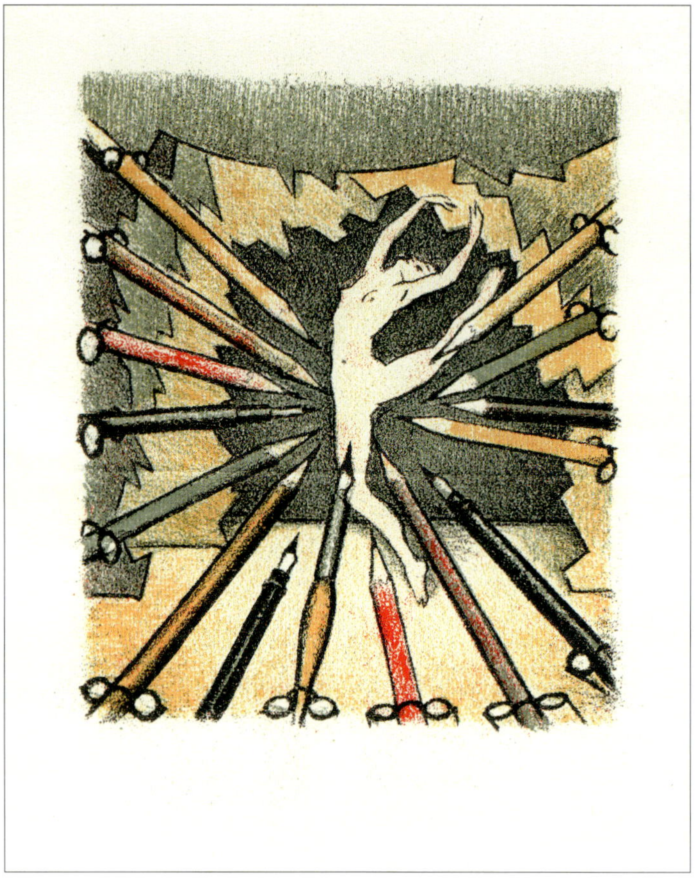

Die Tänzerin und ihre Kritiker

Die österreichischen Behörden gingen allmählich dazu über, drastische Maßnahmen gegen Sittenverfall, Devisenschiebereien und Rauschgiftschmuggel zu ergreifen. Da der Wiener Polizei ein steigender Kokainkonsum durch Importe aus Paris und Berlin aufgefallen waren, fanden Razzien in einschlägigen Lokalen, Nachtbars und Spielklubs statt. Droste war der Polizei als drogenabhängig bekannt und außerdem wegen Betrugs und Urkundenfälschung aktenkundig. Mit Jahresende war seine immer wieder verlängerte Aufenthaltsduldung endgültig abgelaufen. Da er aber keine Anstalten machte, das Land zu verlassen, wurde er festgenommen und am 5. Januar 1923 über die Grenze nach Ungarn abgeschoben. Zehn Tage später wird die Wiener Polizei durch einen wüsten Exzess alarmiert, der in den frühen Morgenstunden den Nachtklub *Tabarin* zum Schauplatz einer Schlacht macht.

„Anita Berber, die ihre Rolle als Nackttänzerin in Wien jetzt ausgespielt hat und in den nächsten fünf Jahren in Österreich nicht mehr auftreten darf, hat bei ihrem Abschied von dort noch als Faustkämpferin debütiert. Der Skandal, der sich an ihr Wiener Engagement knüpft, hat durch eine Prügelszene seinen Höhepunkt erreicht. Bei ihrem letzten Auftreten im *Tabarin* hat sie versucht, verschiedene Kleider und Wertgegenstände, die als Pfand von ihr hinterlegt worden waren, aus dem Etablissement hinauszuschmuggeln. Sie bediente sich dazu zweier Bekannter, die ihre Kleider unter den eigenen Kleidungsstücken angezogen hatten und auch verschiedene Wertsachen der Tänzerin bei sich trugen. Anita Berber und ihre beiden Bekannten wurden aber vom Portier angehalten und nach dem Passierschein gefragt, wie es die Hausordnung vorschreibt, wenn jemand mit Paketen fortgeht. Die Tänzerin hat als Antwort dem Portier einen Faustschlag ins Gesicht versetzt. Der Portier schlug wieder. Es kam zu einer Raufszene, an der sich schließlich Kellner und Gäste beteiligten, die sich auf die wütend um sich schlagende Tänzerin stürzten. Der Direktor des *Tabarins* machte schließlich der Szene ein Ende und ließ Anita Berber aus dem Lokal entfernen. Sie lief zur Polizei und machte dort Anzeige, aber ihre Angaben wurden durch Zeugenaussagen widerlegt. Unter den Gegenständen, die aus dem Lokal herausgeschmuggelt werden sollten, befand sich auch die Handtasche einer deutschen Gräfin, die der Partner der Berber, Sebastian Droste, der Dame angeblich unterschlagen hat. Die Tasche wurde bisher gesucht."[76]

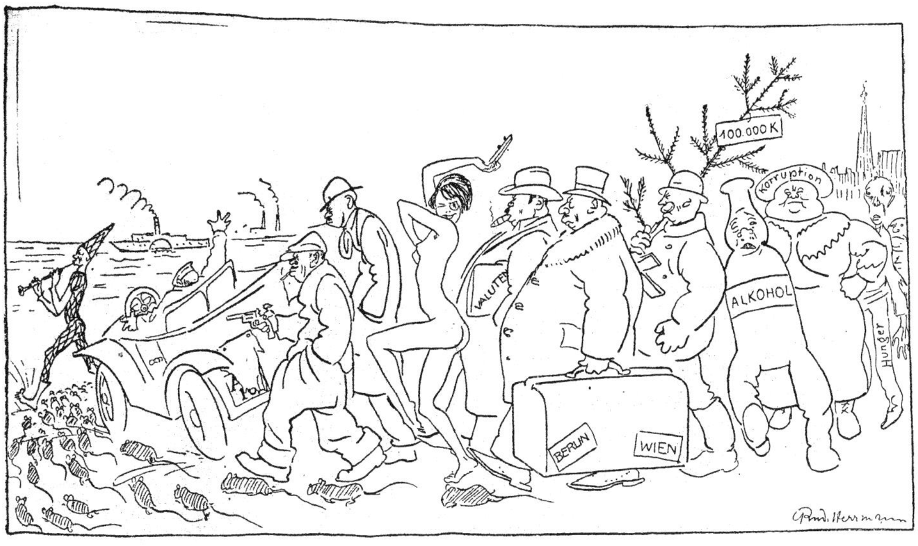

Karikatur: Kampftag gegen die Ratten

Während diese Zeitungsmeldungen Anita Berber als eine rücksichtslose, um sich schlagende Diebin zeigen, die auf frischer Tat ertappt wurde, klingt im Bericht von Grete Müller das Mitleid an, das sie für diese verzweifelte Frau hatte: „Man ertanzt sich die Pelze, die Toiletten und Brillanten nicht, nicht diesen Luxus, an den sie doch so gewöhnt gewesen, der allein das Gesicht des Lasters erträglich, ja anziehend macht, und den sie um so mehr liebte, da sie ihn mit dem Mann ihres Herzens teilen wollte. Eine ganze Meute hetzte diese Armen immer tiefer – bis ins Gefängnis.

Ich erinnere mich des letzten Males, da ich sie sah. Das war im *Tabarin* – nach ihrer Verhaftung, nachdem man sie gegen Kaution freigegeben hatte, um ihr Tanzprogramm zu absolvieren. Wundervolle Sensationen für ein grausam-lüsternes Publikum. Sie saß an einem Tische in einer jener erhöhten, versteckten Logen; über dem engen hochgeschlossenen Kleid brannte ihr weißes Gesicht mit den roten Haaren und den großen Augen, in denen das Entsetzen schrie. Zwei Herren redeten in sie hinein. Da warf sie die Arme plötzlich hoch, und den Oberkörper über den Tisch, und weinte, weinte, dass die roten Haare nur so flogen. Armer Teufel, armer, armer Teufel…"

Das Ende in Wien war auch für Anita gekommen. „Am nächsten Tag erschienen zwei Polizeibeamte bei Anita im Hotel. Frau Berber war nicht zu sprechen. Dennoch musste sie sie empfangen. Aus Trotz trat sie den Männern ganz nackt entgegen, was auf diese zwar sichtlich Eindruck machte, aber sie nicht von der Durchführung ihrer Pflicht abhielt. Sie verkündeten Anita, dass sie als lästige Ausländerin Wien sofort zu verlassen habe und auf die Dauer von fünf Jahren nicht mehr nach Österreich zurückkehren dürfe. Aus Gründen der öffentlichen Ordnung und Sicherheit. Das alles stand in schönem Amtsdeutsch auf einem sauberen Blatt Papier, das die Beamten Anita feierlich überreichten. Sie tobte, sie zerriss es,…". Gemäß der „Regelung der polizeilichen Abschaffung und des Schubwesens," wie es nach einem Gesetz aus dem Jahre 1871 lautete, wird sie am 13. Januar ausgewiesen.

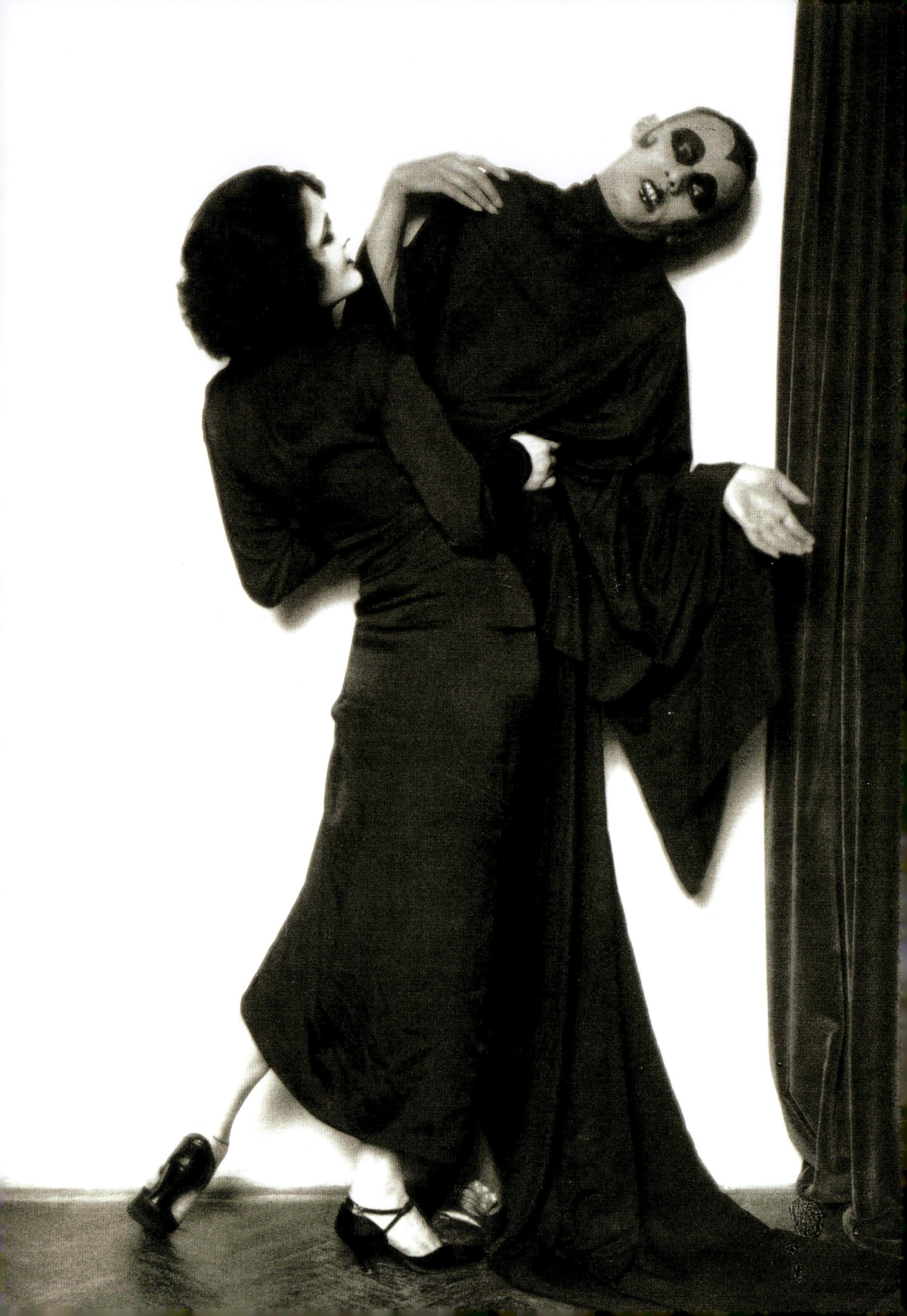

Als Grund für ihre Ausweisung hat sie gesprächsweise die „Profanisierung der Musik Beethovens" angegeben. Bei Anitas bekannter Fabulierlust kann diese Begründung zweifelhaft erscheinen. Ausschlaggebend waren neben dem Zwischenfall im *Tabarin* sicherlich ihre lesbischen Affären, ihre Drogenabhängigkeit und die durch die Tanzauftritte verursachten öffentlichen Skandale.

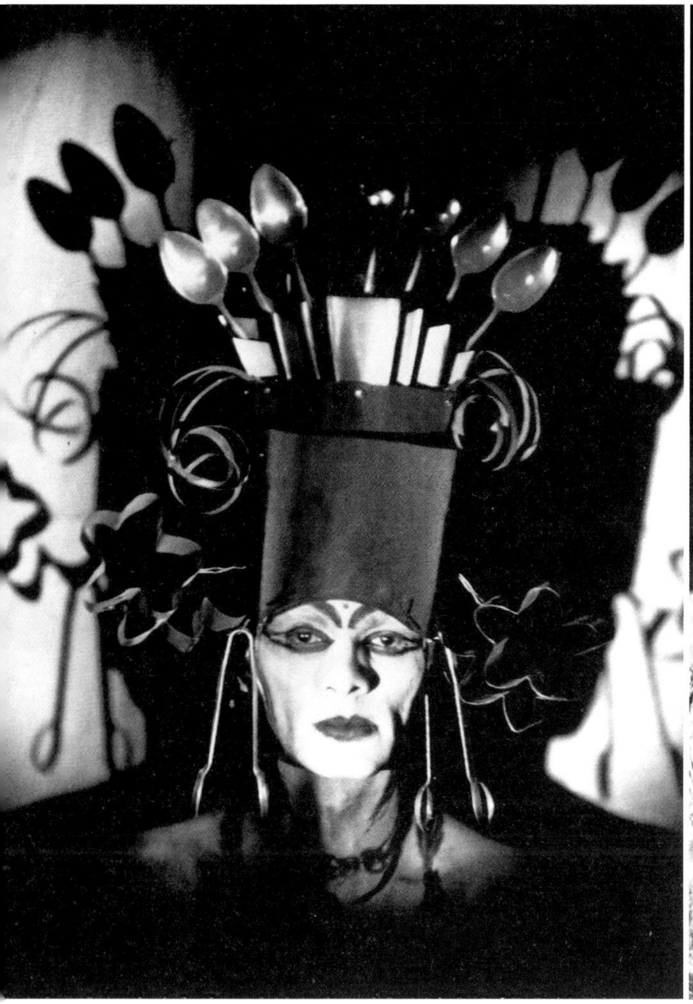

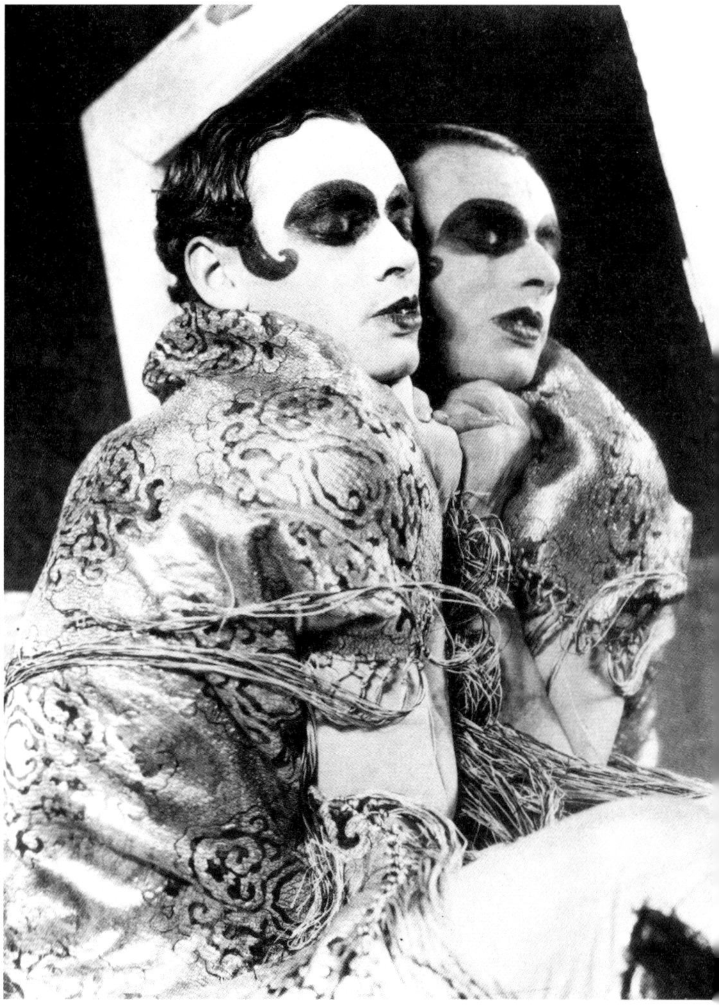

Sebastian Droste, „The way" 1923–25: Standfoto (links); „Das Bildnis des Dorian Gray", Standfoto

◁ „Tänze des Lasters": Anita und Sebastian Droste

Nichts konnte nach dem Wiener Abenteuer darüber hinwegtäuschen, dass das Tanzpaar Droste-Berber aufgehört hatte zu existieren. Unter Zurücklassung hoher Schulden folgte Anita ihrem Partner nach Budapest. Der vermögende Vater half dem missratenen Sohn noch einmal aus der verzweifelten Lage. Lania zufolge gaben sie „Wechsel in Zahlung, auf denen sie die väterliche Unterschrift fälschten".[80]

Der Meldung einer holländischen Zeitschrift zufolge soll Sebastian Droste Anita in Budapest geheiratet haben.[81] Wie so viele Meldungen, die lediglich erfundene Publicity waren, gibt es auch für diese Trauung bisher keine Bestätigung. Wenn überhaupt, so hat diese Verbindung nur kurz gedauert; denn kaum zurück in Berlin, verschwindet der Bräutigam unter Mitnahme von Anitas kostbaren Ringen, Perlen und Armbändern. Die Verlassene soll in verzweifelter Stimmung die Einrichtung ihres Zimmers zertrümmert haben.

Droste flanierte indessen „frisch rasiert und sehr elegant" – nach der Vorstellung Leo Lanias in seinem Anita-Berber-Roman – über das Deck eines Passagierdampfers, „zufrieden mit sich und dem schönen Wetter und dem Komfort des Schiffes, seiner gefüllten Brieftasche und dem Plan, in Neuyork ein neues Leben zu beginnen."

Neben seinen Fähigkeiten als Tänzer betätigte er sich nicht gänzlich erfolglos als Schriftsteller und Dichter. Einige expressionistische Zeitschriften – wie „Menschen" und „Der Sturm" – hatten seine Gedichte veröffentlicht. In New York wird er nun zum Amerika-Korrespondenten der „BZ am Mittag", ironischerweise ausgerechnet jener Zeitung, die ausführlich über den Wiener Skandal berichtet hatte. In Kahns Nachtklub gründet er als „Baron" zusammen mit jungen Millionenerben den *Club Against Parents*. Als eine Art früher Felix Krull soll er in eine Serie exzentrischer Abenteuer um Sex und Prohibition verstrickt gewesen sein. Er verstand es, die neue Rolle genau so geschickt zu vermarkten wie in Wien seine Tanzschöpfungen. Lania sieht in ihm gar den „Stern der New Yorker Boheme" den „zukünftigen Gatten von Mae Murray, Pola Negri und Gloria Swanson" und wird damit Drostes eigenen Spinnereien aufgesessen sein.

Zwischenspiel: Die Pyramide

„Wir verschwanden auch manchmal dahin, wo sich eine sehr gemischte Gesellschaft zusammenfand," erinnert sich die Berliner Kabarettistin Claire Waldoff. „Künstler von der Bühne , wie Tilla Durieux, Paul Cassirer, Gertrud Eysoldt, Paul Graetz etc., die Frauen in der Überzahl, die Männer sehr vereinzelt, besuchten wir den „eingeschriebenen Verein" mit Namen *Lotterieverein Die Pyramide.* Der Vorstand waren ältliche Dämchen in der Schwerinstraße, im Westen nahe am Nollendorfplatz. Man musste durch drei Haustore gehen, bis man ins verschwiegene Eldorado der Frauen kam, Entree 30 Pfennig. Vier Musiker mit Blasinstrumenten spielten die verbotenen Vereinslieder. Ein Saal mit Girlanden geschmückt, bevölkert von Malerinnen und Modellen. Von der Seine sah man bekannte Maler; schöne elegante Frauen, die auch mal die Kehrseite von Berlin, das verruchte Berlin, kennen lernen wollten; und verliebte kleine Angestellte. Eifersüchteleien gab's und Tränen am laufenden Band, und immerzu mussten die Pärchen verschwinden, um ihren Ehezwist draußen zu schlichten. – Zum so und so vielten Mal ertönte im Laufe des Abends die berühmte „Cognac-Polonaise", die man auf dem Tanzboden kniend, mit dem gefüllten Cognac-Glas vor sich zelebrierte. Bei dem unparlamentarischen Text dieser Polonaise sträubt sich meine Feder ... Zwischendurch erschienen mit großem Hallo begrüßt die Koryphäen der damaligen Zeit: die hinreißende Tänzerin Anita Berber und Celly de Rheydt und die schöne Susi Wanowski und ihre Korona. Jeden Montag stieg diese Pyramide um neun Uhr abends; es war das typische Berliner Nachtleben mit seiner Sünde und seiner Buntheit."

Achtes Kapitel

Berühmt und begehrt

„Der Tanz wird zur Manie ... zum Kult. Die *Girls* der neuen Revuetheater schütteln animiert das Hinterteil. Man tanzt Foxtrott, Shimmy, Tango, den altertümlichen Walzer und den schicken Veitstanz. Man tanzt Hunger und Hysterie, Angst und Gier, Panik und Entsetzen. Mary Wigman – jeder Zoll eckige Erhabenheit, jede Geste eine dynamische Explosion – tanzt Weihevolles, mit Musik von Bach. Anita Berber – das Gesicht zur grellen Maske erstarrt unter dem schaurigen Gelock der purpurnen Coiffure – tanzt den Koitus. Man tanzt ... die gemarterte Pantomime eingekerkerter Tiere im Zoologischen Garten. Ein geschlagenes, verarmtes, demoralisiertes Volk sucht Vergessen im Tanz. Aus der Mode wird die Obsession; das Fieber greift um sich, unbezähmbar, wie gewisse Epidemien und mystische Zwangsvorstellungen des Mittelalters. Am gefährlichsten betroffen aber ist das schlagende Herz des Reiches, die Hauptstadt. Berlin, zugleich sensitiv und abgebrüht, blasiert und doch stets erpicht auf neue Sensationen."[84]

Auch Leo Lania schildert den bunten Menschenstrom, der sich durch die Friedrichstraße wälzt. Er beschreibt, wie Anita Berber eine Bar verlässt und in den „Neuen Westen" fährt: „Als Anita am Kurfürstendamm aus dem Auto stieg – Zobelpelz, Monokel im grell bemalten Gesicht unter rotem Haarschopf –, blieben Passanten stehen, Huren liefen herbei, bildeten beinahe ehrfürchtig eine Gasse, durch die Anita ins Lokal stürmte. Sie nahm sich nicht die Zeit zu essen, stürzte einen Kognak hinunter – „Kellner, noch einen! – Also gehen wir!" Sie ließ keinen zu Wort kommen, als Susi sie beiseite und ins Gespräch zu ziehen versuchte: Der Agent warte auf Antwort, solle man den Vertrag in der *Weißen Maus* verlängern, aus Hamburg sei ein Telegramm gekommen – wurde Anita böse, warf den Kopf in den Nacken wie ein wildes Pferd, warf im Aufspringen drei Teller vom Tisch, das Klirren der Scherben peitschte sie noch mehr auf, schon hatte sie ein Glas in der Hand und schmiss es auf den Boden. So stürmte sie aus dem Lokal. Die anderen mussten folgen."[85]

„Anita stand auf dem Gipfel", erinnert sich die Journalistin Grete Müller. „Umbrandet von Begierde, von Klatsch, vom heißen, künstlich hellen Licht der Nachtlokale. Sie war eine der ersten Nackttänzerinnen. Zu einer Zeit, da die

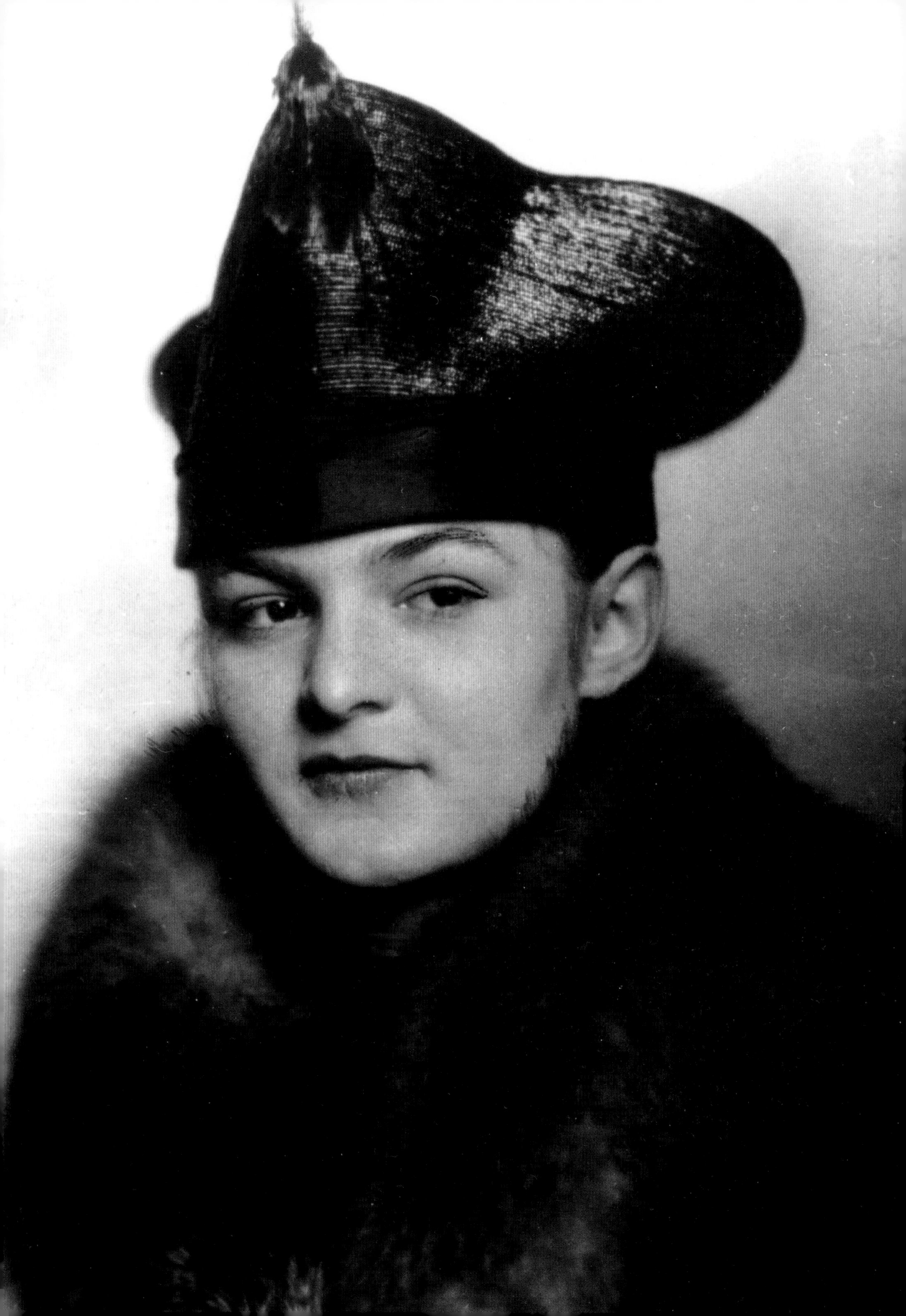

Frauen noch dick waren und ihren Überschuss an Fett klug und schämig hinter Kleiderhüllen verbargen, sprang sie mit ihrem gertenschlanken splitternackten Körper ins Rampenlicht. Damals war Nacktheit noch eine Sensation, und über ihr Kostüm, das aus einem einzigen Brillanten bestand, sprach die halbe Welt. Nur – dass man auch bei solchen Sensationen keine Reichtümer sammelt. Der Unternehmer meint genug zu tun, wenn er der Artistin ein Tanzparkett als Sprungbrett zu einer erfolgreichen Liebeskarriere bietet. Mögen die Männer zahlen, deren Begierde sich entzündet an der Begehrlichkeit aller, die die Sensation kaufen – die erhoffte und erträumte zumindest."[86]

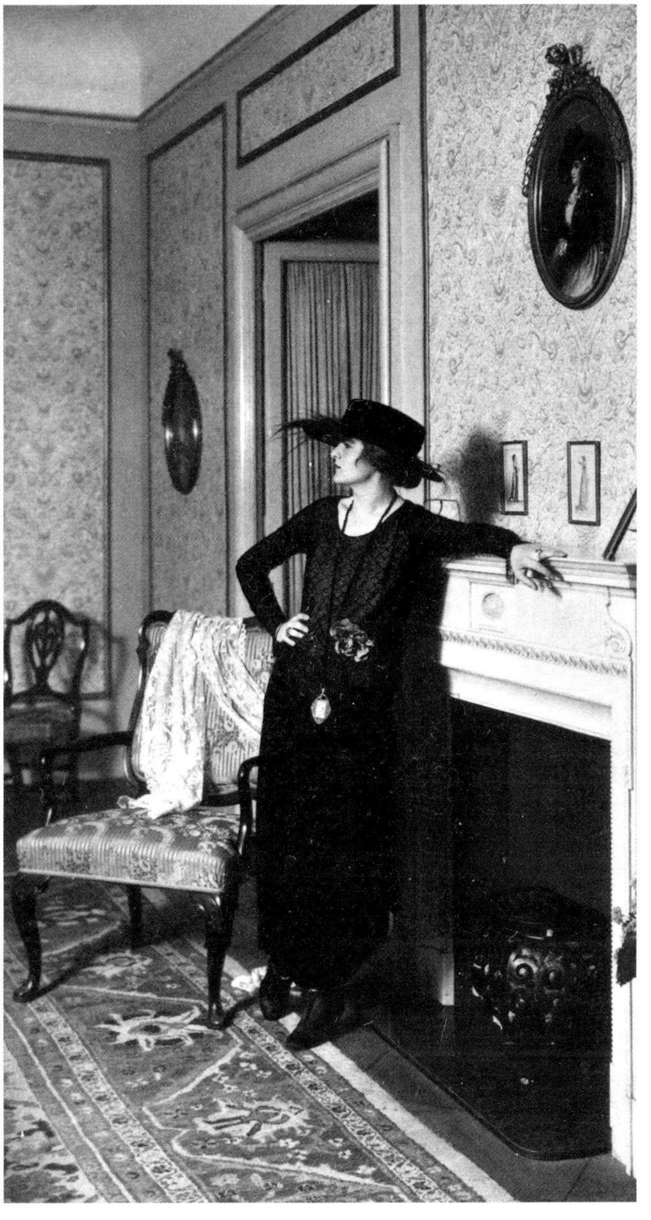

Anita Berber hatte oft scherzend gesagt: „Mein Ziel? Ich werde einen reichen Mann heiraten!" Aber das war so dahingesagt. Sie war viel zu wenig berechnend, viel zu unbeständig, um ein solches Vorhaben systematisch zu verwirklichen. Sie war ein echter weiblicher Bohemien. Siegfried Geyer, der sie von den Auftritten in den Nachtvorstellungen der *Wiener Kammerspiele* her kannte, charakterisierte diesen Zug ihres Wesens treffend: „Anita Berber gehörte zu jenen pflanzenhaften Geschöpfen, die nicht wissen, was sie tun, die den Steuerexekutor nackt in der Badewanne sitzend empfangen und daran gar nichts finden, die einen Besuch beim Advokaten machen und in der Kanzlei plötzlich entdecken, dass sie unter dem Mantel nichts anhaben, weil sie ganz vergessen haben, dass man sich für einen Besuch eigentlich anziehen muss. In solchen Fällen sagte Anita Berber nicht: „Ich habe vergessen, mich anzuziehen, entschuldigen Sie!", sondern nur: „Geben Sie mir eine Zigarette, ich habe meine Tabatiere liegen lassen!"

△◁ Anita als Modell

Sie lebte wirklich von einem Tag zum anderen oder, noch kürzer, von einer halben Stunde zur anderen. Geld bedeutete für sie nichts, Besitz war ihr egal, etwas wie Bankkonto eine unbekannte Sprache, sie gab im nächsten Moment aus, was sie kaum erst in der Tasche hatte. Ihre Verschwendungssucht war so organisch wie ihr ganzes Exzentrikdasein, ihre Varietélebendigkeit, die Bar-

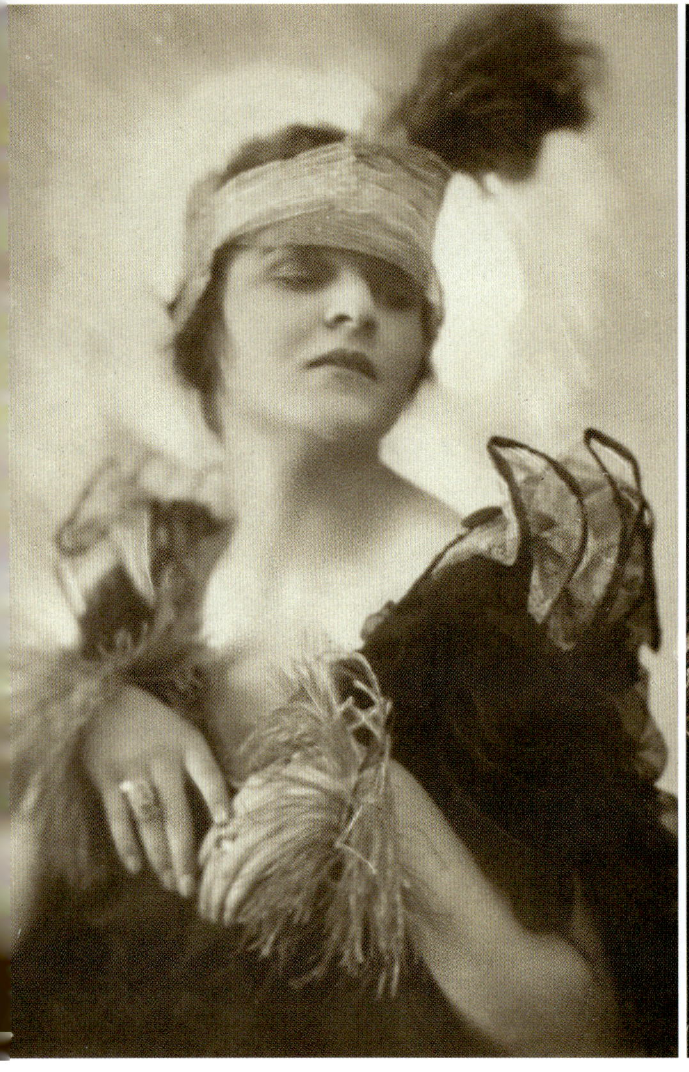

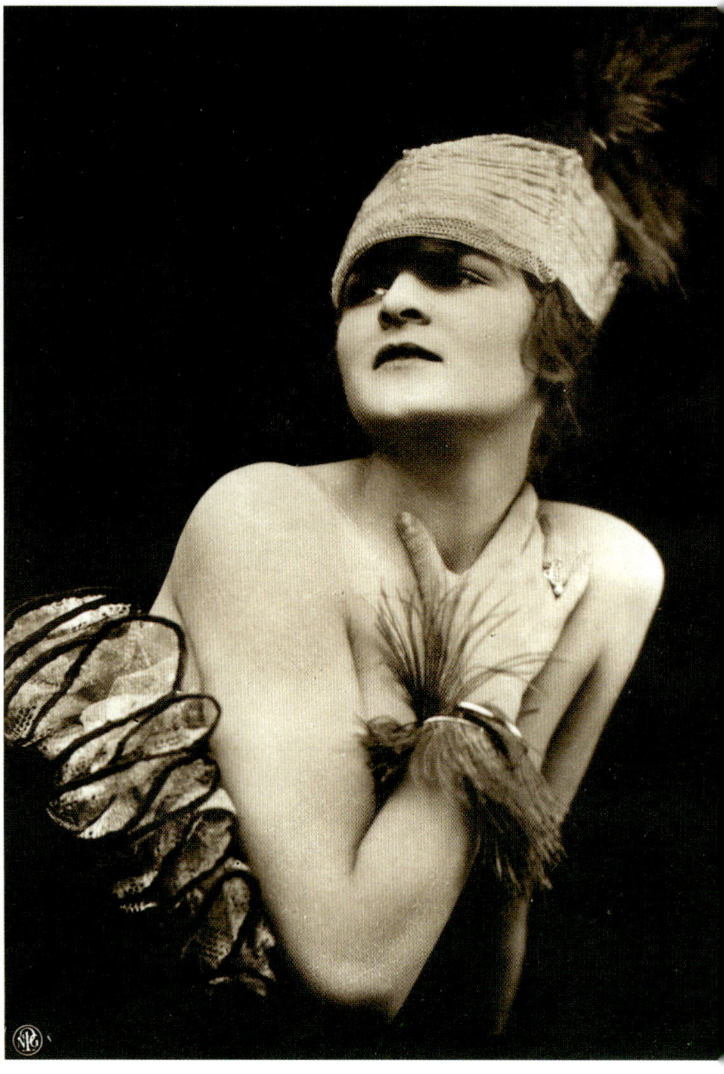

Kostümpostkarten aus dem Tanz „Le Masque"

atmosphäre, die überall sofort da war, Anita Berber brauchte nur ins Zimmer zur treten." Sie hatte dabei keinerlei Ehrgeiz. Sie lebte nur für den Augenblick. „Im Tanz, vor der Kamera, im Rausch: das Instrument ihrer Kunst war ihr Körper. Sie hatte nichts anderes. Ihm hörig zu sein, mit ganzer Inbrunst, mit aller Leidenschaft, das war ihr Schicksal."

Neben ihrer Arbeit auf der Bühne war sie schon früh als Modell tätig, insbesondere für Hüte und modische Kleidung: Zuerst für das Hutatelier Hugo Baruch und für Elsa Klatt in der Uhlandstraße. Fotos von Anita Berber erschienen in der „Eleganten Welt" und in der „Dame". Die meisten und schönsten Fotos von ihr hat in Berlin Alexander Binder gemacht. Von „Alex" ließ sie sich auch für die Firma Leichner fotografieren, die als erste Bühnenschminke aus ungiftigen Stoffen herstellte. Auf Postkarten äußerte sie sich zufrieden, „dass ich sie jeden ausländischen Präparaten vorziehen werde". Ihr Einfluss war so groß, dass andere junge Damen anfingen, sich „à la Berber" zu kleiden. Nachdem Anita bei einem Auftritt im Nelson-Theater und im Mabuse-Film einen

Smoking getragen hatte, gehörte dieses vordem männliche Kleidungsstück in das modische Bild wie später die weit geschnittene Marlene-Dietrich-Hose. Es wurde auch „in", winzige Äffchen im Mantelärmel zu tragen. Anita trug einen solchen Affen im Busenausschnitt. Wegen der winterlichen Kälte hatte sie ihn so fest zugedeckt, dass das Tier erstickte. Darüber war sie untröstlich, denn sie war tatsächlich sehr tierlieb.

Um aufzufallen ersann sie immer neue Extravaganzen, sei es ein goldenes Kettchen über dem Fußgelenk oder ein rot geschminkter Nabel. Zum *Ball der Moden* im Admiralspalast trat sie auf im Reigen bekannter Schönheiten wie Lil Dagover, Hilde Aderhold, Ruth Weyer und vieler anderer. Zwei Orchester spielten. Zu den künstlerischen und musikalischen Leitern der Revue gehörte auch der holländische Komponist Jaap Kool, der für Anita Berber den Tanz „Profane" schrieb.

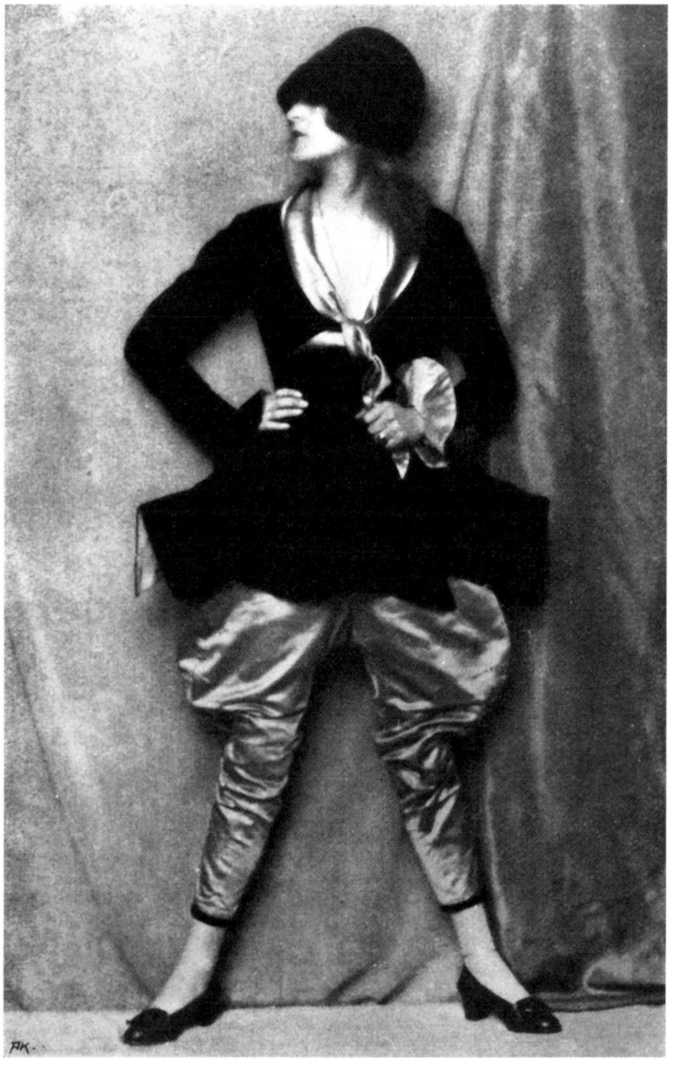

Anita als Modell in Wien, 1920

Im Tanzlokal *Zoo*, in dem auch Varieté-Programme gezeigt wurden, fand eine große Party statt mit einem Jazz-Orchester und berühmten und berüchtigten Filmstars. Lya de Putti, die am Anfang ihrer Karriere ebenfalls als Tänzerin aufgetreten war, zeigte sich interessiert, Anita Berber kennen zu lernen. In seinem Roman „Lya" beschreibt der ungarische Schriftsteller Váro Andor die Begegnung der beiden Frauen so glaubhaft, dass der Eindruck entsteht, er sei selbst dabei gewesen. „Anita trat als *Mona Vanitas* auf mit einer Maske, die ihr Gesicht verbarg. Sie trug Seidenschuhe und auf ihrem nackten Körper ein Hermelin-Cape, das mit Rotfuchsfell umsäumt war. Augenblicklich fiel sie auf, und innerhalb von Minuten wusste jeder, dass die Nackttänzerin da war. Neugierig starrten die Herren und Damen sie an. Ihr Gesicht, ohne die Andeutung eines Lächelns, war kreideweiß geschminkt mit karmesinroten Lippen. Die Augen, die mit dicken Schichten von Wimperntusche umrandet waren, grüßten ihre Freunde. Emil Jannings lud sie ein, am Tisch Platz zu nehmen. Lya war insgeheim davon begeistert. Anita setzte sich sofort neben sie, so dicht, dass sie sie fast berührte. Lya spürte eine ungewohnte Erregung, die von Anitas warmem Körper ausging. Sie unter-

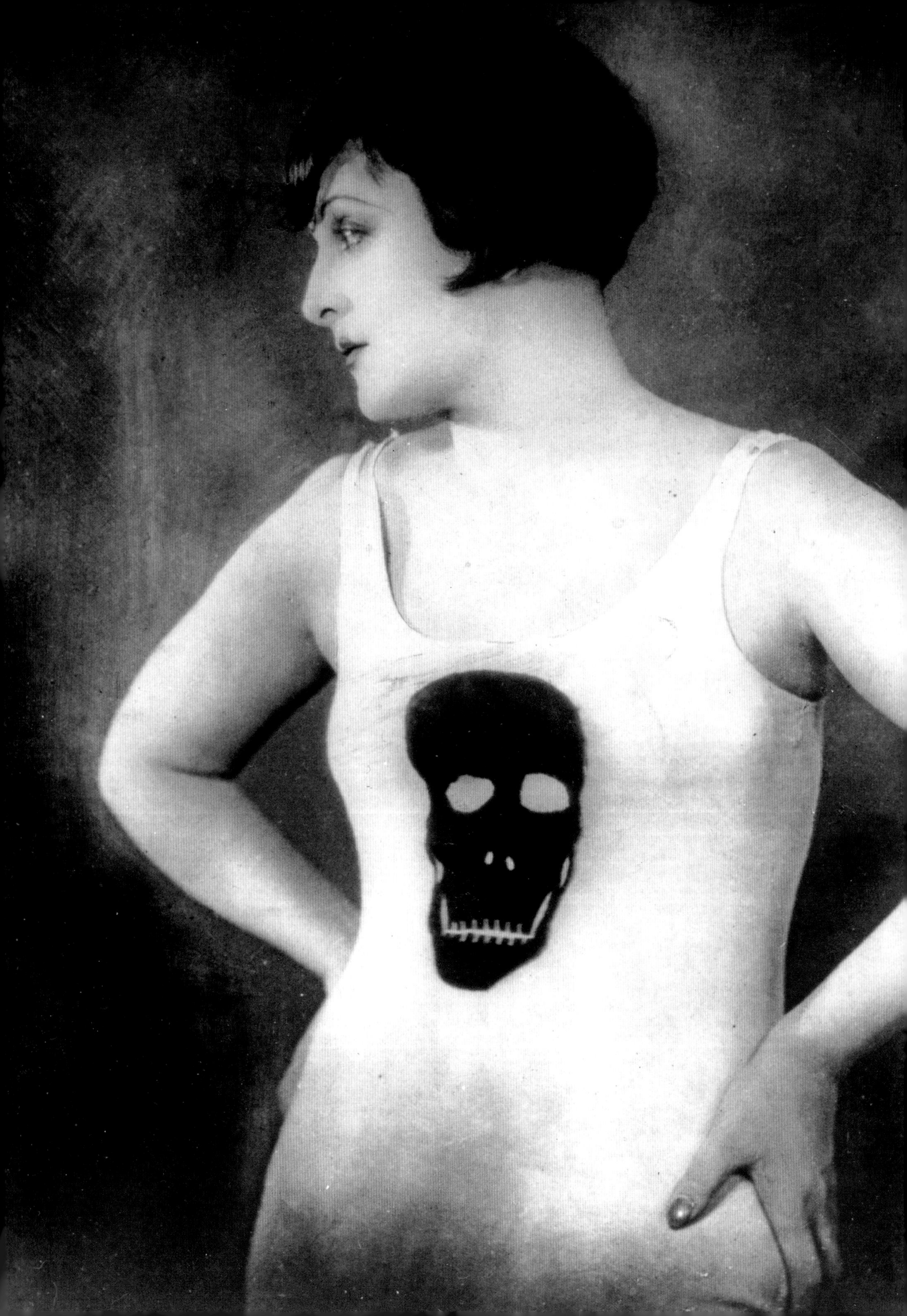

hielten sich. „Ich habe eine Menge über Sie gelesen," sagte. Lya. „Die Presse übertreibt und lügt," entgegnete Anita Berber. „Später werden Sie selbst herausfinden, dass ich eine Künstlerin bin und keine Perverse. Die denken, dass ich verrückt bin, weil ich mein Gesicht weiß schminke, ohne Kleidung tanze und Kokain nehme. Der Grund ist vielleicht, dass ich früh damit angefangen habe, Baudelaire zu lesen und Bücher von Henri Barbusse, die während des

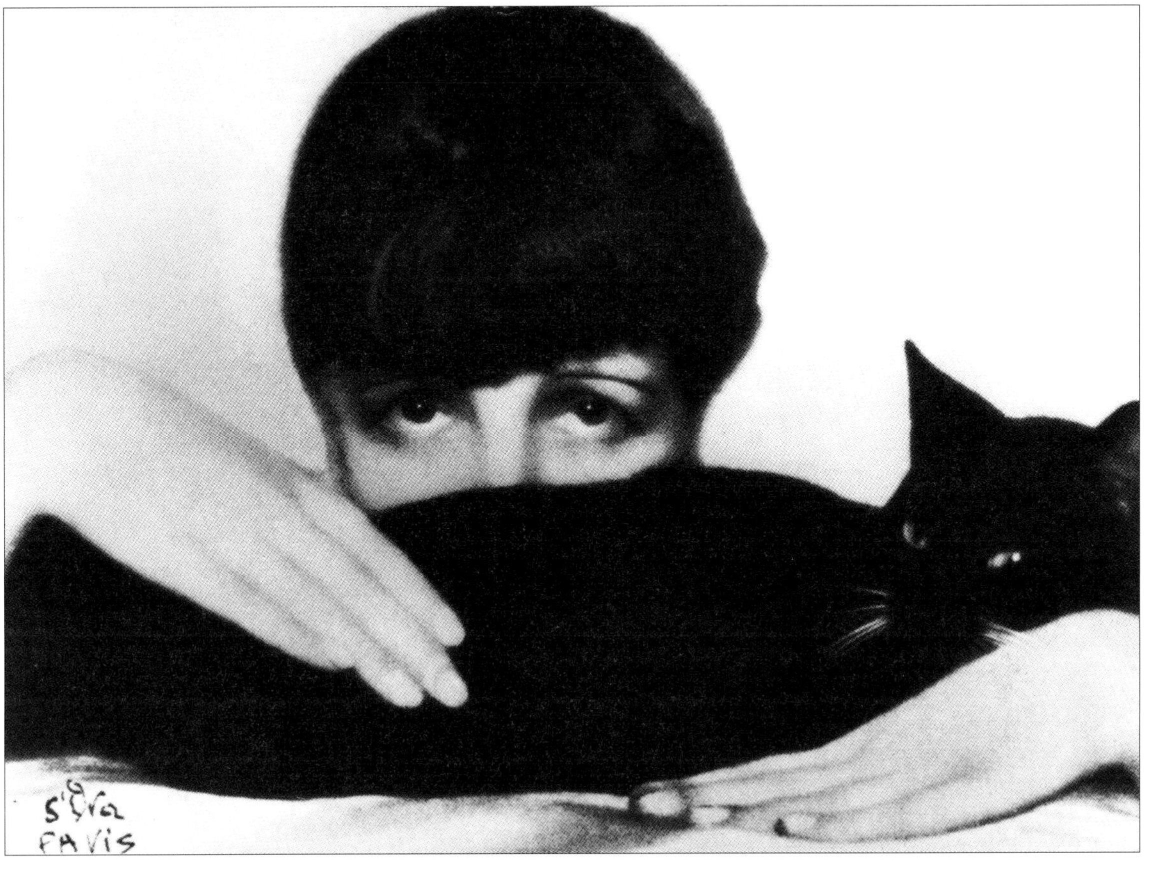

Die Fotografin Dora Kallmus. Aus der Zeitschrift „Die Dame", Berlin 1929

Krieges aus Paris geschmuggelt wurden. Mein Partner Sebastian übersetzte für mich griechische und lateinische Texte, die sagen, dass es keine Sünde ist, den nackten Körper zu zeigen; denn der Körper ist ein Geschenk Gottes." „Eine Stunde mit Anita, und du bist noch nicht zur Morphinistin geworden?" fragte Jannings lachend, nachdem er vom Parkett zurückgekehrt war, wo er mit Pola Negri einen Slow-Fox getanzt hatte."[89]

Die zahlreichen Kostümfeste und Künstlerbälle prägten das Bild der Zwanziger Jahre. In der Berliner Gesellschaft waren sie beliebt. Die Bürger erwarteten eine „überschäumende Lebenslust der Boheme".[90] Da sie „innerhalb des Erlaubten einen zarten Ruch von Halbwelt produzierten".

Conrad Veidt, Fritzi Massary, Franz Mehring, Valeska Gert, Gussy Holl, Max Pechstein und neben vielen weiteren Künstlern auch Anita Berber gehörten dem Ehrenkomitee der *academie der farbe* an, die 1924 eine ganze Folge von Kostümfesten ankündigte:

◁ Lya de Putti, Standfoto aus: „Variete", 1925

„alle Monate ein fest der farbe
im Oktober das fest in weiß
im November das fest in rot
im Dezember das fest in gold
im Januar das fest in violett
im Februar das fest in bunt
im März das fest in grün."

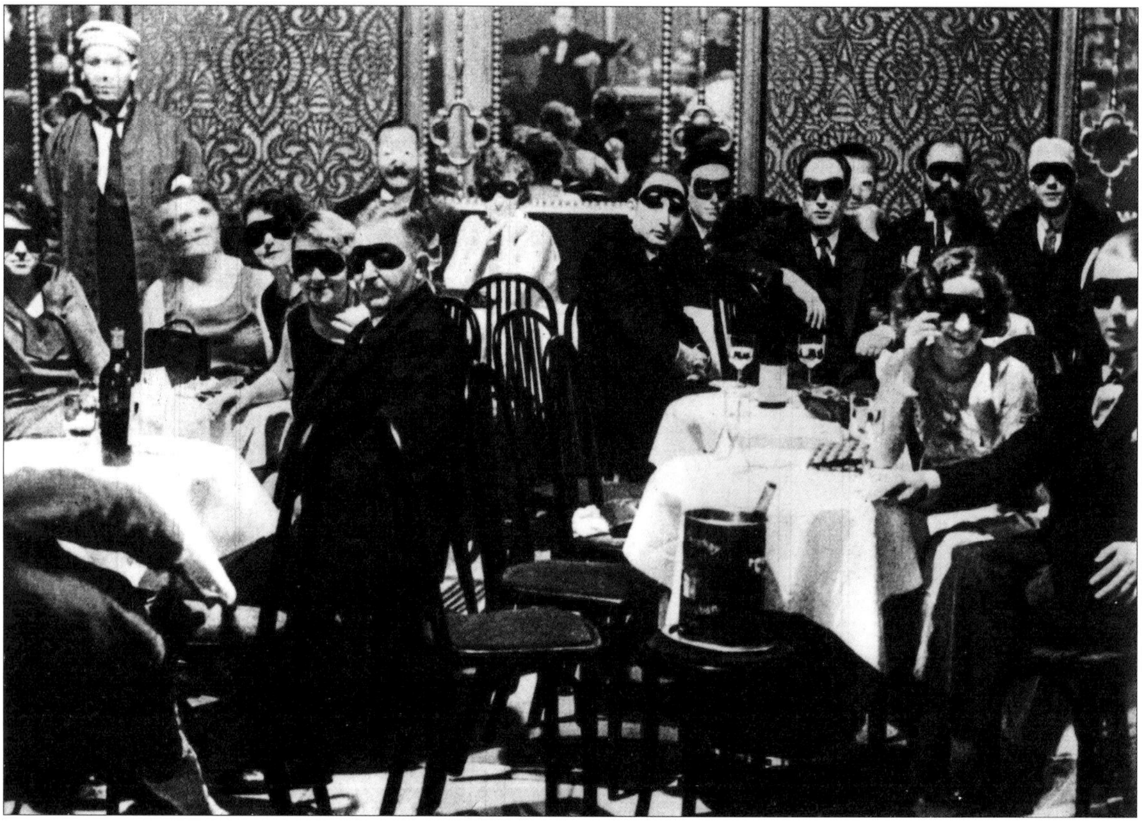

Maskierte Gäste im Nachtlokal „Weiße Maus"

Das „Fest in Weiß" fand am 5. Oktober 1924 in den Galaräumen des Restaurants am Lehrter Bahnhof statt. „Die Ausschmückung wird von Ihren Kostümen zu einem unvergleichlich glitzernden Glanz vervollständigt werden."[91] Interessant wäre es sicherlich, die Einzelheiten dieser Bälle zu recherchieren.

Anita war mit Begeisterung dabei. Sie fiel auf und zog begehrliche Blicke auf sich. Gleichzeitig verfolgte sie ihre Karriere mit zahllosen Auftritten in Kabaretts, Klubs, Varietés und Revuen. Der jüdische Tänzer Gene van Grona, Berthe Trümpy-Schüler, erzählte mir, dass er sie in Rosa Valettis *Rampe* erlebte: „Anita Berber tanzte Eric Satie. Nackt. Nur Steine auf den Körper geklebt, ohne obszön zu wirken. Sie zog ein Knie bis zum Kinn, und langsam ohne besondere Anstrengung streckte sie dieses Bein aus zum Standspagat. Ich war damals gerade 18 Jahre alt. Das hat auf mich großen Eindruck gemacht."

Ebenso jung erlebte Klaus Mann sie 1924: „Ich war nicht mit ihr befreundet, das darf ich jetzt nicht behaupten; aber ich habe sie doch gut gekannt. Zuerst hasste ich sie; ich fand sie faszinierend, aber abscheulich. Meine Freundin verteidigte sie, sie behauptete, dass sie rührend sei; ich widersprach: sie wäre nur unappetitlich und frech. Ein freches Gesicht musste sie damals wohl machen, was blieb ihr anderes übrig? Sie war in ein Kabarett gegangen, eigens um sich einen unanständigen Spottvers anzuhören, den damals ein Chansonnier – ich glaube, es war der prachtvolle Hermann Valentin – allabendlich gegen sie sang. Sie wollte dabei sein und mit den Augen blitzen, während sie vor dem Publikum verhöhnt und bloßgestellt wurde. Sie war sehr mutig und brauchte den Skandal wie ihr tägliches Brot.

Man schrieb 1924. Anita Berber war schon eine Legende. Sie war erst seit zwei oder drei Jahren berühmt, aber schon ein Symbol geworden. Verderbte Bürgermädchen kopierten die Berber, jede bessere Kokotte wollte möglichst genau wie sie aussehen. Nachkriegserotik, Kokain, Salomé, letzte Perversität: solche Begriffe bildeten den Strahlenkranz ihrer Glorie. Nebenbei wussten die Kenner, dass sie eine ausgezeichnete Tänzerin war.

Ein paar Tage nach der etwas peinlichen Situation im Kabarett lernte ich sie in einer Diele des Berliner Westens kennen. Mit ihr war Henri, der amerikanische Tänzer, mit dem sie verheiratet war. Sie hatte einen Kavalier bei sich, und es gab Sekt.

Den Kavalier und mich nahmen sie morgens um zwei in ihr Hotelzimmer mit. Ich war damals kaum 18 Jahre alt.

Achtzehnjährige erschüttert ein solches geschminktes Gesicht. Ihr Gesicht war eine düstere und böse Maske. Der stark geschwungene Mund, den man sah, war keineswegs ihrer, vielmehr ein blutigrotes Machwerk aus dem Schminktöpfchen. Die kalkigen Wangen hatten violetten Schimmer. An den Augen musste sie täglich eine Stunde mindestens arbeiten. – Sie sprach ununterbrochen, und sie log furchtbar. Es war klar, dass sie sehr viel Kokain genommen hatte; sie bot auch mir welches an. Henri döste irgendwo im Hintergrund. Sie erzählte mit ihrer heiseren Stimme die unglaubhaftesten Abenteuer; von Tieren, die sie hypnotisiert, von Mördern, denen sie geschickt ausgewichen. Dabei blieb die bittere Maske, die ihr Gesicht war, im Halbdunkel unbewegt.

Als ich den Tag danach die beiden im Hotel *Exzelsior* besuchen wollte, war Anita unterwegs auf Tournee. Es war mittags, Henri lag noch im Bett. Im Zimmer hantierte ein ältliches Wesen, sächsisch plaudernd, ein Faktotum, das ihnen treu blieb. Henri im Bett sagte, dass er Hunger habe. Ich fragte treuherzig, warum er nicht nach dem Kellner klingle. Er lächelte bitter: sie bekämen nichts mehr serviert, nur aus Gnade ließe man ihnen das Zimmer. Ich gab dem Faktotum meine letzten fünf Mark, sie lief zur nächsten Kneipe und holte ein Wiener Schnitzel. Es machte mich Achtzehnjährigen stolz, dass Henri in seinem Bett auf meine Kosten Wiener Schnitzel aß.

Noch kauend fing Henri plötzlich an, von seiner Frau zu sprechen. Hätte man es für möglich gehalten? Er liebte sie wie der sentimentalste Bräutigam seine Erwählte. Er glaubte an sie, in seinem stockenden Englisch-Deutsch sagte er mühsam: „Niemand kann Anita verstehen." Er saß mit nacktem Oberkörper im Bett, die Knie hochgezogen, auf den Knien den Teller. „Sie ist wunderbar, über

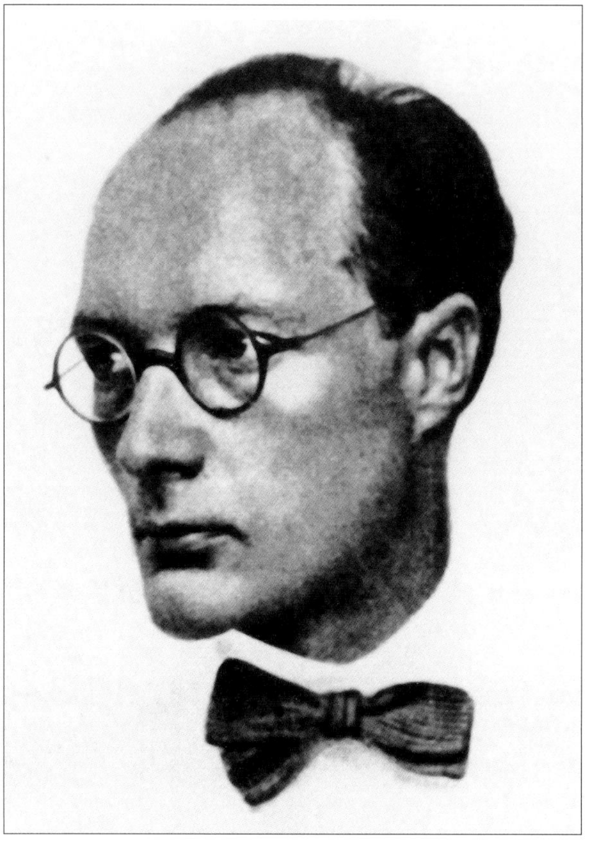

alle Begriffe", sagte er stockend. Ich wusste: er war mit großen Chancen aus Amerika gekommen, er hatte ihr viel geopfert. Welche Kraft des Herzens gehörte dazu, diese Frau, die für verrucht galt, in ihrem eigentlichen Wesen zu erkennen, das eigene junge Schicksal ihrem katastrophalen zu verbinden. Ich liebte und bewunderte Henri.

Ich war dann ziemlich oft mit Anita und Henri zusammen. Ich wurde mit dem Schicksal dieser rabiaten Frau und ihres sanfteren Gefährten vertrauter. Sie stand, von ihrer Legende umwoben, inmitten einer grauenhaften Einsamkeit. Um sie war eiskalte Luft. Um nicht zu erstarren, trieb sie es immer radikaler. Alles wurde zum Skandal um sie herum. Auch andere Schauspielerinnen bekommen in einem Nachtlokal gelegentlich Streit mit einem Kollegen; sie aber prügelte sich. Sie schlug sich mit einem berühmten Darsteller, der auch körperlich schweres Kaliber war. Er musste stärker sein als sie, die Frau, war sie auch noch so trainiert. – Sie brauchte nicht nur den moralischen Skandal, sondern auch die körperliche Gefahr. Auf der Straße biss sie einer Dame, die mit dem Finger nach ihr deutete, beinahe den ganzen Finger ab."

Fred Hildenbrandt

Ein profunder Kenner des modernen zeitgenössischen Tanzes war der Feuilletonchef des *Berliner Tageblattes*, Fred Hildenbrandt. In seinen Berliner Erinnerungen beschreibt er sehr lebendig einen Skandal, den er mit Anita Berber im Kabarett *Weiße Maus* erlebte. Die *Weiße Maus,* gegründet als Pendant zum *Schwarzen Kater* – dem im Ersten Weltkrieg umbenannten *Chat noir* – war trotz ihrer 98 Plätze und teurem Eintrittsgeld allabendlich ausverkauft. Besucher, die anonym bleiben wollten, konnten an der Garderobe eine Maske kaufen. „In der *Weißen Maus* verpulverten die besseren Handlungsreisenden ihr Gehalt, ihre Ersparnisse und ihre Spesen. Hier erschienen die munteren älteren Herren aus der Provinz mit gefülltem Portemonnaie. Hier saßen echte und unechte Gentlemen. Hier saßen auch die Gewaltigen der Unterwelt und die unzähligen Damen aus der Friedrichstraße mit ihren kurzfristigen Kavalieren. Ein Mädchen der Gruppe Anita Berber war gewöhnlich zu haben. Nur Anita Berber selber war nicht zu kaufen. Und sie zeigte das. Jedesmal, wenn ich mit Dr. Peter Sachse (dem Besitzer, Anm. des Verfassers) seine *Weiße Maus* betrat, kamen wir zum Auftritt der perversen Tanzgruppe zurecht. Wir hatten es so eingerichtet. Wir wollten diese gelungenen Imitationen von Leichen sehen. Dass es im Grunde unerträglich war, wussten wir. Aber wahrscheinlich hauste auch in uns der Hang zum Obskuren und sogar zum Obszönen, der bei jedem Manne tief in

▷ Titelblatt „Der Reigen", 1920

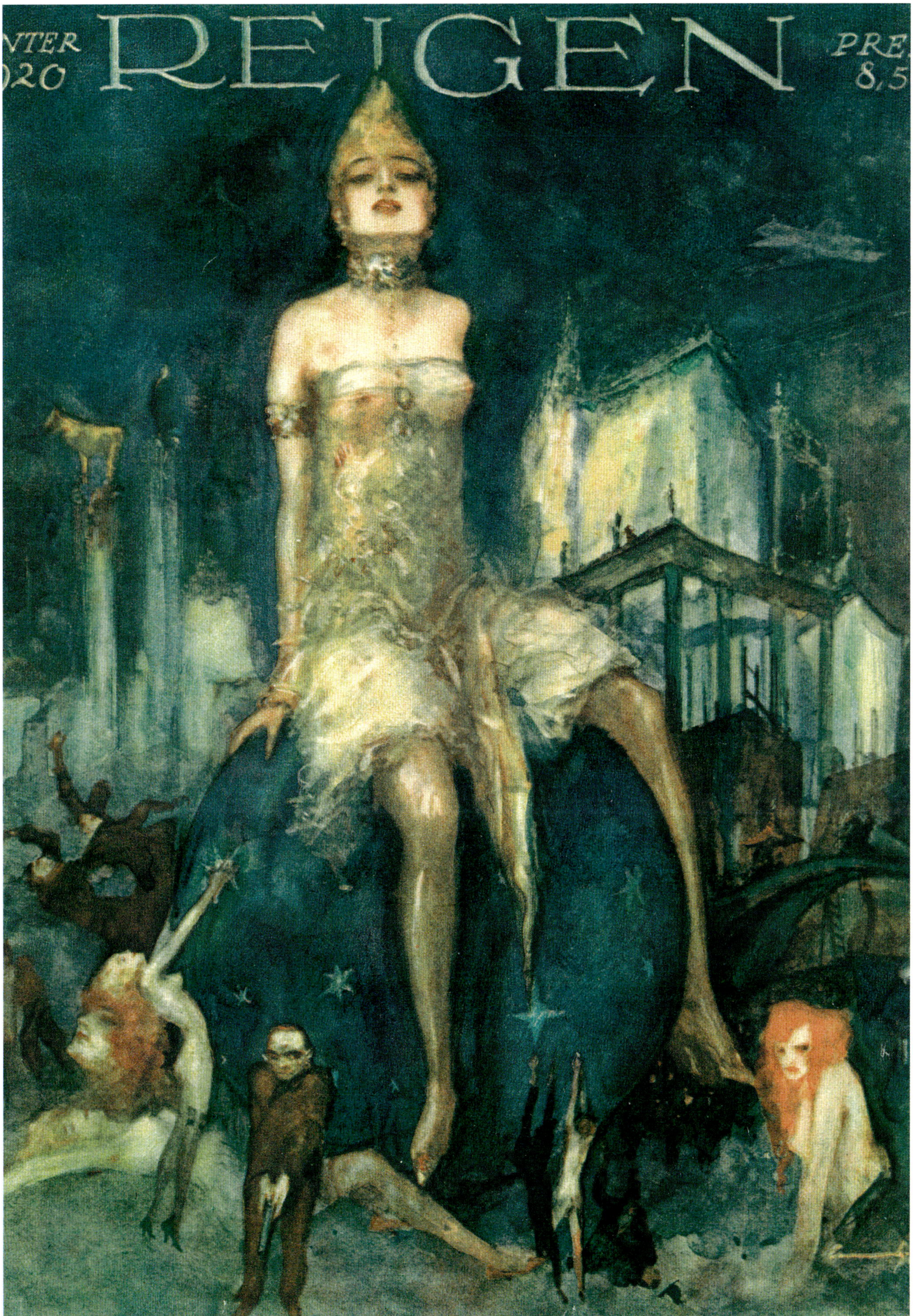
NTER
920
REIGEN
PRE
8,5

einem verborgenen Schacht seines Wesens, wohl behütet und streng bewacht bei den meisten ruht und lauert. Die Gäste waren um diese Zeit nach Mitternacht bereit für den apokalyptischen Anblick einiger hemmungsloser Mänaden jenseits der Rampe.

Anita aber nahm ihre Vorführungen bitterernst. Deshalb nahm sie jede Störung tragisch. Zurufe beantwortete sie mit unanständigen Ausdrücken. Jedoch drehte sie sich währenddessen in ihren durchsichtigen Schleiern weiter feierlich hin und her. Es dauerte nicht lange, und das ganze Lokal versank in einem tosenden Abgrund von Geschrei, Gezeter und Gelächter. Dann sprang Anita in rasender Wut über die Rampe hinweg, griff nach der nächsten Sektflasche und hieb sie dem nächstbesten Gast auf den Kopf. Dabei kippte sie kunstvoll Tische um, warf Stühle zur Seite. Der Geschäftsführer, ein Mittelgewichtsmeister, riss die tobende Tänzerin zurück, die Kellner versuchten, in dem Wirrwarr die Tische und Stühle aufzurichten. Und dann war plötzlich Stille und Ruhe. Jedermann setzte sich wieder, und der Tanz ging weiter bis zum bitteren Ende."[93]

Auf Bitten von Dr. Sachse begibt sich Hildenbrandt in Anita Berbers Garderobe, um zu schlichten. „Sie warf ihre kleine, mit Brillanten besetzte Armbanduhr lässig auf den Tisch und sagte höflich: „Entschuldigen Sie, ich muss mich umziehen. Sie können dableiben. Sagen Sie mir, was Sie über mich schreiben wollen."

Sie begann, sich unbefangen zu entkleiden. Ohne Wandschirm. Sie war wunderbar gebaut. Breite schneeweiße Schultern, starre Brüste mit großen dunklen Höfen, die Hüften waren eine wundervolle Rundung, die Schenkel schön gewölbt, die Formen der Beine untadelig. Sie war eine Schönheit, und sie hätte viele Männer außer Rand und Band bringen können. Das tat sie auch, ohne sich etwas daraus zu machen. Ihr Gesicht war noch nicht geschminkt. Sie hatte riesengroße schwarze Augen und rotblond gefärbtes Haar.

So spazierte sie vor mir auf und ab, die verkörperte Sünde. Jedoch betrachtete ich sie gleichgültig. Sie war für mich ohne jeden sinnlichen Zauber. Ich sagte: „Hör mal zu, du entsetzliches Mädchen. Du weißt, wie du wirkst, nicht wahr? Steh drüber. Sieh nicht hin. Und mach dem Peter Sachse das Leben nicht so sauer, verstehst du? Du machst auf die Dauer die Gäste scheu ... Steh über den Dingen, wenn du weißt was ich meine." „Sie sind ja gar kein Journalist", sagte sie kindlich. „Sie sind ja ein Psychoanalytiker. Ich weiß genau, was mit mir los ist. Ich bin verkommen. Ich schnupfe Kokain. Ich habe schon entzündete Nasenflügel davon, sehen Sie her. „Schnupfe ruhig", sagte ich, „aber lass dir die Vorführung nicht verderben." „Die Vorführung", wiederholte sie träumerisch. „Die Vorführung ist mir Ernst. Ich habe das mit den Mädels lange einstudiert. Wir tanzen den Tod, die Krankheit, die Schwangerschaft, die Syphilis, den Wahnsinn, das Sterben, das Siechtum, den Selbstmord, und kein Mensch nimmt uns ernst. Sie glotzen nur auf unsere Schleier, ob sie nicht darunter etwas sehen können, die Schweine."

Ich war starr. Also diese Nackttänzerin tanzte ein ernstes Programm über die fürchterlichsten Themen ... und verlangte, dass ein Publikum, das sich erotisch amüsieren wollte, das kapierte.

Sie schminkte sich vor dem hohen Spiegel, völlig nackt. Sie war ohne jede Scham. Sie wirkte auf mich wie ein unschuldiges Kind. Plötzlich ließ sie den Farbstift, mit dem sie sich kalkweiß bemalte, in der Luft stehen und sagte: „Wenn du willst, kannst du mit mir schlafen." Ich lachte. Sie sagte: „Du brauchst keine Sorge zu haben. Ich bin kerngesund. Und ich liebe gut." Ich sagte: „Ich will nicht mit dir schlafen. Ich glaube dir auch, dass du gut lieben kannst, aber da steht eine andere Frau im Wege, verstehst du? Oder verstehst du nicht?" Sie nickte nur und schminkte sich weiter und murmelte: „Dann eben nicht." Sie wandte mir ihr geisterhaftes weißbemaltes Gesicht zu und sagte: „Vor diesen Böcken muss ich tanzen. Diese Leimsieder machen mich rasend." Ich sagte: „Du musst auch in der Wut schön aussehen. Das ist ein antikes Gesetz aus dem alten Griechenland. Aber ich bin gekommen, um dich zu bitten, nicht jeden Abend bei jedem Zwischenruf eines Idioten mit Sektflaschen zuzuschlagen." „Schön", antwortete sie müde. „Und jetzt hau ab."

Sie drehte sich zu mir. Sie lächelte unter der scheußlichen Maske ein wunderschönes Lächeln. Ich verließ sie, unzufrieden mit mir selber. Ich hatte sie nicht überzeugen können. Sie war das merkwürdigste Wesen, das mir jemals in der Unterwelt der sexuellen Eigentümlichkeiten vorgekommen war.

Eine Stunde später ... kam es zu einem wilden Handgemenge im Publikum. Anita Berber schlug mit einer halbvollen Sektflasche auf das kahle Haupt eines älteren Kavaliers ein. Von der kleinen Bühne herab feuerten ihre Mädchen die Chefin mit grellen Zurufen an. Es war Anitas letzter Abend. Peter Sachse entließ sie fristlos."[94]

Ein anderer Kenner des Berliner Nachtlebens, Max Hermann-Neiße, nimmt eine scharfe Trennung vor zwischen Anitas Tanzkunst und den „dilettantischen Hopsereien wenig bekleideter armseliger Wesen", die seiner Meinung nach „nicht einmal Erotik-Surregat" bieten. Für ein wirklich künstlerisches Kabarett kommt nur Anita Berber in Betracht, „dieser ganz selbständige Lebenstyp, die fühlbar jenseits aller satzungsengen Horizonte steht und einen ganzen Flammenkreis von Protest, Herausforderung, überlegenem Abgebrühtsein, Verachtung banausischer Stupidität ausstrahlt. Moral kommt gar nicht erst in Frage, ist eine ganz fremde Kategorie, hier handelt es sich um die absolute Freiheit, (kein Freiheitsgerede und Getu, sondern) eine natürliche, wildgewachsene, unbefangene, selbstverständliche, vor der das unfreie, feige, lavierende, scheelsehende, immer bedingte Gebaren, der ewig gekränkte und missgünstige Fanatismus des Viechtums „Es ist verboten" direkt unmöglich ist. Anita Berbers Tänze sind erlebte Inbrunst, dennoch kalt, unnahbar, Aufreizung für alle plumpe Begehrlichkeit, die gleich mit ihren schmutzigen Pfoten mitten hinein tappen möchte und von der unheimlichen Selbstherrlichkeit dieser Tänzerin einen elektrischen Schlag als Denkzettel bekommt. Etwas Wildes und im Grund einsames umschwebt ihre Schöpfungen, man spürt das triebhafte Schicksal, das diametrale Gegenteil aller Popligkeit und Klapprigkeit, und schließlich tanzt sie allein noch nicht hoffnungslosen Mut zu ihren Leidenschaften und hat in der kurzen Zeit, die ihr Auftritt dauert, eine Revolte angestiftet."[95]

Neuntes Kapitel

Puppe, Porzellanfigur, Malermodell

Mit den neuen Stilentwicklungen in der Kunst ging auch eine zeittypische Liebe zum Puppenhaften einher. Während Käthe Kruse weiche Puppen für Kinder erfand und Hannah Höch ihre dadaistischen Antikunst-Figuren, schuf Lotte Pritzel Puppenplastiken, mit denen sie versuchte, rätselhafte Seelenzustände des Unterbewusstseins zu thematisieren. Sie stellte Gestalten her aus kostbaren Stoffresten und Abfällen mit Wachsköpfen und -händen, die Erotik und Melancholie ausstrahlten. Nach einem Ausstellungsbesuch, bei dem Rainer Maria Rilke der Künstlerin begegnet war, schrieb er einen Aufsatz und ein Gedicht, in dem er die Schönheit als ein verschwenderisches Verwehen beschreibt. Als letztmögliche Metapher der Pritzelfiguren sieht er deren Feuertod. „Es ist, als verzehrten sie sich nach einer schönen Flamme, sich falterhaft hineinzuwerfen."[96] Rilke erfasste mit seinen Gedanken früh das Wesen der Figuren, die in ihren Strukturen brennenden Kerzen ähnelten.

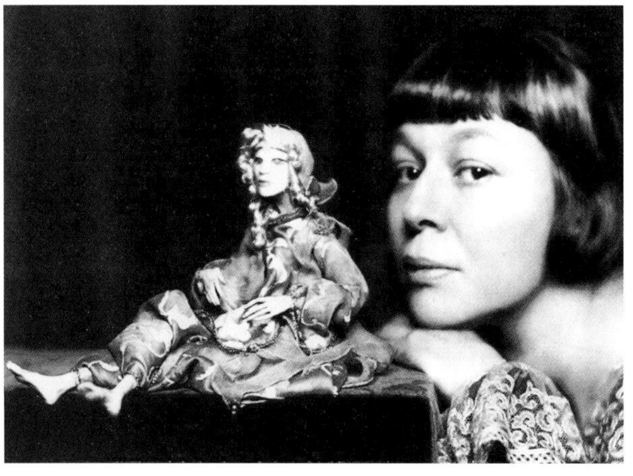

Lotte Pritzel, 1924

Die Künstlerin aus der Schwabinger Boheme-Szene war verheiratet mit einem Arzt, der seine ärztliche Lizenz auch zum Ausschreiben von Kokain- und Morphium-Rezepten – vor allem für sich selbst und für seine Frau – verwendete. Erstaunlich, wie sehr Anita Berber in ihrem Phänotypus den Wachspuppen entsprach. Sie tanzte nach der Musik von Anton Rubinstein „Die Pritzelpuppe", und Lotte Pritzel entwarf farbige Figurinen und fertigte eine Anita-Berber-Figur an.[97] In Wien traten Anita und Sebastian gemeinsam als „Pritzelpuppen" auf, nunmehr nach einem eigens für sie komponierten Tanz von Jaap Kool und eingestimmt durch ein Gedicht, in dem Worte wie „Selbstliebe, eitles Spreizen, Wachsfiguren, Dekadenz, Degeneration, schmale Hände" die Richtung angaben. Das enorm gewachsene öffentliche Interesse am Tanz, das zusammenhing mit einem neuen Lebensgefühl, weckte auch eine Nachfrage nach Porzellanfiguren. Geheimrat Philipp Rosenthal suchte per Zeitungsannonce Bildhauer als Entwerfer.

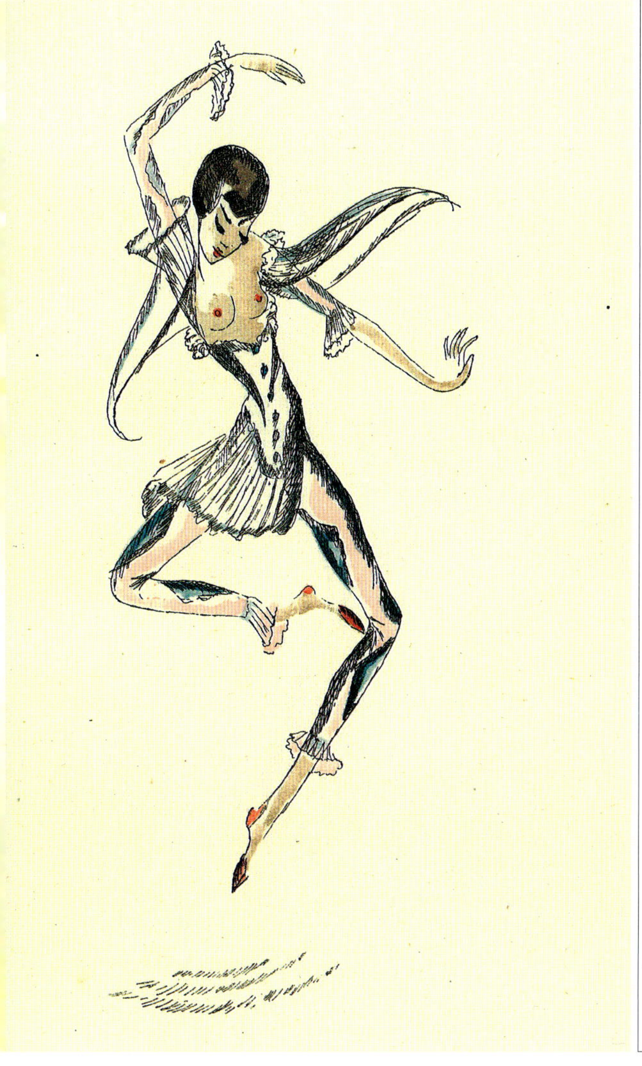 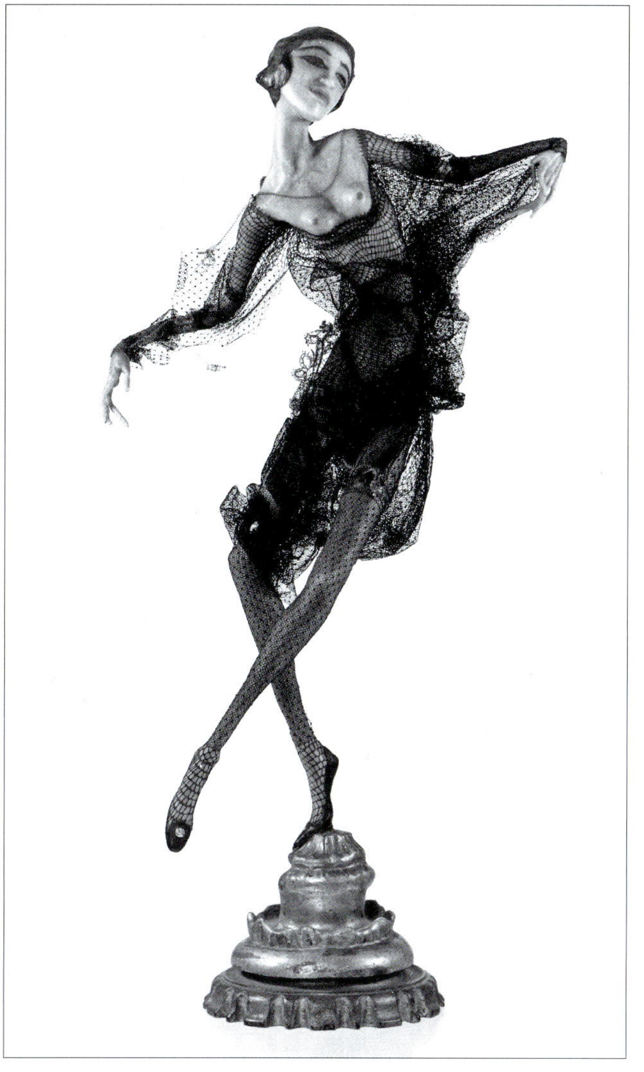

Lotte Pritzel, colorierte Zeichnung (links); Anita als Puppenplastik

Unter den Bewerbern befand sich auch Constantin Holzer-Defanti, ein 1881 in Wien geborener Österreicher. Seine Vorfahren stammten aus Trient, wo er bei seinem Onkel eine Lehre als Steinbildhauer absolviert hatte. Danach wurde er Meisterschüler bei Prof. Riemann in München. Da es unter den Studenten mehrere Holzer gab, nahm er noch den Mädchennamen der Mutter an und nannte sich Holzer-Defanti. Er war froh, als ausgesprochener Pazifist die Kriegsjahre in Russland und die Zeit an der Dolomitenfront überlebt zu haben. Rosenthal berief ihn in die Kunstabteilung seines Werkes in Selb, und so fand der Künstler Gelegenheit, in den folgenden Jahren eine ganze Reihe von Figuren zu entwerfen, die einen eigenen Stil zeigen.

Ähnlich wie Paul Scheurich mit seinen Figuren zum Russischen Ballett Diaghilevs für die Meißner Porzellanmanufaktur, widmete sich Holzer-Defanti einzelnen Tänzern oder Tanzpaaren. Viele Kostüme gehen zurück auf Einflüsse des russischen Malers Léon Bakst, der auch die Bühnendekorationen für die *Ballets Russes* entwarf.

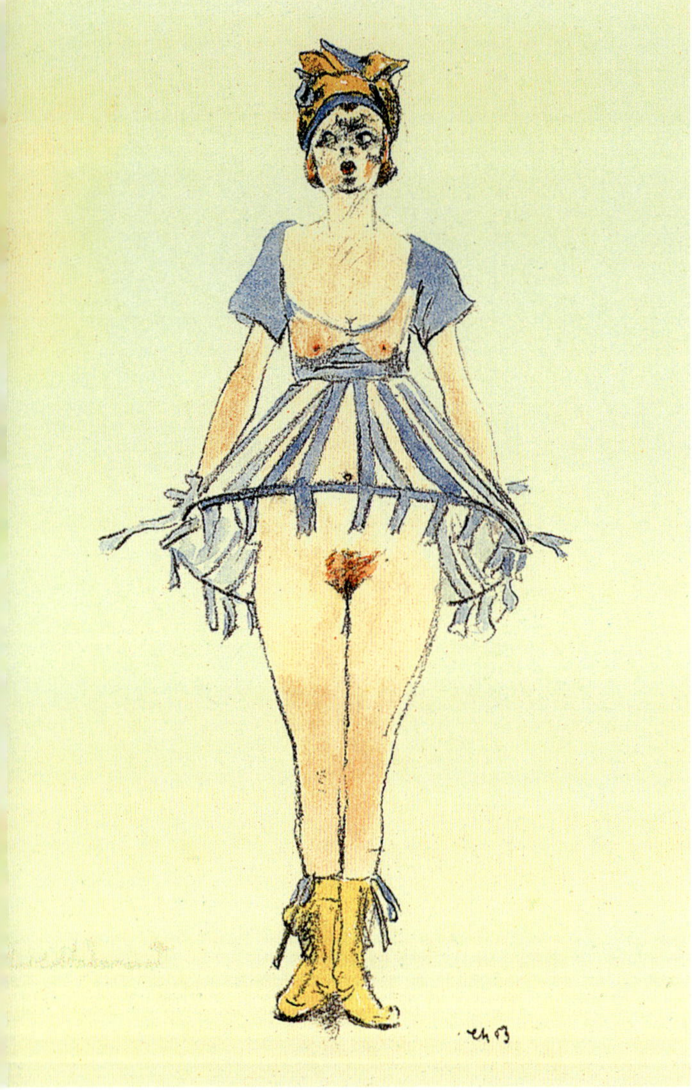

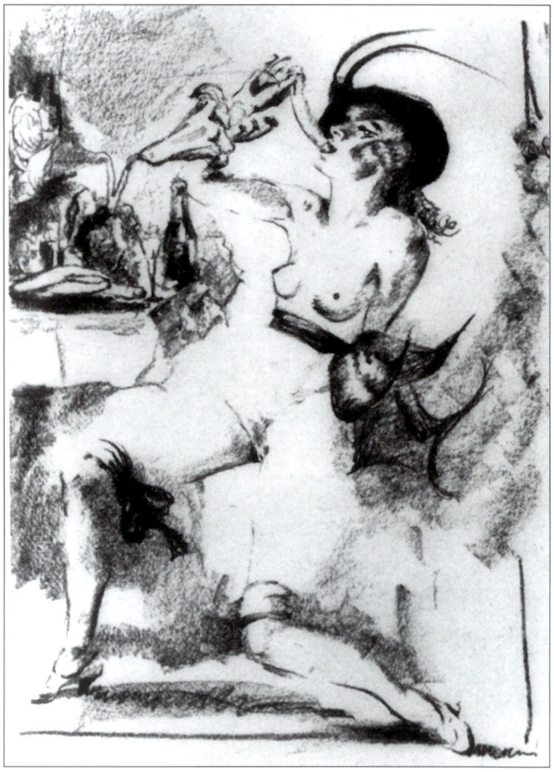

Holzer-Defantis Tänzerfiguren fallen in der Masse der modischen Porzellanfiguren der Zwanziger Jahre auf, sowohl durch ihre charakteristischen Haltungen als auch durch die raffinierte und sorgfältige Bemalung. Die leuchtenden, reinen Farben sind ganz untypisch für die sonstige Unterglasurmalerei des Rosenthal-Porzellans. Sie waren lediglich in mildem Muffelfeuer zu erzielen. Und nur mit großer Vorsicht ließ sich besonders das Gold, das Holzer-Defanti gern verwendete, aufbrennen.

Charlotte Berend-Corinth, Aus der Anita-Berber-Mappe, 1919

Er bildete unter anderem Tanzposen von Lena Amsel, Anna Pawlowa sowie von Joachim von Seewitz und Lo Hesse nach, mit denen er befreundet war. Holzer-Defanti weilte auch des Öfteren in Berlin und kannte Anita Berber von ihren Auftritten. Es ist erstaunlich, dass er den Gestaltungsweg nicht über die Zeichnung nach Modell wählte, sondern Fotos bevorzugte. Obwohl wir heute wenig über seine Arbeitsweise wissen, zeigten die Figuren *Koreanischer Tanz* und *Pierrette* eine deutliche Entsprechung zu zeitgenössischen Fotografien.

1927 beendete Holzer-Defanti seine Tätigkeit in Selb und ging als freier Bildhauer nach Italien. Dorothea Charol hat für die Firma Rosenthal ebenfalls eine Anita-Figur gestaltet. Auch dazu gibt es ein Foto, das als Vorlage gedient hat. Die Figur wurde als „Anitra" in den Handel gebracht. Das geschah wahrscheinlich in der Absicht, sie in Verbindung mit einer Assoziation an „Anitras Tanz" aus der Peer-Gynt-Suite von Edvard Grieg besser verkaufen zu können.

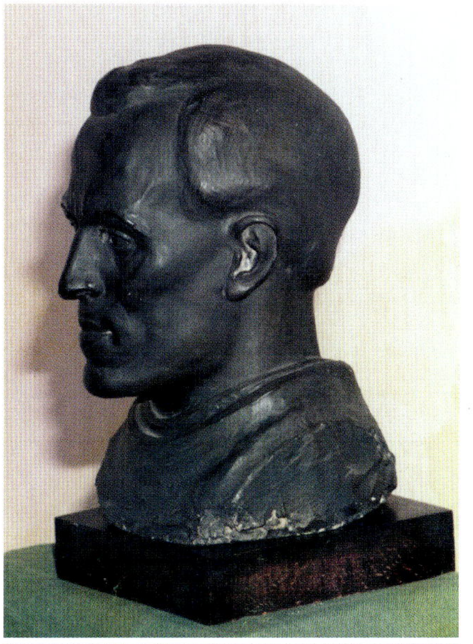

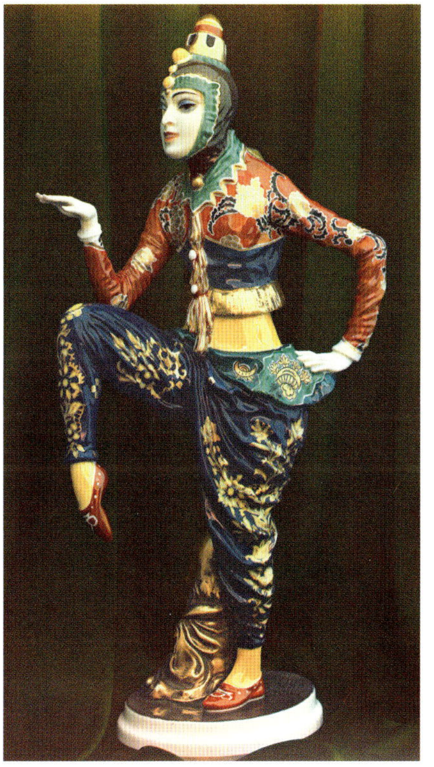

Constantin Holzer-Defanti, Selbstbildnis (oben), „Koreanischer Tanz", 1919, Rosenthal-Porzellan-Figur

Im Frühjahr 1919 erschien als erster Privatdruck der Gurlitt-Presse eine Mappe mit acht Originallithografien von Charlotte Berend, der Frau des Malers Lovis Corinth, Anita Berber gewidmet. Die Blätter zeigen die Tänzerin als „Dirne", meist halb entblößt, in für die damalige Zeit gewagten „lasterhaften" Darstellungen. Der in New York lebende Sohn der Künstlerin, Thomas Corinth, erinnert sich daran, Anita Berber im *Café Größenwahn* erlebt zu haben. Er schreibt: „In Ihrem Brief las ich mit Interesse, dass Sie Fortschritte betreffs Anita Berber machen. Ich habe keine Unterlagen darüber, wie Charlotte Berend die Anita Berber kennen gelernt hat. Ich könnte nur folgendes annehmen: Berend verkehrte und portraitierte viel in Künstlerkreisen des Theaters, der Oper und des Tanzes, zum Beispiel zeichnete sie eine Mappe der Tänzerin Valeska Gert, eine Mappe der Sängerin Fritzi Massary, auch kenne ich ein Litho von Lucy Kieselhausen. In der Berliner Secession verkehrten viele Künstler der *performing arts*. Da Anita Berber damals sehr bekannt war, wird Charlotte Berend sie wohl durch andere künstlerische Beziehungen kennen gelernt haben, vielleicht durch Gurlitt." Sie war von Anita Berber fasziniert, die sich in ihrem Auftreten unbekümmert von den auferlegten weiblichen Rollenmustern lossagte. „Obwohl sie letztlich persönlichen Schaden nahm, indem sie sich derart extrem und avantgardistisch in tabuisierte Bereiche der Gesellschaft vorwagte, eröffnete sie indirekt den Blick auf freiheitliche Lebens- und Liebesformen: ein weiblicher Anarchismus."[100] Als Anita Berber die Lithographien sieht, nimmt sie Anstoß an den Darstellungen. Es sind weniger die aufreizenden sexuell stimulierenden Posen und das andeutungsweise Berühren des Geschlechts als vielmehr die Darstellung des Gesichts, das kaum Ähnlichkeit aufweist. Da Anita sich stets in finanziellen Schwierigkeiten befand und sich zudem ausgenutzt fühlte, erhob sie Geldforderungen und drohte mit Einschalten eines Anwalts. Der Kammersänger und Schauspieler Michael Bohnen, den Charlotte Berend aus dem Künstlerkreis des Deutschen Theaters kannte und den sie im Tiroler Trachtenanzug gemalt hatte, übernahm die Rolle des Vermittlers. Ihm gelang es, die Angelegenheit friedlich zu regeln. Unabhängig davon, ob Anita nachträglich ein Honorar erhielt: nach diesem Streit war die Freundschaft zwischen beiden Frauen – man sagte Charlotte Berend ebenfalls lesbische Neigungen nach – beendet.

Auch andere Künstler interessierten sich für Anita als Modell. So fertigte Otto Pankok zwei Zeichnungen an und Rudolf Großmann ein Aquarell und eine Federlithografie.

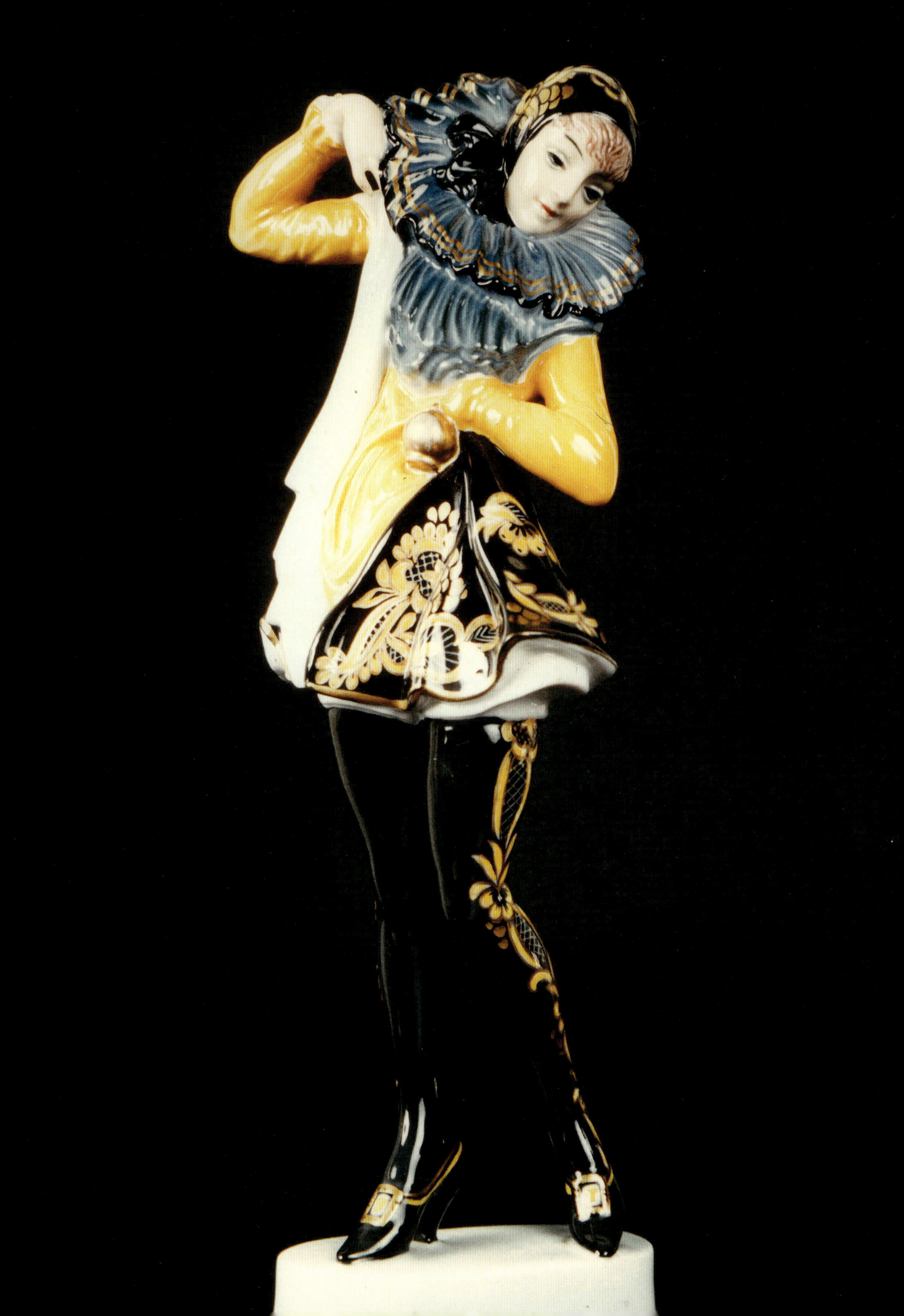

Der Maler Otto Dix lernte Anita Berber erst relativ spät kennen und zwar im Sommer 1925 anlässlich eines Gastspiels im Kabarett *Jungmühle* in Düsseldorf. Martha Dix erinnerte sich, dass sie zusammen mit ihrem Mann der Tänzerin nach Wiesbaden nachreiste, um ihren Auftritt noch einmal zu erleben. „Während sich Anita eine Stunde lang schminkte", erzählt Martha Dix, „trank sie dazu eine Flasche Cognac. – Ja, und das Auf-den-Strich-Gehen, das war ja klar. Wir gingen in Wiesbaden spazieren, und sie nahm jede Gelegenheit wahr. Jemand sprach sie an, und sie sagte: „200 Mark." Ich fand das gar nicht so furchtbar. Irgendwie musste sie ja Geld verdienen. Die teuren Kostüme waren selbst zu stellen, wenn sie auftrat als Tänzerin. Das konnte ja gar nicht viel einbringen. Die war eben so charmant, so lieb, einfach ganz natürlich und reizend."[101]

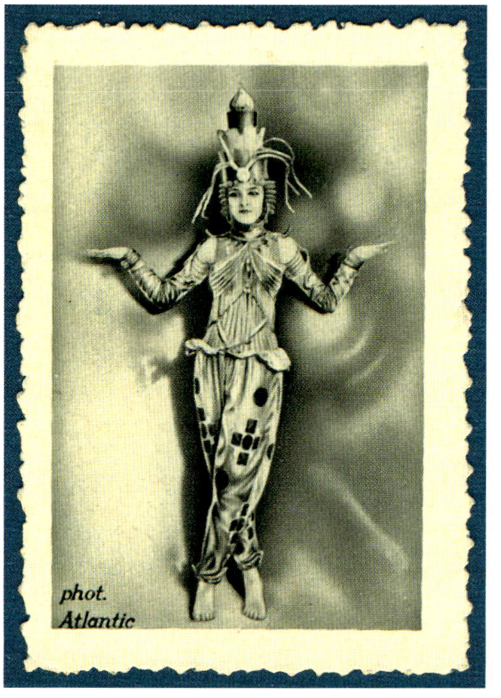

Anita in: „Koreanischer Tanz" auf einem Zigarettenbildchen

Die Einschätzung der Situation durch Martha Dix kann leicht zu einem falschen Urteil verleiten. Man geht sicher fehl in der Annahme, dass es nach Anitas frecher Bemerkung zu käuflichem Sex kam. Ebenso wenig kann ihre Reaktion auf das Imponier-Getue der Männer einer schönen Frau gegenüber in der *Königin-Bar* verstanden werden als das Angebot einer Professionellen.[102]

Otto Dix hatte zunächst eine Pastellkreidezeichnung angefertigt. Da er aber Anita Berber als Modell faszinierend fand, malte er ein Bild von ihr. Er nahm sie wahr als eine im Höllenfeuer brennende Frau. Die Kunsthistorikerin Eva Karcher hat in der Darstellung die „Ambivalenz des sich zugleich Verbergens und Enthüllens" als für Anita Berbers Individualität prägend gesehen und schrieb: „Im Porträt Anita Berber konzentrierte sich Dix ausschließlich auf die Wiedergabe ihres Körpers und dessen Einbindung in die vielfältig differenzierte Rotfarbigkeit des Hintergrundes.... Die sehr enge Standposition ermöglicht die extreme Verlagerung der Hüfte nach rechts außen, der die Schulterdrehung nach links vorne mit dem herausfordernd auf die Hüfte aufgestemmten Arm spannungsvoll korrespondiert. Der rechte Arm ist eng an der Körperseite hinabgeschmiegt, in einer von Dix formal überbetonten Biegsamkeit, die ihn wie „knochenlos" erscheinen lässt und den Eindruck von Geschmeidigkeit und Schlangenhaftigkeit dieses Körpers hervorhebt.

Das eng anliegende, hochgeschlossene und langärmelige Kleid umspielt und betont ihre Körperlinie. Die Weichheit von Brüsten und Bauch ist durch Beimischungen von Weiß, die auch zugleich Helligkeitsakzente setzen, betont. Durch den sehr wirkungsvollen Faltenwurf des Kleides, der an der rechten Hüfte als Raffung ansetzt, wie auch durch die kleineren Falten, die der Stoff an den Armen wirft, tritt die aufreizende Beweglichkeit des Körpers noch stärker hervor.

◁ Pierette, Rosenthal-Porzellan-Figur von Constantin Holzer-Defanti, 1921

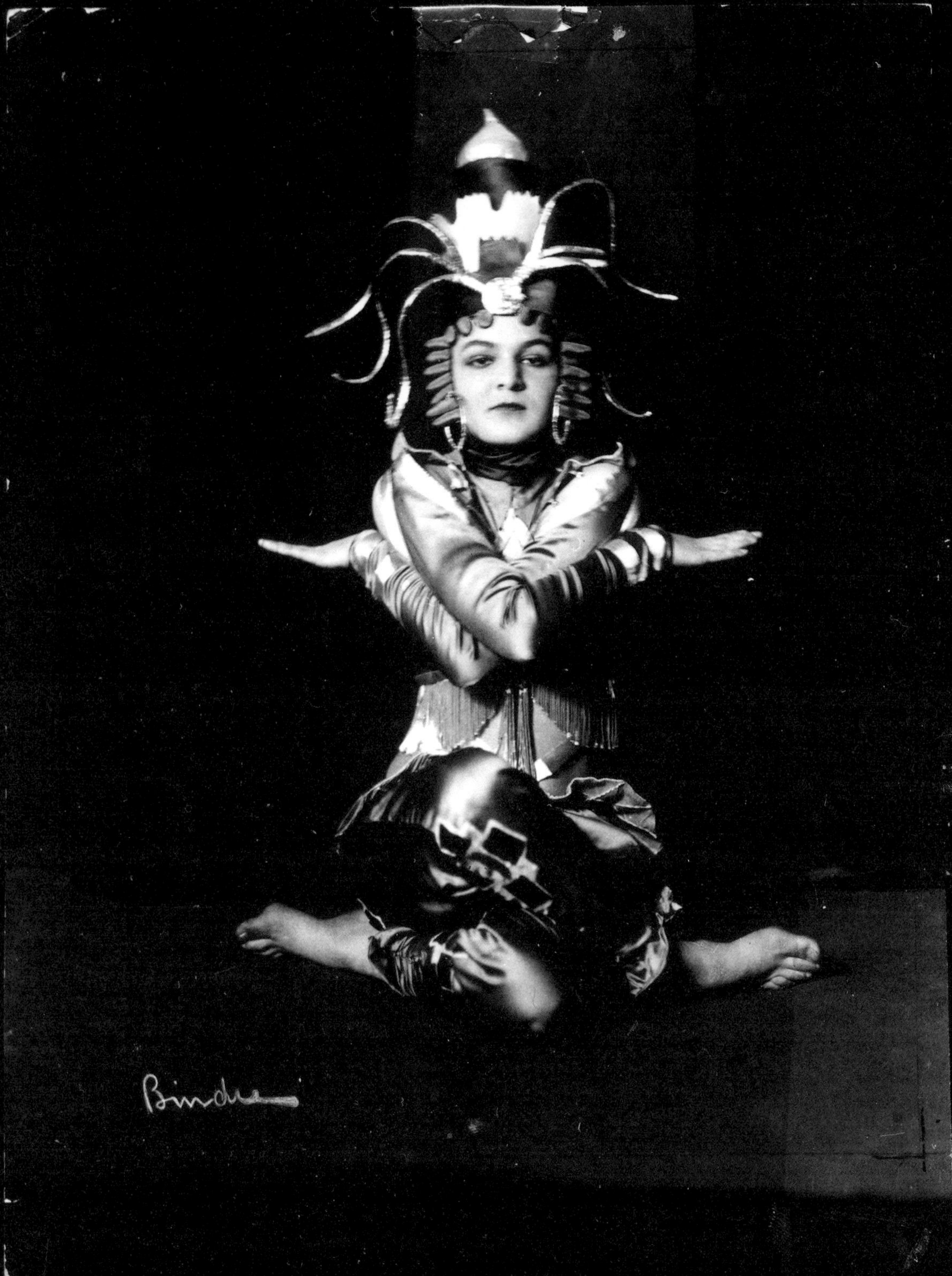
Binder

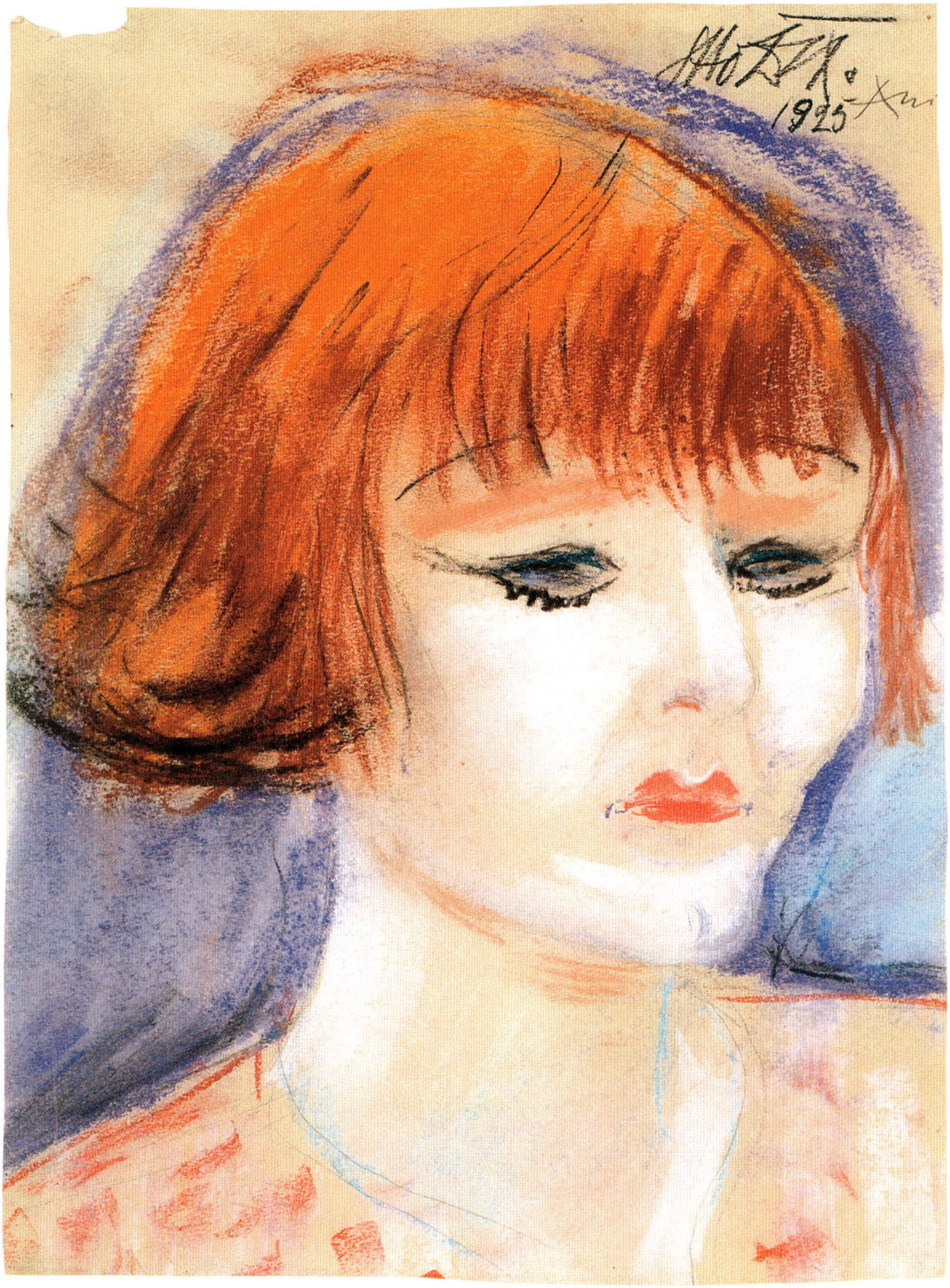

◁ „Koreanischer Tanz"

Anita, Pastellzeichnung
von Otto Dix, 1925

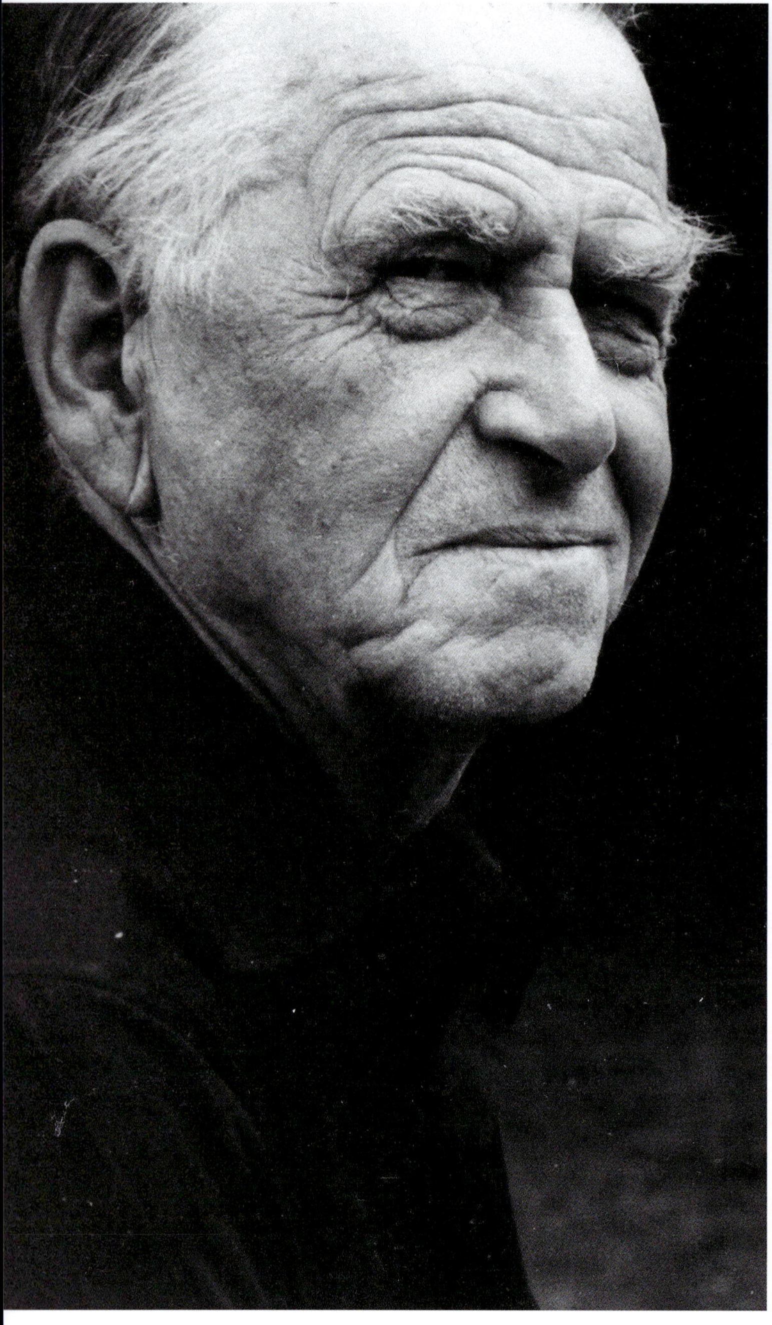

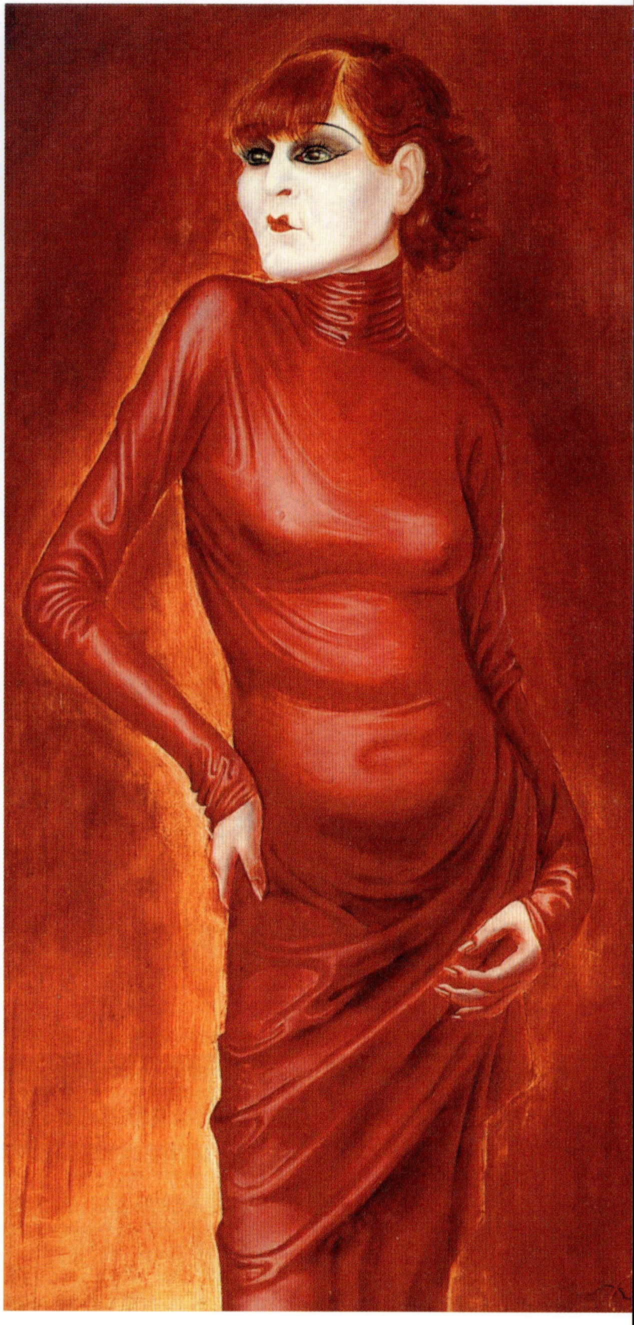

Otto Dix und sein Bild von 1925

Das Kleid A. Berbers ist wie eine zweite Haut gemalt, womit seine Funktion, die Körperhaut zu schützen und zu verbergen, nicht mehr erfüllt ist, sondern ihr Körper im Gegenteil doppelt entblößt zu sein scheint.

Gesicht und Hände stellen die beiden präzisesten Merkmale individueller Charakteristik dar. A. Berbers bläulich-fahler Teint, wie auch ihre Hände, beide von Dix in vorwiegend weißem, mit wenig Blau und Rot gemischtem Inkarnat gemalt, erwecken spontane Assoziationen an Krankheit und Verfall. Ihr Gesicht wirkt ausgezehrt, die Wangen sind eingefallen, die Augen sehr tief liegend, und

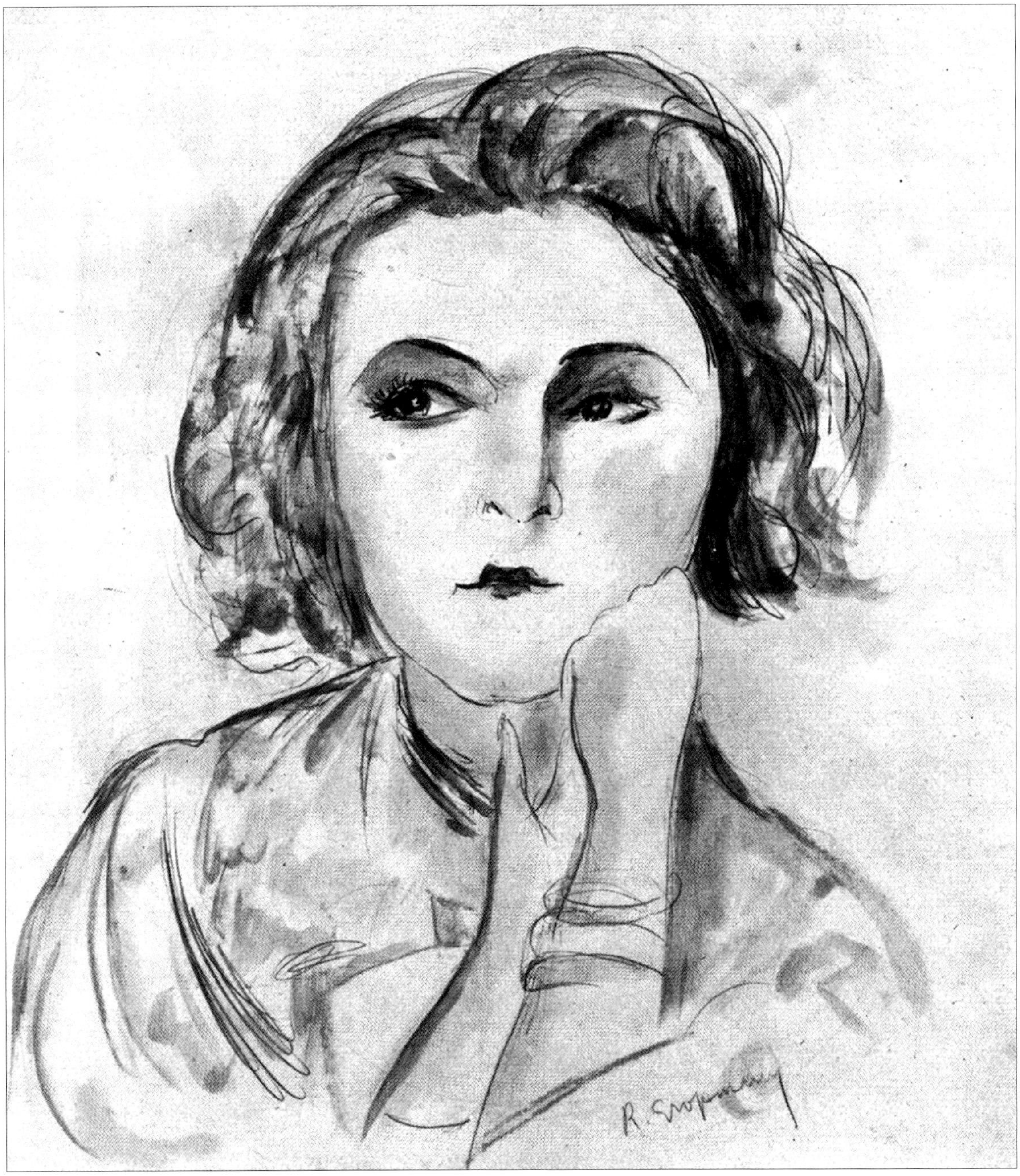

Rudolph Großmann, Aquarell

der übermalte Mund eigentlich schmallippig. Die starke Schminke, in dicken, schwarzen Strichen um die Augen herum aufgetragen, die künstlichen Wimpern und die dünn schwarz ausgemalten Augenbrauen, ebenso wie der in dunkel-rötlichen Tönen aufgetragene Lidschatten und der blutrot à la Mode überschminkte Mund verstärken die Wirkung des Kranken und lassen sie erkennbar als von Sucht gezeichnet erscheinen. Ihr Blick ist starr ins Leere gerichtet und erweist sich bei näherer Betrachtung als eher verzweifelt und verlassen denn als überlegen und spöttisch-kokett, wie sie sich vorzugeben bemüht."[103]

Nachdem Dix sie gemalt hatte, schrieb sie an ihn:

„Mein lieber Otto!
Hast Du das Bild von Dir u. mir im Illustrierten Blatt gesehen, ich habe mich so gefreut. Was machst Du u. Muschi u. die kleine Nelly? Uns geht es besch... kein Engagement, kein Geld. Ich wollte Dich daher fragen, ob du mir eventuell 200 M pumpen kannst. Mitte August sind wir in Leipzig. dann kann ich es Dir wiedergeben. Bitte sei mir nicht böse, aber Du bist ein Künstler und kannst verstehen, wenn man den Dalles hat. Die anderen glauben immer, man schwimmt im Geld. Bitte gib mir Bescheid nach Breslau, Blumenstr. 10 bei Fliegner.

Es grüßt Euch Eure Anita."

Unbekannt bleibt, ob Dix ihrer Bitte nach finanzieller Hilfe entsprochen hat. Geantwortet hat er ihr, das bestätigt Anitas nächster Brief:

Berlin, Zähringerstr. 13
Aufgang Eden Palast
(Poststempel Leipzig, 22.10.25)

Liebe Kinder!
Hoffentlich geht es Otto wieder gut. Dank für Eure liebe Karte. Wo seid Ihr? Wie sind in unserem herrlichen Sachsen. Mensch sind die hier doo(f). Ich freue mich so, dass das Bild schön ist. Schicke mir sofort eine Photographie, ich muss sie nach Amerika sofort senden, wo sie in eine Zeitschrift kommt. Sehe Euch bald.
Herzliche Grüße und Kuss

Eure Anita.

Wie Anita Berber selbst, so hatte auch ihr Portrait eine bewegte Geschichte. 1926 wurde das Bild von der Leitung der Berliner „Vierländerausstellung" im Kronprinzensaal als zu anstößig abgelehnt und dafür das „Bildnis der Eltern" gezeigt. (Kunsthändler Karl Nierendorf am 30. Juni an Dix: „Die sind dort eben stinkvornehm.")[105]

Die Nationalsozialisten beschlagnahmten das Werk in der Städtischen Galerie der Stadt Nürnberg als „entartet" und versuchten vergeblich, es in der Schweiz versteigern zu lassen. Später tauchte Anita Berbers Portrait in einer Pariser Kunstsammlung auf. Nach dem Krieg befand es sich im Besitz des italienischen Kunsthändlers Emilio Bertonati. Die Odyssee findet ihr Ende mit der Erwähnung in einem Brief von Otto Dix an einen Freund vom 4. Dezember 1963, wonach es ihm gelungen sei, das Anita-Berber-Bild für 18 000 DM von einem Münchner Galeristen zurück zu erwerben. Seit dem Tod seiner Witwe befindet sich das Gemälde als Leihgabe der Dix-Stiftung Vaduz im Kunstmuseum Stuttgart. Es wurde für die Sammlung angekauft, da das Museum bereits die umfangreichsten Bestände an Dix-Arbeiten besitzt.

Zehntes Kapitel

Henri und neue Skandale

Endgültig von Sebastian Droste getrennt, zog Anita wieder zu Hause ein. Ihre Familie bewohnte eine geräumige Fünf-Zimmer-Wohnung in der Zähringer Straße 13 in Berlin-Wilmersdorf. Es war weiterhin ein Haushalt der Frauen. Außer der Großmutter mit ihren drei Töchtern zählte wieder Anita dazu und ihre häufig zu Besuch weilende Freundin Susanne Wanowski, genannt „Susi". Wann genau noch das Ehepaar Grünbaum Einzug hielt, ist nicht belegt. Fritz Grünbaum, Dr. jur. kam mit seiner Frau aus Wien und war als Conferencier im *Chat noir* engagiert, außerdem ein erfolgreicher Schauspieler und Autor von Operetten, Revuen und Chansons. Nelson nannte ihn „ein Feuerwerk des Gehirns". Die Grünbaums unterstützten die Berbers. 1933 als Hitler Reichskanzler wurde, verließen sie Berlin, weil sie Juden waren und gingen zurück in ihre Heimat. Nach der Annexion Österreichs wurde Grünbaum verhaftet und ins KZ Buchenwald gebracht, wo er im Januar 1941 starb. Die Asche schickte man seiner Frau. Sie wurde deportiert und kam kurz vor Kriegsende in einem Vernichtungslager in Polen um.

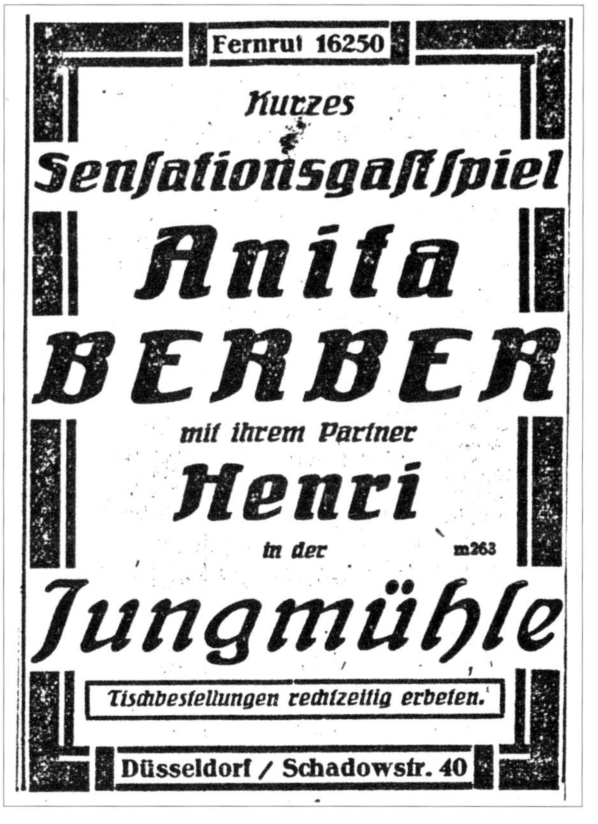

Gastspiel in Düsseldorf, 1925

Aber noch geht unsere Geschichte weiter in der Mitte der Zwanziger Jahre. Ein gänzlich neuer Anfang schien möglich, und Anita stürzte sich mit Elan in das bunte Berliner Leben. Man sah sie oft mit einem Schwarm von Verehrern in den Bars, bei Boxkämpfen und im Sportpalast beim Sechstagerennen. Als Paul Wegener seinen heute verschollenen Film „Lebende Buddhas" drehte, erschien die Berber mit ihrem Gefolge im Atelier.

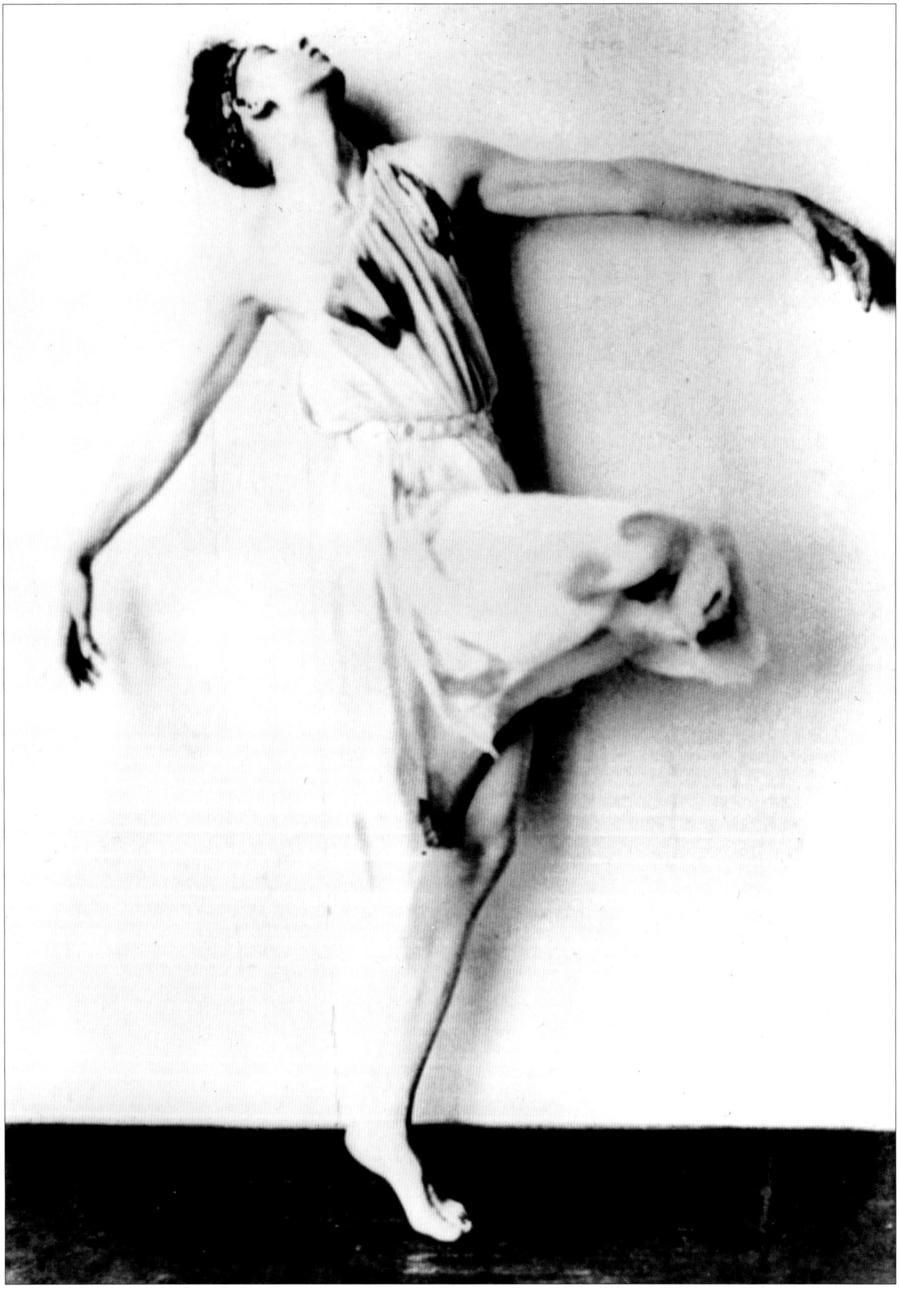

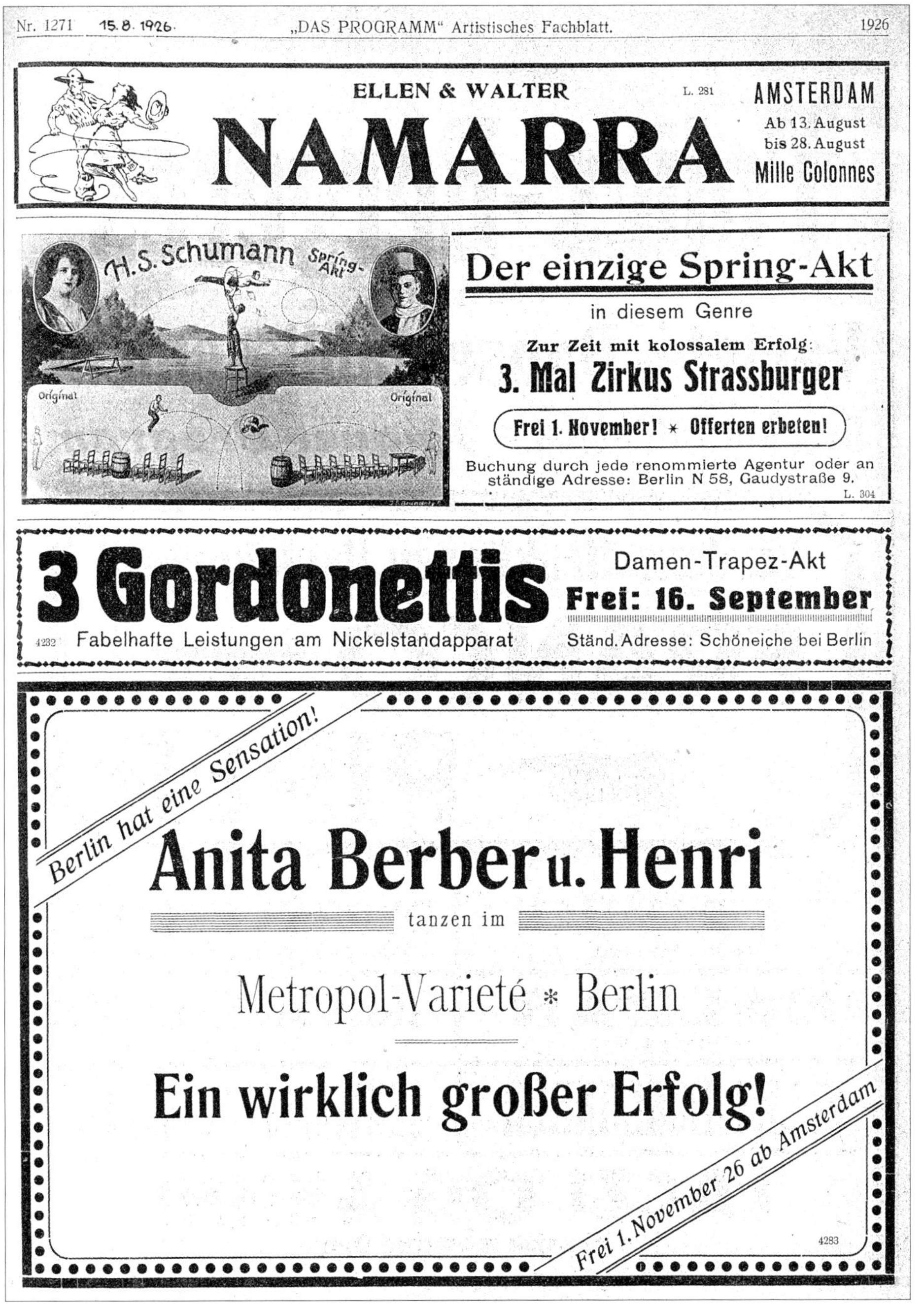

Nr. 1271 15. 8. 1926. „DAS PROGRAMM" Artistisches Fachblatt. 1926

ELLEN & WALTER L. 281
NAMARRA
AMSTERDAM
Ab 13. August
bis 28. August
Mille Colonnes

H. S. Schumann Spring-Akt
Original Original
Der einzige Spring-Akt
in diesem Genre
Zur Zeit mit kolossalem Erfolg:
3. Mal Zirkus Strassburger
Frei 1. November! * Offerten erbeten!
Buchung durch jede renommierte Agentur oder an ständige Adresse: Berlin N 58, Gaudystraße 9.
L. 304

3 Gordonettis
Damen-Trapez-Akt
Frei: 16. September
4232 Fabelhafte Leistungen am Nickelstandapparat
Ständ. Adresse: Schöneiche bei Berlin

Berlin hat eine Sensation!
Anita Berber u. Henri
tanzen im
Metropol-Varieté * Berlin
Ein wirklich großer Erfolg!
Frei 1. November 26 ab Amsterdam
4283

Annonce aus der Zeitschrift „Das Programm – Artistisches Fachblatt", 1926

In einer Drehpause sprang sie auf einen Tisch und tanzte nach klassischer Musik. Sich laut unterhaltende Bühnenarbeiter und Komparsen herrschte Anita an: „Wenn Beethoven gespielt wird, habt ihr das Maul zu halten!" Als ihr Protest erfolglos blieb, winkte sie resigniert ab: „Ach was, gehen wir saufen!"

Die Zurückgebliebenen mokierten sich über ihre mit Kaschemmenausdrükken gespickte Sprache. Aber Paul Wegener, der Anita Berber gut kannte, verteidigte sie: „Anita ist ein hochanständiger Mensch. Meinetwegen mag sie sauen, soviel sie will." Der Conferencier Karl Schnog pflichtete ihm bei: „Als einzig

◁ Henri Châtin Hofmann als junger Tänzer

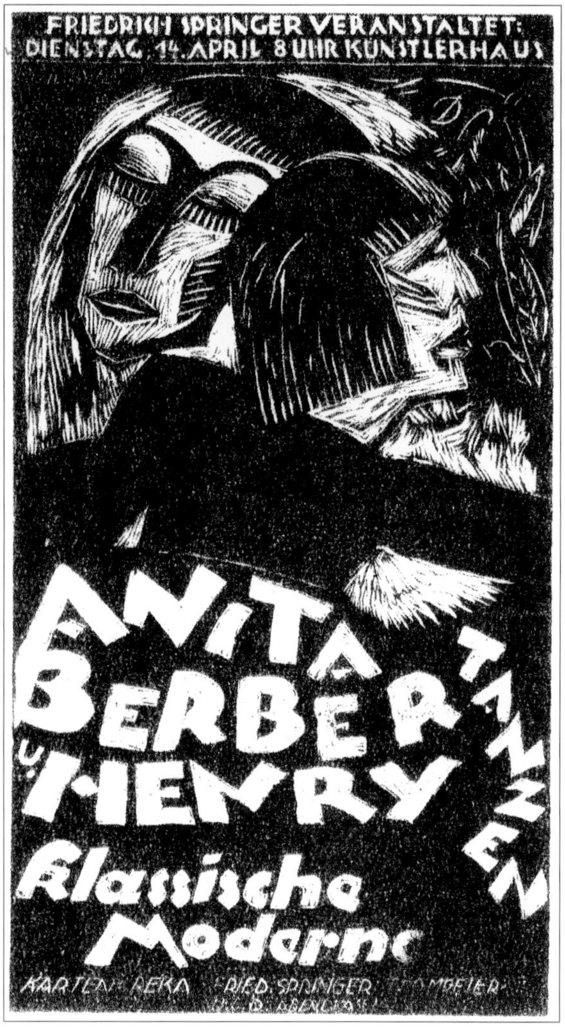

Plakat für einen gemeinsamen Tanzabend von Anita und Henry in Dresden, 1925

Ehrliche entlarvt sie den wahren Ton der Vergnügungsstätten und zeigt ebenso schamlos die Geschwüre und Krampfadern ihrer Umgebung wie George Grosz in seinen Bildern." Bei ihren Auftritten in der Öffentlichkeit liefere sie „absichtlich ein kitschiges Schauspiel moralischer Verderbtheit."

1923 kommt ein neuer Tänzer aus Amerika nach Europa, ins inflationäre Berlin, das Paradies der Devisenbesitzer: Henri Châtin Hofmann. Er stammt aus einer ursprünglich deutsch-schweizerischen Familie. Sein Vater ist ein angesehener Pfarrer der evangelisch-lutherischen Zions-Gemeinde in Baltimore. Er hatte drei Töchter, bis ihm als viertes Kind am 25. Mai 1900 ein Sohn geboren wurde, den sie auf die Namen Heinrich, Victor, Agricola tauften, später kurz Henri gerufen. Der überselige Vater setzte übertriebene Hoffnungen in den Neugeborenen und schrieb in sein Hausbuch: „Gott behüte dich, mein Sohn, vor der Stunde, in der man dir sagt, das Sinnliche sei das Primäre, Wahre, Gesunde, Einzige im Menschen: Wehe dir, wenn du dem Worte glaubst! Rein bleiben, reif werden!" Als habe er es vorausgeahnt, ging die Entwicklung des Jungen in eine musische Richtung. Die Eltern gaben nach, und aus Henri wurde ein Tänzer. Seine Ausbildung erhielt er in New York. Dort trat er auch zuerst auf, ehe er seine Europa-Reise antrat.

Bereits Henris erster „Tanzabend der modernen Musik" am 12. Oktober im Berliner Blüthnersaal wird ein großer Erfolg. Vierzehn Tage später folgt der zweite Abend mit verändertem Programm. Diesmal tanzt er Strawinsky, Ravel und zum Schluss einen Ragtime. Max Herrmann-Neiße urteilt: „Henri vertritt, in Deutschland bis jetzt konkurrenzlos, eine zeichnerische Tanzkunst, die intensive Körperdisziplin, Phantasie und Geist in der Erfindung, Exaktheit und Beherrschtheit in der Ausführung eint."[107]

Anita ist unter den Zuschauern und wird von der Begeisterung des Publikums mitgerissen. Kaum dass sie Henri kennen gelernt hat, verlobt sie sich mit ihm, Lania zufolge im Auto ihres ersten Mannes, Eberhard von Nathusius. Der neue Favorit ähnelt Sebastian Droste, aber er ist sensibler und nicht so stark ich-bezogen. Henri ist nicht drogenabhängig und hat keine kriminellen Neigungen.

Er gibt im Mai noch ein Gastspiel in Düsseldorf, unter anderem nach Musik von Hindemith, Bartók und einem Marsch von Prokofjew. Danach reist er in die USA, um sich Papiere für die Trauung zu besorgen. Zurück in Berlin tritt er zusammen mit Anita im neuen Programm der *Rampe* auf. Das Duett *Die Schiffbrüchigen* ist „so herrlich radikal wie jede starke Ballettnummer es sein sollte.“[108]

Das Tanzpaar Anita und Henri ist geboren. Sie heiraten am 10. September 1924. Trauzeuge ist Dr. Jochen Klapper, ein bekannter Modearzt vom Kurfürstendamm, Frauenheld und Glücksspieler.

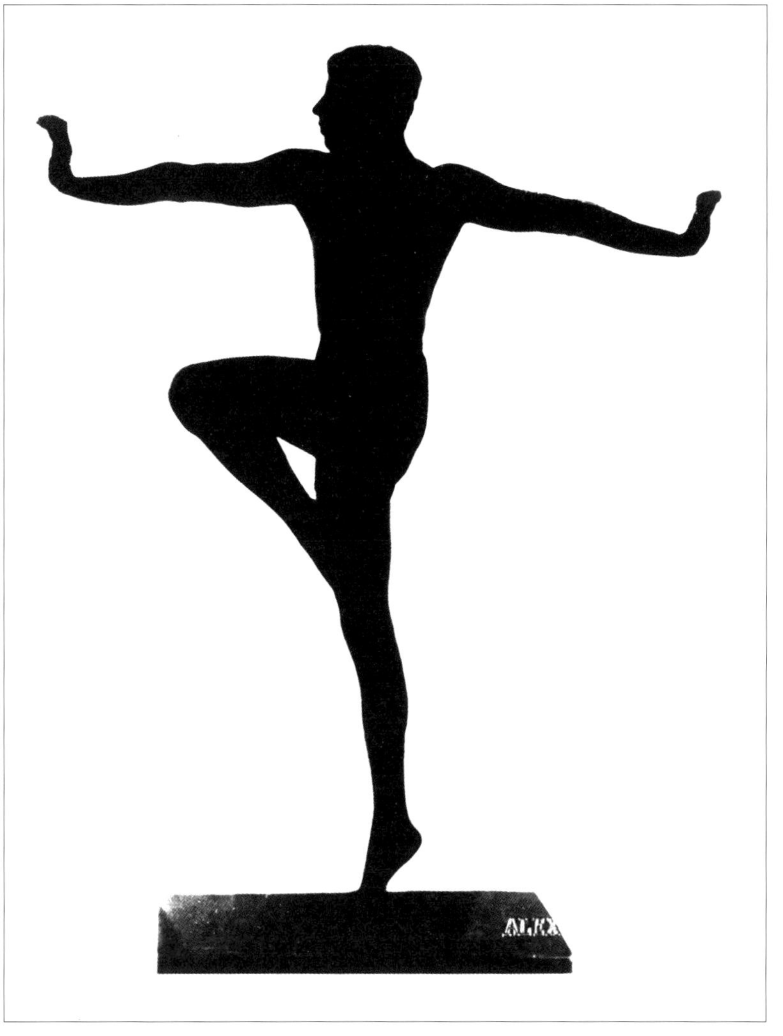

Henri

Anita und Henri studieren neue Tänze ein. Ihr Programm heißt „Tänze der Erotik und Ekstase“. Neben „Shipwrecked“ (Die Schiffbrüchigen) wird der Brahms-Walzer zum Höhepunkt ihres Auftretens. „Der Anfang befindet sich irgendwo außerhalb. Die Tänzer kommen auf die Bühne, einer den anderen schleppend, in enger Umarmung, so eng und fest umschlungen, als ob sie vorher mit großer Wucht aufeinander geprallt wären ... Das Gefühl der Beiden ist dem Dreivierteltakt ähnlich. Das bedeutet, dass sie unbewusst ihre Liebe tanzen. Die Frau presst sich angestrengt an ihren Idol-Liebhaber, der Mann stützt seine Idol-Geliebte, sich der Gewalt nicht bewusst, die er in Wirklichkeit ausübt. Die Geliebte ist ihm für seine grobe Umarmung dankbar, in die sie sich immer wieder stürzt. Sie tanzen den höchsten Kampf zwischen Verstand und Gefühl, zwischen einem Faustschlag und einem Kuss. Beides wagen sie aber nicht: der Verstand verbietet es, mit der Faust zu verletzen, das Gefühl entzieht sich der Berührung der Lippen. Daher ist die Umarmung des Tänzers fester, härter und seine scheuen Küsse erreichen die Brust, den Nacken, die Hüfte der Tänzerin. Der Kampf wird immer verzweifelter, und schließlich verwandelt er sich in einen erregten Schluchzer zweier herrlicher Körper, die sich bisher ständig nur verfehlten, die sich gegenseitig berauscht haben und unzurechnungsfähig geworden sind. Das heißt, sich voneinander abstoßend, blieben sie plötzlich stehen und erstarrten im tiefen Liebesdelirium. Die süße, Nerven zersetzende Musik des Walzers erklingt aber allein weiter, für sie beide, die von der Ohnmacht der Resignation ergriffen werden. – Die tanzenden Geliebten schöpfen erneut neue Kräfte zum Angriff. Sie ähneln zwei Festungen, die sich aufeinander stürzen wollen und einan-

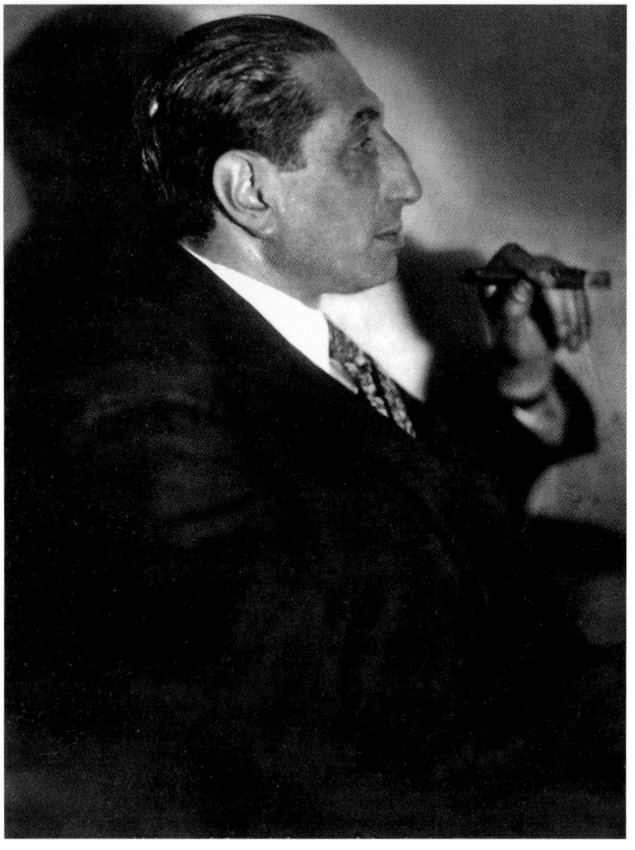

Alfred Flechtheim, 1927

der erobern wollen. Warme Luft wogt über ihren entpersonifizierten Erscheinungen, die eine schwarze und eine weiße Silhouette am Horizont zeichnen. Sie sind zwei lebende Schatten, wundersam von kochendem Blut gefüllt – dem Blut der Sinnlichkeit. ...

Der Mann und die Frau stürzen gegeneinander mit einem furchtbaren Bewegungsschrei. Ihre Beine, Arme, Rümpfe verflechten sich ineinander. Der Verstand und das Gefühl sind verschwunden. Geblieben sind die Sinne. Aufgewühlte Sinne, gestärkt durch die betäubende Pause des Liebesdeliriums. Jetzt weichen sich die Lippen nicht mehr aus, und die Muskeln arbeiten mit unbewusster Kraft eines Löwen und einer Löwin. Der Tanz ist einfach tierähnlich geworden. Das Weibchen stöhnt mit seinen Knien und seinem sagenhaft gebogenen Rückgrat. Der Tänzer greift mit gekrümmtem Rükken an und wird von der Nichterfüllung seiner angreifenden Usurpatorengier verwirrt. – Der Walzer erklingt mit einem Widerhall des breiten, brünstigen Stroms von Tönen mit Sacharin-Geschmack, der mächtig und gebieterisch fließt, aber unbefriedigt in seinem Verlangen bleibt. Ihre Beine, Arme, Rümpfe haben sich nicht mehr entwirrt. Die Sinne sind verkocht, sie haben sich in Dampf verwandelt und sind verschwunden. Die Zeit war viel zu lang, als dass sie sich in ihrem ursprünglichen Stadium hätten halten können, fähig den Mann und die Frau wieder und wieder in ungestüme Umarmungen zu werfen ... Der Tänzer und die Tänzerin bleiben stehen: allmählich, wie ein Expresszug, der auf dem Endgleis in den Bahnhof einfährt. Die Luft über ihnen flimmert heiß. Der Walzer klingt mit dem letzten Akkord der sentimentalen Coda nach. Beide lassen ihre Arme an die Hüften herunterfallen und langsam, qualvoll beugen sie ihre Köpfe nach hinten. Ihre Augen bleiben mit einem erstaunten Ausdruck irgendwo am Himmel haften. Eine Frage drängt sich auf ihre Lippen, aber sie äußern sie nicht. Sie verharren gegenüberstehend, sich fast nicht mehr berührend. Der Tanz der Liebe ist zu Ende getanzt."[109]

Renée Sintenis zeichnete Henri für den *Querschnitt* als klassischen Jüngling und als Matrosen. Er gehörte zum freizügigen Kreis um den Kunsthändler Alfred Flechtheim – bis er die Verbindung mit Anita Berber einging. Beide galten nun als vogelfrei und wurden geächtet. PEM (der Journalist Paul Markus) erinnert sich an eine tragische Episode vor der Flechtheim-Villa: „Er gab ein privates Fest für seinen Kreis, der gewiss nicht philiströs war. Anita wurde nicht eingelassen. Sie rief vergeblich die halbe nächtliche Tiergartenstraße zusammen."

Klaus Mann erzählte die gleiche Geschichte aus unmittelbarem Erleben: „Sie erschien zu später Stunde mit Henri auf einer mondänen Berliner Gesellschaft. Henri war eingeladen, sie aber nicht. Sie kamen aus dem Kabarett, noch in den Kostümen ihrer letzten Nummer. Freilich wirkte das extravagant, denn es war kein Maskenfest, zu dem sie sich einfanden; aber ihre Kostüme waren hübsch und rührend: sie trug ein weißes, unschuldiges Biedermeierkleidchen, über dem ihr kupferrotes Haar, ihr Maskengesicht unheimlich aussahen; er einen einfachen schwarzen Samtanzug. Eine Gasse tat sich zwischen den Tanzenden auf, die sie lächelnd und grüßend durchschritten. Man feierte sie, aber in die Begrüßung mischte sich Spott. Als man sie aufforderte vorzutanzen, zierte sich hold-verschämt die grelle Anita. Man merkte, wie sie sich freute. Nach kurzem Sich-Bitten-Lassen gab sie dem Pianisten Weisung, einen Brahms-Walzer zu spielen; Henri verneigte sich altfränkisch, sie wiegte sich lieblich, da sah man einen Diener ihr von hinten leise, doch scharf etwas zuflüstern. Sie zuckte zusammen: „Das ist nicht wahr! Das hat Ihr Herr nicht gesagt!"

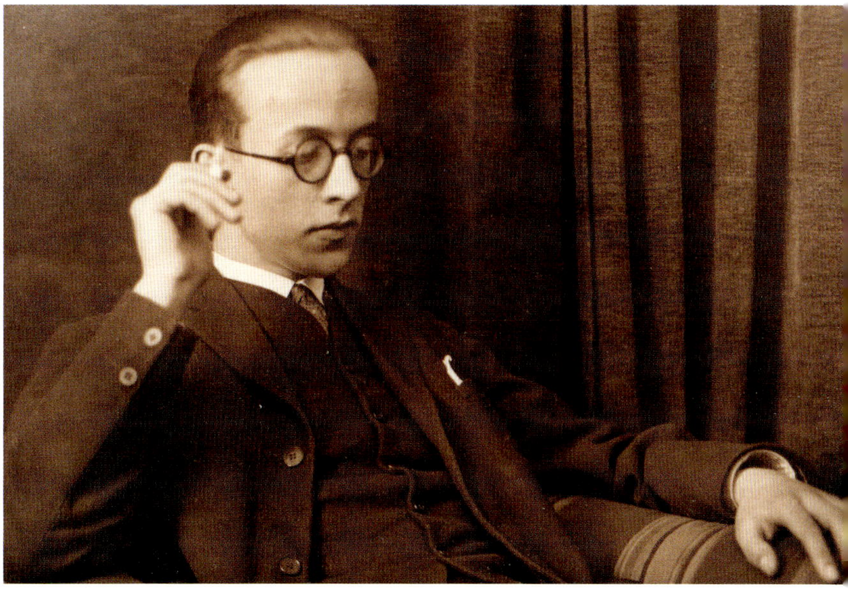

Der Pianist Franz Servatius Bruinier, der Anita Berber bei Auslandsgastspielen begleitete

Schon stand vor ihr der Hausherr. „Sie sind nicht eingeladen, gnädige Frau." Der Mann im Frack reckte sich majestätisch. „Außerdem ist hier kein Maskenfest." Sei schlug nach ihm, das Grauenhafte war, dass er zurückschlug. Eine elegante Gesellschaft von über 100 Personen verschlang die Szene. Als Anita geschlagen worden war, heulte sie los. Ich sehe noch Henri, wie er ihr den Arm um die Schulter legte, wie er sie fortführte. „Die Menschen sind schlecht", rief er immer wieder in seinem mühsamen Deutsch, während er die Salons durchschritt, wo die Leute vor dem verfemten Paar zurückwichen.[111]

Wenngleich die beiden gesellschaftlich mehr und mehr ins Abseits zu geraten scheinen, reißen die Auftritte in den Kabaretts und Revuen nicht ab. Sie lernen Franz Bruinier kennen, einen jungen begabten holländischen Pianisten und Komponisten. Zusammen mit seinem Bruder, einem bedeutenden Geiger, hatte er eine Reihe von Konzerten gegeben, deren Programm von der Klassik bis zur Moderne reichte. Franz Bruinier schreibt die Musik für den Tanz *Jazz*. Der ehemalige Direktor des Hamburger Operettentheaters, Bars, stellt ein Ensemble für eine Tournee der Revue *Die Welt im Spiegel* zusammen, die durch ganz Deutschland, Österreich und die Schweiz gehen soll mit erstklassigen Künstlern, großartiger Ausstattung und einem Orchester von 35 Mann. Ein Ballett hübscher Mädchen ist dabei und die Tanzstars Anita Berber und Henri. Als Kapellmeister wird Nico Dostal engagiert. In seinen Memoiren erinnert er

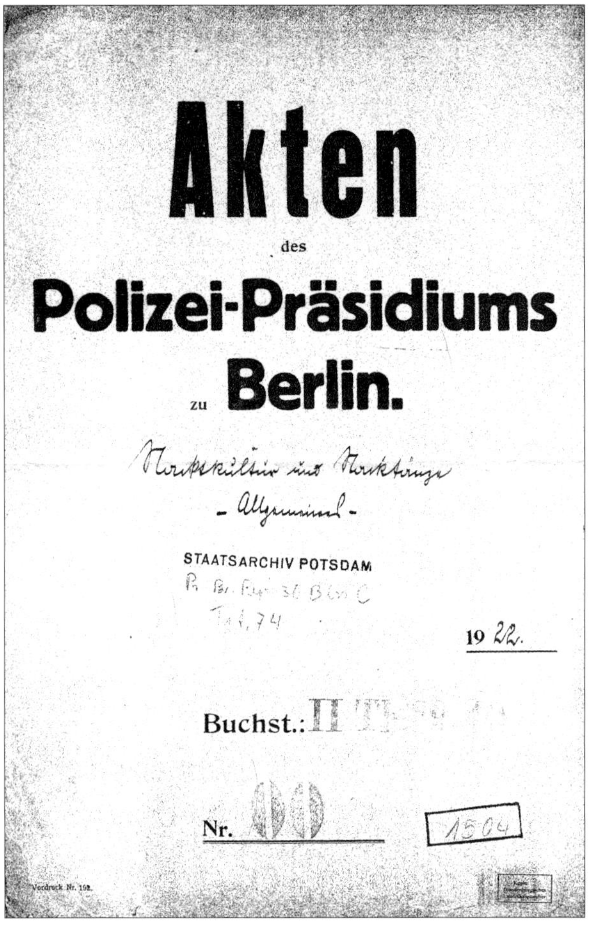

sich an die Berber und ihr „schwarzes, hochgeschlossenes, eng anliegendes Trikot, das alle Vorzüge ihres schönen Körpers ahnen ließ ... Für unsere Revue hatte sich Anita aber etwas ganz Exzeptionelles ausgedacht, das uns manchmal zur Verzweiflung brachte: Bevor sie nicht eine ganze Flasche Cognac oder dergleichen stark Alkoholisches ausgetrunken hatte, kam sie nicht auf die Bühne. Da musste dann die nächste Darbietung vorgezogen werden. Vom Stand der Dinge wurde ich durch Boten oder Bühnentelefon am Dirigentenpult in Kenntnis gesetzt; mit dem Orchester hatte ich schon ein Handzeichen zum vorzeitigen Notenwechsel verabredet. Anita Berber war dann aber nicht etwa betrunken. Sie führte ihre Tänze erfolgreich durch, und niemand konnte ahnen, dass sie sich durch eine ganze Flasche *Dujardin* hatte inspirieren lassen."[112]

In Köln gerät das Gastspiel ins Stocken, als die Nachricht bekannt wird, dass Manager Bars bei Nacht und Nebel mit dem gesamten Betriebskapital und den Bareinnahmen verschwunden ist. Reichshallen-Direktor Bruck wickelt noch einige Vorstellungen ab und löst dann das Ensemble auf. Nico Dostal, der einige Zeit im Krankenhaus gelegen hatte, kommt zurück, um noch einen Teil seiner Gage zu retten. „Aber Herr Bruck erklärte mir, ich hätte nicht dirigiert, also nicht gearbeitet, demzufolge gäbe es keine Gage für mich. Er habe niemandem von der Revue gegenüber eine Verpflichtung. Das war für mich eine geradezu niederschmetternde Nachricht. Ich machte kehrt, ging die Treppe hinunter und traf auf Anita Berber und ihren Henri, die gerade ihre Tanzgarderobe verpackten. „Was machst du denn für ein Gesicht?" rief Anita.

„Ich war eben beim Direktor", sagte ich, „und er will mir die Gage nicht zahlen, da ich krank war und nicht dirigiert habe. Ich soll zur Fürsorge oder so etwas ähnlichem, meinte er." Ich weiß nicht, ob Anita bereits wieder *Dujardin* getrunken hatte, jedenfalls nahm sie mich wild entschlossen beim Arm: ‚Komm mal mit zum Direktor.'

Sie schleppte mich die Treppe hinauf wieder ins Direktionsbüro, trat dort, die Sekretärin beiseite schupsend, ein: „Sie wollen dem armen Kerl von Kapellmeister keine Gage zahlen, Sie Geizhals!?" Und schon hob sie die am Tisch stehende Schreibmaschine hoch und schmetterte sie zu Boden, dass die Typen davonsprangen. Des Direktors Protest nicht achtend, hob sie die Schreibtischkante hoch, kippte den Tisch mit allem, was drauf stand, um, so dass der etwas klein geratene Direktor mit seinem Stuhl nach rückwärts fiel und hinter seinem Schreibtisch eingeklemmt war. Er schrie Zeter und Mordio, während Anita die Gardinen samt den Stangen herunterriss. Das Büro sah grausig aus, die Sekretärin und ich standen perplex da.

„So", rief Anita nun aus, „soll es jedem Theaterdirektor gehen, der keine Gagen zahlen will!" Flugs verließ sie den Raum, ich schnell hinter ihr her, um allen Weiterungen dieses Ereignisses zu entkommen."[113]

Mit dem Ende der Inflation war eine Epoche der Dekadenz und des exzessiven Nachtlebens zu Ende gegangen. Das sportliche sonnengebräunte Girl mit dem Bubikopf und dem Tennisschläger in der Hand wird zum Mode-Idol. Beglückt von der Stabilisierung der Währung und einem beginnenden wirtschaftlichen Aufschwung spricht man nun mit Recht von den „Goldenen Zwanziger Jahren". Das Volk soll „gesunden". Angestachelt durch Briefe konservativer Bürger führt die Berliner Sittenpolizei verschärfte Beobachtungen durch. In der Akte „Nacktkultur und Nackttänze" geht es seitenlang um die „mangelhafte Bekleidung" Anita Berbers und ihres Mannes und um Androhung von Auftrittsverboten nach dem Preußischen Landrecht.

Aus den Akten des Polizeipräsidiums zu Berlin[114]

Theater
betreffend Nackttänze

Th 1504 mit spezieller Akte Anita Berber

Blatt 165: 4-seitiger Brief (handschriftlich)

Berlin, den 4. 8. 26

Hochverehrter Herr Präsident

Im festen Vertrauen auf Ihr bisher überall zum Ausdruck gekommenes Bestreben für Ordnung und Anstand zu sorgen, erbitte ich im Namen vieler Deutscher Frauen und Männer, umgehend einem großen Skandal ein Ende zu machen.

Im Metropol-Varieté tritt eine Tänzerin Anita Berber auf, die eigentlich in allen ihren Tänzen sich in schamlosester Weise fast nackt produziert. Ihr letzter Tanz, den sie als „Tanz der Schiffbrüchigen" zeigt, setzt aber allem bisherigen an gemeinster Schamlosigkeit die Krone auf. Sie ist fast nackt und vollführt durch Reiben und Streichen an ihren nackten Brustwarzen sinnlich aufreizende Posen. Die Tänzerin gefährdet <u>unzweifelhaft ganz</u> <u>erheblich</u> die <u>Sittlichkeit</u> und verletzt das <u>Schamgefühl in unerhörter Weise</u>. Von dem mir empfohlenen Beschwerdeweg an den Landtag habe ich in dem festen Vertrauen, daß Sie, verehrter Herr Präsident, gegen derartige Schamlosigkeiten, die die Seele des Volkes und vor allem der Jugend vergiften, einschreiten werden, abgesehen.

Anita Berber ist übrigens die Tänzerin, die schon vor vielen Jahren wegen ihres gemeinen Treibens aus Oesterreich ausgewiesen und in Deutschland verfemt war.

Wie eine so anerkannt gute Bühne, wie sie das Metropol-Varieté doch ist, solche zotigen Unanständigkeiten dulden kann, ist mir unverständlich. Es ist aber Eile not, denn die Aufführung bringt unserem Volke unabwendbaren moralischen Schaden.

Ganz hochachtungsvoll
Hermann Wilde Berlin,
Potsdamer Str. 9

7. August 1926

Ein Vertreter des Polizeipräsidenten antwortet Herrn Wilde, dankt für den Hinweis und kündigt Kontrolle an.

9. August 1926

Bericht eines Kriminalkommissars über Anstößigkeiten

Berlin, 9. 8. 26

Bericht

Die Vorführungen im Metropol-Kabarett, denen ich am Sonnabend, 7. 8., beiwohnte, waren bis auf die Tanzvorführungen der Tänzerin Anita Berber und ihres Partners Henri einwandfrei. Von diesen beiden wurden vier verschiedene Tänze vorgeführt. Beim ersten Tanz erscheint Henri nur mit einem linken Hosenbein bekleidet, das durch einen Gurt, der die Geschlechtsteile ganz und die rechte Gesäßhälfte nur halb bedeckt, gehalten wird. Der Oberkörper der Anita Berber ist nur mit einem hauchdünnen anzugähnlichen Gewand, das dicht am Körper anliegt, bekleidet. Es reicht nur bis zu der Hüfte, spitzt sich nach den Geschlechtsteilen zu und geht zwischen den Schenkeln als schmales Bändchen hindurch. Die Schamteile sind deutlich sichtbar. Die Brüste sind durch verstreute Flitter bedeckt.

Der zweite Tanz wird von Henri allein vorgeführt, und zwar in einem, den ganzen Körper bedeckenden, kubistischen Kostüm.

Im dritten Tanz tritt Anita Berber als Salomé auf. Sie trägt auf einer Schale das Haupt des Johannes. Sie ist mit einem ähnlichen Gewand wie im ersten Tanz bekleidet, nur fehlt der Flitter auf der Brust. An den Geschlechtsteilen sind die Schamhaare scheinbar abrasiert. Sie sind deutlich sichtbar und von dem Band zwischen den Schenkeln nur so unvollkommen bedeckt, dass die Schamlippen rechts und links von dem Band hervorquellen. Das Gesäß ist unbekleidet.

Im vierten Tanz erscheinen beide als Schiffsbrüchige. Die Berber ist bis auf einen Lendenschurz aus Bast vollkommen nackt. Henri ist mit einer schwarzen Basthose bekleidet. Beim Tanz bewegen sich die Brüste der Berber und werden durch Vibrieren des Körpers in dauernder Bewegung gehalten. Am Schluss des Tanzes sinkt die Berber vor Henri in die Knie, wirft sich auf den Rücken und liegt mit weit gespreizten Beinen und gekrümmten Knien vor ihm, um ihn andeutungsweise zum Geschlechtsakt einzuladen. Henri steht zwischen ihren Beinen. Dieser Tanz wirkt durch die dauernde Bewegung der Brüste und durch die letzte Stellung anstößig.

Nach Schluss der Kabarettvorstellung wurden die Gäste in die Bardiele eingeladen. Hier wurde von den Gästen getanzt, dazwischen wurden Tanzvorführungen und Gesangsvorträge geboten. Der Betrieb in der Bardiele ging, ohne dass Feierabend geboten wurde, weiter, bis er durch das Erscheinen der Kriminalbeamten um halb drei Uhr abgebrochen wurde.

Wie ich durch anwesende Animierdamen erfuhr, tanzt Anita Berber nach der Vorstellung im Metropol-Kabarett in der Weißen Maus.

gez. *Stromsky*, Kriminalkommissar

8 Uhr Abendblatt 11. August 1926
Aufgrund des Landrechts aus dem Jahre 1792: Anitas Bekleidung ist mangelhaft. Ohne in Betracht zu ziehen, dass es sich beim Auftreten des Tänzerpaares Berber-Henri um eine künstlerische Angelegenheit handelt, die allenfalls in den Augen gewisser Mucker Anstoß erregen mag, hat der Polizeipräsident Verfügungen getroffen, die nur das Kopfschütteln modern empfindender Menschen erregen können.

L. H.

Stempel: Blatt 174
Polizeipräsidium Berlin
14. Aug. 1926
Abteilung II 12. 8. 26
(Anonymer Brief)

Sehr geehrter Herr Polizeipräsident,
als ein unbekannter Verehrer Ihrer Tätigkeit bedaure ich es, heute Abend im „8-Uhr-Abendblatt“ lesen zu müssen, dass Sie lächerlich zu werden anfangen. Erst blamieren Sie sich, um zu verhindern, dass die olle Anita Berber ihre Hängetitten zeigt, jetzt sollen sogar die Revue-Mädel Nachthemden tragen. Nur das alles wegen „dem“ Preussischen Landrecht von 1792!! Sie als moderner Demokrat sollten doch auf Ihren künstlerischen Ruf etwas mehr achten. Wenn man solche Schildbürgereien im Jahre 1926 liest, dann lachen ja die blöden Suppenhühner. Aber lassen Sie die hüpfenden Busen der Revue-Schönen ruhig unbedeckt, die Berliner Sittlichkeit leidet bestimmt dadurch nicht!!
Ein Berliner für Viele.

Der Polizeipräsident
Abteilung II.

Berlin, den 9. August 1926.

Tgb.II Th. 1/26

An Herrn *Salomon Weber*
Berlin
Behrenstr. 53/54 Metropol-Kabaret

Nach amtlicher Feststellung vom 7. d. Mts. tritt im Metropol-Kabaret Behrenstr. 53/54, für das Sie die Konzession aus § 33a der R.G.O. besitzen, die Tänzerin Anita Berber mit ihrem Partner Henri in 4 Tänzen auf. In den Tänzen 1, 3 und 4 erscheint Frl. Anita Berber zum Teil in ganz durchsichtigem Gewande mit völlig entblößter Brust, unbekleidetem Gesäß, den Geschlechtsteil nur mangelhaft durch ein schmales Band bedeckt. Ebenso hat Henri in dem ersten Tanz nur eine Gesäßhälfte bekleidet.

Diese Art der Bekleidung widerspricht meinen allgemein durchgeführten Anordnungen bezüglich einer einwandfreien Bekleidung der Mitglieder von Balletts und anderen Tanzdarbietungen.

Allgemein müssen bekanntlich bei Tänzern und Tänzerinnen Gesäß, Schamteile und Bauchnabel mit einer undurchsichtigen Stoffhülle vollständig bekleidet sein, so dass auch während der Tanzbewegung diese Körperteile nicht in nacktem Zustande gesehen werden. Ferner müssen die Brüste der Tänzerinnen mindestens so verhüllt sein, dass sie auch während der Tanzbewegung bedeckt sind und durch die Verhüllung nicht gesehen werden können (handschriftlicher Zusatz): das gilt insbesondere von den Brustwarzen.

S. 2 Handschriftliche Anmerkung: Sofort, noch heute!
Im Übrigen ist die Darstellung des Frl. Anita Berber im vierten Tanz, in dem sie vor Henri in die Knie sinkt, sich auf den Rücken wirft und mit weit gespreizten Beinen und gekrümmten Knien („gleichsam zum Geschlechtsverkehr einladet" – gestrichen, dafür handschriftlich eingefügt) „vor ihm liegt" geeignet, das Scham- und Sittlichkeitsgefühl gröblich zu verletzen.

Ich werde daher wegen mangelhafter Bekleidung sowie dieser Darbietung gegen Sie sowie die Darsteller auf Grund der von mir erlassenen Verordnung vom 30. 8. 23 betr. Einschränkung von Vergnügungen zunächst ein Strafverfahren einleiten. Ich fordere Sie außerdem als Konzessionär auf Grund des § 10 II 17 des allgemeinen Landrechts in Verbindung mit § 132 des Landesverwaltungsgesetzes auf, für die Abstellung dieser Mängel in der Bekleidung sowie in der Darstellung umgehend Sorge zu tragen; anderenfalls werde ich gezwungen sein, weitere Vorführungen (handschriftlich eingefügt: des Frl. Berber und des Herrn Henri) zwangsweise zu verhindern (im Text wieder gestrichen: bzw. Ihren ganzen Gewerbetrieb zu schließen).

Diese Verfügung wird gem. § 53 des Landesverwaltungsgesetzes auch dann durchgeführt werden, wenn Sie eines der hiergegen zulässigen Rechtsmittel einlegen sollten.

II Außendienst
Zur Zustellung der Verfügung zu 1 gegen Aushändigungsbescheinigung weiteren Kontrollen und Bericht sowie Einleitung eines Strafverfahrens gegen Weber und Anita Berber wegen Vergehens gegen die Verordnung vom 30.8.23

J.V.

Blatt 169

Berlin den 12.8.26

Bericht.
Abteilung II, Außendienst
C 1110/26
Gegen die Darbietung der Anita Berber und ihres Partners Henri ist bezüglich der Bekleidung am Abend des 11.8.26 nichts einzuwenden gewesen. Henri hat im ersten Tanz das Gesäß vollständig bedeckt. Er trägt eine Art Badehose. Diese ist nur vorn am rechten Oberschenkel schräg zugeschnitten und lässt den Oberschenkel bis zur Hüfte frei. Geschlechtsteile oder Behaarung sind nicht sichtbar. Bei der Berber ist die Brust ebenfalls mit Flitterrosetten undurchsichtig bedeckt. Auch im Tanz „Salomè“ ist die Bekleidung der Tänzerin den Bedingungen der Abteilung II entsprechend. Im letzten Tanz „Die Schiffbrüchigen“ ist die Bekleidung beider Personen nicht zu beanstanden. Anita Berber hat die Brüste gut bedeckt gehabt und um die Hüften einen Fransenbehang, der bis zu den Knien hinabreicht. Auch die Stellung der Berber dürfte jetzt einwandfrei sein. Die Berber gleitet zur Erde, mit dem Oberkörper zum Publikum, die Beine dem Publikum abgewandt. Sie spreizt wohl die Beine, aber ihr Partner steht jetzt ungefähr anderthalb bis zwei Meter seitlich von ihr entfernt. Außerdem schützt der Fransenbehang den Unterleib, so dass jetzt absolut keine Aufforderung oder Geste zwischen den beiden Personen erkennbar ist. Nach meinem Dafürhalten ist jetzt die Ankündigung des Conferenciérs zu beanstanden. ....Der Erklärer gebraucht verschiedene Redewendungen, die geeignet sind, die Maßnahmen der Polizei ins Lächerliche zu ziehen und dadurch die Staatsautorität zu untergraben. Zum Schluss forderte er das Publikum auf, selbst zu urteilen.

Flemming, Kriminalsekretär

Vermerk: Berlin den 12.8.26
Das Auftreten der Anita Berber und Henri im Kabarett Weiße Maus am 11.8.26 wurde von mir kontrolliert.

Gesäß, Brüste und Schamteile der Berber waren gut und undurchsichtig bedeckt und auch Henris Bekleidung gab zu Beanstandungen keinen Anlass.

Die Gesten und Stellungen bei den Tänzen boten keinerlei Zweideutigkeiten. Missfallensäußerungen seitens der Gäste habe ich nicht wahrgenommen.

Bohleke, Kriminal-Sekretär

Anita als Hutmodell

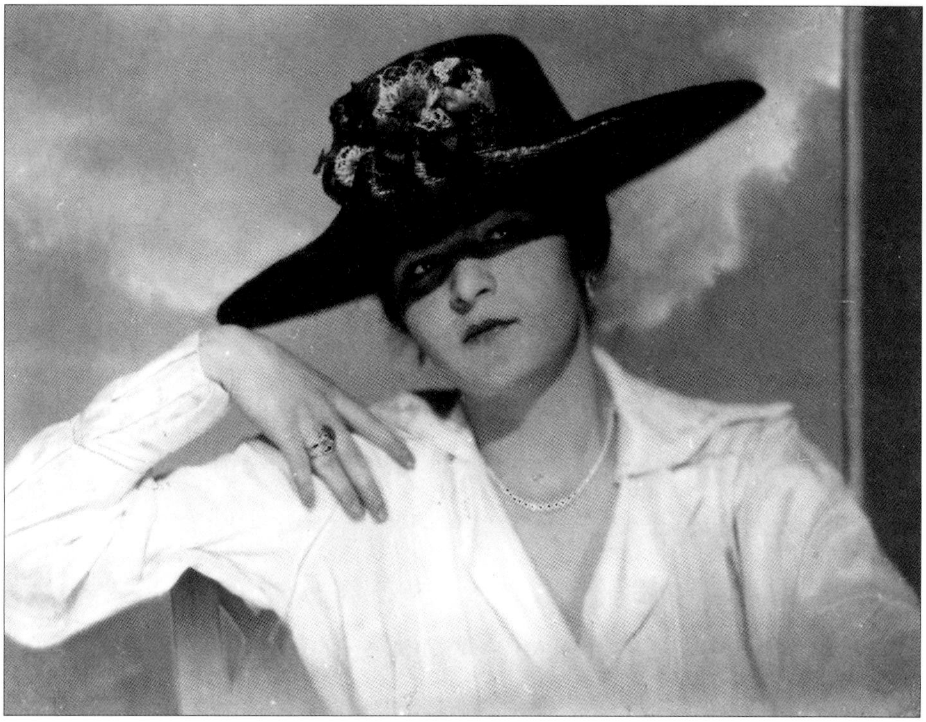

Diesen Berichten ist kein Kommentar hinzuzufügen. Das Für und Wider zeigt deutlich, dass die „Wächter von Gesetz und sittlicher Ordnung" in den Zwanziger Jahren durchaus aktiv blieben.

Anita und Henri begeben sich auf eine Tournee. Sie tanzen in Stockholm und in Amsterdam. In Agram soll es zu einem Skandal gekommen sein, wonach Anita Berber wegen Beleidigung des serbischen Königs inhaftiert wurde. Als Bürger der Vereinigten Staaten erreicht Henri nach mehreren Wochen ihre Freilassung und die Abschiebung über die jugoslawische Grenze.

Elftes Kapitel

Eklat in Prag und Abstieg

Die Spuren Anita Berbers in der Tschechoslowakei sind eine besondere Betrachtung wert. Ihre Aufenthalte – es konnte kaum anders sein – waren begleitet von Unannehmlichkeiten und Polizeiberichten.

Der erste Vorfall ereignete sich am 23. Juli 1922 in der Bar *Zum Weißen Raben* in Ostrava (Mährisch-Ostrau). Eine Stunde nach Mitternacht saßen der Kaffeehausbesitzer Groner und Herr Polgar mit seiner Geliebten an einem Tisch und sie tranken Champagner. Die Geliebte war keine andere als Anita Berber. Da alle Gäste angetrunken sind, bleibt ein Streit nicht aus.

Er dreht sich um einen nicht anwesenden Rechtsanwalt, den Polgar „Schweinskerl" nennt und „tschechischen Hochverräter", weil er nichts gegen seine Verhaftung in Wien unternommen hätte. Ein Herr Zigmund kommt hinzu. Er hat nur „tschechischer Hochverräter" verstanden. Durch das Missverständnis entspinnt sich ein Wortgefecht. Anita Berber protestiert. Sie verbietet Polgar Tschechisch zu sprechen, da sie eine Reichsdeutsche sei und es nicht dulde, dass in ihrer Gegenwart Tschechisch gesprochen wird. Polgar gestattet ihr nicht sich einzumischen, er selbst sei serbischer Bürger und für ihn sei jeder Tscheche ein Bruder. Als die Polizei eintrifft, wird Anita Berber ausfallend. Es stellt sich heraus, dass sie auch ihren Aufenthalt im Hotel *National* nicht gemeldet hat.

Morgens 4 Uhr endet schließlich alles in Versöhnung und mit Bruderschaftstrunk. Aber Polizei-Agent Malisek schreibt eine Anzeige: „Wegen unanständigen Benehmens und Verletzung der Meldevorschriften, Verstoß gegen §4 der Regierungsverordnung vom 9.6.1921 wird Frau Berber zu einer Strafe von 50 Kronen zu Gunsten des örtlichen Armenfonds verurteilt."

Nach ihrem Tanzauftritt ist sie am 25. Juli nach Prag abgereist und hat den Betrag per Postanweisung am 11. August bezahlt.

Wenn auch der Anlass geringfügig war, so erscheint doch ihr Name erstmals in einem tschechischen Strafregister.

Eine Prager Tanzzeitschrift indessen nimmt Partei für sie als Künstlerin: „Anita Berber ist ein echtes Kind der heutigen zerrütteten Nachkriegszeit. Sie ist ein unerzogener Liebling der Göttin Terpsichoré. Das was sie tanzt ist ein gra-

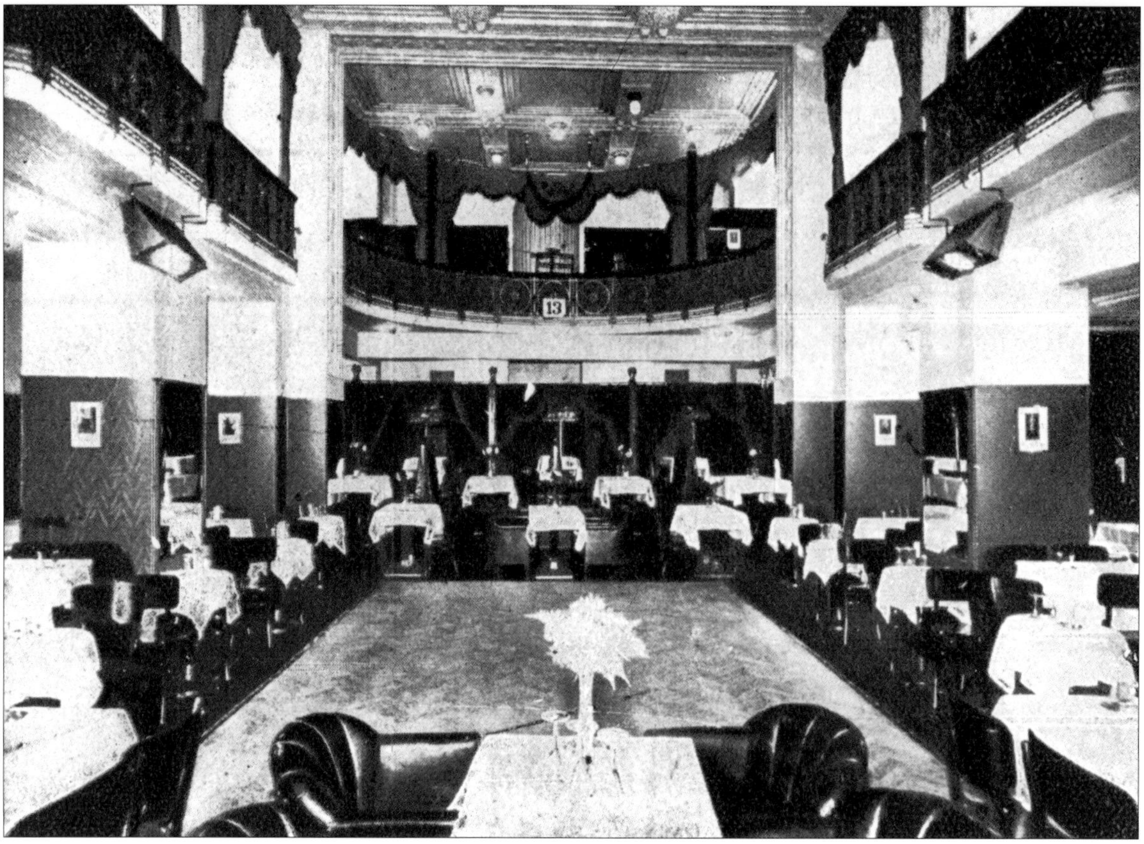

Der Ort des Skandals: Das „Tabarin"

ziöser Protest gegen die überspannte bürgerliche Etikette ... Der gegenwärtige Partner von Anita Berber ist der amerikanische Tänzer Henri. Er ist ein schöner muskulöser Mann. Sein Körper ist gerade gewachsen wie eine Tanne. Er studierte mit der Berber einen neuen Stil. Wieder sind es frech tappende Schritte, gewagte Annäherungen der Körper, wenig gedämpfte Sinnestäuschungen, die die plastische Entfaltung ihrer Tänze beherrschen. Die Bewegungen sind nicht mehr so wild und ungezügelt, eher absichtlich nach Regeln gebändigt, dezent und aristokratisch. Nur das Motiv bleibt unverändert: Tanz als höchster Ausdruck der Sinnlichkeit und Erotik. Dieses Paar schmeckt erstaunlich verschieden. Anita ist wie eine überreife Banane, die uns geschält in den Händen zerschmilzt. Henri wirkt wie eine Ananas, für das Auge hart, für den Geschmack nach dem Zerschneiden merkwürdig süß. Wir wünschten uns, diese Künstler auch auf einer unserer Prager Bühnen zu sehen."[115]

Das Paar erhält Arbeitserlaubnis und ist gemeldet für ein Gastspiel im Prager Nachtklub *Alhambra* einen Monat später. Offenbar gingen die Auftritte reibungslos vonstatten.

Erst im März 1926 kommt es zu einem bösen Zwischenfall. Das Paar hatte wieder ein Engagement in Prag. In einer Bar ereignet sich nachts eine Schlägerei. Vom Hergang der Angelegenheit existieren verschiedene Vernehmungsprotokolle. Anita Berber sagte aus, dass ihr Mann sie verteidigt habe, daraufhin gegen seinen Willen in den Keller geschleppt wurde, wo ihn ein Unbekannter in den Bauch trat und ihm zwei Zähne ausschlug. Das abschließende Polizeiprotokoll enthält eine wesentlich gemäßigtere Darstellung des Vorgangs:

An den Magistrat der Hauptstadt
Prag

Auf die Aufforderung vom 17. III 1926 c. II. A 8559/26 teile ich mit, dass am Freitag, dem 12.III. 1926 um 2 Uhr früh die bekannte Tänzerin Anita Berber, verh. Chatin-Hoffman, geb. 10/VI. 1899 in Leipzig, verheiratet, Staatsangehörigkeit Vereinigte Staaten Nordamerika, wohnhaft in Král. Vinohrady, Skrátova Straße, Hotel Atlantic, die zur Zeit im Rokoko auftritt, in den Sect-Pavillon kam und zwar in Begleitung ihres Ehemannes Heinrich Chatin-Hoffmann und von Anatol Leonardo. Auf Aufforderung eines Herrn tanzte Anita Berber eine Runde mit ihm, wobei angeblich einer der Gäste ihr deutlich zurief: „Ausziehen!“ Die Berber beendete den Tanz, tanzte dann noch allein eine Runde, und als sie zu ihrem Tisch ging, beugte sie sich zu einem der Herren, der etwa sechs Tische entfernt in einer privaten Gesellschaft saß, und spuckte ihm ins Gesicht, worauf er sie wegstieß und sie fiel. Der Gatte der Berber und Anatol Leonardi wollten sich auf den Herrn stürzen, der die Berber gestoßen hatte, aber Eduard Brodecky, der Mitinhaber des Sect-Pavillons hat sie mit Hilfe seines Personals zurückgehalten und sie aus dem Lokal auf die Straße geführt, worauf sie ruhig weggingen.

Anita Berber behauptet, sie hätte jenem Herrn in Erregung ins Gesicht gespuckt, da angeblich er es war, der ihr zurief: „Ziehen Sie sich aus!“ Demgegenüber behaupten sowohl Eduard Brodecky wie auch das übrige Personal, dass niemand einen ähnlichen Ruf gehört habe.

Bereits in anderen Städten hätte sich Ähnliches ereignet. Anita Berber habe mehrfach Skandale provoziert, damit die Zeitungen über sie schreiben sollten.

Das Tanzpaar reist nach Deutschland und tritt wieder in Berlin auf.
Pfarrer Kessler liest auf dem Aushängeschild eines Kabaretts Anitas Namen. „Ich schwankte, ob ich hineingehen sollte oder nicht. Schließlich trat ich doch ein und setzte mich in den entferntesten Winkel. Dann trat sie auf; mir traten die Tränen in die Augen, denn alle Schminke, aller Flitter konnten mir nicht verbergen, wie krank sie war. Ihr Tanz wurde wilder und wilder. Ein Kleidungsstück nach dem anderen warf sie ab. Das Publikum raste – vor Begeisterung? Vor Sinnlichkeit –, vor Trunkenheit? Ich ging hinaus; ich brachte es nicht übers Herz, sie jetzt zu sprechen. Aber in einem nahen Restaurant schrieb ich ihr ein paar Zeilen: „Mein liebes Konfirmandenkind, Du tanzest in den Abgrund! Fang ein neues Leben an! Ich bin dein Freund, wie ich es Dir versprochen. Ich helfe Dir!" Ich blieb ohne Antwort."[116]

Ein sie behandelnder Arzt, Dr. Ludwig Levy-Lenz, berichtet über seine Kontakte zu Anita Berber. Levy-Lenz hatte 1920 Magnus Hirschfeld kennen gelernt und war eine zeitlang als Gynäkologe an dessen Institut für Sexualwissenschaft tätig. Von 1929 bis 1933 leitete er die Aufklärungszeitschrift *Die Ehe*. Dann musste er nach Ägypten emigrieren und praktizierte weiter in Kairo. „Anita Berber", so schreibt er, „war damals für die von erotischen Schlagzeilen lebenden Pres-

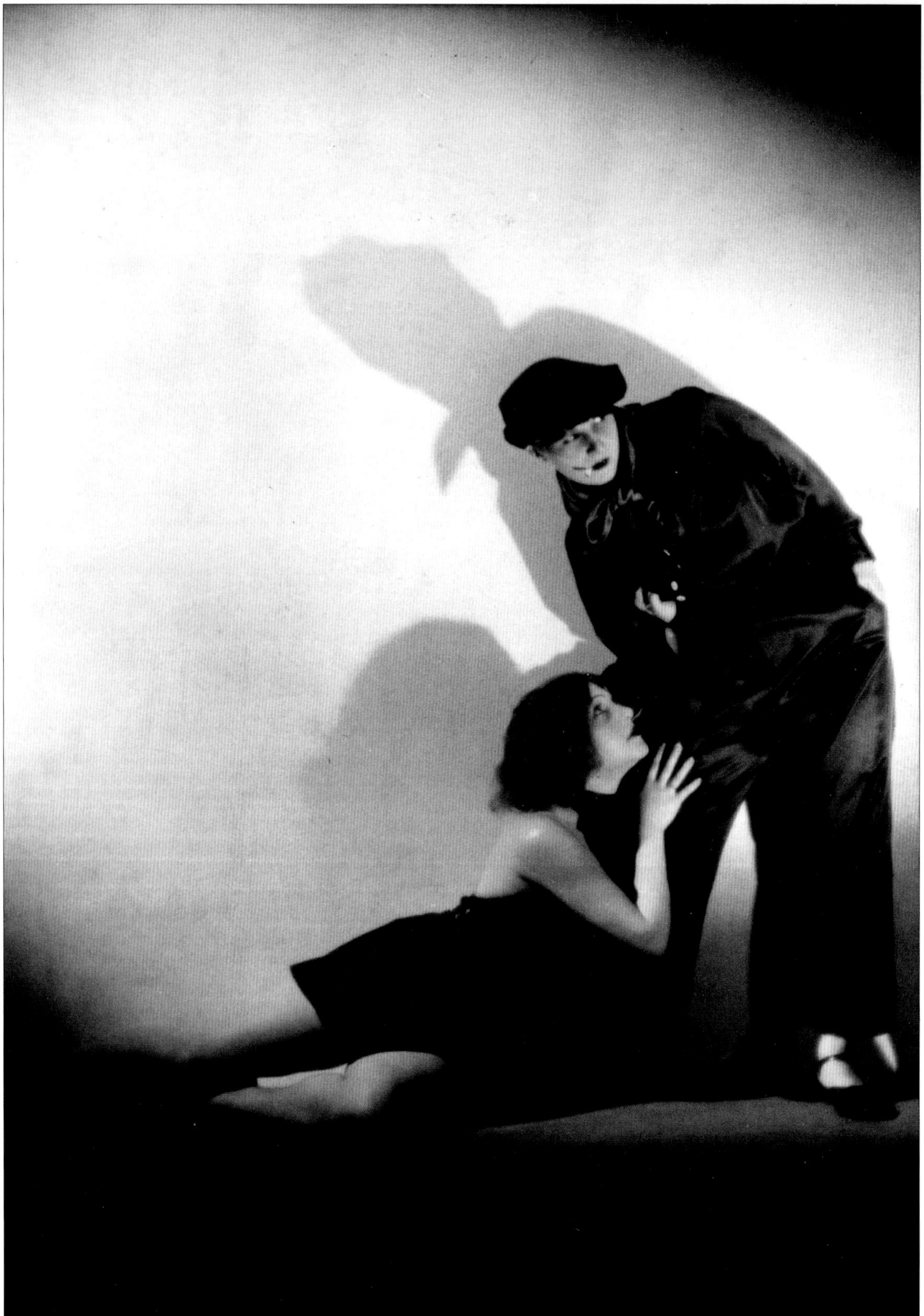

seorgane ein beliebtes und viel gejagtes Wild. Ihre unbezahlten Rechnungen, ihre intimsten Geheimnisse, ihre mannigfachen Perversitäten, ihre Prozesse mit der Sittenpolizei, ihre Auftrittsverbote, ihre privaten Orgien, ihre Rauschgiftsucht – alles musste herhalten, um einem sensationslüsternen Publikum den Groschen für die Abendzeitung herauszulocken."[117]

„Sie war die erste Frau, die sich – wenigstens bei ihren nackten Tanzvorführungen – auch die Brustwarzen schminkte. Im Übrigen entwarf sie ihre Kostüme selbst und hatte einen – zwar ausgefallenen – aber guten und sicheren Geschmack. Das Kokain war für sie die letzte Zuflucht, nachdem Männer und Partner sie enttäuscht hatten. Diese so außergewöhnlich sinnlich wirkende Frau, die man für einen Ausbund der Unmoral hielt, war in Wirklichkeit sexuell kalt und unempfindlich, aber – vielleicht deshalb – ständig auf der Suche nach neuen Sensationen. ... Anita war das, was man eine *„frigide Frau"* nennt, und sie hat aus ihrem Leiden – denn es ist ein wirkliches Leiden – kein Hehl gemacht. Deshalb darf ich auch ruhig davon sprechen. Einmal erzählte sie mir, sie wollte einen *Club der Eisigen Frauen* gründen. Sie wäre um Mitglieder nicht verlegen gewesen."

Levi-Lenz analysiert die Gründe für eine Drogensucht und kommt zu dem Schluss, dass die bloße, zufällige Berührung mit dem Stoff nicht zwangsläufig zu einer chronischen Abhängigkeit führt. Drogensucht geht vielmehr mit einer bestimmten Struktur der Persönlichkeit einher, so dass sie als Symptom einer schon vorhandenen neurotischen Störung betrachtet werden kann.

Viele Jahre später trifft er Anita Berber in Berlin wieder: „Der Stern der großen Tänzerin stand kurz vor dem Erlöschen. Ihr Geist war unschöpferisch geworden, ihr Wille schwach, ihr Aussehen krank, ihr Können erlahmte. Sie zehrte kaum noch vom alten Ruhm. Nacht für Nacht stand sie an der Bar des Transvestitenlokals *Eldorado* in der Lutherstraße, trank und nahm Kokain. Eine Nachtvorstellung im Renaissance-Theater wird von der Kritik vernichtend beurteilt: „Tanzabend?

Wenn unmotivierte, gänzlich sinnlose Bewegungen und ein Tanzstil, der vor Jahren einmal irrtümlich als solcher anerkannt wurde, diese Bezeichnung rechtfertigen kann, so soll sie gelten ... Heute sollte man dieser Frau wohlwollend beibringen, dass ihre Zeit vorbei ist. Das Tragische an diesem Tanzabend war, dass eine fleißige Claque bemüht blieb, den Irrglauben Berbers an ihre Leistungen aufdringlich zu stärken."

Als es ihr gesundheitlich schlecht ging, hatte sie Zuflucht in einem der Gästezimmer des Instituts für Sexualwissenschaft von Magnus Hirschfeld gefunden. Klaus Mann besuchte sie dort: „Sie bewohnte mit Henri zusammen ein kleines Zimmer, das etwas von einer Krankenstube hatte. Ich sah sie das erste Mal ungeschminkt. Ihr Gesicht war verquollen, Mitleid erregend; dabei fiel auf, dass es bei aller Mitgenommenheit immer noch kindlich war. Das eine Auge war besonders geschwollen, es verschwand beinahe in einem blauen Fleck. „Ich habe gestern ein bisschen mit Henri getrunken", erzählte sie uns unverdrossen. Wahrscheinlich war dabei wieder mit Geschirr geworfen worden."[121]

◁ „Apachentanz" der Geschwister Friedel, „Sect Pavillon", Prag 1930

Mit einem neuen Programm *Tänze der Erotik und Ekstase* hatte das Paar im Februar 1926 noch einmal im Hamburger *Alhambra* getanzt. Auch Sebastian Droste, der aus Amerika zurückgekehrt war, trat 1926 dort auf. In New York hatte er den amerikanischen Fotografen James Francis Brugière kennen gelernt. Zusammen mit der Tänzerin Rosalinde Fuller sollte Droste in dem experimentellen Film *The Way* auftreten, der den Lebensweg eines dem Alkohol und Drogen verfallenen Künstlers zum Thema hatte. Über Probeaufnahmen und einige noch erhaltene Standfotos hinaus wurde das Projekt nicht realisiert. Sebastian Droste erkrankte an Tbc und kehrte ins Haus seiner Eltern zurück, wo er nach einer viermonatigen Krankheit am 27. Juni 1927 starb. Er wurde nur 29 Jahre alt.

Ein Redakteur der Budapester Zeitung *Pesti Naplo* sprach kurz nach der Beisetzung Drostes mit Anita Berber, die sich zur Erholung in Ungarn aufhielt. Vom Tanz spricht sie nicht mehr mit dem alten Enthusiasmus. Erst nach langem Zögern entscheidet sie sich, ein Interview zu geben. Der Journalist wagt nicht zu sagen, dass sie zugenommen habe, dass die Spuren einer dekadenten Magerkeit verschwunden sind. Einzig das Monokel ist geblieben. Was ihr als modische Marotte ausgelegt wird, hatte rein praktische Gründe. Anita Berber war kurzsichtig. Damals kannte man noch keine Haftlinsen, und sie war zu eitel, ihre Sehschwäche zuzugeben. Obwohl Sebastian Droste sie unter dramatischen Umständen verlassen hatte, trauert sie um den ehemaligen Geliebten. „Ich mochte Sebastian sehr gern, nicht nur als Mann, sondern vor allem als Künstler. Ich habe noch nie und – dessen bin ich sicher – werde auch nie mehr eine dermaßen außergewöhnliche Persönlichkeit mit einer dermaßen kühnen und reichen Phantasie kennen lernen. Er war immerzu unruhig. Nie habe ich ihn befriedigt erlebt. Wer weiß, wo er den Blauen Vogel Maeterlincks sucht. Er ist an Tuberkulose gestorben, aber es wird gesagt, dass Kokain und Morphium ihn umgebracht haben. Möglich. Die Ärzte müssen es besser wissen als ich. Ich weiß nur, dass mit Sicherheit niemals jemand ein so fieberhaftes, schnelles und begieriges Leben geführt hat, wie wir es taten, als wir zusammen tanzten. Aber wir hatten auch klare und ruhige Tage. Droste sprach dann von der Zukunft und davon, wie man sie angehen müsse. Oft fragte er sich: Warum nur tanze ich? Sollte mein Platz nicht hauptsächlich am Schreibtisch sein? Ich sollte schreiben! – er tanzte, trat auf, schrieb und zeichnete. Er wusste nicht, welcher wirklich sein Weg war. Er wurde von einem ewigen Durst und von einer dauernden Unzufriedenheit gequält.

Er hatte alles erlebt, was ein Mann erleben kann. Dann fühlte er sich auf verlorener Strecke."

Anita Berber raucht während des Gesprächs eine Zigarette nach der anderen. Dann fährt sie fort: „Er dachte oft an den Tod. Er liebte es, den Tod in seiner Nähe zu spüren, und ich wundere mich, dass wir beide nie nach den übermäßigen Dosen Morphium, die wir manchmal nahmen, in die Ewigkeit entschlummert sind.

Haben Sie seine Gedichte gelesen? Ich! – Ich! – Wie stolz der Titel des Bandes ist, und wie müde hingegen die Seele ist, die diese schwermütigen Lieder singt. Ich lese seine Verse jetzt immer wieder und spüre, dass ich in ihnen das verstehe, das niemand anders in ihnen erahnen könnte. Wir haben uns sehr gut gekannt und wussten miteinander umzugehen. Wir haben vier Jahre zusammen gelebt. Und vier Jahre sind viel. Oder vielleicht kam es, weil wir uns zu gut kannten, dazu, dass sehr oft merkwürdige Wolken zwischen uns emporstiegen! ...

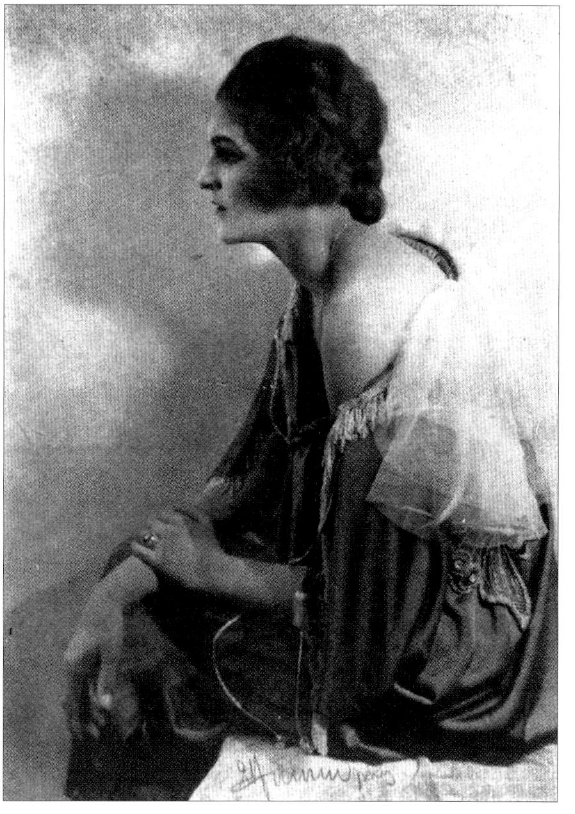

Anita 1920, Foto von Eugen Hamm

Als wir uns verabschiedeten und er nach Amerika ging, sagte ich ihm: Du musst ein anderer Mensch werden! Du musst viel schreiben, ernsthaft, Du musst ein großer Mann werden! Das will ich, und das wünsche ich mir.... Womöglich gaben ihm die Kunst, die Poesie nicht die Befriedigung, die er sich erhofft hatte, und er machte sich deshalb auf die Suche nach einer anderen Möglichkeit, außergewöhnliche Wege zu gehen. Ich weiß nicht, ob das Leben ihm seine Suche vergolten hat. Ich glaube nicht! Er kehrte sterbend nach Hause zurück. Außer von seinem Zimmerfenster aus konnte er seine ihm liebe lärmende Stadt nicht wieder sehen. Auch konnte er nicht mehr zum Ufer des Meeres gehen, wo er zum ersten Mal gefühlt hatte, dass merkwürdige, unruhige Verlangen nach langen Abenteuern in ihm wach wurden und wo ihm zum ersten Male ein Seemann das weiße Gift hatte probieren lassen. Monatelang lag er ohne jede Hoffnung im Bett. Sein einziger Trost waren das Morphium und Heines Gedichte, die alle zerrissen unter dem Kopfkissen gefunden worden sind. Dann eines Tages fragte er nach Papier und Stift. Er wollte schreiben. Aber das letzte Gedicht wurde nie geboren.

„Jetzt ist er tot", fährt die Tänzerin mit einer Träne im Auge fort, „und ich glaube, dass auch die alte Nackttänzerin, die alte Anita Berber, nicht mehr lebt... möglich, dass Sie in Kürze die Nachricht vernehmen, ich habe mich vergiftet... oder, was wahrscheinlicher ist, dass Sie die Notiz lesen, ich habe einen Modesalon in Berlin eröffnet. Anita Berbers Modesalon. – Kommt Ihnen das nicht komisch vor? Droste wollte sich um jeden Preis und mit aller Kraft vom bürgerlichen Leben und von der bürgerlichen Moral befreien, und ich hingegen wünsche sie mir heute... ich weiß nicht... sehr, sehr. Ein ruhiges Leben, arbeiten, kleine Vergnügungen und einmal in der Woche ein bisschen Tanz beim Fünf-Uhr-Tee im *Bristol* oder *Adlon*... Kommt es Ihnen nicht vor, als sei ich korrupt, derart banale Wünsche zu haben und dermaßen simple Dinge zu verlangen, dermaßen dumm und auch sehr sublim?" Geistesabwesend zerreißt sie eine alte Zeitung und wirft eine Zigarette weg.[122]

Nach dem Interview reist Anita Berber nach München.

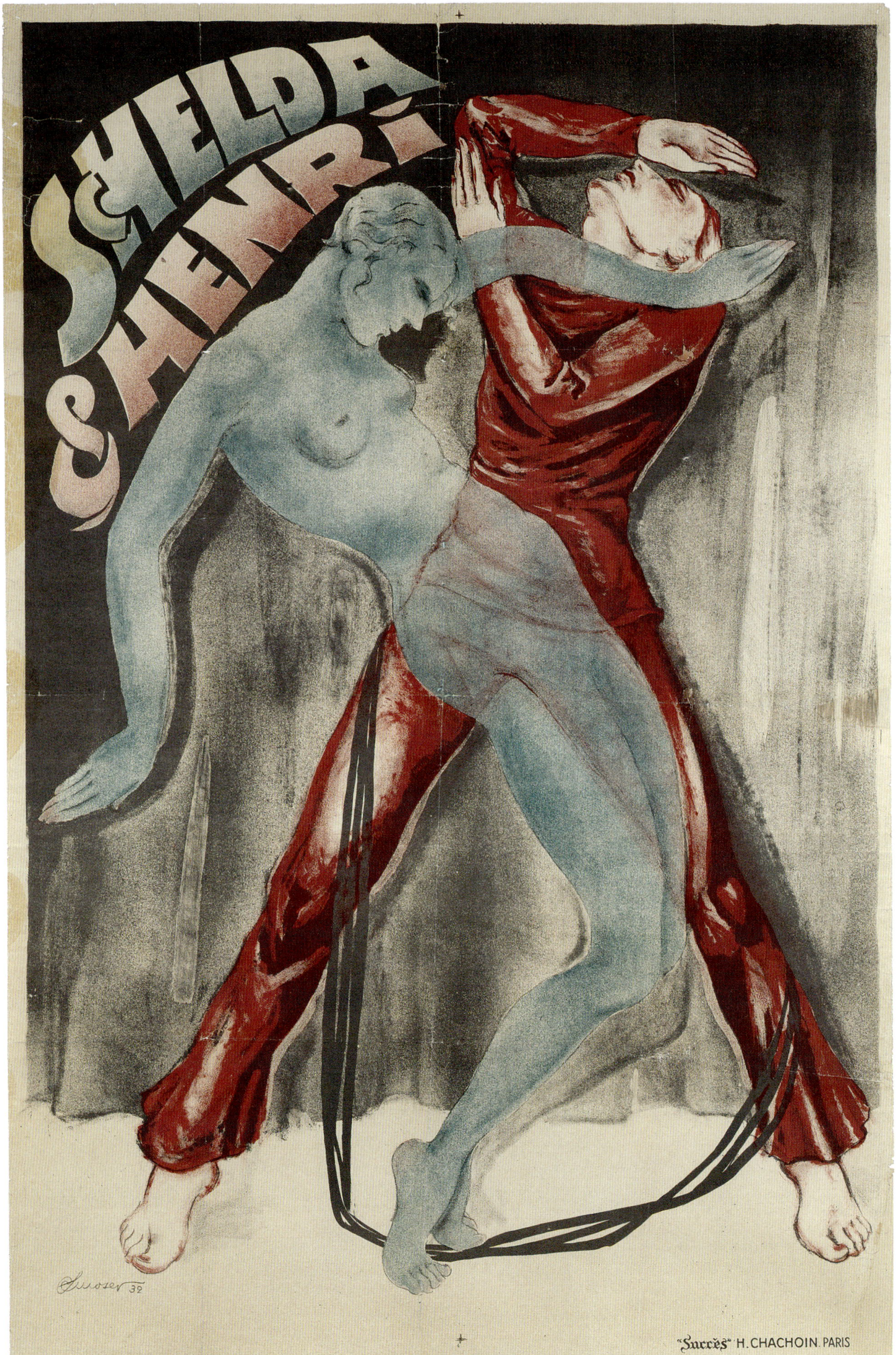
SHELDA
SHENRI
Smoser 32
"Succès" H. CHACHOIN PARIS

Zwölftes Kapitel

Die letzte Reise

Anitas Vater feierte mit seinem Berber-Quartett in München große Erfolge. Als ein extrem sensibler Künstler lehnte er es ab, Schallplattenaufnahmen seiner Aufführungen anfertigen zu lassen. Für ihn besaßen nur das *live* gespielte Werk und die unmittelbare Wirkung auf die Zuschauer Geltung. Keines seiner Kinder durfte ein Instrument erlernen, da ihn dann das Üben und die damit unvermeidlich verbundenen Missklänge gestört hätten.

Sein Wohnhaus heißt noch heute die *Berber-Villa*. Sie befindet sich in unmittelbarer Nachbarschaft der Villa von Thomas Mann.

Berber liebte exotische Vögel und Pflanzen. Im Wintergarten lauschte er den gefiederten Sängern und ließ sich für seine Konzerte inspirieren.

Sein Sohn, Hans Berber-Credner, litt unter der oft gespannten Atmosphäre im Elternhaus und ging 1924 als 16jähriger zur See, was der Vater für „nicht standesgemäß" hielt. Erst als der Sohn sein Offizierspatent erworben hatte, verzieh er ihm. Im Alter ließ sich Anitas Bruder in Fischerhude ein Haus bauen, das nur runde Wände besaß. Er heiratete eine junge englische Bildhauerin und arbeitete in seinem Keramik-Studio im Garten. Als ich ihn aufsuchte, wusste er wenig über seine Schwester. Anita galt im Hause Berber als eine „Gefallene". Nicht einmal ihr Name durfte erwähnt werden.

Hans Berber bestätigte die in Lanias Roman beschriebene Szene von der letzten Begegnung Anitas mit ihrem Vater in München: „Als sie vom Bahnhof auf die Straße trat, sprang ihr ein großes Plakat entgegen, das einen Violinenabend des Professors Berber ankündigte. Anita blieb vor dem Plakat stehen und dachte nach." Sie habe eine „heiße, schmerzende Sehnsucht nach dem Vater" empfunden. Anita besuchte das Konzert und ging danach zur Garderobe ihres Vaters. „Sie traf einen sehr beschäftigten, sehr abweisenden Künstler. Als sie ihren Namen nannte, wandte der Herr sich ab, kehrte ihr den Rücken. Er sei nicht zu sprechen, er bitte, das Fräulein das Zimmer zu verlassen. Eine Sekunde lang stand Anita starr mit weit aufgerissenen Augen. Dann senkte sie den Kopf. Ihre Sicherheit, ihr freche Überlegenheit – alles war weg. Kein Wort brachte sie heraus, keine schnoddrige Geste, nicht das leiseste Lächeln half ihr über diese Minuten hinweg. Mit gesenktem Kopf, lautlos ging sie hinaus.

◁ Plakat Henri und Helena Shelda

Tanz „Morphium“, Aquarell von János Vaszary, Budapest, 1923

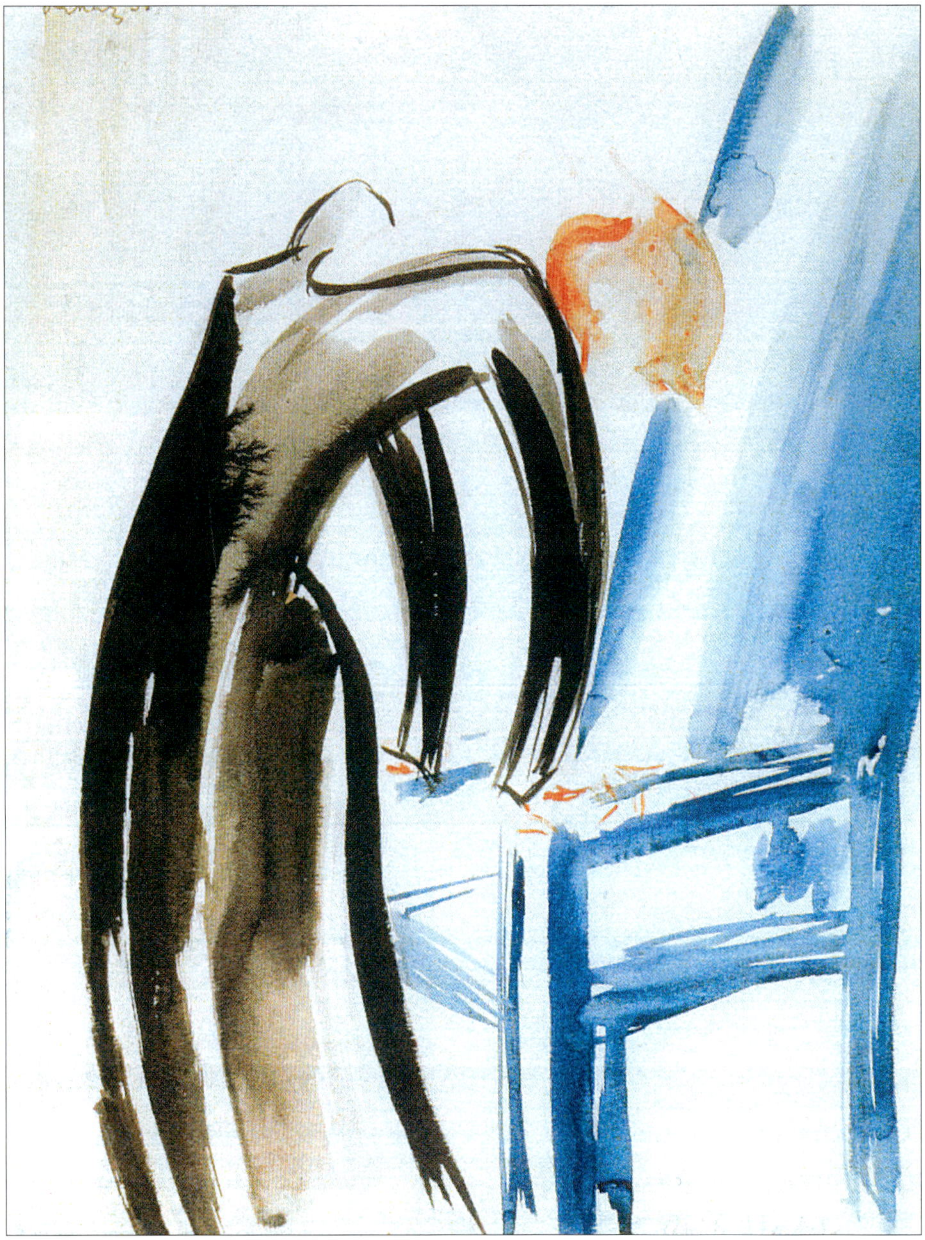

Sie weinte die ganze Nacht. Ohne Trotz, ohne Wut, die wehen, bitteren Tränen eines fünfjährigen Mädchens.“[123]

Nach dem Tode des ehemaligen Partners und ihren Bekenntnissen in Budapest folgte der Abschied aus Deutschland, aus ganz Europa. Es war ein radikaler Schnitt, eine Trennung von ihrem bisherigen hektischen Leben.

Mit Henri begab sie sich auf eine Tournee in den Nahen Osten. Die Reise, die einer Flucht gleichkam, führte über Athen nach Kairo. Sie tanzten in Nachtlokalen, in eleganten Hotels in Alexandrien, schließlich in zweifelhaften Bars in Beirut mit Animierzwang. Lania zufolge soll Anita in Damaskus erklärt haben, sie werde keinen Tropfen Alkohol mehr trinken. Von einem Tag zum anderen entschloss sie sich zu vollständiger Abstinenz. Sie setzte ihren Entschluss durch. Aber der Körper revoltierte. Geschwächt durch das tropische Klima – dazu mitgenommen durch einen Ausflug in die Berge, auf dem sie in eiskalter Nacht im Freien kampiert hatte – vertrug der misshandelte Organismus diese Radikalkur nicht mehr. Am Abend des 13. Juli 1928 brach sie auf der Bühne zusammen.

„*Tanz in Weiß* stand auf dem Programm: Ein großer exotischer Vogel schwebte über die Bühne, tat zwei, drei müde Flügelschläge, sank langsam zu Boden. Niemand hatte gemerkt, wie es um sie stand, nicht einmal Henri. Als der Vorhang hochging, lag sie noch immer regungslos auf dem Boden. Sie konnte sich nicht mehr erheben. Man musste sie ins Bett tragen.“[124]

Die Ärzte diagnostizierten „galoppierende Lungenschwindsucht“: Tbc. Es gab keine Hoffnung mehr auf Heilung.

Es folgten noch vier qualvolle Monate. Zunächst im Auto durch die Wüste, dann im Salonwagen, in der Luxuskabine ging es heimwärts, Aber durch das hohe Fieber und den geschwächten Zustand der Kranken musste die Reise immer wieder unterbrochen werden. Das Geld wurde knapp. Alle ersparten Einnahmen der Tournee verschlangen der Transport und die Arztrechnungen. Als Henri und Anita in Prag eintrafen, reichte das Geld nicht mehr aus, um die Fahrkarten bis Berlin bezahlen zu können Willy Karzin, ein alter Kabarettist, ein Kunstpfeifer, der stets da war, wenn es darum ging, für in Not geratenen Kollegen Hilfsaktionen zu organisieren, setzte sich für Anita ein. Man ging mit Sammelbüchsen durch die Berliner Künstlergarderoben. So konnte die Sterbende nach Hause gebracht werden. Zunächst wieder in die Zähringer Straße, in die Wohnung der Mutter. Nachdem sich ihr Zustand weiter verschlimmert hatte, musste sie ins Krankenhaus. Die beiden Söhne des Hauswarts, die sie verehrten, wollten unbedingt helfen, als Anita auf der Trage aus dem Haus geschafft werden musste. Sie erkannte sie noch und sagte zu einem der beiden: „Mensch, Bernhard, bist du aber groß geworden. Da kannste ja bald aus de Dachrinne saufen!“ Berliner Galgenhumor.

Die Frau, die an einem Novembermorgen ins Kreuzberger Bethanien-Krankenhaus eingeliefert wurde, hatte kaum noch Ähnlichkeit mit jener strahlenden Schönheit von einst. „Zum Skelett abgemagert saß sie, die Beine hochgezogen, im Bett – sie konnte sich nicht mehr ausstrecken – sitzend hustete sie unter grässlichen Qualen ihre Lunge aus.

Am Kopfende ihres Bettes waren die letzten Getreuen ihres Lebens versammelt ... ihre letzte Zuflucht: die Morphiumspritze und eine Sammlung von Madonnen- und Christus-Statuetten. Im Grunde war Anita immer sehr fromm gewesen, voller Scheu, es sich selbst einzugestehen. Nun flüchtete sie ins Gebet. Wenn das nicht half, musste die Morphiumspritze heran.“

Sie verlangte nach ihrem Seelsorger aus der Dresdner Zeit, Pfarrer Johannes Kessler, und wünschte die Einsegnung durch ihn, aber er befand sich auf einer Auslandsreise.

Der Todeskampf dauerte eine Woche. Freunde und Verwandte waren um sie. Noch wollte sie nicht wahr haben, dass es zu Ende ging. Sie machte Zukunftspläne, und ihre Gedanken kreisten um eine Reise nach Italien und

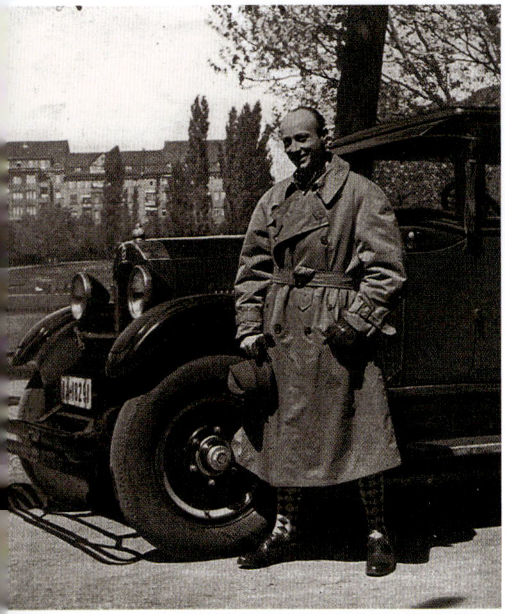

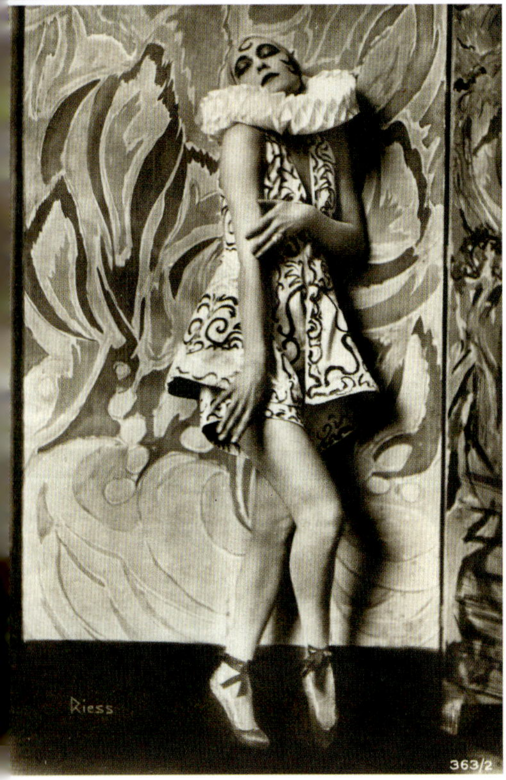

Hubert von Meyerinck (oben); Grit Hegesa

dem Entschluss nie wieder zu trinken. Ihr ekle vor dem Cognac. „Wenn nur meine Beine nicht hässlich werden. Ich fürchte mich so davor", soll sie Henri gesagt haben. Als die Kräfte weiter nachließen, begann sie ihre Habe zu verschenken. Martha Dix erinnerte sich daran, wie sie mit ihrem Mann Anita Berber im Bethanien-Krankenhaus besucht hatte. Tragikomisch mutet ihre Schilderung der Szene an, als Henri dagegen protestierte, dass Anita ihre Kleider weggeben wollte. „Ach ja, die kannst du ja noch tragen, wenn du ins *Eldorado* gehst."[126]

Eigenartig mutet die Tatsache an, dass Sergej Diaghilew mit seinem 16jährigen Freund Igor Markevitch am 10. Oktober im Hotel *Eden* auf einer Reise nach Venedig Quartier nimmt, einem Hotel, in dem auch Anita lange zu wohnen pflegte. Galt der kurze Aufenthalt Anita Berber? Ein Abschied von der Todkranken?[127] Hubert von Meyerinck zählte ebenfalls zu den treuen schwulen Freunden. Von ihm ist der Ausspruch Anitas überliefert: „Der Kerl soll mich schön haben." Sie nahm ihren Spiegel, schminkte sich sorgfältig und tuschte ihre Wimpern: Der „Kerl" war der Tod.[128]

Am Samstag, den 10. November 1928, abends 9 Uhr, stirbt Anita. Henri kann nicht bei ihr sein. Er hat Premiere mit seiner neuen Tanzpartnerin im *Weidenhofcasino*. Sie heißt Shelda, ist eine Lettin und wird später seine Frau.

Das Leben geht weiter. In Berlin herrscht Westwind. Die Zeitungen melden Massenandrang zur Internationalen Automobil-Ausstellung am Kaiserdamm. Die Filmtheaterbesitzer sind weiterhin nicht davon zu überzeugen, dass es ein Fortschritt wäre, den Tonfilm einzuführen. Studenten veranstalten eine Langemarck-Feier. Ein Wannseer Droschkenkutscher, der Eiserne Gustav, ist aus Paris zurückgekehrt und tritt im *Wintergarten* auf. Die Berliner Polizei erlässt einen Steckbrief gegen einen Hochstapler und falschen Arzt aus Prag. Auf Sizilien dauert der Ausbruch des Ätna an. Auf dem Lehrter Bahnhof sind die ersten Weihnachtsbäume eingetroffen. In ungewöhnlich langen Nachrufen erinnern sich die Journalisten an die „Inflationstänzerin Anita Berber".

Am 14. November findet auf dem Friedhof der St. Thomas-Gemeinde, Hermannstraße in Neukölln die Erdbestattung statt. Wahlstelle 1, Reihe 6, Grab Nr. 20. Pfarrer Schmidt hält die Grabrede. Für die Künstler spricht Willy Karzin. Lania berichtet: „Es war so feierlich und würdig, wie sie es sich immer gewünscht hatte, sie, die für den kirchlichen Pomp viel übrig gehabt und stets Wert darauf gelegt hatte, sich ihre gute Bürgerlichkeit bestätigen zu lassen. Aber das Begräbnis war andererseits unbürgerlich genug, um sich dem Stil von Anitas Leben anzupassen. Da marschierten neben prominenten Filmregisseuren die Huren der Friedrichstraße

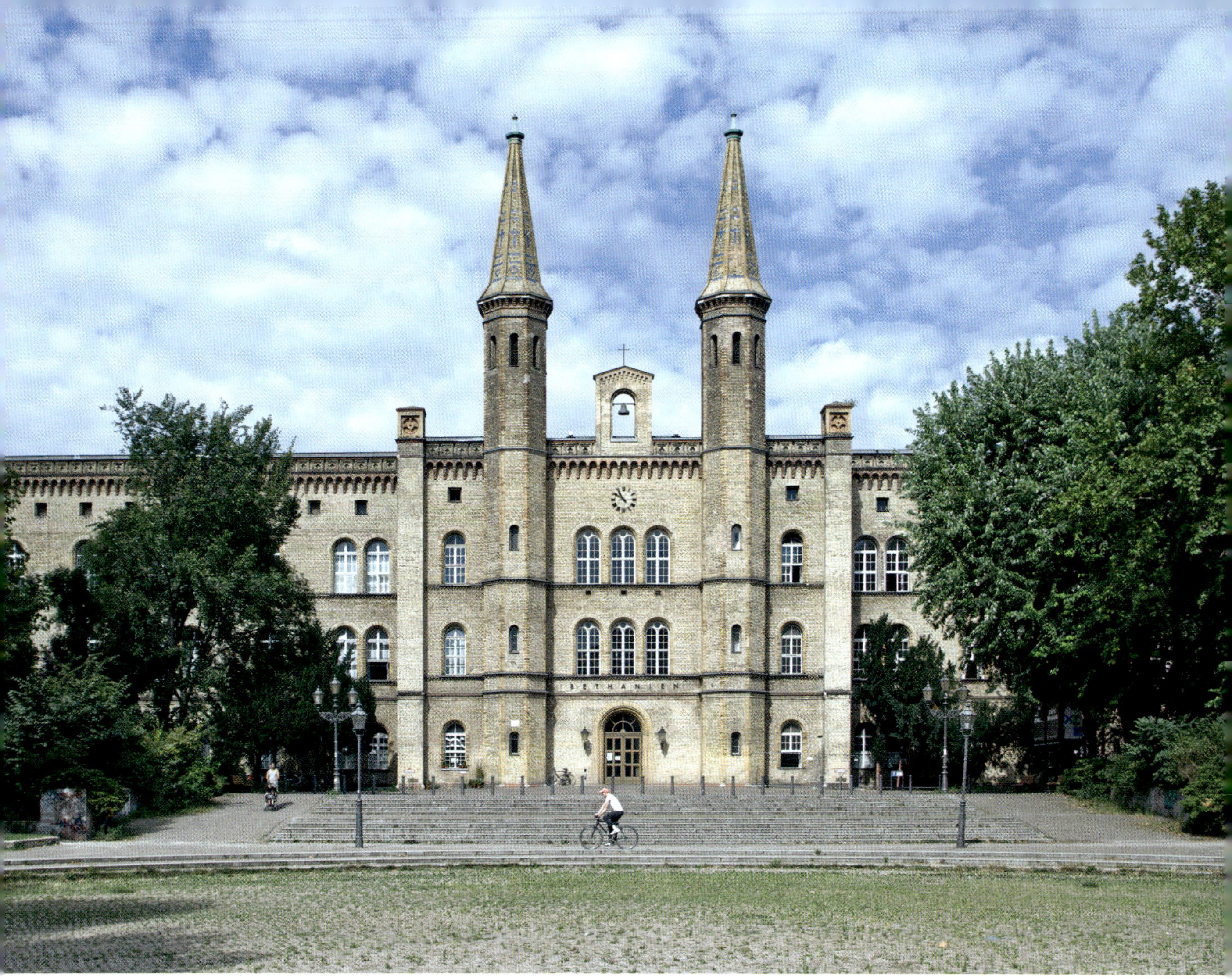

Künstlerhaus Bethanien in Berlin-Kreuzberg, früher Krankenhaus

auf, Strichjungen und Hermaphroditen aus dem *Eldorado*, berühmte Künstler neben Bar-Mixern, Herren in Zylinder neben den bekanntesten Transvestiten Berlins." Es begann zu regnen. Die Trauergäste mussten sich beeilen, um nicht nass zu werden.

George Grosz berichtet im September 1930 von einer Unterhaltung mit Grit Hegesa am Strand von Ahrenshoop. Die Tänzerin hatte am Begräbnis Anita Berbers teilgenommen: „Toll einfach", schreibt Grosz, „wie da noch als Letzter, als schon der Sarg unten war, Henri ankam, an jedem Arm zwei aufgemachte Kokotten, vormittags gegen elf und vollkommen besoffen. Solche Geschichten kann sie schön erzählen."[130] Die Schilderung Lanias ist ähnlich. Auch er bestätigt, dass Henri betrunken war, „eine Geranie im Mund. Er verursachte durch seinen Aufzug und sein Benehmen lebhafte Unruhe, begann plötzlich wild an zu weinen, beruhigte sich ebenso plötzlich."[131]

Dass es sich nicht um eine bloße emotionale Aufwallung handelte, beweist die Beobachtung der Haushälterin von Magnus Hirschfeld, die Henri noch wochenlang als einen „todtraurigen Menschen" in Erinnerung behalten hat.

1930 reiste er mit seiner Partnerin in die USA. Zurück in Europa feierten sie mit ihrer Nummer *Die Schlange* anhaltende Erfolge. Sie gastierten nicht nur ein Jahr in London und lange in Paris, sondern tanzten noch 1938 vor Nazi-Größen wie Hermann Göring. Kurz vor Beginn des Zweiten Weltkrieges kehrten sie endgültig nach Amerika zurück.

Aus der Fülle der Nachrufe mutet ein „Ihrer Erinnerung" überschriebener Beitrag im *Berliner Tageblatt* romantisch an, verfasst von der ägyptischen Prinzessin Djavidan Hanoun. Sie stand zweifelsohne in einer emotionalen Beziehung zu Anita Berber. Die Freundin beschreibt eine Begegnung mit Henri, den sie im strömenden Regen ohne Mantel trifft, einem Schlafwandler gleich. Sie ist erschüttert über die Nachricht, dass Anita im Land der Sonne, wo andere Genesung finden, dem Keim einer tödlichen Krankheit zum Opfer fällt. „Man nimmt ihn vielleicht schon dorthin mit, tief eingebettet in der Sehnsucht. Und das strahlende Licht der Sonne findet ihn als Wunschkeim in der müden Seele. Ihre Strahlen küssen ihn zum Leben, rufen und locken ihn zum Licht. Er soll sprießen, er soll gedeihen. Er soll sich entfalten – er soll Sein ... Die Sonne rief und lockte: Ich bin die Wärme, ich bin das Strahlen, ich bin das Licht. Ich mache dich stark, ich schenke dir das wahre Leben ... Ich helfe dir, das starre grausame Leben zu besiegen. Wer hat dich Tod genannt? Zieh ein in diese Seele. Ich leuchte dir zu deinem Siegeszug. Und die Sonne leuchtet dem Tod, erhellt mit ihren Strahlen die verborgensten Seelenkammern.

Kinderträume – Hoffnungen – Segenswünsche fluten dem Tod entgegen. Eine dunkle Wolke will sich erheben, flattert auf – zerrinnt dann unter dem Strahl der Sonne ... Jetzt öffnet sich die letzte Kammer: Der Tod zieht ein in das Menschenherz ... Der Tod ist allein mit dem Leid. Bist du gekommen mich zu erlösen? Ich warte schon lange auf dich. Mit leiser zärtlicher Stimme spricht der Tod zum armen Herzen: weine nicht, alle leben, sind auferstanden vom starren Schlaf ... Mich nennen die Menschen den Tod, mich, der ich ihnen das ewige Leben schenke ... Das Herz hatte aufgehört zu schlagen. Der Tod war jetzt mit der Seele allein. Das sagte die Seele: „Ich verzeihe ihm." Der Tod lächelte sein allgütiges, allwissendes Lächeln."[132]

Dieser gekürzt wiedergegebene Text erinnert an altägyptische Vorstellungen vom Sonnengott, der Leben und zugleich Tod bringt. So wie Krebs und Tbc unaufhaltsam vom Körper Besitz ergreifen und ihn allmählich zerstören, rückt auch der Tod unaufhaltsam heran. Anitas Sehnsucht nach der Sonne des Südens wird gedeutet als eine schon zu Beginn der Reise vorhandene Todessehnsucht ihrer Seele und ihres überstrapazierten Körpers. Tatsächlich war sie eine verzweifelte Frau, die sich wie eine von beiden Seiten brennende Kerze verzehrt hatte. Jahrelang gab sie mehr als sie zurückbekam. Ihr künstlerisches Wollen war missverstanden worden. In immer schneller werdender Folge reihte sich Skandal an Skandal. Es gab kein Entrinnen mehr auf diesem Weg der Flucht vor sich selbst. Ihr einsamer Tanz führte ins Dunkel. Sie wurde geleitet von „Wunschgedanken, die sie aber nicht fähig war, in die Tat umzusetzen, zu gestalten – nicht im Leben und nicht in der Kunst," schreibt Walter Kaul im Nachruf des Reichsfilmblattes. „Sie war im Grunde ein einfaches Mädchen, das von dunklen Lebensgestalten und Mächten gehetzt und getrieben wurde, die sie nie beherrschte, wie sie es sich und anderen auch vorgegaukelt haben mag. Sie war nie die große Lebenskünstlerin, die sie sein wollte."[133]

Nach glänzendem Aufstieg folgte der Schlusspunkt eines unvermeidlichen Absturzes. So sah es auch der Filmkritiker Hans Feld im *Film-Kurier* „Die Repräsentantin einer Generation – Anita Berber: Selten hat eine Frau – unter ungewöhnlich günstigen Umständen populär geworden – ihr Leben so zerstört, wie diese von einem Dämon getriebene, gehetzte Tänzerin. Es ist, als ob sie alles, was ein Menschenleben ausmacht, in eine Spanne von zehn, zwölf Jahren bewusst hineingepresst hat."

Und er beschreibt ihren Abstieg:

„Man nimmt sie nicht mehr ernst. Man beginnt – das ist das Schlimmste – sich über ihre Lasterhaftigkeit zu mokieren. Und nun, nachdem die Öffentlichkeit das Interesse an ihr längst verloren hatte: das Ende.

Vor zehn Jahren bedeutete sie unserer Generation noch die Inkarnation des Perversen. Man sprach von ihr mit einem leisen Frösteln, mit entschiedener Ablehnung dieser Art der Mentalität.

Acht Jahre später sah man sie in einer Bar, nicht mehr so gestrafft, sicher wie früher. Das Laster mehr aufgetragen als glaubhaft. Nicht mehr aktuell, nicht mehr im Mittelpunkt.

Dann vergaß man sie.

Dabei erfüllte sich an ihr nur das Schicksal ihrer Generation. Die heute Dreißigjährigen waren die ersten, die im Vorkriegs-Berlin, kurz vor Ausbruch des Stahlbades, den notwendigen Kampf der Jungen gegen die Alten aufnahmen. Sie waren die ersten, die den Konflikt Kinder/Eltern durchführten. Sie protestierten gegen das unsinnige Prinzip der Autoritätserziehung. Indem die Geschlechter über trennende Schranken zueinander fanden, indem sie – mangels ausreichender Kunstbegabung – im Kunstgewerbe Befreiung suchten.

Damals kam aus den Kreisen rings um die Reimann-Schule eine frischere Luft. Damals tauchte auf der *street*, der Tauentzienstraße das *girl* auf, die leicht *demié* angehauchte höhere Tochter aus guter Familie. Mit dem kniefreien Rock und der Devise „bis hierher und nicht weiter."

Wenige von dieser Generation haben sich durchgesetzt. Gewiss, eine Reihe von Talenten war da. Die meisten jedoch haben nicht gehalten, was sie versprachen. Ein Teil wanderte ab, ging zurück ins Bürgerliche.

Wir kennen sie heute noch, von Kostümfesten, die Frauen dieser Generation, die flirten, an die Zeit denken, da sie Vorstöße ins erotische Neuland unternahmen, und die heute gute Ehefrauen geworden sind.

Ein Teil, der größere Teil, strandete. Es ist merkwürdig, wie viele aus diesem Kreise dem Morphium erlegen sind. Ersatz vielleicht für die Freiheit, die ein Willensmanko nicht erzwingen konnte. Wie es auch sei, das eine steht fest: Die Generation der Anita Berber war die Avantgarde. Sie waren die ersten, die in das bürgerliche Heim einen frischen Luftzug brachten. In sich noch nicht gefestigt, waren sie doch die ersten, die das Recht aufs eigene Leben verfochten, für uns Nachfolgende durchfochten. Dass sie dieses eigenen Leben sich später verpfuscht haben, dürfen gerade wir ihnen nicht zum Vorwurf machen, die wir,

Originalschmuck aus Anitas Nachlass

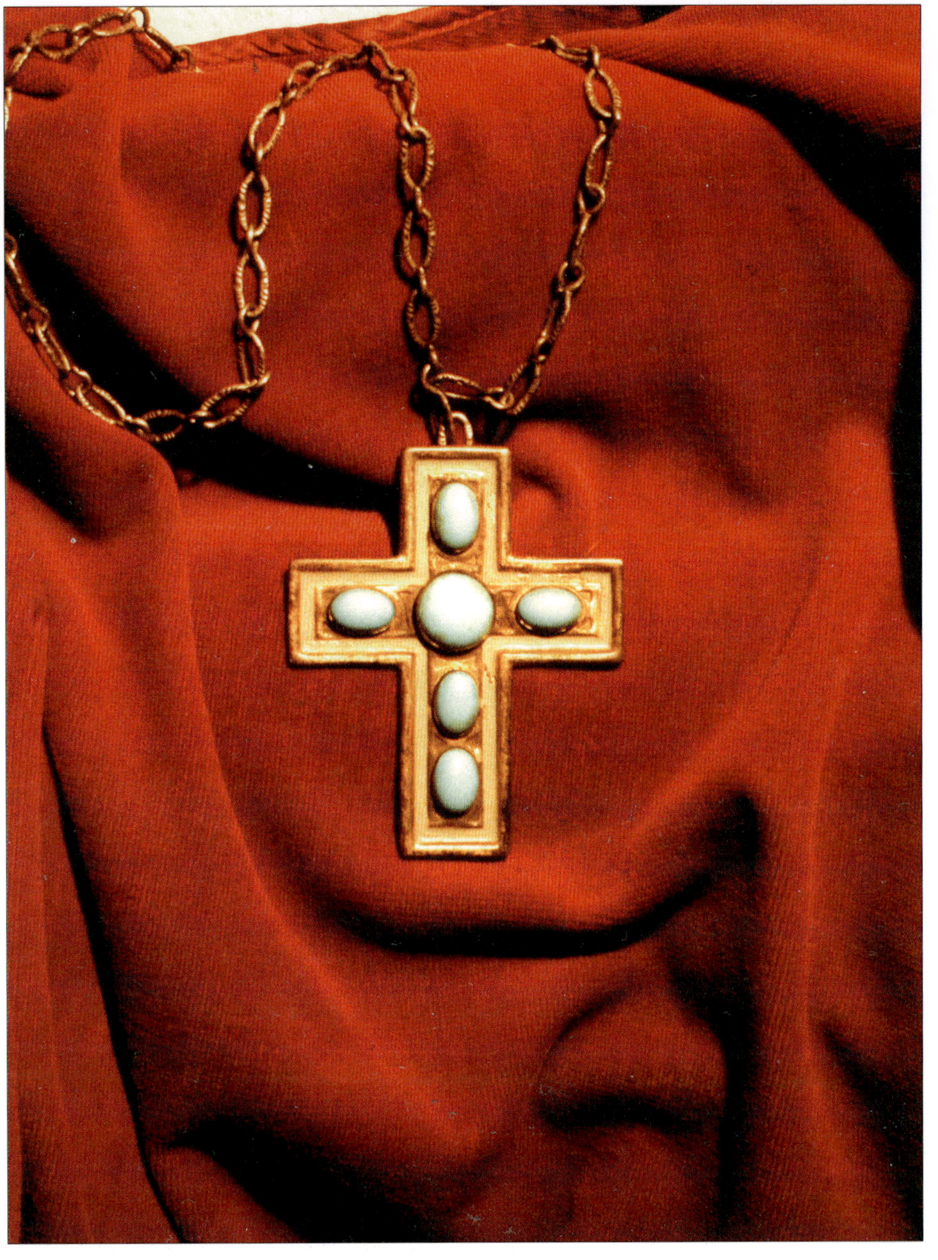

auf ihren Schultern, den Kampf aufgenommen und, unter ungleich günstigeren Bedingungen, fortgeführt haben."

Als er von seiner Auslandsreise zurück ist, sucht Pfarrer Kessler das Grab auf. Er macht sich Vorwürfe, versagt zu haben. „Jetzt fühle ich erst die ganze Tragödie dieses lieben jungen Lebens. War mein Konfirmandenunterricht wirklich gewissenweckend? Durfte ich gerade dies gefährdete Kind aus den Augen verlieren? Hätte ich nicht alles aufbieten müssen, um es von dem Abgrund zurückzureißen?"[135]

1987 wurde der Friedhof St. Thomas geschlossen. Anita Berbers Grab gibt es nicht mehr.

Lebensdaten

1899 Am 10. Juni, einem Samstag, wird Anita Berber als Tochter des Geigenvirtuosen Carl Heinrich Felix Berber (1871–1930) und der Cabaret-Sängerin Anna Lucie Berber, geb. Thiem (1877–1954) in Leipzig geboren.
Der Vater Felix Berber ist Konzertmeister beim *Gewandhaus*-Orchester Leipzig (1898–1905).

1900 Am 10. Januar wird Anita in der Evangelischen *Lukas*-Kirche in Dresden getauft.

1901 Die Eltern trennen sich wegen unüberbrückbarer charakterlicher Gegensätze.
Am 8. November wird das Scheidungsurteil rechtskräftig.
Anita wächst in der Obhut ihrer Großmutter Luise Thiem in Dresden auf.

1906 Ab Ostern besucht Anita die Klasse X./1. Schuljahr an der *Städtischen höheren Töchterschule* in Dresden-Altstadt.
Ihre Mutter ist mit Unterbrechungen bis 1914 in Berlin als Sängerin im *Chat Noir* bei Rudolf Nelson engagiert. Bereits 1910 ist Lucie Berber im Wiener *Cabaret Fledermaus* in der grotesken Operette „*Rampsenit*" nackt aufgetreten.

1912/13 Teilnahme an rhythmischen Kinderkursen von Émile Jaques-Dalcroze in Dresden-Hellerau.

1913 Ende des regulären Schulbesuchs, danach Privatunterricht.

1914 5. April: Konfirmation durch den Dresdner Hofprediger Johannes Kessler.

1914/15 Sie verbringt mit der Mutter den Winter im Ostseebad Zoppot bei Danzig. Sie tanzt vor verwundeten Soldaten.

1915 Besuch eines „Töchterbildungsinstituts" in Weimar.
Danach kommt Anita nach Berlin und wohnt bei ihrer Mutter und der Großmutter Luise Thiem.
Anita entscheidet sich für die künstlerische Laufbahn. Sie nimmt Schauspielunterricht bei Maria Moissi und Tanzunterricht bei Rita Sacchetto.

1916 Im Februar erster erfolgreicher Auftritt im *Apollo*-Theater mit der Tanzschule Sacchetto. Mit dieser weitere Auftritte in Berlin und Gastspiele in Hannover, Hamburg, Frankfurt/Main und Leipzig.

1917 Trennung von Rita Sacchetto.
6. März erster eigener Tanzabend im Theatersaal der *Hochschule für Musik*.
Am 9. April: zweiter Tanzabend, Auftritte im *Apollo*-Theater und bei Nelson.
Modeaufnahmen für *Die Dame* und *Elegante Welt*

1918 Im Januar Auftritt im *Wintergarten.*

Im April und Mai erfolgreiche Solotanzabende im *Blüthner-Saal.* Anita Berber reist nach Wien und Budapest, wo sie Ende Oktober den Putsch auf der Andrássy Straße erlebt. Sie flieht nach Wien. Im Dezember *„Neue Tänze"* im Berliner *Wintergarten.*

1919 Im Januar zwei Tanzabende mit neuem Programm im *Blüthner-Saal.*
Von Charlotte Berend erscheint eine Anita-Berber-Mappe im Verlag *Gurlitt* mit 8 Original-Lithographien.
Anita Berber heiratet Eberhard von Nathusius (1895–1942), einen „jungen Mann mit etwas Vermögen" in Berlin. Er handelt mit Antiquitäten.
23. Januar: Tanzabend in Berlin
29. Januar: Zweiter Solotanzabend
Am 14. August erster Auftritt als Schauspielerin im *Phantastischen Theater* Berlin-Charlottenburg, Neue Kantstraße 21
Anita Berber tanzt den *Reigen* von Arthur Schnitzler

1920 27. Februar: „Eine Nacht auf Kythera" Auftritt mit dem *Celly de Rheidt*
Ballett zum Ball der Zeitschrift *Reigen* im *Marmorsaal* am Zoo Berlin
Tanzabend im *Blüthner-Saal.*
Im April Auftritt im Kabarett *Schall und Rauch* mit drei Tänzen: *„La Masque"*, *„Caprice Espagnole"* und *„Pritzelpuppe"*.
Auftritte im *Linden-Cabaret.*
Spielt mit Paul Graetz am *Deutschen Theater* in der Komödie *„Potasch und Perlmutter"* von M. Glass und C. Klein.
Begegnet Willy Knobloch alias Sebastian Droste (1898–1927) einem Mitglied des Nacktballetts *Celly de Rheidt.* Er wird ihr Partner. Verleitet durch Droste wird Anita drogenabhängig. Auftrittsverbot wegen Vertragsbruch. Sie verlässt das *Celly de Rheidt* Ballett.

1918–1922 Anita Berber reist als internationale Künstlerin und filmt u. a. mit den Regisseuren Richard Oswald, Reinhold Schünzel und Fritz Lang als Darstellerin und Tänzerin in zahlreichen Filmen.

1921 Januar bis Juli Aufenthalt in Wien, u. a. Dreharbeiten zu *„Verfehltes Leben"* und *„Die Nacht der Mary Murton"*.

1922 18. Februar: Revue *„Die Mode im Kreise"* im *Admiralspalast* Berlin unter Mitwirkung von Anita Berber und anderen Bühnen- und Filmstars.
Sie lässt sich scheiden und zieht zu ihrer Freundin Susanne Wanowski, die das Frauenlokal *La Garçonne* in Berlin-Wilmersdorf betreibt.
Reise mit ihr nach Wien zu Dreharbeiten für *„Die drei Marien und der Herr von Marana"*. Wohnt im *Park*-Hotel in Hietzing. Affäre mit der Baronin Leonie von Puttkamer.

29. Juli: Gastspiel in Ostrava/Mährisch Ostrau
Mit Sebastian Droste Vorbereitungen für das Programm *„Tänze des Lasters, des Grauens und der Ekstase"* in Wien
Fototermin im Atelier von *„Madame d'Ora"* (Dora Kallmus)
8. Oktober: Ausweisung Drostes aus Österreich für fünf Jahre wegen Betrugs und Urkundenfälschung; Aufenthaltsduldung bis zum Jahresende.
Klinik-Aufenthalt Anita Berbers im Sanatorium Dr. Loew wegen einer Bauchfellentzündung, geholt bei Filmaufnahmen.
14. November: Premiere ihres Programms *„Tänze des Lasters, des Grauens und der Ekstase"* im *Konzerthaus-Saal*, Wien. Einige Tänze in „vollständiger Hüllenlosigkeit". Tags darauf erneute Verhaftung Drostes wegen Betrugs. Anita bürgt für dessen Freilassung.
30. November: Zweiter Tanzabend
11. Dezember: Dritter Tanzabend.
Verschiedene Auftrittsverbote gipfeln im Abbruch einer Vorstellung durch die Polizei in den *Kammerspielen*.
21. Dezember: Letzte Nachtvorstellung in den *Kammerspielen*

1923 Am 5. Januar wird Droste abgeschoben.
Am 13. erfolgt die Ausweisung Anita Berbers aus Österreich wegen „Profanisierung der Musik Beethovens". Sie folgt Droste nach Budapest.
Bis März Aufenthalt und Auftritte in Budapest. Unter Leitung des Hellsehers Frederick Marion (eigentlich Josef Kraus) beteiligt sich das Tanzpaar an einer mehrmonatigen Italien- und Jugoslawien-Tournee. Auftritte in Mailand, Rom und Neapel. Tanzgastspiele in Triest und Agram. Im Hotel *Therapia* in Tirol kommt es nachts nach einer tätlichen Auseinandersetzung zwischen Anita und Droste zum Hausverweis.
Im *Gloriette*-Verlag Wien erscheinen von Anita Berber und Sebastian Droste *„Die Tänze des Lasters, des Grauens und der Ekstase"* in einer bemerkenswerten Ausstattung: Mit Texten von L. W. Rochowanski und Harry Täuber

1924 Keine weiteren gemeinsamen Auftritte mit Droste.
Januar: Inserat Sachse (*Weiße Maus*. *Die Rampe* u. a.) nennt Anita Berber
Februar: Gastspiel im *Rosenhof* Chemnitz
Im Mai: Droste verlässt Anita unter Mitnahme aller Wertsachen. Er fährt mit dem Dampfer *Reliance* nach New York, als *„Baron von Droste"* wird er Mittelpunkt eines Kreises junger Millionäre und Millionenerben. Gründung des *Club Against Parents*
Der amerikanische Tänzer Henri Châtin Hofmann (1900–1961) kommt nach Berlin. Bei seinem Debüt im *Blüthner-Saal* lernt Anita ihn kennen.

Juli: Skandal im Kabarett *Die Rampe*. Die Vorstellung wurde unterbrochen.
Im September: Sie verlobt sich mit Henri und heiratet ihn am 10. September. Sie reisen zusammen zu Tanzabenden unter der Bezeichnung *Anita Berber und Henri*, mit zahlreichen Auftritte in Berlin.
Bekanntschaft des Paares mit Klaus Mann.
5. Oktober: *akademie der farbe* Fest in Weiß, Kostümfest im *Großrestaurant* am Lehrter Bahnhof. Im Ehrenkomitée des Festes ist neben Max Pechstein, Conrad Veidt, Fritzi Massary, Valeska Gert auch Anita Berber genannt.

1925 10. Januar: Skandal beim *Flechtheim-Fest* in der Villa des Kunsthändlers.
Februar: Auftritt in der Stinnes-Revue des Kabaretts *Der rasende Reporter*.
März: Auftritt im Café *Größenwahn*
14. April: Auftritt im Künstlerhaus Dresden
1.–22. Mai: Anita und Henri als Tanzpaar für die Revue *„Die Welt im Spiegel"* im Palast-Theater Köln engagiert. Der Tanz *„Jazz"* wurde von Franz Bruinier komponiert. Es folgt eine Tournee mit Nico Dostal als Kapellmeister. Wegen Veruntreuung der Einnahmen vorzeitiges Ende des Unternehmens in Köln.
Im Juni: Kurzes Auftreten des Künstlerpaares im Kabarett *Jungmühle* in Düsseldorf. Otto und Martha Dix lernen Anita Berber kennen und reisen ihr zum Gastspiel nach Wiesbaden nach. Otto Dix malt das berühmte Porträt.
30. August: Auftritt im Kabarett *Blaue Maus,* Berlin.
Gastspiele in Breslau, Leipzig, Hamburg, Dresden und Köln, begleitet von Skandalen.
23. November: Tanzauftritt in Ostrava/Mährisch Ostrau

1926 12. März: Im *Sect-Pavillon* in Prag löst Anita nach dem Zuruf eines Zuschauers eine Schlägerei aus. Ihr Mann wird ernsthaft verletzt. Trotzdem weiteres Auftreten in Prag.
Im April: Anita Berber und Henri im Revue-Theater *Alkazar,* Reeperbahn 110, in Hamburg mit neuem Programm *„Tänze der Erotik und Ekstase"*.
27. August: Im Programm des *Metropol*-Varietés Berlin mit vier Tänzen: *„Dagobah"*, *„Kubistischer Marsch"*, *„Salome"*, *„Die Schiffbrüchigen"*
9. Oktober: Matinée im *Centraal*-Theater in Amsterdam.

1927 27. Juni: Sebastian Droste stirbt in Hamburg im Haus seiner Eltern. Mögliche Todesursachen: Tbc, Gehirnschlag oder Selbstmord.
Im Juli: Anita besucht ihren Vater nach einem Konzert-Abend in München.

Er demütigt sie und lässt sie aus seiner Garderobe hinauswerfen.
Im August: Interview Anitas in Budapest für die Zeitung *Pesti Naplo*.
10. September: Tanzauftritt in Prag.
Danach Beginn einer Nah-Ost-Tournee. Henri und Anita tanzen in Hotels und Bars in Athen, Kairo, Alexandrien, Bagdad und Damaskus.

1928 Anita erkältet sich bei einem Ausflug ins Gebirge.
13. Juli: In Damaskus Zusammenbruch Anita Berbers auf der Bühne. Rückreise bis Prag. Unter Hilfe von Freunden nach Berlin gebracht.
Diagnose „galoppierende Schwindsucht", Tbc.
10. November: Tod um 21 Uhr im Bethanien-Krankenhaus, Berlin-Kreuzberg.
14. November: Beisetzung auf dem Friedhof der *St. Thomas*-Gemeinde in Berlin-Neukölln.
Zahlreiche Nachrufe in Berliner und Wiener Zeitungen.

Verzeichnis der Filme

Anita Berber trat als Darstellerin oder Tänzerin in folgenden Filmen auf.
R = Regie.

1918. Das Dreimäderlhaus
R: Richard Oswald

1918. Dida Ibsens Geschichte
R: Richard Oswald

1918. Peer Gynt
Berber nur in Teil 2
R: Victor Barnowsky, Richard Oswald

1918. Die Reise um die Erde in 80 Tagen/Die Reise um die Welt
R: Richard Oswald

1919. Anders als die Andern
R: Richard Oswald

1919. Die Prostitution/Das gelbe Haus
R: Richard Oswald

1919. Unheimliche Geschichten/Grausige Nächte
R: Richard Oswald
Episodenfilm
Berber in der Rahmenhandlung und in
Die schwarze Katze. Die Erscheinung.
Die Hand. Der Spuk.

1919/1920. Nachtgestalten
R: Richard Oswald

1920. Der Schädel der Pharaonentochter
R: Otz Tollen
Episodenfilm
Berber in der 5. und 6. Episode

1920. Der Graf von Cagliostro
R: Reinhold Schünzel

1920. Yoshiwara, die Liebesstadt der Japaner
R: Arthur Bergen

1920. Falschspieler
R: Friedrich Justitz

1921. Die Nacht der Mary Murton
R: Friedrich Porges

1921. Lucifer
R: Ernest Jahn

1921. Verfehltes Leben
R: Maurice Armand Mondet

1921. Die goldene Pest
R: Louis Ralph

1921/1922. Dr. Mabuse, der Spieler
R: Fritz Lang
1. Der große Spieler
Berber in 3 Tanzauftritten

1922. Im Kampf mit dem unsichtbaren Feind
R: Erich Schönfelder

1922. Die vom Zirkus/Die Zirkusdiva
R: William Kahn

1922. Im Kampf mit dem unsichtbaren Feind
R: Erich Schönfelder

1922. Schminke/Sigrids Werdegang
R: Fritz Kaufmann

1922. Lucrezia Borgia
R: Richard Oswald

1922. Die drei Marien und der Herr von Marana
R: Reinhold Schünzel

1922/1923. Wien, du Stadt der Lieder
R: Alfred Deutsch-German

1923. Moderne Tänze/Tänze des Grauens, des Lasters und der Ekstase
Kurz-Dokumentarfilm
R: Rolf Zuber

1923. Irrlichter der Tiefe/Wankende Erde
R: Fritz Freisler

1925. Ein Walzer von Strauß
R: Max Neufeld
(Lediglich Verwendung eines Tanzes aus Irrlichter der Tiefe)

Interviews und Berichte

Komödie, Offizielles Organ der Wiener Theater-, Konzert- und Kinomesse, Jg. II, Nr. 28,
16. Juli 1921

Anita Berber hat …
– Blecky, Teddy und das Allerheiligste – Jugend von heute – ein Obdach gesucht –

Anita Berber hat eine Kammerzofe und zwei Hunde. Die Kammerzofe ist ältlich und spricht derart berlinerisch, dass man kein Wort versteht. Nichtsdestoweniger ist sie wichtig, weil sie eine Station auf dem Wege zum Allerheiligsten darstellt. Endlich verstehe ich: die Gnädige befände sich im ersten Bad, ich möge warten, sie sei soeben aufgestanden … Erschrocken ziehe ich meine Uhr. Es ist tatsächlich sieben Uhr abends.

Um mir die Zeit bis – sagen wir – drei viertel zwanzig zu vertreiben, befreunde ich mich innigst mit einem zähnefletschenden Schoßhündchen, halb Pinscher, halb Mops, mit kugelrunden Negeraugen und einem altklugen Schwiegermuttergesicht. Ich kratze ihm das Goderl – Teddy schleckt mich, zum Dank dafür, mit einer ebenso erheiternden als unermüdlichen Virtuosität. Wahrscheinlich würde dieses Idyll tatsächlich drei viertel Stunden gedauert haben, wenn nicht die eifrige Kammerzofe den jeweiligen Stand meines Hundeverhältnisses von Zeit zu Zeit der Herrin mitgeteilt hätte, die sich darob scheinbar sehr ergötzte, denn ich hörte oft ihr Lachen durch die dünne Wand der eleganten Pension.

Anita Berber hat ein Faible für mich, gewiss, weil sie mich nur eine Viertelstunde warten lässt. Da kommt sie schon hereingeweht – und lacht über ihr ganzes junges Gesicht.

Das haben sie Teddy zu verdanken, mein Herr! Niemandem, geschweige denn einem Manne, hat sich mein süßer Teddy so ohne weiteres befreundet; Sie können sich daher lebhaft vorstellen, dass ich neugierig auf Sie war!

Nun, darf ich da nicht stolz sein? (Im übrigen ergibt sich daraus folgende Anleitung für meine Kollegen: zur Diva kommt man über ihren Hund. Ganz abgesehen davon, daß, umgekehrt, manche auch über die Diva auf den Hund kommen …)

Anita Berber hat aber wie erwähnt, noch einen zweiten Hund. Das ist ein richtiger ausgewachsener Mops, behäbig, würdig, und heißt Blecky. Die beiden folgen uns auf Schritt und Tritt. Wir sitzen am Balkon, in bequemen Fauteuils, die Abendsonne steht gerade über den beiden Museen, wir schauen auf die Ringstraße hinunter. Blecky und Teddy schauen auch hinunter. Wir lachen in zwangloser Unterhaltung. Blecky und Teddy lachen auch. Wir rauchen Zigaretten. Blecky und Teddy … aber nein.

Anita Berber hat eine seltsame Abstammung.

Meine Mutter ist Russin, erzählt sie, mein Vater Ungar. Ich bin in Leipzig geboren und – wollen Sie es wissen? zweiundzwanzig Jahre alt. Ja. Ach, wenn ein Mädchen der vorigen Generation zweiundzwanzig Jahre alt war, dann – und, dann war es ein Gänschen. Ein sechzehnjähriges Mädchen von heute aber hat mehr Wissen und Erfahrung als damals ein sechsundzwanzigjähriges. Balzac konnte freilich sagen, die fünfunddreißigjährige Frau sei das Ideal für den Mann. Was würde er heute sage? Ich glaube, er würde es billiger geben. Um zwanzig müsste er heruntergehen. Und dann noch wäre er in neunzig von hundert Fällen enttäuscht. Unsere Generation lebt viel schneller hitziger, intensiver. Die Folge davon ist, daß sie wenig oder nichts von Liebe weiss.

Auf ihrem Banner steht: Genuss. Was überhaupt ist Liebe? Wer kennt sie? Wer kann sie beschreiben? Des größten Dichters Fähigkeiten werden es nie imstande sein.

Anita Berber hat einen unsagbar schlanken Körper. Im Film erscheint sie viel stärker, gedrungener, ohne freilich je die Tänzerin, die sie ja in erster Linie ist, auch nur einen Augenblick lang zu verleugnen. Auf ihrer hohen Gestalt ruht ein kleines, fast quadratisches Gesicht; das Haar ist rotblond. Sie ist leicht, duftig und schnell wie der Wind; ihre Bewegungen haben einen zarten und runden Rhythmus, ein schlangenhaftes Schillern und Umschlingen, eine gleißende Harmonie.

Sie wären – meine ich – ein Kabinettstück für einen expressionistischen Maler. Nur er könnte ihrer Seele nahekommen. Aber ...

Anita Berber hat einen Horror vor futuristischen Malern.

Mein Gott, nur das nicht – lacht sie. – Da würde ich schön hergerichtet! Bitte, Pechstein wollte mich malen; aber ich ließ mich nicht, und wenn man mich dafür bezahlt hätte. Man und ich selbst kann mich am besten im Kino sehen – das ist mein Element. Hier und im Tanz kann ich mich entfalten. Ich bin sehr stolz darauf, dass beim Weltrekord in Amsterdam ein Oswaldfilm, in dem ich die weibliche Hauptrolle spielte, die „Unheimlichen Geschichten", den zweiten Preis davontrug. Allerdings unter fingierter amerikanischer Marke. Den ersten Preis bekam ein Gaumontfilm. Überhaupt: Richard Oswald. Er hat mich für den Film entdeckt und „gemacht". Mein erster Film war „Das Dreimäderlhaus". Dann folgten unter anderem: „Anders als die andern", „Prostitution", „Nachtgestalten", „Graf von Caglistro". Gegenwärtig wird – mit Philipp Zeska und mir – ein Mondialfilm gedreht, der teils in Wien, teils in den Nordtiroler Bergen spielt. Wahrscheinlich werden wir hier eine eigene Gesellschaft gründen. Warum gerade hier? Nicht zuletzt, weil es mir in Wien – ich bin schon seit Jänner hier – ganz außergewöhnlich gut gefällt; in Wien sind die entzückendsten Menschen und Umstände, die ich mir nur denken kann. Ich sollte schon längst – über den Sommer – in Karlsbad sein, aber ich bringe es nicht übers Herz, Wien, und sei es auch nur für kurze Zeit, zu verlassen. Nun, ab Herbst bleibe ich dann ständig da, und hoffe auch, bis dorthin eine Wohnung gefunden zu haben ...

Anita Berber hat viel vom Leben. Sie hat so viel zu tun, so viel zu leben, daß ihr wenig Zeit übrig bleibt. Filmt sie, hat sie selbstverständlich keine Zeit; tagsüber anstrengende Aufnahmen, nachts müder Schlaf. Filmt sie nicht, hat sie erst recht keine Zeit; denn da schläft sie am Tag, steht abends auf und fährt im Auto nach Baden oder auf den Semmering ... Am folgenden Morgen begibt sich der schöne Nachtschmetterling zur Ruhe, um für neue Taten Stärkung zu suchen. Ein unaufhörlicher Kreislauf, unaufhörlich von Blecky und Teddy bewacht. Hoffentlich behüten die beiden Knirpse ihre schöne und verführerische Herrin recht gut! Jedenfalls gab es einen herzlichen und bellenden Abschied, mit Händedruck und Pfötchenreichen – und mir bleibt, den Duft des schillernden Film- und Tanzstars noch in der Nase, nur ein Trost: es gibt ein Wiedersehen. Wenn auch vielleicht nur auf der Leinwand [...]

A. M.

Der Drache. Eine ungemütliche sächsische Wochenschrift;
Begründet von Hans Reimann und herausgegeben von Hans Bauer,
Jg. V,
Heft 1, 18.
März 1924

Ein Abend mit Anita Berber
von Eugen Ortner

An besonderen Lebewesen ist alles Besondere ebenso zweckvoll und richtig, wie an normalen das Allgemeingültige. Es gibt Pflanzen mit seltsamen Lebensbedingungen und außerordentlichen Funktionen, es gibt Tiere mit perversen Trieben und rätselhaften Gewohnheiten. Der besondere Mensch, mit einem überspitzten Selbstbewußtsein ausgerüstet, macht sich zu einer Sensation. Die natürlichen Lebensgewohnheiten verändern sich in ihm, Nacht wird zum Tag und Tag zur Nacht, scharfe Rauschmittel peitschen seine Sinne, die Phantasie jagt von Exzeß zu Exzeß – und doch lebt er sein Leben ebenso elastisch und meist erfolgreicher, als alle Normalen.

Wer Anita Berber vom Film kennt, ist überrascht, sie im Leben nicht anders zu finden. Das ist derselbe trotz aller Herausforderung doch so distanzierte Körper mit den langen, schlanken Beinen, das sind dieselben tückisch gekräuselten Hände, die nichts wirklich zu berühren scheinen, das ist dasselbe Gesicht, hart und frech, auch im Alltag von uns getrennt durch eine Maske von Puder und Schminke.

Seit Anita Berber Wien mit Skandal verließ, sind dort vier andere Anitas geheimnisvoll aufgetaucht, schlechte Plagiate dieses roten Bubenkopfs mit den schwarzummalten Augen, den schwungvoll darüber gezeichneten Brauen und dem mit Rotstift streng linierten Mund. Die Berber kann also nachgemacht werden, sie muss nachgemacht werden und das stempelt sie zu einem Typus der

Zeit. (Kapitel: Exzentrische Fälle, Frauenrechtlerinnen, Tribaden. Nymphomanen und die anständige Frau im – ich weiß nicht wie – fremden Bett.) Als ich mit ihr sprach, klemmten sich einige Damen in unserer Umgebung in dem Augenblick Monokels ein, da sie das ihre abnahm; denn nicht mir ihr zugleich könnte eine andere es wagen, das Einglas überzeugend zu halten. (Ein Notabene für Leipziger Kavaliere!)

Die Berber legt keinen Wert auf Konnex. Das verkündet sie ausdrücklich. Man hat auch, wenn sie tanzt, den Eindruck einer Passivität, gleich als ob sie sich von all den anstarrenden Blicken langsam aufbauen, treiben, herausfordern und entblößen läßt: eine bewegliche Sphinx. – Anderen wird sie zur abstoßenden Puppe, mit der man nur mit Widerwillen spielt. Als sie in Eger einzog, veranstaltete der dortige katholische Jünglingsverein einen Kinderkreuzzug mit einem Sägespänebalg, der unverkenntlich ihre Züge trug. Dahinter ragte ein Schild: „Nieder mit der Metze Berber!" (Nachher soll die Puppe im Bett eines Abbé gefunden worden sein.) Als sie in Agram mit der Königin von Jugoslawien, die alle besonderen Frauen sehr verehrt, das Geld zum Fenster hinauswarf, erschien – Radek (Radek!) und sprach zur Kommunistischen Partei: „Diese Frau Genossen, ist eine zweite Marquise Pompadour, treibt sie aus mit Feuer und Schwert!" (O großer Moment dieser großen Komödie, die dem Schauspieler Radek die leibhaftige Pompadour in seinem westeuropäischen Panoptikum unterbringen läßt!)

In Triest wird die Berber angehalten. Sie darf Italien nur betreten, wenn sie nicht nackter auftritt als die Prima Ballerina des Königs. Sie verspricht es sofort und hat in Rom den bedeutendsten Applaus und eine fast tagtägliche Presse. (Welche Journalisten muß es da geben!) D'Annunzio aber hat ihr Bild auf seinen Schreibtisch gelegt.

Ja, Anita Berber verspricht ohne weiteres jeder höheren Gewalt, jedem ängstlichen Gemüt, nicht nackt aufzutreten. Es liegt ihr gar nichts daran, sie möchte Nacktheit sogar vermeiden, weil sie für sie völlig reizlos ist. Wie überhaupt diese Natur reizlos ist. (Goethe und die Griechen kommen schlecht weg. „Ich kriege das Kotzen, wenn ich eine Goethebüste zwischen Bäumen erblicke!") – Der zweite Tanz, den sie hier im Edenpalast tanzt, ist der Tanz einer spanischen Dame. Ein Kostüm bis an den Hals! Alles liegt in der strengen Linie: Effekt, Training, Leidenschaft. Namen tauchen auf: Goya, Rops. In der Ferne ahnt man schon Paul Klee und die Konstruktivisten. Die Berber zeigt, dass sie etwas weiß. Sie hat ja auch ein Buch geschrieben. Manchmal spricht sie einen exakten französischen Satz.

Betrachtet man sie länger, so entdeckt man etwas: Ihre wahre Nacktheit trägt sie im Gesicht. Und man erinnert sich: Es ist der größte Moment in ihrem Tanz „Astarte", wenn sie sich nach Öffnung ihres silbernen Mantels plötzlich das Gesicht bedeckt.

Andere Nacktheit also ist ihr nichts und in Wien wurde sie nicht wegen gewissen entblößter Körperteile, sondern wegen „Profanierung Beethovenscher Musik" vom Parlament als lästige Ausländerin des Landes verwiesen. Einmal war sie dort dennoch nackt, und zwar auf der Straße. Als sie eines späten Abends an der schönen Karlskirche vorüberging, warf sie mit einem Ruck ihre Fetzen ab und trat nackt (!) und feierlich auf das Portal zu. Die Szene wurde von mehreren Schutzleuten beobachtet, die jedoch nicht einschritten.

In Budapest aber spuckte sie (aus versehen) dem Polizeipräsidenten von der Bühne herab direkt ins linke Auge, weil der Provokateur, den sie eigentlich meinte, geschickt wie derartige Leute sind, [...] sich hinter dem Rücken des Polizeipräsidenten in dem Augenblick verbarg, als Anita ihn auf die Glatze treffen wollte. (Erfolg: Landesverweisung!)

Anita Berber ist ein Leipziger Kind und mit Pleißewasser getauft. Ihr Vater, Felix Berber, früher Solomitglied des Leipziger Gewandhauses, ist jetzt Professor an der Musikakademie in München und einer der größten Paganinispieler der Welt. Seine Tochter geht von Leipzig, wo sie sich den ganzen Monat März aufhält, vielleicht nach Paris oder nach Kopenhagen oder sonstwohin. Meist interessiert sie das alles nicht. Sie möchte Besitzerin eines Schnapsladens sein und manchmal tanzen, wenn alles hübsch besoffen ist. („Es steht ein Wirtshaus..."). Mit Ringelnatz ist sie sehr befreundet. Kurt Schwitters schreibt einen besonderen Dadafilm für sie, der technisch ganz neue Anforderungen stellt...

Plötzlich unterbricht sie das Gespräch und will in ein wüstes Lokal in der Sternwartenstraße. – Dann trinkt sie noch einen Whisky-Soda, raucht noch eine Zigarette. Ihr Sekretär ist zur Zeit auf Reisen, ihre beiden Zofen hat sie längst schlafen geschickt. Auch die Bürger sitzen noch. Die Bürger haben ihre Frauen nach Haus geschickt. Ein Tisch unförmiger Gesichter hat heute abend sogar protestiert. Vier Herren und drei Damen! In der Art, wie so etwas provoziert: moralisch aufgegeilt und mit dem vergeblichen Versuch, eine spöttische Lache mit einer blöden Fresse zu verbinden. Einer zerschlug dabei ein Weinglas. Das war jener Tisch, dessen Moral die Berber mit einem Blick zu rasieren schien. –

Sie raucht noch eine Zigarette und erwartet ihr Auto. Plötzlich spricht sie ein sehr unanständiges Wort irgendwohin in den Raum. Der nette Geiger vom Edenpalast spielt die allerneuesten Sachen. Nein, die Berber kennt die allerneuesten Sachen, sie sind für sie schon uralt.

Ich denke wieder an Radek... Einmal, zu den Hamburger Unruhen, hat sie sich besonders schön bemalt und fuhr mitten in die Schützenlinien der kämpfenden Arbeiter, um sie zu begrüßen.

Welche besondere Aufgabe hat eine solche Frau, die vielen der Inbegriff von Zynismus und Schamlosigkeit ist, für ihre Zeit? Wo liegt ihre Kulmination, ihr absoluter Effekt? Der Tanz ist ihr eine viel naivere Angelegenheit als man denkt. Sie erlebt sich dabei noch allzu subjektiv. Und zu szenisch. Doch das mag lokal bedingt sein. Die Bühne des Edenpalastes ist sehr klein. Sie hat ein zu bestimmtes Milieu.

Eine Frau, die soviel Aufsehen macht, hat für ihre Zeit die Aufgabe, Unerhörtes auf die Spitze zu treiben, das Versteckteste zu enthüllen. Denn es gibt heute viel überflüssige und falsche Propheten auf diesen Brettern, die die Welt bedeuten.

Es lebe der freche Mensch!

Anita Berber, die Nackttänzerin, beweint den jungen Dichter, der ihr treuer Begleiter war Sebastian Droste – Kunstträume – Der Tod – Das Ideale ist... ein Modesalon

Pesti Naplo, Budapest, August (1927)

Sicherlich sind sie noch in jedermanns Erinnerung lebendig, die Skandale und die lebendigen kunstvollen Leidenschaften, die die Tänzerin Anita Berber in den Theatern und in den verschiedenen europäischen Ländern hervorgerufen hat.

Und alle erinnern sich ohne Zweifel auch daran, daß ihr Tanzpartner ein schlanker junger Mann mit schwarzen Haaren, einem interessanten Gesicht war, der immer von einem fremdartigen Traumausdruck durchdrungen schien.

Dieser junge Mann hieß Sebastian Droste und war der Sohn einer der reichsten und bekanntesten Kaufleute Hamburgs, Julius Knobloch. Der junge Mann, dem das Schicksal ein Leben in Bequemlichkeit und Reichtum gesichert hatte, lief eines Tages von zu Hause weg. Er schrieb Gedichte, die von verschiedenen deutschen Zeitungen veröffentlicht wurden und lebhaften Erfolg hatte. Dann arbeitete er als Filmschauspieler. Zu dieser Zeit schrieben die Zeitungen Berlins ganze Artikel über sein teuflisches Gesicht und sein dämonisches Profil. Und dann lernte er Anita Berber kennen und schuf Tänze für sie und später, schlußendlich, tanzte er mit ihr: wahnsinnige Tänze, die der mimische Ausdruck all dessen sein sollten, was die dekadenten französischen Dichter gegen Ende des Jahrhunderts in ihren künstlichen Paradiesen erprobt hatten.

Die Familie Drostes nahm diese neuen Aktivitäten des Sohnes mit tiefer Bestürzung auf, wagte aber keinen einzigen Tadel. Für vier Jahre tanzte der Sohn des Knobloch unter dem Künstlernamen Sebastian Droste mit der nacktesten Tänzerin aller europäischen Bühnen. Dann machte er eine Reise nach Amerika und blieb in New York. Er wurde Journalist. Er schrieb Artikel für eine der weitverbreitetsten Zeitungen Berlins und Novellen für die auflagenstärksten und verschiedenartigsten deutschen Zeitschriften.

Eines schönen Tages jedoch kehrte Sebastian Droste ins Elternhaus zurück, das er mit schmerzhafter Grausamkeit im Stich gelassen hatte. Er kehrte schwerkrank zurück: der Ozeandampfer brachte den Eltern einen abgemagerten, von einer unerbittlichen Krankheit verzehrten Sohn wieder. Nach einer Leidenszeit von vier Monaten starb er, und auf den Sarg wurde der Name Knobloch gesetzt. Die Familie hatte dem verlorenen Sohn verziehen.

Ein Redakteur der Budapester „Pesti Naplo" hatte die Gelegenheit, sofort im Anschluß an die Beisetzung Drostes mit Anita Berber zu sprechen.

Die Tänzerin – so schreibt der Redakteur – ist nicht mehr dieselbe wie vorher. Er wagt nicht zu sagen, daß sie zugenommen habe, verändert sei, daß jede Spur ihrer dekadenten Magerkeit verschwunden sei, daß ihr Gesicht sich gerundet hätte und daß den Augen die weiten schwarz-blauen Ringe fehlten, ohne die Anita nicht Anita gewesen wäre. Einzig das Monokel ist geblieben. Noch heute trägt Anita Berber diese kleine Brille mit zähem Konservatismus.

Die Nackttänzerin ruht sich seit zwei Monaten in dieser Gegend aus, sie widmet sich nicht mehr der Bühne und spricht vom Tanz nicht mehr mit dem alten Enthusiasmus. Erst nach langem Zögern entscheidet sie sich, über ihren Kunstpartner zu reden:

„Ich mochte Sebastian sehr gern, nicht nur als Mann, sondern vor allem als Künstler. Ich habe noch nie und – dessen bin ich mir sicher – werde auch nie mehr eine dermaßen außergewöhnliche Person, eine dermaßen kühne und reiche Phantasie kennenlernen. Er war immerzu unruhig, nie habe ich ihn befriedigt erlebt... Wer weiß, wo er den blauen Vogel Maeterlincks sucht ... Er ist an Tuberkulose gestorben, und es wird gesagt, daß Kokain und Morphium ihn umgebracht hätten. Möglich. Die Ärzte müssen es besser wissen als ich.

Ich weiß nur, daß mit Sicherheit niemals jemand ein so fieberhaftes und schnelles und begieriges Leben geführt hat, wie wir es taten, als wir zusammen tanzten. Aber wir hatten auch klare und ruhige Tage. Und Droste sprach dann von der Zukunft und davon, wie man sie angehen müsse. Oft fragte er sich: 'warum nur tanze ich? Sollte mein Platz nicht hauptsächlich am Schreibtisch sein? Ich sollte schreiben! Er tanzte, trat auf, schrieb und zeichnete. Er wußte nicht, welcher wirklich sein Weg war. Er wurde von einem ewigen Durst und von einer dauernden Unzufriedenheit gequält.

Dann verließ er den Tanz. Er ging nach Amerika und wurde mit einem Male der Liebling der besseren Gesellschaft. Von einem Tag auf den anderen sprach ganz New York von ihm. Er hatte den Club gegen Eltern gegründet. Dieser merkwürdige Kreis hatte vor allem in der Umgebung der jungen Millionäre der Fifth Avenue Erfolg. Die jungen Leute, vor allem die jungen Millionärinnen, gaben fortlaufend Feste zu Ehren Drostes, den sie für einen Apostel hielten.

Und er hingegen litt. Er hatte alles erlebt, was ein Mann erleben kann, aber dann fühlte er sich auf verlorener Strecke ... wo? ... warum? ...“

Anita Berber raucht während des Gesprächs eine Zigarette nach der anderen. Dann fährt sie fort: „Er dachte oft an den Tod. Er liebte es, den Tod in seiner Nähe zu spüren, und ich wundere mich, daß wir beide nie nach den übermäßigen Dosen Morphium, die wir manchmal nahmen, in die Ewigkeit entschlummert sind.

Haben Sie seine Gedichte gelesen? Ich! – Ich! – Wie stolz der Titel des Bandes ist, und wie müde hingegen die Seele ist, die diese schwermütigen Lieder singt. Ich lese seine Verse jetzt immer wieder und spüre, daß ich in ihnen das verstehe, das niemand anders in ihnen erahnen könnte. Wir haben uns sehr gut gekannt und wußten miteinander umzugehen. Wir haben vier Jahre zusammen gelebt. Und vier Jahre sind viel. Oder vielleicht kam es, weil wir uns zu gut kannten, dazu, daß sehr oft merkwürdige Wolken zwischen uns emporstiegen!

Als wir uns verabschiedeten und er nach Amerika ging, sagte ich ihm: Du mußt ein anderer Mensch werden! Du mußt viel schreiben, ernsthaft, Du mußt ein großer Mann werden! Das will ich, und das wünsche ich mir.

Womöglich gaben ihm die Kunst, die Poesie nicht die Befriedigung, die er sich erhofft hatte, und er machte sich deshalb auf die Suche nach einer anderen Möglichkeit, außergewöhnliche Wege zu gehen. Ich weiß nicht, ob das

Leben ihm seine Suche vergolten hat. Ich glaube nicht! Er kehrte sterbend nach Hause zurück. Außer von seinem Zimmerfenster aus konnte er seine ihm liebe lärmende Stadt nicht wiedersehen. Auch konnte er nicht mehr zum Ufer des Meeres gehen, wo er zum ersten Mal gefühlt hatte, daß merkwürdige, unruhige Verlangen nach langen Abenteuern in ihm wach wurden und wo ihm zum ersten Male ein Seemann das weiße Gift hatte probieren lassen. Monatelang lag er ohne jede Hoffnung im Bett. Sein einziger Trost waren das Morphium und Heines Gedichte, die alle zerrissen unter dem Kopfkissen gefunden worden sind. Dann eines Tages fragte er nach Papier und Stift. Er wollte schreiben. Aber das letzte Gedicht wurde nie geboren."

„Jetzt ist er tot „, fährt die Tänzerin mit einer Träne im Auge fort, „und ich glaube, daß auch die alte Nackttänzerin, die alte Anita Berber, nicht mehr lebt... möglich, daß Sie in Kürze die Nachricht vernehmen, ich habe mich vergiftet... oder, was wahrscheinlicher ist, daß Sie die Notiz lesen, ich habe einen Modesalon in Berlin eröffnet."

„Anita Berbers Modesalon ... kommt Ihnen das nicht komisch vor? Droste wollte sich um jeden Preis und mit aller Kraft vom bürgerlichen Leben und von der bürgerlichen Moral befreien, und ich hingegen wünsche sie mir heute... ich weiß nicht... sehr, sehr. Ein ruhiges Leben, arbeiten, kleine Vergnügungen und einmal in der Woche ein bißchen Tanz beim Fünf-Uhr-Tee im Bristol oder Adlon... Kommt es Ihnen nicht vor, als sei ich korrupt, derart banale Wünsche zu haben und dermaßen simple Dinge zu verlangen, dermaßen dumm und auch sehr sublim?"

Anita Berber wirft mit Verachtung die Zigarette zu Boden. Und geistesabwesend zerreißt sie eine alte Wiener Zeitung, in der über einen Skandal der Nackttänzerin Anita Berber und des Hamburger Kaufmannssohnes Sebastian Knobloch mit dem Künstlernamen Sebastian Droste berichtet wird.

a. w.

Italienischer Titel:
Anita Berber, la danzatrice nuda, piange il giovine poeta che le fu compagno fedele

Bibliografie

Andor, Váro: Lya. Roman. Budapest 1928

Berber, Anita und *Droste, Sebastian*: Die Tänze des Lasters, des Grauens und der Ekstase. Wien 1923

Berber-Credner, Hans: Kielwasser. Memoiren (unveröffentlicht. Anita-Berber-Archiv)

Czapla, Ralf Georg: Getanzte Dichtung – gedichteter Tanz. Anita Berbers und Sebastian Drostes „Tänze des Lasters, des Grauens und der Ekstase" zwischen poetischer Reflexion und tänzerischer Improvisation. In: Jahrbuch Tanzforschung Bd. 15: Tanz im Kopf. Hg. Johannes Birringer/Josephine Fenger. Münster 2005

Dostal, Nico: Ans Ende deiner Träume kommst du nie. Berlin (Ost) 1986

Dreifuss, Alfred: Deutsches Theater Berlin. Berlin (Ost) 1983

Faber, Monika: Madame d'Ora. Wien-Paris. Portraits aus Kunst und Gesellschaft 1907–1957. Wien 1983

Fischer, Lothar/Gosselck, Detlef/Wolff, Harald: Haut und Schnee, Tagebuchbilder aus dem Leben der Anita Berber. Bibliophile Ausgabe in 100 Exemplaren. Berlin 2002

Fischer, Lothar: Tanz zwischen Rausch und Tod. Anita Berber 1899-1928 in Berlin. Berlin 1996

Ders.: „Seid ruhig, ich schlafe doch mit jedem von euch" Anita Berber. In: Bad Woman. Hg. Bärbel Becker. Berlin 1989

Ders.: Getanzte Körperbefreiung. In: «Wir sind nackt und nennen uns Du» Eine Geschichte der Freikörperkultur. Hg. Michael Andritzky/Thomas Rautenberg. Giessen 1989

Ders.: Anita Berber – Göttin der Nacht Berlin. 2006, 2007

Ders. Eine Preußin aus Sachsen: Anita Berber
In: Preussens Eros – Preussens Musen. Potsdam 2010

Fischer, Wolfgang: Von Asta Nielsen bis Sonja Ziemann. Berlin 1985

Forster, Rudolf: Das Spiel mein Leben. Berlin 1967

Funkenstein, Susan: Anita Berber, Nude Dancer, Expressionist, Artistic Subject. In: Women's Art Journal, Spring and Summer 2005

Geyer, Siegfried: Der Tod einer exzentrischen Tänzerin. In: Die Bühne. 5. Jg., H. 211, 1928

Gordon, Mel: The Seven Addictions and Five Professions of Anita Berber. Los Angeles 2006

Grosz, George: Briefe 1913–1959. Hg. Herbert Knust. Reinbek bei Hamburg 1979

Hasselberg, Anne: Anita Berber. Magisterarbeit der Universität Erlangen-Nürnberg 1991

Hermann-Neiße, Max: Gesammelte Werke. Band Kabarett. Hg. Klaus Völker. Frankfurt/M. 1988

Hildebrandt, Fred: ... ich soll dich grüßen von Berlin. 1922–1932.
Berliner Erinnerungen ganz und gar unpolitisch. München 1966

Jenčík, Joe: Anita Berberová. studie. Prag 1930. (deutsch. München 2014)
Karcher, Eva: Eros und Tod im Werk von Otto Dix. Münster 1984
Kaul, Walter: Richard Oswald. Berlin 1970
Kessler, Johannes: Ich glaube an den Sinn des Lebens. Berlin 1940
Kothes, Franz-Peter: Die theatralische Revue in Berlin und Wien 1900–1938. Wilhelmshaven 1977
Lania, Leo (d.i. Lazar Herrman): Der Tanz ins Dunkel. Ein biographischer Roman. Berlin 1929
Levy-Lenz, Ludwig: Erinnerungen eines Sexual-Arztes. Baden-Baden 1954
Mann, Klaus: Der Wendepunkt. München 1989
Ders.: Erinnerungen an Anita Berber. In: Die Bühne. 7. Jg., Nr. 275, 1930.
Margueritte, Victor: La Garçonne. Sittenroman aus dem heutigen Paris. Berlin/Wien 1923
Meyerinck, Hubert von: Meine berühmte Freundinnen. Düsseldorf 1967
Nelken, Dinah: Das angstvolle Heldenleben einer gewissen Fleur Lafontaine. Roman. Berlin (Ost) 1980
Ortner, Eugen: Ein Abend mit Anita Berber. In: Der Drache. 5. Jg. Heft 1
PEM (d. i. Paul Markus): Heimweh nach dem Kurfürstendamm. Berlin 1962
Prager, Willy: Sie werden lachen. Berlin o.J.
Rieder, Ines/Voigt, Diana: Heimliches Begehren. Eine verbotene Liebe in Wien. Wien-München 2000
Riefenstahl, Leni: Memoiren. München 1987
Rilke, Rainer Maria/Pritzel, Lotte: Puppen. München 1920
Schnog, Karl: Berber-Barbarei. In: Das Stachelschwein, 2. Jg. H. 2, 1925
Strobl, Karl Hans: Eleagabal Kuperus. Bd. 1 und 2. Berlin 1928
Täuber, Rita: Der hässliche Eros. Berlin 1997
Toepfer, Karl: Empire of Ecstasy. Nuditiy and Movement in German Body Culture, 1910–1935. Berkeley and Los Angeles 1997
Trimborn, Jürgen: Tänze der Erotik und Ekstase: Anita Berber. In: Tanzen und tanzen und nichts als tanzen. Hg. Soyka, Amelie. Berlin 2004
Vitovec, Sophie Dorothée: Anita Berber im fotografischen Blick von Madame d'Ora Magisterarbeit Kunstgeschichte. Universität Wien 2013
Waldoff, Claire: Weeste noch...! Aus meinen Erinnerungen. Düsseldorf 1953
Zweig, Stefan: Die Welt von gestern. Erinnerungen eines Europäers. Frankfurt/M. 1947
Wöß, Johanna Maria: Anita Berber – Moderne Frau und Tänzerin im Berlin der 1920er Jahre. Magisterarbeit Theater, Film- und Medienwissenschaft. Universität Wien 2012

Weitere Hinweise auf Zeitschriftenaufsätze und Kritiken in Tageszeitungen in den Anmerkungen.

Anmerkungen

Erstes Kapitel: **Wurzeln und Kindheit**

1 Hans Berber-Credner: Kielwasser, Unveröffentlichte Autobiografie.
2 A. a. O.
3 Willy Prager: Sie werden lachen, Berlin o. J. S. 79.
4 Wolf Dorn in: Der Rhythmus. Jahrbuch der Bildungsanstalt Jaques-Dalcroze, I. Band, Jena 1911, S. 1.
5 Johannes Kessler: Ich glaube an den Sinn des Lebens, Berlin 1940, S. 41 f.

Zweites Kapitel: **Aufstieg in Berlin**

6 Leo Lania: Der Tanz ins Dunkel, Berlin 1929, S. 24.
7 Dinah Nelken: Fleur Lafontaine, Berlin Ost 1980, S. 107.
8 Berliner Börsen-Courier 24. 10. 1916.
9 Berliner Börsen-Courier 30. 10. 1916.
10 Berliner Börsen-Courier 27. 2. 1917.
11 Berliner Börsen-Courier 7. 3. 1917.
12 Staatsbibliothek Berlin, Nachlass 141 Adam.
13 Berliner Börsen-Courier 8. 4. 1917.
14 Johannes Kessler, a. a. O. S. 43.
15 Elegante Welt, Nr. 3/1917.
16 Leo Lania, a. a. O. S. 103 f.
17 Leo Lania, a. a. O. S. 107.
18 Max Geißler: Führer durch die deutsche Literatur des zwanzigsten Jahrhunderts, Weimar 1913, S. 390.
19 Deutsche Zeitung, 6. Dezember 1918.
20 Berliner Börsen-Courier, 25. Januar 1919.

Zwischenspiel Leni Riefenstahl

21 Leni Riefenstahl: Memoiren, München 1987 S. 33 f.

Drittes Kapitel: **Sebastian und der nackte Tanz**

22 Wilhelm Backhaus in: Die Libelle, 3. Jhg., Juni 1920, Nr. 12.
23 PEM (d. i. Paul Markus): Heimweh nach dem Kurfürstendamm, Berlin 1952, S. 27.
24 Wilhelm Bendow und Marcellus Schiffer: Der kleine Bendow ist vom Himmel gefallen. Berlin 1923, S. 36 f.
25 August Dummbier, überliefert durch Carl Sommerfeldt, unveröffentlicht.
26 Marie Luise Becker in: Die Schönheit, 1903, S. 280.
27 Neue Freie Presse, 10. Februar 1924.
28 Franz-Peter Kothes: Die theatralische Revue in Berlin und Wien 1900–1938, Wilhelmshaven 1977, S. 69 f.
29 Leo Lania: a. a. O. S. 152
30 Stefan Zweig: Die Welt von gestern. Erinnerungen eines Europäers. Frankfurt a. M. 1947, zitiert nach Lothar Fischer: Tanz zwischen Rausch und Tod, Berlin 1996, S. 27.

Zwischenspiel in Wien

31 Zeitungsausschnitt Österreichische Nationalbibliothek, ohne Quelle
32 Wiener Wochenprogramm *Komödie*, 16. Juli 1921.
33 Siegfried Geyer in: Die Bühne, Jg. 5, 1928, H. 211, S. 23

Viertes Kapitel: **Film und Bühne**

34 Rudolf Forster: Das Spiel mein Leben, Berlin 1967, S. 130 f.
35 Walter Kaul: Richard Oswald, Berlin 1970, S. 10
36 Oskar Kalbus: Vom Werden der Filmkunst, Band I, Berlin 1935, S. 41.
37 Walter Kaul: a. a. O. S. 15.
38 Walter Kaul: a. a. O. S. 17.
39 Karl Hans Strobl: Eleagabal Kuperus. Erster Teil: Die würgende Hand, Berlin 1910, S. 96 ff.
40 A. a. O. S. 338.
41 A. a. O. S. 340.
42 In: magnum, Nr. 53, 1964.
43 Karl Hans Strobl: Zweiter Teil: Höllenfahrt, a. a. O. S. 168 f.
44 Text Programmheft
45 Rudolf Forster: a. a. O. S. 256 f.
46 Rudolf Forster: Ebd.
47 Rudolf Forster: Ebd.
48 Carlos Clarens: An Illustrated History of the Horror-Films, New York 1967, S. 27.
49 Arbeiterzeitung, Wien 22. Oktober 1922.
50 Berliner Börsen-Courier, 12. November 1928.
51 Vgl. Wolfgang Fischer: Von Asta Nielsen bis Sonja Ziemann, Berlin 1958.

52 Film und Bühne, 1. Jg. Nr. 13, S. 6.
53 Alfred Dreifuss: Deutsches Theater Berlin, Berlin Ost 1983, S. 186.
54 Max Herrmann-Neiße: Schriften zum Kabarett und zur bildenden Kunst, Frankfurt am Main, 1988, S. 170 f.
55 Thomas Corinth, Brief an den Verfasser vom 27. Dezember 1984.

Fünftes Kapitel: **Eine Affäre mit Folgen**

56 Victor Margueritte: La Garçonne, Berlin-Wien 1923, S. 142.
57 Dieses und die folgenden Zitate sind den Vernehmungsprotokollen des Landgerichts Wien entnommen, Aktenzeichen STS I 4. 4. 24.

Sechstes Kapitel:
Laster! Oh Sehnsucht des Bürgers

58 Leo Lania, a. a. O. S. 160.
59 A. a. O. S. 151.
60 A. a. O. S. 152.
61 A. a. O. S. 154.
62 Ebd.
63 Anita Berber und Sebastian Droste: Die Tänze des Lasters, des Grauens und der Ekstase, Wien 1923, S. 23.
64 Joe Jenčík: Anita Berberová, Prag 1930, S. 17 ff.
65 Anita Berber und Sebastian Droste, a. a. O. S. 35.
66 A. a. O. S. 55.
67 A. a. O. S. 53.
68 A. a. O. S. 11.
69 A. a. O. S. 12.
70 Joe Jenčík: A. a. O.
71 Leopold Wolfgang Rochowanski: Untersuchungen. In: Anita Berber und Sebastian Droste: Tänze des ... S. 67 f.

Zwischenspiel
Dementi eines Nervenzusammenbruchs

72 Die Fackel, 24. Jg. Nr. 601–607 November 1922, S. 29 f.

Siebentes Kapitel: **Randale und das Aus in Wien**

73 Volks-Zeitung, Wien 6. Dezember 1922.
74 Volks-Zeitung, Wien 10. Dezember 1922.
75 Siegfried Geyer in: Die Bühne, Jg. 5, 1928, H. 211.
76 Die rauflustige Tänzerin. In: BZ am Mittag, 17. Januar 1923.
77 Zeitungsausschnitt Österreichische Nationalbibliothek, ohne nähere Angaben
78 Leo Lania a. a. O. S. 165.
79 Eugen Ortner: Ein Abend mit Anita Berber. In: Der Drache, V. Jg. H. 1
80 Leo Lania a. a. O. S. 178.
81 Cinema en Theater, Amsterdam Nr. 122
82 Leo Lania a. a. O. S. 179.

Zwischenspiel Die Pyramide

83 Claire Waldoff: Weeste noch ...! Düsseldorf 1953, S. 54 f.

Achtes Kapitel: **Berühmt und begehrt**

84 Klaus Mann: Der Wendepunkt, München 1989, S. 164 f.
85 Leo Lania a. a. O. S. 139.
86 Österreichische Nationalbibliothek, Zeitungsausschnitt ohne nähere Angaben.
87 Siegfried Geyer ebd.
88 Leo Lania a. a. O. S. 134 f.
89 Varo Andor: Lya, Budapest 1928.
90 Eberhard Roters in: Hannah Höch – Eine Lebenscollage, Band II. S. 97, Berlin 1995.
91 A. a. O. S. 100.
92 Klaus Mann in: Die Bühne, 1930, Nr. 275.
93 Fred Hildenbrandt: ... ich soll dich grüßen von Berlin, München 1979, S. 199 ff.
94 Ebd.
95 Kleine Geschichte des deutschen Kabaretts, Frankfurt a. M., 1988, S. 73 f.

Neuntes Kapitel:
Puppe, Porzellanfigur, Malermodell

96 Rainer Maria Rilke, Lotte Pritzel: „Puppen", München 1921, S. 15.
97 Hessisches Landesmuseum Darmstadt.
98 Anita Berber und Sebastian Droste, a. a. O. S. 21.
99 Thomas Corinth, Brief an den Verfasser
100 Täuber, Rita: Der hässliche Eros, Berlin 1997. S. 187.
101 Gespräch mit dem Verfasser.
102 Siehe Interview Maria Merlott.
103 Eva Karcher: Eros und Tod im Werk von Otto Dix, Münster 1984, S. 95 f.

104 Archiv Germanisches National Museum Nürnberg.
105 Ebd.

Zehntes Kapitel: **Henri und neue Skandale**

106 Karl Schnog: Berber-Barbarei, in: Das Stachelschwein, Jg. 2, 1925, H. 2.
107 Max Hermann-Neiße a. a. O. S. 149.
108 Ebd.
109 Joe Jenčík: Anita Berberová, Prag 1930, S. 23 f.
110 PEM (d. i. Paul Markus) a. a. O. S. 115.
111 Klaus Mann ebd.
112 Niko Dostal: Ans Ende deiner Träume kommst du nie, Berlin (Ost) 1986, S. 96 f.
113 Niko Dostal: a. a. O. S. 99.
114 Akten des Berliner Polizeipräsidiums, Staatsarchiv Potsdam

Elftes Kapitel: **Eklat in Prag und Abstieg**

115 *Tanecni Revue*, September 1925.
116 Johannes Kessler a. a. O. S. 43 f.
117 Ludwig Levy-Lenz: Erinnerungen eines Sexual-Arztes, Baden-Baden 1954, S. 313.
118 A. a. O. S. 319.
119 A. a. O. S. 314.
120 Der Film, Nr. 3, 15. Februar 1927
121 Klaus Mann a. a. O. S. 43.
122 Pesti Nablo, Budapest August 1927; zitiert nach: Anita Berber, la danzatrice nuda, piange il giovine poeta che le fu compagno fedele. Rom 1927

Zwölftes Kapitel: **Die letzte Reise**

123 Leo Lania a. a. O. S. 188 f.
124 A. a. O. S. 190.
125 A. a. O. S. 191.
126 Gespräch des Verfassers mit Martha Dix.
127 Vergleiche Richard Buckle, Diaghilew, Herford 1984, S. 516.
128 Hubert von Meyerinck: Meine berühmten Freundinnen, München 1979, S. 72.
129 Leo Lania a. a. O. S. 192 f.
130 George Grosz: Briefe, Reinbek 1979, S. 120 f.
131 Leo Lania a. a. O. S. 193.
132 Berliner Tageblatt 15. November 1928.
133 Walter Kaul in: Reichsfilmblatt Nr. 46, 17. November 1928.
134 Hans Feld in: Film-Kurier, 13. November 1928 10. Jg., Nr. 270.
135 Johannes Kessler a. a. O. S. 44.

Personenregister

Abbildungsnachweis

Atelier Eberth S. 10
Bäßler, Hendrik S. 23, 163
Binder, Alexander S. 26, 28, 40, 130, 141, 192
DEFA Hoeftmann S. 9 rechts
Der Tanz, Heft 2, Februar 1930 S. 38
Filmmuseum Amsterdam S. 58, 76
Fischer, Lothar S. 7, 15, 106, 166
Hamm, Eugen S. 157
Hessisches Landesmuseum S. 127
Holzer-Defanti Nachlass S. 129
Kallmus, Dora S. 34, 45, 47, 49, 94, 97, 98, 102, 110, 117, 119, 126
Nicolaier, Rose S. 30
Pécsi, József S. 41, 43, 91
Privat Sammlung Potsdam S. 133
Ross-Karte S. 71
Sammlung Zittel S. 104, 107
Stiftung Deutsche Kinemathek S. 55, 56, 57, 59, 60, 61, 62, 64, 65, 66, 67, 69, 73, 74, 77
Staatsoper Berlin, Schöne, Bettina Thiel S. 9 links
Titzenthaler S. 2, 115
The Way, Francis Brugíere S. 111

Wild-Wall, Curt S. 140

Alle anderen Abbildungen Anita-Berber-Archiv, Berlin.

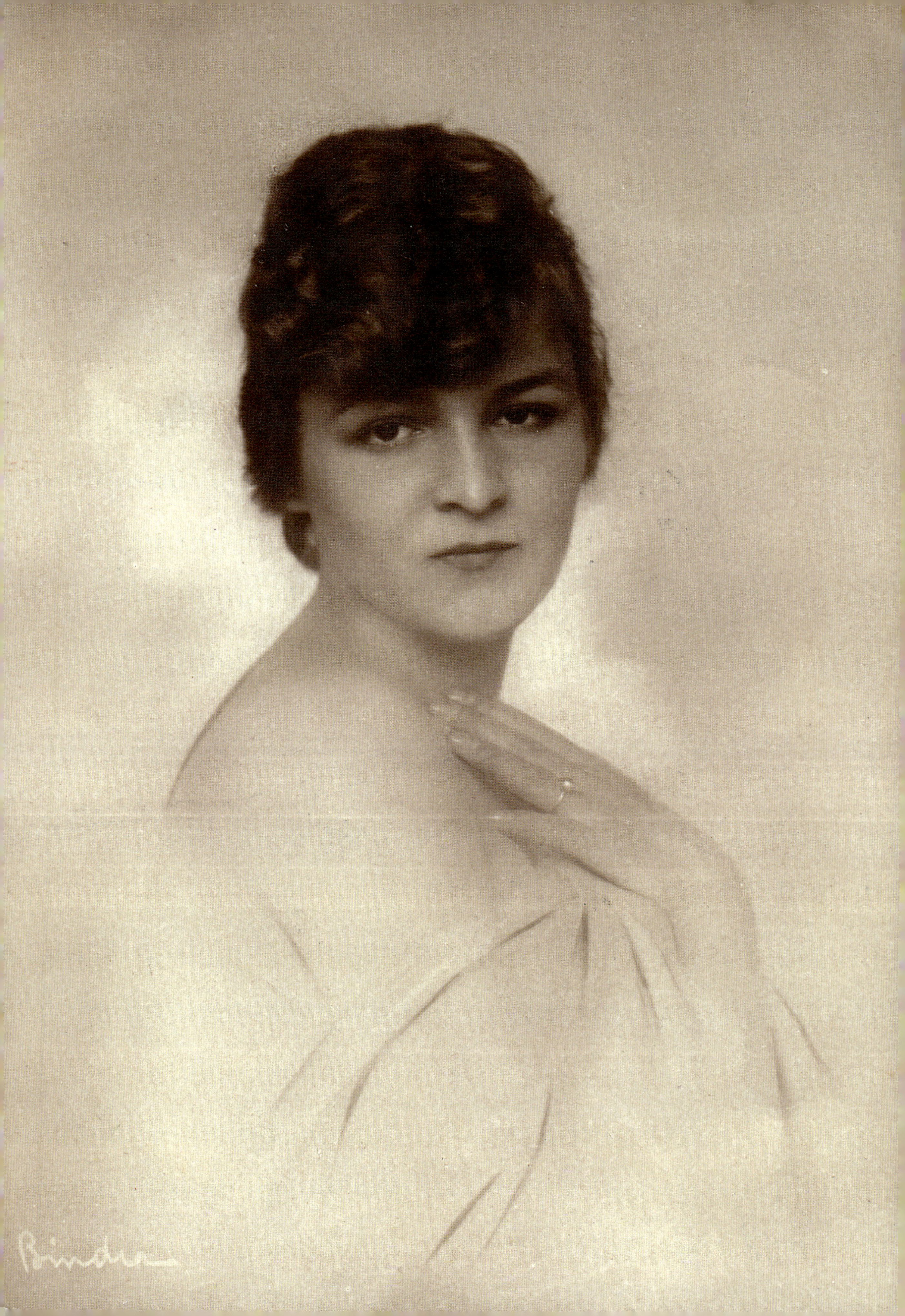